이 책은 예배 전략, 운율학, 리더십 이론을 다룬 지침서가 아니다. 이 책은 최고의 목회 신학이다. 루터교 전통의 심장으로 쓴 《목자, 개, 양 떼》는 기독교 지혜의 고전적 자료를 이용하여 그리스도의 몸 전체와 접촉하려 한다. 이 책은 모든 목사, 목사가 되려고 하는 모든 사람의 필독서다.

티모시 조지
샘포드 대학 비슨 신학교 설립 학장, 《종교개혁 성경 주석》 책임 편집자

미숙하지만 기독교 고전에 관심이 많았던 나의 신학생 시절에는 실제적 영혼 돌봄에 초점을 맞춘 신작 도서가 아주 귀한 편이었다. 오덴과 피터슨이 공감을 불러일으키기 시작하고 있었다. 참되고 대단히 유용한 심리 훈련이 있는데도, 심리적 변덕이 하나님의 말씀과 성경이 의도하는 진정한 영혼 돌봄을 밀어내고 말았다. 그 이후로 반갑게도 과거의 자료와 현재의 자료가 넘쳐 나게 되었다. 루터교 동아리에서 우리는 칼 페르디난트 빌헬름 발터의 완역본과 빌헬름 뢰에의 완역본을 즐겁게 읽었는데, 이제는 목사인 센크바일 박사가 영혼 돌봄에 대한 고대와 현대의 최고 전문가들의 영향을 받고 성경을 깊이 파고들어, 우리에게 즉각적으로 고전을 제공하고 있다. 목사직은 무엇보다도 잃은 양들을 우리 안에 인도하여 돌보고 영원히 부양하는 것과 관계있다. 바야흐로 이 책의 때가 왔다. 이 책의 영원한 지혜를 우리에게 개진하는 데 저자보다 더 뛰어난 사람은 없을 것이다.

매슈 C. 해리슨
루터교회 미주리시노드 총회 총회장

다년간의 경험에서 우러나온 이 책은 다정하고 인간적이며 실제적이다. 이 책은 루터교 목사뿐만 아니라 여러 교단의 목사를 포함한 다수의 목사에게 자극과 도움을 줄 것이다. 이 책을 읽다 보면, "경험만이 신학자를 만든다"라고 한 루터는 물론이고 신학을 "하나님이 주신 습성"으로 이해한 요한 게르하르트도 생각날 것이다. 해럴드 센크바일은 이 사실을 떠올리게 하면서 목회 사역에 적용한다.

마크 사이프리드
세인트루이스 컨콜디아 신학교 주석 신학 교수

이 책은 해럴드 센크바일 박사가 오랫동안 목사로서, 선교사로서, 신학교 교수로서 교회 안에서 섬기며 얻은 지혜를 추출하여 담은 책이다. 그의 저서는 오랜 세월 동안 목사들을 지탱해 준 성경의 통찰을 듬뿍 담고 있다. 그의 목양 접근법은 고전적이면서도 현실에 적합하다. 《목자, 개, 양 떼》는 주님의 명령을 진심으로 받아들여 그분의 양 떼를 충실히 보살피는 신참 목사나 고참 목사의 반가운 동반자가 될 것이다.

존 T. 플레스
인디애나주 포트웨인 컨콜디아 신학교의 목회와 선교 조교수 및 교육 분야 국장

오늘날 다수의 목사가 정체성 위기로 괴로워하고 있다. 자신들이 누구인지, 무엇이 되어야 하는지를 모르는 것이다. 이런 이유로 많은 목사가 탈진하거나 폭발하고 있다. 그래서 나는 해럴드 L. 센크바일의 《목자, 개, 양 떼》를 반긴다. 센크바일은 수십 년 동안 쌓은 자신의 목회 경험과 신학적 숙고를 바탕으로, 혼란스러워하거나 지쳐 버린 모든 목사에게 문제의 핵심으로 돌아가라고 강력하게 권한다. 그것은 어엿한 목사가 되는 것을 의미한다. 하나님의 양 떼를 치고, 오로지 자신이 먼저 하나님으로부터 받은 것을 다른 이들에게 전하고, 성령에 의지하여 목회 습성을 기르고, 사랑의 사역을 시작하는 것이다. 지혜로 가득하고 영혼 돌봄을 위한 열정으로 불타오르는 이 책은 본질적이면서 딱딱하지 않고, 지혜로우면서도 생색내지 않으며, 피상적이지 않고 실제적이다. 내가 수년 전에-그때부터 해마다-읽었더라면 좋았을 책이다.

토드 윌슨
목사 신학자 센터 소장

센크바일은 하나님의 백성을 섬기며 쌓은 개인적인 경험을 생생히 회고하고 이야기하면서 하나님의 말씀과 그리스도의 현존에 침잠하며, 하나님의 백성을 돌보는 사람의 습성-품성이나 자질-을 성경이 표현하는 대로 서술한다. 그는 독자들에게 교회에서 일상생활을 헤쳐 나가는 자신의 여정에 함께하자고 권한다. 그는 자신의 모험을 그들과 공유한다. 하나님이 목사로 부르시는 종들을 기다리는 모험이다. 이 책에서 독자들은 여러 서술과 모형을 발견하게 될 것이다. 그것들은 하나님과 인간에게 귀를 기울이고 둘 다를 진지하게 대하다 보면 성령이 활동할 인간적 무대가 마련된다는 것을 보여 준다. 성령은 그 무대에서 예수 그리스도의 백성을 위해 그분의 복음을 살아나게 하고, 그들에게 위로를 준다. 이 위로는 우리가 그분의 십자가와 빈 무덤 앞에 설 때 찾아오는 것과 같은 위로다.

로버트 콜브
세인트루이스 컨콜디아 신학교 조직신학 교수

《목자, 개, 양 떼》는 해럴드 센크바일이 수십 년 동안 직접 쌓은 목회 경험을 토대로 교구 목사들과 사제들에게 제공하는 풍부한 안내서다. 내가 안내서라고 말하는 이유는 이 책이 경청 훈련, 사람들이 날마다 안고 살며 마주하는 심각한 고통, 종종 억눌리거나 밀려나기도 하는 고통의 주의 깊은 진단 분석, 사역 중에 포기와 활동 과다 사이를 오락가락하는 위험, 교구 소속 비난자들의 내적, 심리적 측면, 내가 좋아하는 명령인 "큰 소리로 기도하라" 등 거의 모든 것을 담고 있기 때문이다.

해럴드 목사는 포르노그래피, 문화적 혼란과 퇴폐, 그리고 '컴퓨터 시대'에 대한 기독교의 적절한 저항도 주시한다. 그는 놀라울 정도로 다감하고, 영리하며, 제자도와 실천 면에서 확실히 바울 계열의 '노장'이라는 인상을 준다.

요컨대, 해럴드 목사가 내 지역 목사였으면 좋겠다. 그러나 그럴 수 없다고 해도, 적어도 나에게는 그의 책이 있다.

폴 F. M. 잘
삼위일체 성공회 사역 학교의 전임 총장

신학적 기초가 탄탄하고, 기쁘게 종의 마음을 지니고 선교에 마음을 쓰는 미래 목사들과 교회 지도자들로 이루어진 신진 세대와 정기적으로 교류하는 나는, 그들에게 필요한 것은 믿을 만하고 경험이 풍부한 멘토들이라고 말할 수 있다. 그들은 자신들과 마찬가지로 기초가 탄탄하고 전문적이면서, 다년간의 충실한 목회에서 심원한 경험의 샘물을 길어 올리는 멘토들을 필요로 한다. 그런 멘토들은 언제나 부족하다. 그런 이유로 나는 해럴드 센크바일의 책《목자, 개, 양 떼》에 감사한다. 이 책과 저자는 균형 잡히고 사려 깊은 목회 신학을 제시한다. 많은 목사에게 도움이 될 책이다.

제이슨 듀싱
미주리주 캔자스시티 미드웨스턴 침례신학대학원 교무처장 및 역사 신학 부교수

해럴드 센크바일 박사야말로 목사직 관련 서적을 쓸 만한 적임자다.

이 책은 (역사적으로 루터교 성직자에게 895개의 혼란스러운 상황과 씨름하며 '대처하는 법'을 알려 주는 것과 같은) 보통의 '목회 신학' 안내서가 아니다. 오히려 이 책은 (죄 많은 치료자들이 죄 많은 영혼들, 괴로워하는 영혼들에게 그리스도의 치료를 끊임없이 전달하려고 하는 것과 같은) 영혼 돌봄을 다룬 훌륭한 목회 신학이다.

센크바일은 습성이라는 단어를 사용하여, 우리가 죄인이 아닌 위대한 사람이라고 잘못 생각하는 쪽에서부터 우리 목사들을 돌려세우려고 끊임없이 시도한다! 하지만 우리는 무죄하고 신성한 그리스도의 사절이기도 하다. 그리스도는 능히 치료하실 수 있고, 그렇게 하시는 유일하신 분이다. 주 예수여, 우리 목사들 가까이에 계셔 주소서!

로드 로젠블라트
어바인 컨콜디아 대학 명예 교수

우리는 목회 지도력이 도전받는 시대에 살고 있다. 수많은 목사가 교회 생활이라는 중요한 영역에서 성경 및 훌륭한 전통과는 다른 모델들로부터 실마리를 얻고 있기 때문이다. 그래서 해럴드 센크바일의 이 책과 같이 견실한 작품들이 필요하다. 이 책은 모든 참된 목회 지도력의 토대-목사의 영성 형성-에 관해 성경이 말하는 것을 회복하고 구체화한다. 매우 유용한 작품이다.

마이클 A. G. 헤이킨
남침례교신학교 교회사와 성서적 영성 교수

개인적 성찰과 목회 연구 집단에 알맞은 탁월한 책이다.《목자, 개, 양 떼》는 우리를 초대하여 우리의 직무를, 성육하신 그리스도의 관점에서, 그분의 몸인 교회를 돌보는 관점에서 숙고할 수 있게 한다.

데일 A. 메이어
미주리주 세인트루이스 컨콜디아 신학교 총장

목사는 본래 심리학자도 아니고, 사업가도 아니며, 최고 경영자도 아니다. 전통적인 기독교에 따르면, 목사는 영혼의 의사다. 목사는 의사가 환자에게 하는 일-질병이 발생할 때 환자의 육체적 건강을 위해 장기적 돌봄과 특별한 치료를 제공하는 일-을 신도에게 수행한다. 시련을 겪는 신도들이 하나님과 관계를 맺도록 그들에게 영적인 돌봄을 계속 제공하며 그들의 영혼을 치료하는 것이다. 이 책은 영적인 문제를 진단하고 치료하는 법을 제시하면서 그런 차원의 목사직을 회복한다.

센크바일 박사는 자신의 사역에서 길어 올린 생생한 사례들을 토대로, 목사들이 수행하도록 부름받은 모든 범위의 일(복음 전도에서 죽어 가는 사람에 대한 봉사에 이르기까지, 세속적인 경영에서 영적인 전쟁에 이르기까지)을 다루고, 목사들이 붙잡고 씨름해야 하는 신도의 문제와 목사 자신의 문제(성적인 죄, 영적인 권태, 탈진)도 다룬다.

센크바일 목사는 목사들에게 그들의 사역이 행동에 달려 있지 않고, 그들의 직무 덕분에 그리스도께서 친히 그들을 통해 일하신다는 것을 상기시킴으로써 부담을 덜어 준다.

루터교 목사만 그에게 배울 수 있는 것이 아니다. 이 책이 주는 영감을 목사만이 얻을 수 있는 것도 아니다. 평신도인 나는 이 책을 통해 내가 출석하는 교회의 모든 목사가 나를 위해 수행한 모든 일을 알게 되었다.

진 에드워드 베이트
God at Work: Your Christian Vocation in All of Life 저자

반세기에 가까운 목회 사역을 요약하는 것은 결코 작은 일이 아니다. 그토록 오랜 헌신을 정제하여 감탄을 자아내는 화법으로 유용하게 개관하다니 대단히 놀랄 만한 일이다. 그런 책을 실용적으로 만들어 내다니 실로 주목할 만한 일이다. 해럴드 센크바일 목사의 《목자, 개, 양 떼》는 교회 안에서 영혼 돌봄을 위임받은 이들을 가르치고 거들어, 그들이 자신들의 섬김을 위대하신 목자의 일에서 찾도록 해 준다. 그는 책에서 그의 목사직에서 드러난 우리 주 그리스도의 은혜로운 활동을 우리와 공유한다. 이 책은 목사들에게 참으로 반갑고 고마운 책이며 앞으로도 그럴 것이다!

로런스 R. 라스트 주니어
인디애나주, 포트웨인, 컨콜디아 신학교 총장

THE CARE OF SOULS

목자, 개, 양 떼

2023년 3월 15일 초판 1쇄 인쇄
2023년 3월 29일 초판 1쇄 발행

지은이 해럴드 L. 센크바일
옮긴이 김순현
기획 강동현, 강선, 윤철규
편집 문선형, 정유진
디자인 잔
제작 강동현
펴낸이 최태준
펴낸곳 무근검

주소 서울특별시 송파구 올림픽로 4길 17, A동 301호
홈페이지 www.facebook.com/lampbooks
이메일 book@lamp.or.kr   **전화** 02-420-3155   **팩스** 02-419-8997
등록 2014. 2. 21. 제2014-000020호
ISBN 979-11-87506-91-1 (03230)

THE CARE OF SOULS

목자, 개, 양 떼

HAROLD L. SENKBEIL

성도가 바라는 목사

해럴드 L. 센크바일 지음 | 김순현 옮김

일러두기

● 본문 속 성경 구절은 주로 새번역 성경을 인용하였으며, 옮긴이가 번역한 경우는
  옮긴이 사역으로 표시했습니다.

● 각주에서 ·표시는 옮긴이 주입니다.

● 본문 속 볼드체는 원서에서 이탤릭체로 표기된 부분입니다.

● 본문에 《 》로 표기된 것은 도서를, 〈 〉로 표기된 것은 도서 외 작품을 가리킵니다.

여러분은 자기 자신을 잘 살피고 양 떼를 잘 보살피십시오.
성령이 여러분을 양 떼 가운데에 감독으로 세우셔서,
하나님께서 자기 아들의 피로 사신 교회를 돌보게 하셨습니다.

행 20:28

CONTENTS

_____ 설교, 교회 지도력, 비전, 전략을 다룬 책들이 수많은 출판사에서 계속 나오고 있다. 특정 분야의 인구 통계(목회에 필요한 객관적 인구 통계 자료-편집자)를 구하고자 하는 목사들을 위한 학회도 많이 열리고 있다. 지금까지 줄곧 목사들은 사역에서 손을 떼고 있고, 교인들은 다른 곳에서 영적 양육을 구하지 않으면 안 된다고 느끼고 있다.

무슨 일이 일어나고 있는 것인가? 오로지 영혼을 치료하기 위해 사역을 시작했던 그 많은 목사들이 왜 사역을 견딜 수 없는 짐으로 여기는가? 기법은 넘쳐 나건만, 그리스도의 양 떼를 돌보는 목자가 될 뜻을 품은 사람들에게 도움이 될 수단은 거의 없으니 어찌 된 일인가? 해럴드 센크바일은 이 책에서 이 문제에 대한 최상의 설명을 제공할 뿐 아니라, 이제껏 내가 여러 해 동안 보아 온 대안 중 최상의 대안도 제시한다. 내 오랜 친구 해럴드는, 복음을 목회 사역에 적용하는 방법에 관한 몇 권의 실제적 입문서 중 한 권으로 나에게 감명을 주었다. 그의 저서 중에서 내가 개인적으로 중요하게 여긴 것은 그의 첫 책《죽어서 살기: 용서의 힘Dying to Live: The Power of Forgiveness, 1994》이다. 그 책의 주제인 성화聖化는 구원 안에서 '우리가 하는 일'이 아니라, 그리스도께서 자기의 영으로 (언제나 복음을 통해) 수행하시는 일이다. 그리스도인의 삶은 용서와 칭의로 움직일 때 참으로 자유롭게 된다. 그리스도의 은혜와 그리스도를 아는 지식과 그리스도에 대한 복종 속에서 성장해 가는 것은 그리스도 자신-그분의 인품 및 그분의 일-과 하나 됨의 결과다.

《목자, 개, 양 떼》는 취지는 같지만, 목사들을 겨냥하여 쓴 책이자, 복음이 다른 사람들은 물론이고 목사에게 무엇을 의미하는지를 좀 더 면밀하게 다룬 책이다. 만일 목사가 일생토록 복음으로 움직이지 않는다면, 당연히 신자는 칭의와 성화 사이의 불연속을 경험하게 될 것이다. 그리스도께서 한쪽의 중심만 되시고, 다른 쪽의 중심은 되지 못하시는 것이다.

그러나 이 책은 기독교 중심 교리에서 뽑아 낸 목회 신학 그 이상의 책이다. 이 책은 종교개혁 유산에 닻을 내리고 있어서 신학적 식견이 넓은 것 외에도 풍부한 통찰을 담고 있다. 이는 저자가 50년 동안 목회에 몸담고, 여러 해에 걸쳐 신자뿐만 아니라 목사들을 대상으로 목회에 힘써 온 삶의 결실이다. 목사인 우리는 구원의 기쁨을 잃을 수 있듯이, 소명의 기쁨도 잃을 수 있다.

젊은 복음주의자들 사이에서 종교개혁과 그 신학에 관한 관심이 크게 되살아난 일이 있었다. 그것은 매우 흥미진진한 일인데도, 지금은 현저히 줄어든 상태다. 칭의, 하나님의 택하심, 그리고 하나님이 그리스도 안에서 값없이 베푸시는 은혜에 관한 여타의 진리들은 종종 복음의 폭넓은 맥락에서 솟아난 것들이다. 하지만 실제 목회 사역과 관련하여, 다수의 '젊고 활동적인 개혁교회' 목사들은 어디에 의지해야 할지를 모른 채, 그저 신학교 교육 과정에 의지하거나, 전혀 다른 방향에 근거한 자원들에 의지한다. 그들은 새로운 교리를 배웠을지도 모른다. 그러나 종교개혁의 경건은 교리에 불과한 게 아니다. 종교개혁의 경건은 이 세상에서 하나님과 인류와 구원과 소명을 이해하고 부활의 소망을 이해하는 새로운 길이다. 그것은 목사가 되는 새로운 길, 하나님의 백성을 이끄는 새로운 길이다. 낡은 가죽 부대를 깁지 못하듯이, 몇몇 그리스도 중심 교리를 본질상 인간 중심적인 목회 사역 접근법에 덧대어 기울 수는 없다. 종교개혁은 그저 교리적 정확성에 관한 것이 아니었다. 종교개혁은 그리스도 안에서만 발견할 수 있는 구원에 관한 것이었다. 신자들에게도 그러했다. 그 결과로서 루터교 전통과 개혁교회 전통은 영혼 치료에 관한 다량의 문헌을 생산해 냈다. 이 유산은 오늘날 대부분 알려지지 않은 상태다. '칼뱅주의 5대 교리'나 '칭의'를, 종교개혁 지도자들의 기본 통찰들과는 근본적으로 뜻이 맞지 않는 사역 접근법에 덧대어 깁기는 쉽다. 많은 이들이, 종교개혁으로 몇 가지 중요한 교리를 되찾기는 했지만 성경의 경건과 목회 사역을 풍부하게 해설하기 위해서는 다른 곳을 의지해야 한다고 생각하는 것 같다. 이것은 우리 시대에 절실히 필요한 복음적 지혜를 제공해 줄 수 있는 방대한 자원을 무시하는 처사다. 루터교 전통과 개혁교회 전통 사이에는 서로 겹치는 강조점이 여럿 있다. 하지만 각 전통은 나름의 완전성을 갖춘 체계다. 두 전통이 저마다 사역, 목회적 돌봄, 훈련에 접근하는 방법은, 기독교 신앙과 실천을 좀 더 폭넓게 해석하는 데 중요한 연결 고리 역할을 한다.

나는 개혁교회 목사로서 이 책을 읽으면서 마르틴 부처Martin Bucer의 《참된 영혼 돌봄에 관하여Concerning the True Care of Souls》를 떠올리지 않을 수 없었다. 마르틴 루터의 동시대인이자 장 칼뱅의 멘토였던 부처는 서문에 인사말과 함께 이런 소견을 썼다. "교회 규율과 질서에 관해 무언가를 말하자마자, '전통들과 인간의 속박된 상태를 되찾고 싶어요'라고 말하는 사람은 얼마 되지 않는다." 종교개혁은 1,600년 동안 이어져 온 목회 신학을 내던져 버리지 않았다. 그러기는커녕 말씀을 하나님 백성의 삶에 공적으로 그리고 사적으로 적용하는 데에 사역의 초점을 다시 맞추었다. 루터교 신조와 개혁교회 신조는 가장 가까운 친척이다. 특히 영미 복음주의에 영향을 미친 경건주의와 신앙 부흥 운동의 궤적들과 비교해 볼 때 그러하다. 루터교 신조와 개혁교회 신조는 칭의와 성화와 영화의 원천인 믿음을 통하여 그리스도께만 초점을 맞춘다. 두 신조 모두, 성화는 복음에 의해 움직인다고 주장한다. 두 신조는 말씀 사역과 성례전 사역을 중시한다. 말씀과 성례전은, 하나님이 현세에서 죄인들에게 일생토록 베푸시는 은혜의 원천이다.

그렇지만 두 신조에는 차이가 있다. 나는 이 차이에서 우애에 기초한 교정과 권고뿐만 아니라 격려도 발견한다. 복음주의자들은 좀처럼 루터교 신조의 자료를 접하려 하지 않는데, 이는 애석한 일이다. 이 책은 목회와 관련한 루터교의 독특한 강조점이 얼마나 풍부한 것인지를 설득력 있게 입증한다. 우리 모두에게는 이 지혜가 필요하다.

해럴드 센크바일은 별도의 실용서를 제공하지 않는다. 그렇지만 이 책은 이론서에 불과한 게 아니다. 그렇기는커녕, 그는 **습성** habitus이라는 오래된 신학 개념에 초점을 맞춘다. **습성**은 이러저러하게 굳어진 성질을 의미한다. 예컨대, 예술품을 늘 만들어 내지는 못해도, 누구나 예술가가 될 성향을 지니고 있을 수 있다. 영혼을 돌보는 최고의 의사들은, 자신들의 주된 관심사가 외적 습관이나 행동이라기보다는 영혼의 형태, 곧 영혼의 방향, 영혼의 목적, 영혼의 진로, 영혼의 욕망임을 인정했다. 여기에는 "헌 것이 다시 새것이 된다"라는 격언이 딱 들어맞을 것이다. 루터교의 고전 자료에 의지하는 해럴드의 통찰들은 오늘날 우리의 혼란스러운 상황에 매우 적절하다.

목사의 형성은 신자의 형성에 어떤 영향을 미치는가? 예수의 이름으로 수행하는 즐겁고 확신에 찬 사역은 어떻게 그리스도의 몸 전체에 같은 확신을 불어넣는가? 우리는 목사를 영혼의 의사로 보는 고전적 관점을 회복하여, 죄와 은혜와 밀접한 관계에 있는 문제들에 대한 진단과 치료법을 제공할 수 있을 것인가? 해럴드는 필요한 논거들을 제공할 뿐만 아니라, 50년 동안 신자와 목사들을 섬긴 경험에 의지하여 솔직한 일화와 예화도 제공한다. 이 책은 목회 사역의 구체적인 문제를 다루는 매우 실용적인 책이다.

독자들은 이 책이 담고 있는 것에 다 찬성하지는 않을 것이다. 루터교와 개혁교회는 중요한 문제들에서 의견이 갈린다. 그러나 이 책에서 제기하는 핵심 관심사에 관해서는 두 전통의 견해가 같다-우리 시대에 종교개혁의 강조점들을 되찾고 있다고 주장하는 다수의 사람에게는 어느 정도 다르게 보이겠지만, 루터교의 생생한 목회 사역 전통이나 개혁교회의 생생한 목회 사역 전통과 실제적 연관이 없는 사람들에게는 거의 다르게 보이지 않을 것이다. 루터교는 더 넓은 기독교 교회에 건네줄 선물을 지니고 있다. 수십 년이 지난 지금, 나는 내가 몸담은 개혁교회 전통 속에서 루터교 요소들에 감사하게 되었다. 그 요소들에는 말씀 사역과 성례전 사역에 집중적으로 헌신하는 것도 포함되어 있다. 하지만 나는 루터와 그의 후예들이 여러 주제를 놓고 표명한 다른 의견에도 감사하게 되었다. 루터가 성화, 교회 생활과 규율, 목사들과 목회 사역에 관해 아무 말도 하지 않았다고 생각하는 사람은, 이 책을 읽고 나면 생각이 달라질 것이다.

역사를 바로잡는 것보다 더 중요한 것은, 우리 모두 《목자, 개, 양 떼》를 읽고 신자를 돌보며 목사도 돌보도록 부름을 받는다는 것이 무슨 뜻인지를 전혀 다른 관점으로 볼 수 있게 되는 것이다. 부디 이 책이 지금은 물론이고 미래 세대에도, 특히 사려 깊은 지도자들이 진실로 복음에서 유래하는 **실제**를 추구하는 곳 어디서나 표준 독본이 되기를 바란다.

추천사

마이클 호튼Michael Horton

캘리포니아 웨스트민스터 신학교

존 그레셤 메이천J. Gresham Machen

조직신학 및 변증학 교수

"*많은 책들을 짓는 것은 끝이 없고*"

전 12:12

———— 그런데 여기 한 권이 더 있다. 이 책의 표지를 펼친 지금, 여러분은 내가 이 책을 여러분을 위해 썼다고 확신할 수 있을 것이다. 여러분은 목사이거나 학자이거나 하나님께서 어떻게 영혼의 목자를 만들어 내시는지에 관심을 가진 사람일 수도 있다. 정확히 여러분은 셋 다일 것이다. 여러분은 남성이거나 여성일 수 있고, 성직자이거나 평신도일 수 있다. 그러나 나는 여러분이 누구이든 간에 이 책의 페이지들 속에서 유용한 것을 얻기 바란다. 나는 내게 주어진 것을 가지고 내가 할 수 있는 최선을 다했다. 다른 이들이 내게 건네준 지혜와 통찰을 얼마간 여러분에게 전하는 것이 내 목표다. 나는 어떤 권위도 주장하지 않는다. 솔직히 말해서, 여러분이 소위 사역 전문가라는 사람을 만나려 한다면, 다른 길로 달려가는 게 좋을 것이다. 여러분이 이 책과 관련하여 먼저 알아 둘 것은, 내가 모든 답을 아는 체하지 않는다

는 것이다.

여러분이 혼자 힘으로 목회 직무에 종사하는 것은 무모하고 위험한 일이다. 예수께서 제자들을 둘씩 짝지어 파송하신 것도 그 때문이고, 신약성경의 모든 선교 명령이 복수형인 것도 그 때문이다. 우리는 이 사업에서 단독 사업가들이 아니다. 그리고 이것은 사업이 아니다. 오히려 이것은 성 삼위일체의 영원한 선교에 근원과 목표를 두는 사역이다. 세상이 시작되기 전에 성부 하나님이 계획하신 것은 모두 그분의 독생자 우리 주 예수 그리스도께서 성취하신 것이자, 하나님으로부터 선포된 말씀과 그분의 이름으로 베풀어진 성례전을 통해 성령께서 활동하시면서 날마다 계속 전하시는 것이기도 하다. 목사는 대리 자격으로 다른 사람을 위해 활동하면서 제 것이 아닌 선물들을 가져다준다. 목사는 주 예수의 대리인이며, 그분과 함께 일하면서 하나님의 선물들을 관리하는 청지기다. 우리는 결코 목회 직무에 홀로 뛰어들어서는 안 된다. 우리는 동역자들의 교제와 지원을 구해야 한다.

그러므로 나는, 육신이 되신 말씀에 희망을 두는 과거 세대와 현재 세대와 미래 세대의 목사들에게 이 책을 바친다. 우리보다 먼저 용감하게 걸어간 이들은 진정한 선배들이다. 그들의 모범이 없었다면, 우리는 눈먼 상태로 걷고 있을 것이다. 지금 무거운 짐과 즐거움을 함께 나누며 용맹스럽게 전진하는 이들은 이 탐색 여행에서 꼭 필요한 동료들이다. 열정을 품고 우리의 뒤를 잇는 이들은 후배들이다. 우리는 그들의 길을 준비하고 있다. 선배들이든 동료들이든 후배들이든 간에, 우리는 모두 이 일에 함께하고 있다. 우리 중에서 우리의 직무를 맡을 자격이 있는 사람은 하나도 없다. 사실상 이 직무는 우리 중 누구보다도 중요하다. 우리는 모두 힘을 합쳐도, 오솔길을 가장 먼저 개척하시고, 우리를 부르셔서 자기 발걸음을 그대로 따르게 하시는 분의 신발 끈을 묶을 자격도 없다.

이 책은 잉태 기간이 길었다. 여러 면에서 보건대, 이 책은 발간되어 나오기까지 평생의 세월이 걸렸다. 이 책에서 나는 농장에서 보낸 어린 시절의 여러 삽화를 공유하고자 한다(그림은 원서에서 확인 가능함-편집자). 그 시절은 일찍부터 나를 형성해 주었다. 또 나는 실제 사역 모습을 묘사한 몇 장의 스냅도 함께 공유하려고 한다. 그것들은 내가 거의 50년이 넘도록 하나님의 죄인-성도로부터 무엇을 배웠는지를 보여 주는 창문 역할을 할 것이다. 내 사랑하는 아내 제인 네세트 센크바일Jane Nesset Senkbeil은 줄곧 나를 지지해 준 사람으로서 이 책의 곳곳에 적절하게 등장한다. 그녀는 내 필생의 연인이며, 여러분은 그녀가 어째서 나에게 딱 맞는 조력자인지를 이 지면들에서 보게 될 것이다. 사실상 그녀가 없었다면, 오늘의 나는 있을 수 없을 것이다.

이 책은 고립 상태에서 생겨난 것이 아니다. 많은 사람이 이 책의 탄생에 관여했다. 이 책을 써야겠다는 생각이 처음 떠오른 것은, 내 소중한 동료 베벌리 양키 박사Dr. Beverly Yahnke와 가진 대담에서였다. 베벌리와 나는 20년 가까이 그 대담에 관여해 왔다. 그녀가 그리스도인 심리학자로서 오랫동안 교회 사역자들과 그 가족들을 지원하며 쌓은 경험에서 우러난 통찰들은 'DOXOLOGY: 루터교 영적 돌봄과 상담 센터(www.doxology.us)'를 출범시키는 데 헤아릴 수 없을 만큼 중요한 역할을 했다. 그 시작 무렵부터 그녀는 나에게, 차분히 앉아서 목사들을 위한 책을 쓰라고 독촉해 왔다. 내가 그녀에게서 배우고, 그녀와 함께 DOXOLOGY 공동 이사들을 세우면서 배운 것이, 여러분이 막 읽으려고 하는 이 책에 큰 영향을 미쳤다.

이 책에 반영된 신학적 통찰과 영적 통찰은, 필자가 교회의 공동 전통에서 '영혼의 치료cure of souls'로 불리는 고전 유산을 공부하면서 얻은 것들이다. 20세기에 이 고전 유산을 옹호한 분들이 특히 나에게 영향을 미쳤다. 작고한 토마스 오든Thomas Oden은 드루 대학교에서 신학과 윤리를 가르치면서, 자신이 꾸린 '젊은 구닥다리young fogies'라는 동아리를 이끌었다. 이 동아리는 토마스의 인도를 받으면서, 유행을 좇는 현대 신학의 경향에 반기를 들고, 목회 신학자들의 더 깊은 원천인 고대의 고전 유산을 흡수하여, 동아리 밖의 우리에게 영적 통찰력을 제공했다. 유진 피터슨Eugene Peterson도 여러 해 동안 볼티모어 교외의 교구 목사로 사역하고, 밴쿠버 리젠트 대학에서 영성 신학을 가르치면서, 일시적으로 유행하고 마는 대중적 사역 경향에도 불구하고 이 고전적 접근법을 수년에 걸쳐 꾸준히 옹호했다. 목사로, 목회 신학 선생으로 활동한 나의 모든 세월을 회고하건대, 이분들의 독창적인 저작이 나의 사색에 지대한 영향을 미쳤다고 할 수 있다.

그러나 호주 애들레이드 루터 대학교의 신학 명예 교수인 존 클라이닉John Kleinig이 중추적인 영향을 미치지 않았다면, 여러분이 손에 들고 있는 이 책은 결코 구체화되지 못했을 것이다. 성경 주석에서 드러나는 그의 탁월한 통찰과 신학적 깊이가 목회자로서의 놀라운 직관과 결합한다. 이 충실한 사역의 구성 요소들이 여러분이 막 읽으려고 하는 이 책의 매 지면에 가득 담겨 있다. 존은 학자로서 목사로서 박식함과 지혜를 겸비하고 있을 뿐만

머리말

아니라, 참으로 따스한 인간미와 훌륭한 유머도 아울러 겸비하고 있다. 그는 DOXOLOGY의 설립과 그 훈련 프로그램에 일찍부터 고문으로 참여했으며, 그와 나는 여전히 친구이자 동료로 지내고 있다. 그가 이전에 가르치던 학생들은 애정을 듬뿍 담아 그를 "존 선생님"이라고 불렀다. '존 선생님'과 같은 신학 대가와 우정을 쌓으면서 이 촌놈의 콧대가 현저하게 낮아지고 있다. 하지만 그도 호주의 한 작은 농장에서 자랐음을 참작한다면, 그와 내가 유사한 길을 걷고 있는 것은 조금도 우연한 일이 아닐 것이다.

렉스헴 출판사의 편집부가 인쇄와 디지털 미디어에 대한 남다른 전문적 지식을 가지고, 내 말들을 효과적으로 전달하여 여러분이 주의를 기울일 수 있게 해 주었다. 인내심 강하고 사려 깊은 편집자 토드 헤인즈Todd Hains에게 특별히 감사한다. 그는 세세한 부분에 이르기까지 꼼꼼히 손질해 줌으로써 내 말을 읽을 만한 것이 되게 해 주었다. 대가다운 삽화로 내 어린 시절의 전원생활은 물론이고, 교회 사역의 핵심인 하나님의 말씀과 성례전까지 조명해 준 스케이프고트 스튜디오스Scapegoat Studios의 조너선 마이어Jonathan Mayer에게도 깊이 감사한다.

여러분은 이 책의 곳곳에 흩뿌려져 있는, 목사에게 우정이 얼마나 중요한가에 대한 내 의견을 듣게 될 것이다. 확신하건대 사람들 사이에서, 특히 사역에 종사하는 사람들 사이에서 우정의 기술이 애처롭게도 보잘것없이 찌부러지고 말았다. 이 책이 마침내 햇빛을 보게 된 여러 이유 중 하나는, 나에게 잔소리를 끊임없이 해 줄 수 있는 훌륭한 친구와 함께하는 복을 받았기 때문이다. 루카스 우드퍼드Lucas Woodford는 여러 해 전부터 이 작업을 지속하도록 재촉했다. 그는 이 작업에 대해 대단히 끈질긴 자세를 유지했다. 이 책의 주요 주제들은 개인적인 의견 교환과 직업상의 의견 교환 속에서 구체화됐다. 우리는 지난 10여 년 동안 이 의견 교환을 통해 점점 돈독한 우정을 쌓았다. 아우구스티누스Augustine는 자신의 친한 친구 알리피우스Alypius를 "프라테르 코르디우스 메이frater cordis mei(내 마음의 형제)"라고 했다. 나는 루카스가 알리피우스 같은 사람이 되어, 내 삶을 매우 충만하게 해 주고, 나의 사역 비전을 넓혀 준 것에 대해 날마다 하나님께 감사한다. 나는 여러분 모두에게도 그러한 친구들과 형제들이 생기게 해 달라고 기도한다.

"예수께서 세 번째로 물으셨다. '요한의 아들 시몬아, 네가 나를 사랑하느냐?' 그 때에 베드로는, 예수께서 '네가 나를 사랑하느냐?' 하고 세 번이나 물으시므로, 불안해서 '주님, 주님께서는 모든 것을 아십니다. 그러므로 내가 주님을 사랑하는 줄을 주님께서 아십니다' 하고 대답하였다. 예수께서 그에게 말씀하셨다. '내 양 떼를 먹여라'"(요 21 : 17).

지속 가능한 목회 직무의 비법은 이러하다. 즉, 여러분은 여러분 자신이 받지 않은 것을 다른 이들에게 줄 수 없다는 걸 깨달아야 한다는 것이다. 예수께서 먼저 여러분을 사랑하시고, 그래서 여러분이 그 보답으로 그분의 양 떼와 어린 양들을 그분의 이름으로, 그분을 대리하여 사랑함으로써 그분을 사랑하는 것이다. 목회 사역을 정의해 보자면, 그것은 사랑의 사역이라고 할 수 있을 것이다. 그것은 사랑의 끊임없는 사슬에 또 하나의 고리가 되어, 어느 어두운 금요일 저 멀리 예루살렘 성문 밖 갈보리로 다시 이어지는 사역일 것이다. 그곳은 생명의 주님을 못질하여 참혹한 죽음을 맞게 한 곳이다. 그분께서는 그런 죽음을 맞을 분이 아니었지만, 기꺼이-심지어 기쁘게-맞이하셨다. 그분께서는 우리를 살리시려고 자기의 목숨을 내주셨고, 죽음에서 살아나셨으며, 영원한 생명에 이르셨다.

목사가 제아무리 동정심이 많고 공감 능력이 뛰어나다고 해도, 그는 그리스도의 양 떼를 효과적으로 먹이는 데 필요한 것을 생각해 낼 방도가 없으며, 양 떼의 마음에 있는 고통과 상처와 손상을 돌보는 데 필요한 것을 생각해 낼 방도는 더더욱 없다. 그는 조만간 고갈될 것이며, 대개는 더 빨리 고갈되고 말 것이다. 나는 그것을 어렵게 깨달았다. 젊은 목사 시절의 나는, 사람들에게 나 자신의 사랑과 동정을 베푸는 것이 내가 그들을 위해 할 수 있는 최선이라고 생각했다. 물론 그것은 잘못된 생각이었다. 하지만 오래전 그때는 잘 몰랐다. 목회 초기였던 그 시절이 지나고, 나는 교훈을 배우기 시작했다. 거의 50년이 지난 지금도 여전히 배우고 있는 그 교훈은 이와 같다. 이를테면 우리 목사들이 그리스도의 양들과 어린 양들에게 주어야 할 최선의 것은 우리 내부에서 오는 것이 아니라, 그리스도에게서 온다는 것이다. 그분의 사랑은 우리를 통해서 수행된다. 우리가 그분에게서 받은 사랑을 베풀 때, 그분의 사랑은 그 목적지에 다다른다. 우리가 사랑하는 것은 그분이 먼저 우리를 사랑하셨기 때문이다(요일 4:11, 19).

그리스도의 사랑은 결단코 고갈되지 않는다.

끝으로, 여러분은 내가 신념과 신조 면에서 루터교 신자라는 사실을 알아 두면 좋겠다. 그렇다고 겁내지는 마라. 여러분이 내 교리적 신념을 공유하든 않든 간에, 나는 특별히 여러분을 염두에 두고 이 책을 썼다. 기독교의 모든 신조는 저마다 나름의 상투적인 문구와 글을 담고 있다. 이 책에서 나는 여러분이 뜻 모를 용어에 얽매이지 않고 내 생각의 노정을 포착할 수 있게 하려고 되도록 최선을 다해 '루터교 용어'를 피하려고 했다. 하지만 식별력이 있는 독자는 나의 루터교 복장이 보이는 것을 금방 알아볼 것이다. 예컨대, 루터가 쓴 교리 문답서의 언어는 나의 사고를 구체화하고, 이전에 성도들에게 전해진 신앙을 명확히 표현하게 해준다. 이는 마치 여러분 자신의 전통이 여러분의 사고와 신앙에 영향을 미치는 것과 같다. 하지만 나는 내가 받은 것을 여러분과 기꺼이 공유할 참이다. 이는 여러분이 이 통찰들을 목회 사역에 대한 여러분의 시각에 반영할 수 있게 하려는 것이다. 어쨌든, 루터교의 가르침은 협소하지 않으며, 실로 보편적이다. "저 고대의 일치된 합의는 그리스도의 보편적이고 정통적인 교회들이 믿은 것으로서 수많은 이단과 오류들에 맞서 싸워 재확인한 것이다."[1]

나는 이 머리말을 교회력에 따로 구별된 날에, 예수를 미리 알린 세례자 요한에게 감사하면서 쓰고 있다. 이것은 특히 적절해 보인다. 나는 '수호성인'을 믿지는 않지만, 옛적의 성인들-특히 요한-이 본을 보이며 우리에게 많은 걸 가르친다고 생각하기 때문이다. 목사들이 성인들 가운데서 한 사람을 수호성인으로 모신다면, 확실히 요한이 그 성인이 될 것이다. 사촌 예수에 대한 요한의 증언은 여러 면에서 이 책의 숨겨진 의미라고 할 수 있다. 나

1 "Preface to the Book of Concord," in *The Book of Concord: The Confessions of the Evangelical Lutheran Church*, eds. Robert Kolb and Timothy J. Wengert (Minneapolis: Fortress Press, 2000), 5.

는 다음과 같은 요한의 말이 여러분을 다그쳐 탁월한 목회로 나아가게 하기를 바란다. "그는 흥하여야 하고, 나는 쇠하여야 한다"(요 3:30).

해럴드 L. 센크바일
2018년 6월
세례자 요한의 탄생 축일에

목회 기술
농장에서 자란 소년의 이야기

———— 나는 유년 시절과 청소년 시절을 미네소타 서부의 한 농장에서 보냈다. 그 농장은 내 아버지의 농장이었고, 그 전에는 내 조부의 농장이었다. 현대의 기준으로 보면, 그 농장은 대단한 게 아니었고 작은 밭에 불과했다. 하지만 그 농장은 내게 완전한 세계였다. 그것은 실로 아름다운 세계였다. 어머니와 아버지는 가장 이른 새벽부터 땅거미가 내려앉을 때까지, 때로는 밤늦게까지 열심히 일했다. 하지만 어쩐지 그것은 일로 생각되지 않았다. 그분들에게 그것은 삶이었다. 그것은 나의 삶이기도 했고, 내 두 여동생의 삶이기도 했다. 여동생들은 한때 그 삶에서 성공하기도 했다.

나의 가장 이른 유년 시절에 대한 기억은 흙, 태양과 비, 한없이 화창한 여름날과 쾌적함, 차고 얼얼한 겨울바람, 딱딱하게 굳어 발밑에서 저벅저벅 소리를 내는 눈과 밀접한 관련이 있다. 새로 갈아 일군 밭에서 풍기는 자극적인 냄새, 새로 베어 낸 건초용 풀 더미에서 피어나는 달콤한 향기도 있었고, (한쪽 끝으로 들어가는 것은 결국 다른 쪽 끝으로 나오게 마련이므로) 가축 똥거름이 내는 불가피한 악취도 물론 있었다. 가축을 돌볼 때면 먹이도 준다. 그러면 나중에는 상당량의 더미가 된 똥거름을 청소하게 된다.

나는 바로 그 수수한 농장에서 아버지를 곁에서 도우며 사실상 나의 목회 도제 기간을 채웠다. 끝내야만 하는 일이 항시 있었고, 그것도 많이 있었다. 아버지는 여느 농부들처럼 다소 느긋했지만, 근면한 사람이었다. 젖소들에게 먹이를 주고, 돼지들에게 밥찌끼를 주고, 달걀들을 거두어들이고, 삽으로 똥거름을 퍼내고, 건초용 풀을 베어 낸 다음 짐짝으로 만들어 쌓아 올리고, 옥수수를 먼저 심어 재배하고, 따서 껍질을 벗기고, 그 알갱이들을 송곳으로 훑어 수확해야 했다. 나는 아버지에게서 '모든 일 중 최고의 일은 그 자체를 위해서 행하는 것'이라는 매우 귀중한 교훈을 배웠다.

나는 가장 어린 시절에 아버지가 한 쌍의 말, 곧 충실한 피트와 커널을 우리의 2열 옥수수 파종기에 메거나 덤프 레이크dump rake•에 메고, 마른 참새귀리를 그러모아 더미로 만들어 큰 건초 더미에 쌓아 올리는 모습을 보았다. 그 시절의 후반에 나는 아버지에게 점심을 날라다 드리곤 했는데, 그럴 때면 아버지는 7월의 뙤약볕 아래에서 귀리 다발이나 밀 다발을 손수 텐트 모양으로 맞세워 서로 의지하게 하려고 애쓰곤 했다. 내가 예닐곱 살의 어린 나이에 처음으로 맡은 큰일은 트랙터 운전이었다. 아버지가 귀리 단이나 밀 단을 건초용 쇠스랑으로 능숙하게 떠서 단 적재

———

• 두 바퀴 사이에 갈퀴rake를 설치한 목초 수집용 농기구.

용 마차에 높이 쌓아 올리면, 나는 트랙터를 운전했다. 아버지와 나는 무겁게 적재한 마차를 트랙터에 연결하여 고정식 탈곡기가 있는 데로 의기양양하게 끌어가곤 했다. 탈곡기는 벨트 구동 형식의 포효하는 커다란 괴물 같은 기계였다. 그것은 강철 주둥이로 곡식단을 썹어 그 결과로 생긴 부스러기를, 빠르게 흔들리는 격자 선반과 체로 구성된 내부 장치를 통해 걸러 내어 풍부하게 넘치는 알곡을 대기 중인 마차에 쏟아 내고, 나머지 짚과 찌꺼기를 강력한 풍구 주둥이를 통해 점점 불어나는 황금빛 더미 위로 토해 냈다. 그러는 동안, 부엌에서는 어머니와 집안 일꾼들이 뜨거운 오븐과 김을 푹푹 내뿜는 솥 주위에서 농장 일꾼들만큼 열심히 일하면서 빵과 롤, 엄청난 양의 맛 좋은 으깬 감자, 고기와 고깃국물, 맛있는 샐러드와 푸성귀, 정말 맛 좋은 파이와 케이크를 준비하여, 이웃 남자들과 소년들로 이루어진, 배고파 죽을 지경인 타작반을 종일토록 살찌웠다.

그때는 몰랐지만, 하나님께서는 그토록 오래전에 그 소박한 시골 환경에서 나에게 목회 사역을 준비시키신 것이었다. 내가 충실한 가축 농업과 꼼꼼한 곡물 경작을 직접 관찰하는 동안, 하나님께서는 내가 지금까지 거의 50년 동안 종사해 온 일을 위한 기초를 놓고 계셨다. 그것은 영혼 돌봄과 영혼 치료의 기술이었다.

기술 익히기

내가 여러 해에 걸쳐 모신 모든 스승에 대하여, 특히 나에게 성경과 신학을 가르쳐 주신 분들에 대하여 하나님께 감사드린다. 신학은 목회 사역의 핵심에 자리한 학문(지식)이다. 하지만 목회적 돌봄의 기술도 신학이라는 학문 못지않게 똑같이 중요하다. 모든 지식 체계는 그에 상응하는 기술-신중하고 면밀한 적용-이 없으면 불완전하다. 그러므로 지식(학문)과 장인의 기능(기술)이 목회자의 형성에 함께 필요하다. 한쪽은 다른 한쪽이 없으면 불완전하다.

회고해 보니, 나의 목회 교육이 아주 일찍부터 시작되었음을 알겠다. 나는 아버지와 어머니로부터 신학을 얼마간 배웠다. 그분들은 나의 첫 교리 문답 교사이자 선생님이었다. 그분들은, 나를 지으시고 구원하시고 거룩하게 하신 하나님을 알고 사랑하는 법을 가르쳐 주었다. 나는 교회에서 그리고 우리 집 식탁에서 그분들 사이에 앉아서 기초 성경 수업을 받았다. 우리 집 식탁은 기도하는 곳이었으며, 토요일 밤마다 나의 주일학교 수업을 충실히 예행하는 자리였다. 수업은 매주 한 차례 반드시 해야 하는 목욕을 마치고 나서 진행되었다. 그리스도인의 삶은 배우는 것이 아니라 사로잡히는 것이었다. 부모님이 나를 사랑하고 바로잡고 용서할 때, 나는 그리스도인의 삶이 내 눈앞에서 드러나는 것을 보았다.

나는 신학적으로 좀 더 고차적인 것들로 나아갔다. 먼저 대학에서 신학이라는 학문을 열정적으로 공부하고, 그다음에는 신학교와 대학원에서 공부하며, 여러 세기에 걸쳐 축적된 위대한 교회 교사들의 지혜를 이해하게 되었다. 나는 성경 언어들에 대한 실용적 지식도 습득했으며, 지금도 여전히 히브리어 원문과 그리스어 원문을 (이따금 주석에 의지하며) 혼자서 독파할 수 있다. 나는 여러 해에 걸쳐 신학 부문에서 두 개의 학위를 받았으며, 내 작업이 다소 주목할 만하고 유용하다고 여긴 한 기관에서 수여하는 명예 학위도 하나 받았다. 그렇다, 신학이라는 학문은 꼭 필요하고 중요하다. 하지만 목사가 되는 법을 배우는 데는 책 그 이상의 많은 것이 필요하다. 그래서 내가 오래전에 농장에서 배웠던 목회적 돌봄의 기술과 관련하여 대단히 유용한 몇 가지를 이 자리에서 이야기해 보려고 한다.

인내

농장에서 나는 기다리는 법을 배웠다. 나의 가장 이른 유년 시절 기억 중 하나는 봄철에 아버지와 함께 밭으로 나가서 옥수수가 얼마나 자랐는지를 살펴보는 것이었다. 아버지가 가슴받이가 달린 작업 바지를 입은 채로 흙 가운데 무릎을 꿇고서, 굳은살이 박여 딱딱해진 손으로 미네소타의 비옥한 흑토에 덮여 있던 부푼 씨알에서 흙을 조심스럽게 털어 내던 모습이 지금도 눈에 선하다. 5월의 서늘한 나날에도 아버지는 발아의 기미가 있는지를 살폈고, 생명의 첫 새싹을 점검했다. 그 싹은 무럭무럭 자라서 커다란 줄기가 되고, 짙은 녹색 잎들은 8월의 맑은 햇빛 속에서 하늘거릴 터였다. 그러나 아버지는 마음의 눈으로 몹시 더운 8월을 지나, 서리 내리는 10월을 내다보고 있었다. 10월은 알이 꽉 찬 옥수수가 자동 채취기에서 굴러떨어지는 풍요로운 황금빛 추수철이었다.

급히 서두르는 세상에서, 인내는 필수적이지만 막상 부족하다. 특히 목사들 사이에서 그러하다고 덧붙이고 싶다. 때때로 나는 젊은 목사들과 요즘 대학원생들의 말을 귀 기울여 듣는다. 그들 대다수는 열성적이었고, 일부는 유능했지만, 모두가 괴로워했다. 무엇이 그들을 괴롭게 하는가? 사실상 많은 것이 있다. 때로는 신학교에서 어떤 것을 배우고 싶었는데 그러지 못해서 괴로워하는 이들도 있고, 더 정직하게 말하자면, 신학교에서 어떤 것에 좀 더 주의를 기울이고 싶었는데 그러지 못해서 괴로워하는 이들도 있었다. 이처럼 각각의 다양한 문제들에 답해 달라는 요청을 받는 것은 언제나 즐거운 일이다.

그러나 어느 쪽으로도 분류되지 않는, 가장 만족스러운 질문들도 있다. 다음의 질문들은 목사의 진짜 마음속 깊은 데에서 일어나는 것들이다. "어떤 사람들은 하나님의 말씀에 주의를 기울이지 않는 것처럼 보이는데, 어째서 그럴까요?" "하나님의 사람들이 종종 자기 파괴에 굴복하는 것처럼 보이는데, 어째서 그럴까요?" "당신이 신자들을 지키려고 하는데도, 그들이 제 마음대로 계속 떠나갈 때, 당신은 어떻게 하시는지요?" 그런 질문들을 받을 때면, 나는 마음이 즐거워진다. 그 질문들은 질문하는 목사의 영혼이 참되다는 것을 보여 주는 확실한 표지이기 때문이다.

우리가 성경에서, 그리고 영혼 돌봄을 다루는 고대 유산에서 무언가를 배울 수 있다면, 참을성 없는 목자는 그 자신이 가장 나쁜 적이라는 것이다. 우리는 확실히 목사가 게으름뱅이가 되기를 바라지 않는다. 그렇지만 분주한 활동으로는 영혼들을 설복하거나 지킬 수 없고, 영혼들의 진정한 감독이자 보호자이신 그리스도 예수를 섬기면서 수행하는 한결같고 침착한 활동으로만 그리할 수 있다. 그리스도의 양우리 안에서 진정한 도움을 베풀고자 하는 사람은, 한쪽 눈은 신자에게 고정하고, 다른 쪽 눈은 선한 목자이신 그리스도께 고정해야 한다.

광적인 분주함은 신중한 목회 사역을 해친다. 여러분은 수확을 향해 성급히 돌진해서는 안 된다. 야고보는 21세기를 살아가는 우리의 귀에 기이하게 들리는 말로 입장을 표현한다. 하지만 그가 말하는 내용은 최첨단 기술이다. "그러므로 형제자매 여러분, 주님께서 오실 때까지 참고 견디십시오. 보십시오, 농부는 이른 비와 늦은 비가 땅에 내리기까지 오래 참으며, 땅의 귀한 소출을 기다립니다"(약 5:7).

내 아버지는 농업을 배운 적이 없는데도, 평생토록 근면한 헌신적인 농부였다. 옥수수밭에서 아버지가 무릎 꿇던 모습을 기억하는가? 식물이 전혀 보이지 않는데도, 아버지는 시간이 충분히 주어지고, 거기에 대단히 은혜로우신 하나님의 간섭이 더해지면, 그 밭이 풍부한 수확물을 내리라는 것을 알았다. 서둘러서는 안 된다는 걸 아버지도 알고 있었다. 아버지는 막 싹튼 씨알들을 찾아내어 손가락으로 가볍게 친 다음, 그 자리의 배양토에 심었다. 선한 농부는 기다린다. 농부에게 인내는 하나의 덕목에 불과한 게 아니다. 그것은 필수적인 덕목이다. 이것은 목사들에게도 참말이다.

그러므로 목사들은 성장기 내내 웅크리지 않으면 안 된다. 수확의 기쁨이 기다리고 있다. 여러분은 곡물을 자라게 할 수 없지만, 심고 돌볼 수는 있다. 그러는 동안 하나님께서 늘려 주실 것이다.

일의 즐거움

이상한 말로 들리겠지만, 그 시절 농장에서 하는 일에는 많은 즐거움이 있었다. 그 일은 힘들고 고된 노동이었다. 대개는 손으로

하는 일이었다. 건초를 만드는 시기는 하나의 보기에 불과하다. 잘 튀는 목초 운반용 수레 위에 균형을 잡고 서서 개당 34킬로그램짜리 직사각형 건초 더미를 금속 갈고리로 꿰어 뒤로 넘겨 점점 불어나는 더미에 쌓아 올리는 모습을 상상해 보라. 한 번의 신속하고 확실한 동작으로 말이다. 그것은 남성적인 힘과 무용가의 민첩함을 요구하는 일이었다.

건초를 짐짝으로 꾸리는 길고 뜨겁고 근질거리는 낮이 지나면, 날마다 치르는, 저녁 허드렛일이라는 마감 의식, 곧 젖소들을 불러 먹이를 주고, 소젖을 짠 다음, 다시 방목장으로 내보내는 의식을 치러야 했다. 그 의식을 치른 다음에만 상쾌한 샤워와 저녁 식사를 하고, 녹초가 되어 잠자리에 들 수 있었다. 오로지 이튿날 기상하여 처음부터 다시 일하기 위하여.

그러나 나는 그토록 오래전에 그 뜨거운 여름 나날 속에서 무언가를 배웠다. 이를테면 정당한 이유로 수행한 일은 그 자체가 보상이라는 것이다. 치러야 하는 청구서와 벌어들이는 소득이 있었지만, 농업의 그런 면은 이 10대 소년에게 별다른 인상을 주지 못했다. 건초용 풀을 새로 베어 내고 이랑들을 가지런히 대칭으로 고르게 한 밭이, 지는 해의 붉은 빛 속에서 잊히지 않는 아름다움(과 놀라우리만치 감미로운 나름의 향기)을 얼마간 지니고 있었다는 것이 내가 알게 된 전부다. 찌는 듯한 더위 속에서 종일토록 열심히 일하다 보면, 만족을 주는 무언가가 있었다. 건초 시렁에 가지런하게 산더미처럼 쌓아 올려진 건초가, 다가오는 기나긴 혹한의 겨울철 내내 영하의 외양간에서 젖소들을 먹여 살릴 것임을 알게 되는 것이다.

물론 우리 목사들은 주로 지성과 마음으로 일하고, 근육과 완력으로 일하지 않는다. 하지만 목회 사역도, 추수할 일꾼을 보내시는(눅 10:2) 그리스도를 섬기면서 수행하는 장시간의 지칠 줄 모르는 노동을 요구한다. 그리스도의 음성을 듣지 않으면 안 되는 어린 양들과 양들을 돌보며 먹이고, 다른 양들을(요 10:16) 불러들이는 데는 일관되고 중단 없는 지속성이 필요하다. 그 일은 결코 끝나는 법이 없다. 한 대화가 끝나기 무섭게 다른 대화가 손 짓하여 부른다. 설교 한 편을 끝내 보라, 그러면 또 한 편의 설교를 준비해야 할 것이다. 헤매는 신자 한 명을 그리스도의 양 떼 안으로 맞아들여 보라, 그러면 수백 명에게 복음을 전해야 할 것이다. 새로운 한 영혼에게 세례를 주어 왕국 안으로 들여보내면, 그 영혼은 그리스도의 양육과 훈계를 받으며 계속 성장하지 않으면 안 된다. 괴로워하며 두려워하는 마음 하나를 위로해 보라, 그러면 또 다른 마음이 위로를 받으러 찾아올 것이다. 죽음의 그늘 골짜기를 안전히 통과하도록 한 영혼을 인도하여 영면에 이르게 해 보라, 그러면 누군가 다른 사람의 임종이 임박해 있을 것이다. 예수의 양들이 그들의 길을 찾기 위해서는 그분의 음성이 필요하다. 이 대목이 목사들이 힘을 발휘하는 자리다. 목사들은 그리스도의 말씀을 설교하고 가르쳐, 그리스도의 어린 양들과 양들에게 그분의 음성을 들려주도록 파송되었다. 예수께서는 그분의 일을 그분의 양 떼 가운데서 그분의 이름으로 그분을 대리하여 수행할 권한을 목사들에게 위임하신다. 그 일은 결단코 끝나지 않는다.

그리스도의 양 떼가 다 돌보기 쉬운 것은 아니다. 그들에게는 그들 나름의 견해가 있다. 그들은 낯선 방향으로 탈선하여 길을 잃고 가장 위험한 궁지에 처하기 쉽다. 진단하고 치료해야 할 질병들이 있고, 경계시키고 차단해야 할 약탈자들도 있다. 삽으로 퍼내야 할 똥거름도 있다. 교회 안에는 청소해야 할 이런저런 오물이 항시 존재한다. 그것들을 청소해야 하는 이유는, 모든 믿는 영혼은 저마다 죄인이고, 죄인들은 죄를 짓기 때문이다. 그들이 서로에 대해 죄를 짓든 그들의 목사들에 대해 죄를 짓든 간에, 우리는 예수께서 하셨던 것처럼 그들을 어떻게 해서든 사랑하고 용서하라고 부름을 받았다.

그럼에도 "감독의 직분을 맡고 싶어 하는 사람은 고귀한 직무를 바라는 사람이다"(딤전 3:1). 직무의 고귀함은 그것을 맡는 사람에게 있지 않고, 그에게 위임장을 주어 파송하신 주님에게 있다. 예수께서 성부 하나님의 일을 계속 수행하는 데서 기쁨을 찾으시듯이(요 5:17), 목사들도 예수의 사람들 가운데서 그분의 일을 계속 펼친다. 내가 말하고 싶은 것은 이것이다. 즉 교회의 주님이 목사들에게 자신의 사역을 맡기시는 것은, 그들의 기쁨을 위해서라는 것이다. 그분께서는 구원의 드라마 속에서 그들에게 앞 좌석을 배정하신다. 목사들은 자신들이 그분의 이름으로 말하고 행하는 것을 통하여 예수께서 일하고 계신 것을 보는 기쁨을 경험하게 된다(요 15:11).

정당한 이유로 수행한 일은 그 자체가 보상이다. 내가 농장에서 얻은 이 교훈은 사역에 몸담은 나에게 원군이나 다름없었다. 사역은 허드렛일이 될 수도 있다. 때로는 괴로운 일이 되기도 한다. 그러나 내가 농장에서 수행한 허드렛일을 기억하는가? 그 일들이 번거롭고 지루하다고 해서, 무의미했다거나 효과가 없었다는 뜻이 아니다. 사역의 가장 단조롭고 지루한(불쾌하기까지 한) 과업들에는 이상한 아름다움이 자리하고 있다. 그 과업들은 그리스도께서 여러분과 함께 여러분을 통하여 그분의 목적을 위해 수행하시는 일들이기 때문이다. 물론 여러분이 조심하지 않는다면, 여러분은 목회 사역에서 탈진할 수도 있다. 안타깝게도, 수천 명의 목사가 해마다 정서적 쇠약과 영적 쇠약에 빠져들고 있다.

그러나 여러분이 그리스도께서 주시는 사랑과 힘을 그분의 영으로 그분의 말씀을 통해 조심스럽게 받아들이면, 여러분은 다른 사람들에게 무언가를 베풀면서도 고갈되거나 공허한 상태가 되는 일이 없을 것이다. 하늘에 계신 아버지께서 그분을 구하는 사람들에게 그분의 영을 주실 것이다(눅 11:13). 성령의 능력을 받으면, 여러분은 다음의 사실을 알게 된 것에 만족하게 될 것이다. 즉 그리스도 예수께서 여러분 안에서 활동하셔서, 여러분이 그분을 기쁘게 해 드릴 것을 염원하게 하시고 실천하게 하신다는 것이다(빌 2:13). 그때, 목회 사역은 그 자체로 보상이 된다. 그때, 여러분은 잘한 일로 진정한 만족을 얻을 수 있을 것이다. 예수께서 마지막 날에 그분의 모든 종을 영원한 나라에 맞아들이시며 "잘했다, 착하고 신실한 종아! 네가 적은 일에 신실하였으니, 이제 내가 많은 일을 네게 맡기겠다. 와서, 주인과 함께 기쁨을 누려라"(마 25:23) 하고 말씀하시는 기쁜 장면을 미리 맛볼 수 있을 것이다. 그렇다, 상상할 수 없는 기쁨들이 앞에 자리하고 있다. 그 기쁨을 기대해도 좋다.

그러나 내일은 또 다른 날이다. 내일은 할 일이 더 많을 것이다.

▮

목사란 무엇인가?

고전적인 모델

일단 여러분이 목사로서 자신이 누구인지를 알게 되면, 여러분은 목사로서 수행하기로 되어 있는 일에 대하여 더 크게 확신하게 될 것이다. 내가 보기에, 21세기에 사역과 관련하여 좌절감을 가장 많이 맛보게 하는 것은 이런 게 아닐까 싶다. 우리는 목사가 무엇인지를 경쟁적으로 보여 주는 다양한 모델을 물려받았다. 그 모델들은 저마다 나름의 직무 내용 설명서를 지니고 있다. 많은 모델이 정반대인 것 같다. 목사는 예배당 목사인가, 아니면 선교사인가? 목사는 기성 그리스도인들을 돌보는 데 초점을 맞추어야 하는가, 아니면 더 많은 사람을 얻어 주 예수를 믿는 믿음으로 인도하는 데 초점을 맞추어야 하는가? 목사는 코치인가, 아니면 돌보는 사람인가? 목사는 한 조직체의 관리자 내지 최고 경영자인가, 아니면 하나님의 말씀을 설교하는 사람이자 하나님의 신성한 비밀들을 맡은 관리인인가?

이 다양한 모델은 상호 배타적이지 않다. 영혼을 얻는 일과 영혼을 돌보는 일은 함께 간다. 오늘날 우리 세계의 평범한 그리스도인 회중의 일상생활에 관한 한, 관리 기능도 유용하고, 지도 기능도 유용하다. 하지만 그게 문제다. 많은 것이 유용할 테지만, 꼭 필요한 것은 어떤 것인가? 교회의 생존과 선교에 많은 것이 유익하겠지만, 필수적인 것은 어떤 것인가? 우리가 목사로서 날마다 하는 일의 주안점은 무엇인가? 바로 그것이 내가 이 장에서 여러분과 함께 탐구하려고 하는 주제다. 성경을 훑어보면서, 예수께서 그분의 교회와 그 교회의 돌봄을 두고 무어라 말씀하시는지를 살펴보도록 하자. 그리스도와 사도들이 목사의 직무와 목회 사역의 본질을 어떻게 이해하는지를 이야기해 보도록 하자. 그렇게 하고 나서 우리는 교회가 여러 세기에 걸쳐 목회적 돌봄을 어떻게 이해했는지를 고찰하게 될 것이다.

그리스도 중심의 목회적 돌봄

"나는 여러분 가운데서 예수 그리스도 곧 십자가에 달리신 그분 밖에는, 아무것도 알지 않기로 작정하였습니다"(고전 2:2). 여러 세기에 걸쳐 통용되는 목회 직무의 틀이 있다. 그 틀은 때와 장소에 구애받지 않고 여러 인간 집단에 연결된다는 점에서 초문화적이고 시의적절하다. 다원주의와 혼합주의가 성행하는 우리 시대에, 바울의 말은 대단히 딱딱하고, 협소하고, 완고하고, 이렇게 말해도 될까 모르겠지만 대단히 편협한 말처럼 들린다. 종교적 믿음이 개인의 경험과 개인의 선호라는 좁은 범위로 밀쳐진 시대에, 이 같은 어투는 반감을 갖게 하는 어투처럼 들린다. 반감을 갖게 하는 사람을 좋아할 사람은 없다. 포용성과 관용이 규범이 된 시대에, 점점 절충주의적 성향을 띠는 분열된 시민의 다양한 종교 감정에 순응하는 것을 치켜세우는 시대에, 바울을 종교적 광신자나 일종의 고집쟁이로 보는 것은 사람의 마음을 솔깃하게 한다.

그러나 이 내용들은 사실과 완전히 다르다. 신학과 세속 기술과 학문 면에서 고등 교육을 받은 바울은 그 시대의 모든 종교적 취사선택에 대단히 정통한 사람이었다. 그는 몇 차례 광범위한 선교 여행을 하는 동안, 제멋대로 뻗어 나간 로마 제국의 근본적으로 다른 소 문화권들을 쉽고 편안하게 넘나들었다. 그는 평범한 사람과도, 엘리트와도 자연스럽게 관계를 맺었다. 그는 그의 시대와 환경에도 불구하고 속속들이 현대인이었다. 그는 넓은 띠를 형성한 다양한 민족성의 지적, 정서적, 종교적 감수성을 충분히 알고 있었다. 그는 자기 시대 사회 구조의 얽히고설킨 층을 담차게 넘나들며, 평범한 시민들(행 16장), 엘리트 지식 계급(행 17장), 로마 제국 관료들(행 25장), 유대인 유력자들(행 26장)과 편안하게 교류했다. 바울은 결코 협량한 고집불통이 아니었다. 그렇다면 그가 자신이 마주친 모든 다양성에도 불구하고 자기 사역의 초점을 오로지 예수 그리스도, 무엇보다도 그분의 십자가에만 맞추는 것은 무엇 때문인가?

육신을 입은 하나님: 숨겨진 비밀과 드러난 비밀

답은 예수의 독특한 정체성에 있다. 그분은 고타마 싯다르타, 공자, 모하메드와 동등한, 기독교 인물이 아니며, 그렇다고 모세나 엘리야와 동등한 분도 아니다. 원자료에서 분명해지듯이, 예수께서는 자기를 일련의 종교적 스승들 가운데 한 사람으로 여기지 않으셨다. 그분은 자기를, 보이지 않는 전능한 창조주와 의식적으로, 의도적으로 동일시하셨다(예컨대 눅 1:32, 요 8:51). 그분은 여느 종교적 스승이나 구루에 불과한 분이 아니라, 하나님만이 하실 수 있는 일들을 하신 분이다(마 9:6). 그분은 모든 것을 창조하신 분이요(요 1:3), 죄를 용서해 주신 분이며(마 9:6), 자기를, 하나님의 능력을 행사하여 최후 심판을 수행하는 이로 주장하신 분이다(막 14:62). 그분이 재판을 받고, 유죄 선고를 받고, 처형당한 것은 로마 제국의 법에 저촉되는 어떤 죽을죄를 지어서가 아니라, 자기가 하나님의 친아들이라고 주장했기 때문이라는 강력한 증거가 있다. 이는 그분의 동시대인들이 보기에 이루 말할 수 없는 신성 모독이었다(요 19:7).

그래서 바울 사도는 예수의 위격과 사역에 몰두했다. 바울은 초기 그리스도 추종자들을 유대교 이단의 신봉자로 간주하고 그들을 수색하는 데에 자기 이력의 초반부를 할애했지만, 마음과 정신의 극적인 변화를 겪었다. 극적인 회심 이후(행 9:4-6), 그는 먼저 성경을 자세히 연구하고, 급기야 예수에게서 직접 가르침을 받은 사람들과 상의하기까지 했다(갈 1:17-18). 그때부터 바울은 소위 "하나님의 비밀"에 마음을 빼앗기고 사로잡혔다(골 2:2). 인간 예수가 완전히 사람이면서 동시에 하나님이라는 것이 그 비밀이었다.

그 '비밀'은 인간의 지각과 지성으로 닿을 수 없는 것이다. 예수의 참된 정체성에 관한 한, 그것은 확실히 참말이다. 아무도 예수를 보면서, 그분이 하나님이라고 말하지 못했다. 그것은 오늘날에도 마찬가지다. 인간의 지각 능력과 추리력을 이용하여 예수가 하나님이라고 결론을 내리는 것은 불가능하다. 그것은 믿음의 조항으로 남아 있다. 하지만 이 믿음은 억측이 아니다. 그것은 예수께서 입으신 인간의 살과 피라는 명백한 실체에 근거한다. 그분은 동정녀 어머니에게서 나고, 십자가에 못 박히고, 죽고, 장사되고, 사흗날에 다시 살아나고, 40일 뒤에 승천하여 영광을 받으셨다. 그것은 동화 같지만, 동화가 아니다.

그리스도의 비밀은 지나치게 창조적인 종교적 상상력의 소산이 아니다. 이 비밀은 상상의 장소에서 발생한 것이 아니라, 예수와 가장 친밀한 관계를 맺었던 사람들이 실제 시공 속에서 한 언급을 통해 발생했다. 예컨대, 요한 사도는 예수께서 배신당하실 것을 예고하시던 밤에 그분과 함께 있었고(요 13:23), 그분이 처형당하시던 날에는 십자가의 발치에 서 있었다(요 19:27). 그는 열린 무덤을 직접 보았으며(요 20:8), 한 주 뒤 도마가 의심 많은 손가락으로 예수의 생살을 눌러 보던 순간에도(요 20:27) 그 자리에 있었다.

자신의 사역이 끝날 무렵, 요한은 복음의 메시지가 예수와의 개인적이고 직접적인 만남의 증거, 곧 손으로 만져 보고 들어 본 증거를 중심으로 이루어졌다고 증언했다. "우리가 보고 들은 바를 여러분에게도 선포합니다. 우리는 여러분도 우리와 서로 사귐을 가지기를 바라는 것입니다. 우리의 사귐은 아버지와 또 그의 아들 예수 그리스도와 함께 하는 사귐입니다"(요일 1:3). 요한에게 복음은 어떤 개념이나 추상적인 관념이 아니었다. 그는 예수의 참된 삶과 사역, 그리고 그분이 활발히 베푸신 용서와 생명이 존재했으며, 그것들이 자신의 사도적 사역을 통해 전해졌다고 믿는다.

이것은 지금도 작동 중인 사역이다. 즉 그 사역은 오늘날 우리 가운데서도 여전히 지각知覺의 방식으로 재현되고 있다. 예수께서는 들을 수 있도록, 만져서 알 수 있도록 인간의 말과 활동 속에 오셔서 시간과 공간을 극복하여, 전혀 다른 시간과 공간 속의 사람들과 접속하신다. 오감과 지성만을 활용하는 인간들에게 숨겨진 채로 있던 것이, 복음 설교와 성례전 집전 속에서 드러나고 재현된다. 이렇게 사도적 설교와 성례전 집전 속에서 역사가 되풀이되고, 예수께서 다시 현존하시며 은혜를 베푸신다. "이 글은 생명의 말씀에 관한 것입니다. 이 생명의 말씀은 태초부터 계신 것이요, 우리가 들은 것이요, 우리가 눈으로 본 것이요, 우리가 지켜본 것이요, 우리가 손으로 만져본 것입니다"(요일 1:1). 요한은 자신이 설교하고 가르치면서, 전에 예수에게서 받고 들은 것을 정확하게 전했다고 주장한다. 요한과 그의 동료 사도들이 베푸는 세례와 가르침과 성찬식 속에서, 지상에서 사역하시던 시절의 예수를 만난 적이 없는 초기 그리스도인들은 사도들이 받았던 것을 그대로 받고, 성부 하나님과 또 그분의 사랑하는 아들 예수 그리스도와 함께하는 **사귐**-진실하고 참된 친교와 교제-도 갖게 되었다.

여러분은 이렇게 물을지도 모르겠다. 비밀에 관한 이 모든 담화는 우리 시대의 목회 직무와 사역에 어떤 정보를 주는가? 답은 간단하면서도 매우 심원하다. 비밀은 본래 양면적이다. 비밀은 인간의 조사로는 영원히 접근할 수 없는 상태로 머문다. 하지만 드러난 비밀은 접근할 수 없는 것에 접근을 허가한다. 우리의 일상적인 삶에는, 우리에게 약간의 통찰력이라도 줄 만한 비밀이 조금밖에 출현하지(드러나지) 않는다. 예컨대 나는 아내를 목숨보다 더 사랑한다. 주님이 우리 부부를 47년 동안 함께하게 해 주셨지만, 나는 아내 제인에 관해 배울 것이 항상 더 있음을 깨닫는다. 우리 부부의 사랑과 삶의 비밀이 얼마나 깊은지를 모두 잴 수 있는 길은 없다. 그것이 비밀의 본질이다. 배울 것이 언제나 더 있다.

그러니 여러분이 사역에 함께하지 못해서, 혹은 다른 사람들이 신학에 더 정통해서 걱정이라면, 툭툭 털어 버리기를 바란다. 해답을 다 알고 있지 못해도, 대중과 함께하기를 바란다. 가장 훌륭한 목사들은, 자신이 실제로 아는 게 얼마나 적은지, 그리고 자신이 영혼을 돌보는 기술과 관련하여 얼마나 많은 것을 터득해야 하는지를 깨닫는 사람들이다. 영혼 돌봄도 비밀이다. 여러분이 그것을 알면 알수록, 파악할 것이 더 많이 남아 있을 것이다.

그리스도 예수야말로 하나님의 위대한 비밀이다. "그리스도 안에는 모든 지혜와 지식의 보화가 감추어져 있습니다"(골 2:3). 제자들은 이 인간 예수 안에서 살아 계신 하나님과 접촉했다. 그리스도 예수는 그들이 만져서 알 수 있도록 영원과 연결되신 분이었다. 하지만 제자들은 예수를 알면 알수록, 발견할 게 여전히 있음을 깨달았다. 드러난 그분의 비밀은 영구히 감추어진 채로 남아 있다. 하지만 예수 안에서 전능하신 천지 창조주께서 우리에게 그의 생명을 주시려고 하늘로부터 내려오셨고, 그 이후로 세상은 예전과 같지 않았다.

하나님의 감추어진 일

복음서 저자들이 그분의 희생적인 고난과 죽음에 관해 언급한 대로, 예수께서 '떠남'을 말씀하시던 그 밤에, 제자들 가운데 하나가 그분 앞에 핵심적인 문제를 내놓았다. "빌립이 예수께 말하였다. '주님, 우리에게 아버지를 보여 주십시오. 그러면 좋겠습니다'"(요 14:8). 빌립의 불만을 이해할 수 있을 것 같다. 이제껏 하나님의 존재에 대한 명백한 증거와 그분께서 지금도 우리를 위하여 활발히 일하고 계신다는 확실한 증거를 갈망해 보지 않은 사람이 있는가? 예수의 대답은, 여러분과 내가 어찌하여 오늘날에도 여전히 사역을 수행하는지에 대한 강한 암시를 담고 있다. "빌립아, 내가 이렇게 오랫동안 너희와 함께 지냈는데도, 너는 나를 알지 못하느냐? 나를 본 사람은 아버지를 보았다. 그런데 네가 어찌하여 '우리에게 아버지를 보여 주십시오' 하고 말하느냐? 내가 아버지 안에 있고 아버지께서 내 안에 계시다는 것을, 네가 믿지 않느냐? 내가 너희에게 하는 말은 내 마음대로 하는 것이 아니다. 아버지께서 내 안에 계시면서 자기의 일을 하신다. 내가 아버지 안에 있고, 아버지께서 내 안에 계시다는 것을 믿어라. 믿지 못하겠거든 내가 하는 그 일들을 보아서라도 믿어라"(요 14:9-11).

여기서 비밀이 베일을 벗는다. 예수께서는 자기의 말과 일 속에서 성부 하나님이 활발히 말씀하시고 활동하신다고 주장하신다. "내 아버지께서 이제까지 일하고 계시니, 나도 일한다"(요 5:17). 예수께서 지상에서 하신 말씀은 신성하게 권한을 부여받은 하나님의 아들로서 하신 말씀이다. 그분께서 하신 말씀과 수행하신 일은 모두 하나님의 능력과 권한을 행사하여 하신 것이다. 이것은 절대 사라지지 않는다. 예수께서 능력과 권한을 행사하시면 하실수록, 그분께서는 더 많은 능력과 권한을 받게 되셨다. 그분께서 죄를 용서해 주시면, 그 죄는 하늘에 계신 하나님 앞에서 용서되었다. 그분께서 아픈 이를 고치시거나 죽은 이를 살리실 때, 성부 하나님께서 그분 안에서 일하셨다. 바로 여기에 가장 단순하면서도 심원한 비밀이 자리하고 있다. 즉, 인간 예수께서 동시에 하나님이시라는 것이다. 여러분이 하나님의 독생자 예수를 만났으면, 여러분은 하나님 자신을 만난 것이다. 예수의 물리적 육신을 입고, 온갖 충만한 신성이 기꺼이 몸이 되어 머물렀다(골 2:9). 하나님은 예수 안에 숨은 채로 이 땅에 거하기 위해 오셨다. 그분의 능력은 다함이 없었다. 그분의 권한은 바닥난 적이 없다. 성자 예수의 능력과 권한은 영원한 성부 하나님의 능력과 권한이 작동한 것이었다. 예수 덕분에 그것은 실로 '부전자전'의 한 사례가 되었다. 그리고 그 사정은 오늘날에도 여전하다. 지금도 예수께서는 하나님의 오른쪽에 있는 영광스러운 보좌에서 날마다 몸소 죄를 용서해 주시고, 상처 입어 아파하는 영혼들을 치료하시고, 선포된 자신의 말씀을 통해 죽어 가는 이 세상에 생명과 온갖 은총을 수여하신다. 그리고 여기에 놀라운 사실이 있다. 즉, 예수께서는 오늘날에도 여전히 우리처럼 약하고 잘못을 저지르기 쉬운 사람들을 목사직으로 부르신다는 것이다. 그분께서는 우리를 통해 일하시면서, 이곳 지상에서, 곧 우리가 살아가는 시공간 속에서 자신의 심오한 비밀 사역을 계속 수행하신다.

하나님이 우리에게 마법의 지팡이를 주셔서, 죄와 죽음의 영향들을 없애고, 거짓과 타락의 엉킨 그물을 찢어 버리게 하셨더라면 좋았을 것이다. 태초에 하나님이 우리를 그분처럼 거룩하게 지으셨는데도, 우리의 첫 조상이 창조주를 배반하여, 우리 모두를 하나님을 거스르는 반란자로 만든 이래로, 그 그물이 지구 행성을 삼켜 버렸기 때문이다. 하지만 우리 목사들은 마법사가 아니며, 음침한 장막처럼 온 세상에 걸린 죽음의 주문을 걷어 낼 수 있는 마법도 존재하지 않는다. 우리는 타락하고 부패한 세상에서 교통순경이나 경찰관처럼 죄를 찾아내거나, 불한당과 무뢰한과 폭력배를 잡아서 그들의 악덕을 미덕으로 교정하는 사람들이 아니다. 우리는 사람들의 기분을 더 좋게 하려는 헛된 시도로 진부하고 닳아빠진 '신에 관한 이야기'를 끄집어내도록 부름을 받은 것이 아니다. 우리는 여기저기 돌아다니면서, 인간의 상처와 비극에 웃는 얼굴을 붙이라고 의뢰받은 것이 아니다. 우리는 쓰디쓴 고통과 손실 한가운데서 사람들을 위로하기 위해 고안된 주문呪文 같은 신조들을 여기저기 뿌리도록 분부받은 것이 아니다. 거의 확실히 아니다. 우리에게 마법은 없다. 비밀만이 그 일을 할 수 있다. 그것이 바로 우리가 받은 것이다.

예수께서는 "내가 진정으로 진정으로 너희에게 말한다. 나를 믿는 사람은 내가 하는 일을 그도 할 것이요, 그보다 더 큰 일도 할 것이다. 그것은 내가 아버지께로 가기 때문이다"라고 약속하셨다(요 14:12). 그것이 바로 목회 사역에서 일어나는 일이다. 예수께서 오래전에 이 세상에서 성부의 일을 하셨던 것처럼, 목사들은 오늘날 예수의 일을 계속 수행한다. 그들은 예수께서 행하시고 가르치신 것을 매일 행하고 말한다. 그리하여 그 인간의 일을 통해 하나님 아버지의 뜻이 하늘에서처럼 땅에서도 이루어진다(행 1:1-2). 목사들이 예수의 이름으로 그분을 대리하여 수행하는 일을 통해 남자들과 여자들과 어린이들이 하나님의 위대한 비밀인 그리스도 예수와 접촉한다. 사도 요한처럼, 목사들도 보이지 않는 것들을 만지고 취급한다. 그들은 예수께서 사도들에게 주신 말씀들을 말한다. 예수의 입에서 나온 그 말씀들은 "영이요 생명"이었다(요 6:63). 그들은, 주님이요 영원한 생명의 수여자이신 성령의 능력을 부여하고 수여한다.

영으로 충만한 말씀, 생명을 주는 하나님의 말씀이 한 가지 이상의 방법으로 온다는 것은 놀라운 사실이다. 세례에서 하나님의 말씀은 물과 연결되어, "거듭나게 씻어주심과 성령으로 새롭게 해 주심"이 된다(딛 3:5). 그러므로 세례는 사실상 '액체 말씀liquid word'이라고 할 수 있다. 또한 하나님은 우리에게 '먹을 수 있는 말씀'을 주신다. 하나님은 성체 안에서 자신의 말씀을 세속적인 빵의 성분 및 포도주의 성분과 연결하신다. 그리하여 거룩한 잔은 그리스도께서 죄 용서를 위해 단번에 흘리신 피에 참여함이 되고, 성찬식의 빵은 온 세상의 죄를 제거하기 위해 죽임당하신 그 몸에 참여함이 된다(고전 10:16).

따라서 목회 직무의 본질은 사람들 안에 있는 종교 감정을 막연히 불러일으키거나, 그들에게 몇 가지 진부한 이야기를 들려주어 그들의 하루를 밝게 해 주는 것에 불과한 것이 아니다. 목사들은 단순한 관념들이나 개념들을 가르치는 것이 아니다. 그들은 자신들의 직무를 수행함으로써, 죄의식에 찌든 사람들, 수치심으로 괴로워하는 사람들, 육체적, 정서적, 영적 차원의 고통스러운 짐에 눌려 버둥거리는 사람들의 마음속과 삶 속으로 예수 자신을 모셔 간다. 목사들은 공허하고 절망적인 삶 속에 탁월한 평화와 희망을 제시한다. 하나님은 우리를 위로해 주시고, 우리는 우리가 받는 그 위로로 다른 사람들을 위로한다(고후 1:4). 목사들은 자신들이 예수의 말씀과 비밀들을 제시하는 곳마다 예수 자신을 모셔 간다. 그러면 그분께서 친히 위로를 수행하신다. 그분께서는 "내게로 오너라. 그러면 내가 너희에게 쉼을 주겠다"라며 초대하신다. 예수께서는 목사들에게 말씀을 주셔서 선포하게 하시고, 그들의 손에 성례전을 맡기셔서 베풀게 하심으로써 모든 시대의 외롭고 쓸쓸한 영혼에게 다시금 다가가신다.

비밀과 선교

목사들이 예수의 이 일을 수행할 때마다 예수께서 친히 그 자리에 계시되, 보이지 않게 머무신다. 그리고 예수께서 계시는 곳마다 심지어 고뇌와 마음의 고통 한가운데에도 평화가 또다시 자리한다. 시대마다 모든 나라와 민족으로부터 흩어져 비탄에 잠긴 사람들을 영원한 하나님 나라로 초대하는 것, 이것이야말로 움직이는 비밀이자 선교다. "이 하늘 나라의 복음이 온 세상에 전파되어서, 모든 민족에게 증언될 것이다. 그 때에야 끝이 올 것이다"(마 24:14). 그동안 사람들은 불가능해 보이는 임무를 실행할 수 있는 방법을 앞다투어 모색해 왔다. 그 임무는, 해가 갈수록 제자가 되고 싶어 하는 사람들이 점점 더 줄어드는 듯한 세상에서 제자들을 만들어 내는 것이다. 기업, 광고, 사회 과학으로부터 온갖 방법을 빌려 와 그리스도께서 명령하신 일에 헌신해 왔지만, 정작 그 선교에서 가장 필요하고 중요한 요소는 종종 간과하고 말았다. 말하자면 그리스도께서 자신의 말씀과 성례전을 통해 친히 임재하겠다고 약속하신 것을 간과한 것이다. "그러므로 너희는 가서, 모든 민족을 제자로 삼아서, 아버지와 아들과 성령의 이름으로 세례를 주고, 내가 너희에게 명령한 모든 것을 그들에게 가르쳐 지키게 하여라. 보아라, 내가 세상 끝 날까지 항상 너희와 함께 있을 것이다"(마 28:19-20).

이제는 목사와 선교사를 가르고, 목양과 복음 전도를 가르는 잘못된 이분법에 정지를 명할 때다. 복음과 성례전은 예수께서 그분의 교회에 맡기신 것들이다. 그것은 길 잃은 이들을 찾아가고, 그들을 그분의 무리에 모아들이고, 그들을 그분의 양들과 어린 양들로 여겨 돌보게 하려는 것이다. 이 비밀들이 공포되고 베풀어지는 곳마다, 예수께서 친히 일하신다. 예수께서는 이 비밀들을 통해 친히 복음 전도자도 되시고 목자도 되시며, 선교사도 되시고 목사도 되신다. 예수께서는 이 성스러운 수단들을 통해 자기 교회와 함께 현존하시고, 마지막 때까지 자기 사람들을 모두 구하시고, 돌보시고, 지키신다.

목사란 무엇인가?

목사들이 세상에서 해야 하는 일과 관련하여 오늘날 많은 혼란이 일고 있다. 많은 사람들이 목사를 좀 더 단순하고 좀 더 종교적인 시대의 부적절한 잔재로 여긴다. 목사들은 인생의 혹과 상처를 지닌 사람들에게 종교적 붕대를 감아 주기 위해 항시 대기하는 게 좋으며, 그 밖의 것은 그다지 필요하지 않다고 생각하는 사람들도 있다. 대단히 영적이고 종교적인 사람 중에는, 복음 사역자를 교회가 고용한 영적 교통순경, 최고 경영자, 종교 활동 관리자로 여기거나, 지나치게 칭찬하는 사람, 손잡아 주는 사람, 갈등 관리자로 여기거나, 동기를 부여하는 연설자로 여기는 사람들도 있다.

물론 이 역할들은 저마다 나름의 직무 내용 설명서를 지니고 있다. 당연히 목사들에게 기대하는 바를 놓고 혼란스러워하는 교회가 많을 수밖에 없다. 목사들과 교회 지도자들이 종종 목사가 해야 하는 일에 대한 상반된 이해를 놓고 다투는 모습을 보이는 것은 조금도 놀라운 일이 아니다. 사실상, 젊은(혹은 지긋한) 성직자가 해마다 목회 현장을 떠나는 것도 놀라운 일이 아니다. 때로는 안타깝게도, 제대로 기능하지 못하는 회중이 목사를 사역에서 몰아내기도 한다. 그러나 종종 목사들이 일을 포기하기도 하는데, 그 일이 견디기 어렵고 소모적일 뿐만 아니라, 그들을 고갈시키고 낙심시키기도 한다는 것을 알기 때문이다. 그러니 누가 그런 상황에서 고갈되고 낙심하려 하겠는가? 여러분이 누군가에게 힘에 겨울 정도로 광범위하고 복잡하며, 일시적 기분에 따라 바뀔 수 있을 만큼 모호하고 막연한 직무 내용 설명서를 건넨다면, 그것이 그 사람을 고갈시키고 낙심시키지 않겠는가?

이 책의 전제는, 존재에서 행동이 비롯하고, 정체성이 활동을 규정한다는 것이다. 따라서 목회 사역이 무엇인지에 대한 좀 더 분명한 시각은, 목사가 날마다 수행하는 일에 대한 좀 더 분명한 이해로 이어질 것이다. 나는 근본적인 생각을 제안하고 싶다. 이를테면 문제의 뿌리로 되돌아가자는 것이다. '근본적radical'이라는 말은 결국 뿌리와 관계있다. 문제의 뿌리는 여기에 있다. 즉 사역이 예수 안에, 그리고 그분의 은혜 안에 근거할 때, 그 사역은 더욱더 많은 열매를 맺으리라는 것이다.

고전적 정의

이 장은 목회적 돌봄의 고전적 모델을 다루고 있다. 고전적인 것들의 특성은, 그것들이 실질과 적절함이라는 변치 않는 속성을 지니고 있다는 것이다. 고전적 예술 작품들에는, 시대와 환경의 변화무쌍한 성쇠에도 쉽게 연결되는 진리의 가장 중요한 핵심이 자리하고 있다. 고전적 접근법은 어떤 한 시대나 한 인간 집단에 매이지 않고, 광범위한 인간 경험에 적응할 수 있다. 참으로 고전적인 것들은 항상 현대적이다. 여러분의 현재 상황에 의미 있는 방식으로 꼭 맞는 게 중요하지만, 문제는 여러분이 계속되는 각각의 현재 상황에 실질적인 방식으로 연결될 수 없다는 것이다. 현대 회화 미술은 흐르는 강물처럼 끊임없이 움직인다. 여러분이 한 양상을 파악하자마자, 그것은 여러분이 보는 앞에서 변하기 시작한다. 한 재치 있는 사람이 말한 대로, "누구든지 문화와 결혼하는 사람은 초반에 홀아비가 될 운명이다."

그러므로 이어지는 각각의 시대에 유효하고 신실한 목회 사역은 가장 중요한 핵심과 밀접하게 연결된 상태여야 한다. 그 핵심은 하나님이 주신 그리스도 예수의 현존과 그분 말씀의 진리이다. 그 두 가지만이 우리를 살린다. 어느 세대이든 간에, 목사들의 과제는 예수 그리스도의 변함없는 말씀을 통해 그분의 인품과 일을 변화하는 각 시대와 연결하는 것이다. 여러분은, 메시지를 상황에 맞추지 않고, 사람들을 성경의 텍스트에 맞추는 것이라고 말할 수도 있겠다. 따라서 사역을 뜻깊게 준비하는 참으로 효과적인 최상의 방법은 목사의 정체성을 잘 파악하는 것이라고 할 수 있다. 바로 이것이 목회 직무를 유연하고 성실하게 수행하는 최상의 방법이다. 여러분은 무엇을 할 것인지를 알기 전에 여러분이 누구인지를 알아야 한다. 그렇지 않으면 여러분은 빠르게 변화하는 환경과 기대에 부응하기 위해 자신을 끊임없이 재발명할 것이고, 여러분이 수행하는 사역은 여러분을 둘러싼 세속 문화를 무력하게 모방하는 것에 지나지 않게 될 것이다. 그런 일이 일어날 경우, 사역은 살아 있는 말씀, 영속하는 말씀에서 뽑아낸 것이 아니라, 인간의 경험에서 뽑아낸 것이 되고 말 것이다.

목회적 습성

목회적 돌봄을 다룬 고전 텍스트들은 언제나 영혼 치료를, 성령께서 자기의 수단을 통해 조성하시는 **습성**habitus, 목회적 기질, 혹은 목회적 특성에 의한 것으로 여겼다. 여러분도 알다시피, 사역은 결코 획일적이지 않다. 그것은 '기성품'이 아니다. 여러분은 대량 생산을 위해 고안된 교실 교육을 통해서나 멘토링을 통해서도 필요한 기능을 다 습득할 수 없다. 신학교는 특정 시대의 고유한 복잡성에 딱 들어맞는 동일 기술의 소유자들을 대량 생산하는 공장이 아니다. 성경 언어들과 교회사와 교리와 목회 기술을 숙지하는 것이 사역에 꼭 필요한 것이라면, 영혼의 치료는 학문을 넘어서는 기예라고 할 수 있다. 목사들을 길러 내려면, 성령의 위격과 그 능력이 필요하다. 성령께서는 사람들을 내적으로 다듬어, 하나님의 말씀과 성례전 속에 자리한 그분의 탁월한 변화의 은사들을 담기에 적합한 그릇이 되게 하기 때문이다. 이 사람들 가운데 완벽한 그릇은 하나도 없다. 바울처럼, 목사들도 한 평생 그들의 죄와 그들에게 범해진 죄들로 인해 부득이 뒤틀리고 손상된 '토기'로 머물 뿐이다. 하지만 하나님은 은혜가 대단히 풍성한 분이시다. 용서와 치유의 성령께서 그들을 그리스도 예수 안에 데려가시면, 그들은 이 은사들을 받아서, 자신들처럼 산산이 부서진 다른 영혼들에게 나누어 주며, "이 엄청난 능력은 하나님에게서 나는 것이지, 우리에게서 나는 것이 아님"을 보여 준다 (고후 4:7).

목사의 습관이나 특성은 사역에 꼭 필요하고 중요한 요소다. 교육과 지식이 목사 양성에 절대 필요한 요소이긴 하지만, **습성**은 그저 교육이나 지적 지식의 습득을 통해 주입되는 것이 아니다. 위대한 19세기 미국 루터교 신학자 칼 페르디난트 빌헬름 발터Carl Ferdinand Wilhelm Walther는 자신의《목회 신학》에서 이렇게 말한다.

> 목회 신학은 하나님이 주신 영혼의 실제적 습성pracktische Habitus der Seele이다. 이 습성은 특정한 방법으로 습득된다. 교회의 종은 그 습성을 갖추고, 그 자격으로 자기에게 다가오는 모든 과업을-유효하게, 정당하게, 하나님의 영광을 위하여, 자신의 구원과 청중의 구원을 위하여-실행한다.[2]

일 - 하 - 나 - 가 - 맘

---

2   C. F. W. Walther, *Pastoral Theology*, trans. Christian C. Tiews (St. Louis: Concordia Publishing House, 2017), 7; C. F. W. Walther, *Amerikanisch-Lutherische Pastoraltheologie* (St. Louis: Druckerei der Synode von Missouri, Ohio u. a. Staaten, 1872), 1.

외적 기능들에 숙달하기보다는 가능한 한 유용하고 인간적인 노력을 기울이는 것이 더 중요하다. 그 기능들은 반복으로 다져진 내적 자세나 버릇에서 흘러나오는 것이기 때문이다. 음악가는 여러 해 동안 연습함으로써 악기 숙달만 느는 게 아니다. 멋진 공연을 확실히 특징짓는 예술적 표현력도 는다. 요리사의 전문 지식에서 중요한 것은 외적 기술만이 아니다. 여러 해 동안 바른 식자재와 시간 조절과 온도 조절과 양념을 습관적으로 뒤섞은 결과로 생기는 내적 직관, 일관되게 뛰어난 조리법을 촉진하는 발표도 중요하다. 이 책 곳곳에서 되풀이되는 내 이야기를 통해 알게 되겠지만, 농부는 때를 맞추는 기술과 경험을 쌓는다. 이 기술과 경험은, 그가 가축을 돌보고 농작물을 수확함으로써 형성된다. 습관은, 여러분이 본디부터 지니고 태어나는 것이 아니다. 이는 오랜 경험을 통해 얻어지는 것이다.

그것은 목사들과 관련해서도 마찬가지다. 사역을 위한 '실제적 **습성**'은 결코 완전히 숙달할 수 있는 게 아니다. 이 '실제적 습성'은, 목사가 그리스도인으로서 무언가를 계속 받아서 다른 이들에게 가져다주는 평생의 과정을 통해 습득된다. 목사는 사는 동안 하나님의 여느 자녀들과 마찬가지로 끊임없는 회개와 믿음의 길을 걸으며, 아버지의 집으로 돌아가는 순례의 도상에 있기 때문이다. 그는 날마다 자기의 죄를 고백하고, 날마다 성령을 받으며, 예수께서 그에게 주고 싶어 하신 모든 것, 곧 죄의 용서와 생명과 영원한 구원을 받는다. 이처럼 날마다 죄에 대하여 죽어, 그리스도를 믿는 믿음을 통해 새 생명으로 살아나는 것이야말로 모든 그리스도인이 영위하는 삶의 중요한 요체다. 그것은 신실하고 견실한 영혼 돌봄의 필수 요소다. 어떤 목사도 자기가 받지 않은 것을 다른 이들에게 줄 수 없다. 이 말을 뒤집어 보라, 그러면 여러분은 목회의 핵심이 무엇인지를 알게 될 것이다. 여러분이 믿음으로 받은 하나님의 선물들을 그리스도 안에서 나누어 주는 것, 바로 그것이 목회의 핵심이다. 목회 직무의 핵심은 선한 목자이신 분의 선물들을 그분의 양들과 어린 양들에게 가져다주는 것이다. 바로 여기에 여러분이 목사로서 날마다 무진장한 은혜를 길어 올릴 수 있는 샘이 있다. 그것은 성령께서 교회 안에서 여러분의 모든 죄와 모든 신자의 죄를 날마다 풍성히 용서해 주신다는 사실이다.

목회적 **습성**은 "특정한 방법으로 습득된다"라고 발터는 주장했다. 나는 그의 말이 옳았다고 생각한다. 한편으로 그것은 **카리스마**다. 카리스마는, 한 사람이 공적인 목회를 위하여 따로 구별되어 하나님의 말씀과 그리스도인 회중의 기도로 목사 안수를 받을 때, 그가 동료 목사들("장로들", 딤전 4:14)의 안수로 축복을 받아 이 거룩한 직무에 봉직하도록 임명받을 때, 성령께서 수여하는 선물이다. 하지만 성령을 단번에 받을 수 없고, 날마다 하나님의 말씀에 초점을 맞춘 묵상과 기도로 받듯이, 목사도 계속해서 일을 진행해 간다. 날마다 그의 죄스러운 본성이 통회와 회개를 통해 치워지고 죽는다. 그러면 새사람이 부상하여, 예수께서 흘리신 보혈을 믿는 믿음으로 의와 순결 속에서 살아가게 된다.

목사의 기술들도 단번에 습득되지 않고, 하나님의 사람들과 신중하고 부지런하게 교류함으로써 연마되고 개발된다. 목사가 성령을 통해 감독자로 세움을 받아 회중을 보살피는 일에 적극적으로 종사할 때, 진짜 목회 태도와 성벽性癖이 그의 안에서 자란다. 여러분은 행함으로써 배운다. 여타의 유용한 기술과 마찬가지로, 목회 직무도 책에서 얻은 지식 그 이상의 것을 포함한다. 목회 기술의 개발과 목회 자세의 개발에 관한 한 실습을 대신할 만한 것은 없다. 목사는 환자를 심방하고, 괴로워하는 사람을 위로하고, 냉담자에게 훈계하고, 양심의 가책을 받는 사람을 위문하면서 자기 직업의 도구들을 더 능숙하고 더 영리하게 사용하는 법을 익힌다. 여느 능숙한 기술공이나 장인처럼, 목사도 관찰하고 실행하며 배운다. 그는 자기의 기술을 실행함으로써 자기의 일을 익힌다. 그는 목양의 직무에 적극적으로 종사함으로써 습관화된다—영혼의 목자가 된다. 미세해 보이지만, 그는 서서히 자신 있는 일꾼, 곧 진리의 말씀을 올바르게 가르치는, 부끄러울 게 없는 일꾼(딤후 2:15)이 되어 간다.

농장에 내려가서

내 아버지는 같은 방법으로 농사 기술을 익혔다. 아버지는 1915년에 한 농가에서 태어났다. 그 집은 할아버지가 1906년 이전에 할머니를 위해 지은 집이었다. 아버지는 1943년에 신부를 맞아들인 뒤 그 집에서 살다가, 건강 문제로 1940년대 후반에 농장을 떴다. 아버지의 농사 경험은, '불결한 30년대Dirty Thirties'로 불리는 대가뭄과 대공황 때문에 경제적으로 비참한 상태였던 모진 세월에 걸쳐 쌓인 것이었다. 농부의 자질을 테스트하기에는 그 두 가지로 충분했다. 그러나 역경만이 아버지의 농사 경험을 형성한 것은 아니다. 아버지는 소년기에 들어서기 오래전부터 날마다 할아버지 곁에서 일하며 농사짓기에 관한 **습성**을 습득했다. 평생토록 실행해야 할 직업에 열성을 낸 것이다.

아버지는 가축들을 돌보면서 축산 기술도 익혔다. 우리 집에서 일하는 말의 큰 발굽들을 다듬어, 밭 주위의 무거운 기구들을 믿음직하게 견인할 수 있도록 해 주고, 어린 암소를 거들어 첫 송아지의 난산을 극복하도록 해 주며, 태어난 송아지가 어미 소의 영양 많은 초유를 잘 찾아 먹도록 해 주는 기술을 익힌 것이다. 아버지는 돼지우리에서 암퇘지가 진통과 임박한 출산의 첫 조짐을 보일 때마다 밤을 새우고, 그 암퇘지가 꽥꽥거리며 이 세상에 태어난 제 새끼 가운데 한 마리라도 우연히 깔아뭉개지 않도록 지켜보는 법도 익혔다. 이따금 아버지는 한배 새끼 중에서 가장 여윈 새끼 돼지를 집 안으로 들여와, 화목 난롯가의 상자 안에 두어 따뜻하게 해 주고, 우유를 먹여 키우기도 했다. 제일 작은 그 돼지들은 젖을 빨기에 좋은 자리를 차지하려고 맹렬히 밀어제치는 좀 더 큰 한배 새끼들과 경쟁할 수 없었기 때문이다.

아버지는 농학 기술들도 습득했다. 잡종 옥수수 종자가 출현하기 이전 시대의 청년으로서 아버지는 이듬해 봄에 파종할 종자를 갈무리해 두려고 그해에 수확한 옥수수 가운데서 가장 큰 알갱이들을 따로 떼어 둠으로써 우량 식물 유전학을 실천했다. 늦겨울이 되면, 아버지는 가망 있는 옥수수자루에서 알갱이들을 시험 삼아 떼어 내어, 그것들에서 싹이 터서 자라는지를 살펴보곤 했다. 꽃가루받이가 되지 않은 알갱이들은 새싹을 내지 못하고 가축의 먹이로 쓰였다. 아버지는 건초의 냄새와 무게와 느낌만으로도 건초의 수분 함량을 잴 수 있었다. 축축한 건초용 풀을 끌어모아 더미로 만들거나 꾸러미로 만들어 창고에 보관해서는 안 되었다. 그랬다가는 발효하여 망가지고 말기 때문이다. 젖은 풀들을 건초 시렁에 보관하면, 그것들이 이따금 자연적으로 발화하여 비참한 결과를 낳는 것으로 알려져 있었다. 건초용 풀이 충분히 말라서 저장할 만한 때를 감지하려면, 좋은 후각과 숙련된 손이 필요했다.

또한 아버지는 귀리 알갱이나 밀 알갱이를 이로 깨물어 보기만 해도, 수확 준비가 되었는지를 말할 수 있었다. 곡물 건조기가 출현하기 전에는 모든 농작물을 해와 바람 등 자연의 힘으로 건조했다. 너무 이른 시기에 콤바인으로 수확하거나 탈곡하면, 발효와 더 심각한 손상이 일어날 수 있었다. 아버지는 경작에 알맞은 토양의 상태를 정확히 알고 있었다. 토양이 수분을 너무 많이 함유하고 있으면, 쟁기가 '힘차게 움직이며' 겉흙을 완전히 갈아엎는 것이 불가능했고, 그러면 흙의 표면에 쓸모없이 누워 있던 지난 철의 귀중한 곡물 거름이 방치되었다.

장인匠人과 그의 공예

나도 안다. 내가 또 회상하고 있음을. 회상하면서, 여느 아이처럼, 내 아버지를 조금 자랑스럽게 여기고 있음을. 하지만 지난 세월의 농법들과 관련된 이 개인적인 삽화들은, 인간 노력의 모든 건설적인 분야는 그에 상응하는 **습성**을 지니고 있다는 나의 논점을 지지한다. 아버지는 농업에 열중하고 오래도록 종사하면서 농사짓기에 관한 **습성**을 습득했다. 아버지가 하는 일이 곧 아버지의 정체성의 한 부분이었다. 거꾸로 말하면, 아버지의 정체성이 곧 아버지가 하는 일을 결정했다. 여기에는 오랜 시간과 과중한 감정적,

정신적 투입에도 불구하고 신실하고 기쁨 넘치는 사역에 알맞은 교훈이 자리하고 있다. 여러분은 그리스도의 어린 양들과 양들을 돌보는 일에 관한 한, 목회 직무에 알맞은 '후각'과 숙련된 손이 필요하다고 말할지도 모르겠다. 바로 그것이, 우리가 앞선 세대의 노련한 목사들에게서 배울 수 있는 것이다. 그리고 여러분이 목사직에 몸담은 노련한 동료들, 여러분의 멘토와 막역한 친구 역할을 하는 동료들과 함께하는 복을 받는다면 더 좋을 것이다. 하지만 결국, 직접 일해 보는 것, 곧 자기 피로 양 떼를 사신 주님(행 20:28)을 섬기는 일에 진력하는 걸 대신할 만한 것은 없다. 우리는 직접 해 봄으로써 배운다. 그것이야말로 우리가 목회적 후각을 개발하는 방법이고, 여러분과 내가 목회에 대한 소명에 익숙해지는 방법이다. 그것은 순환하는 과정이기도 하다. 우리는 날마다 우리의 기술을 성실히 연마하면서 장기간에 걸쳐 목회적 **습성**을 습득하게 되고, 우리의 일은 우리에게 점점 더 쉬워진다.

한 **습성**의 버릇들이 한 일꾼에게 깃들기 시작하면, 그는 장인이 되고, 그의 일은 진정한 장인의 일이 된다.

습성은 채택하는 것이 아니라 습득하는 것임을 유의하라. 여러분이 **습성**을 찾는 게 아니라, **습성**이 여러분을 찾는다고 말해도 될 것이다. '직업'이 사명이 되고, 소명과 일이 하나가 된다면, 그것이야말로 어느 계열의 일이든 간에 행복한 결합일 것이다. 여러분의 일이 더 의미심장하고 만족스러운 것이 되면, 여러분은 날마다 무엇을 하든 간에 **습성**의 습득을 향해 나아가는 여러분의 길이 제대로 된 길임을 알게 될 것이다. 농부들, 의사들, 아버지들, 어머니들, 컴퓨터 프로그래머들—또는 각양각색의 직업을 가진 사람들—에게는, 각각의 필수적인 사업을 알리고 구체화하는

습성이 있다.

목회 직무에는, 오랜 세월이 흘렀어도 여전히 나를 좌절시키고 괴롭게 하는 면이 많다. 하지만 오늘날까지도, 설교를 공들여 전할 때, 영혼을 위로하고 강하게 세워 줄 때, 신실한 가르침으로 마음을 교화하고 고무할 때면, 평온한 만족감이 자리한다. 그것은 내가 청소년 시절에 온종일 고된 손일을 하고 난 뒤, 갓 벤 알팔파가 수확을 기다리며 산뜻하게 널려 있는 밭을, 지는 해의 노을빛 속에서 황홀하게 쳐다보며 경험한 것과 똑같은 만족감과 평온이다. 나는 진정한 **습성**은 이것이라고 생각한다. 즉, 여러분이 수행하도록 부과받은 모든 일을 수행하면서, 여러분 자신은 주님이 여러분을 통해 자기 일을 수행하시는 도구에 지나지 않는다는 사실을 깨닫는 것이다.

"사람에게는 먹는 것과 마시는 것, 자기가 하는 수고에서 스스로 보람을 느끼는 것, 이보다 더 좋은 것은 없다. 알고 보니, 이것도 하나님이 주시는 것, 그분께서 주시지 않고서야, 누가 먹을 수 있으며, 누가 즐길 수 있겠는가?"(전 2:24-25)

하나님의 비밀들을 맡은 관리인들

목회적 **습성**의 핵심은, 내가 위의 여러 지면에서 이야기한 것, 곧 비밀을 중심으로 삼는다. 사역의 내용과 원천이 하나님의 중심 비밀인 예수 그리스도라면, 목사들 자신은 그 비밀을 맡은 관리인일 것이다. 반면에, 여러분과 내가 영적 '메시지'의 행상인이나 조달업자로 자처한다면, 우리는 참된 복음 사역자가 되기는커녕 순식간에 복음 판매원으로 전락하고 말 것이다. 바꿔 말하면, 우리는 자유와 해방을 향한 영원한 초대, 곧 "회개하여라. 복음을 믿어라"(막 1:15)라는 기쁜 초대를 선포하라고 하나님이 보내신 사자가 되기는커녕, 주저하는 고객을 설득하여 우리의 상품을 사도록 줄곧 안간힘을 쓰게 될 것이다.

바울은 자신의 정체성을 명확히 이해하고 있었고, 그것이 그의 목사로서의 삶에 영향을 미쳤다. "사람은 이와 같이 우리를, 그리스도의 일꾼이요 하나님의 비밀을 맡은 관리인으로 보아야 합니다"(고전 4:1). 관리인은 판매원이 아니고 대리인이다. 그는 다른 이를 대신해서 일하는 사람이다. 목사들은 예수의 진정한 대리인으로서 그분의 말씀을 선포하고, 그분의 일들, 곧 죄를 용서하고, 영혼들을 위로하고, 절망하며 죽어 가는 세상에 그리스도 자신의 희망과 생명을 나누어 주는 등의 일을 수행한다.

예수의 일꾼들

목사인 여러분과 내가 우리 자신을, 우리가 섬기는 사람들이 시키는 대로 하는 피고용인으로 자처한다면, 우리는 영원히 불안정한 상태가 되어, 그들을 자진해서 섬기지도, 제대로 섬기지도 못할 것이다. 우리가 여론으로 우리의 가치를 재려고 한다면, 우리는 항시 그들에게 필요한 것보다는 그들이 원하는 것을 주고 싶어 하게 될 것이다. 젊은 목사 시절, 나는 사람들이 나를 좋아해 주기를 간절히 바랐다. 그러던 어느 날, 나는 나의 열렬한 팬이었던 한 부부가 자신들의 아들이 우리 청년회에서 경험한 것을 놓고 나에게 실망하는 모습을 보면서 짓구겨지고 말았다. 사랑받고 싶어 하는 한 사내에게, 그것은 견디기 어려운 일이었다. 나는 극복했고, 그것은 중요한 사역 수업의 시작이었다.

여러분과 나는 누구와도 친할 수 있는 사람이다. 그래서 우리가 누군가의 기대에 어긋났다는 사실을 발견하기란 쉬운 일이 아니다. 사람들의 감정을 냉정히 무시하는 쪽으로 가서도 안 되지만, 우리의 인기도로 우리의 가치를 재는 것은 치명적이다. 그것은 내가 목사직에 몸담은 세월 동안 집요하게 따라붙은 유혹이었다. 내가 마지막으로 섬긴 교구에서는 교회 예배의 본질을 놓고 큰 혼란을 겪었는데, 내분과 인신공격이 나를 녹초가 되게 했다. 두 경우 모두 내게 부여된 일을 성실히 수행하는 것으로 내 가치를 재기보다는 여론으로 내 가치를 재는 실수를 범한 것이었다. 나를 본보기로 삼기를 바란다. 그런 자세는 살인자나 다름 없다. 그런 자세는 여러분의 사역을 하룻밤 사이에 고갈시키고 시르죽게 할 수 있다.

다른 한편, 우리가 진실로 그리스도의 일꾼이라면, 우리는 그저 '예수의 사환'이 되어, 그분의 신적 선물들을 나누어 주며, 우리가 그분의 이름으로 섬기는 사람들을 치료하고 튼튼하게 할 것이다. 이것은 우리를 사람들로부터 떼어 놓는 엘리트주의적 사역 이해와 다르다. 이 관점은 우리를 위신이 서는 자리 위로 들어 올리지도 않는다. 하나님의 비밀들을 맡은 관리인이 될수록, 우리는 사람들에게서 멀어지기는커녕 오히려 그들에게 더 가까워진다. 배신당하시던 날 밤에 예수께서 저 다락방에서 제자들과 함께 만찬을 나누시던 장면을 기억하는가? 그분은 그들 사이를 돌면서, 황송하게도 그들의 발을 차례차례 씻겨 주셨다. 그러고 나서 그분이 사도들에게 주신 가르침은 오늘날까지도 성실한 사역의 특징을 드러내는 역할을 한다. "주이며 선생인 내가 너희의 발을 씻겨 주었으니, 너희도 서로 남의 발을 씻겨 주어야 한다"(요 13:14). 그날 밤, 수건을 허리에 두르시고, 때 묻어 더러운 발을 씻겨 주신 주님은 오늘도 자기 사람들을 보내시며 그들도 똑같이 행하라고 분부하신다. '그리스도의 일꾼'이라는 직함은 목사들을 멸균실에 고립시키지 않는다. 그것은 목사들을 온갖 세속적인 인간성에 둘러싸인 사람들과 더욱더 밀접하게 연결한다.

내가 수행한 임종 심방 중 하나가 그것의 좋은 예증이 된다.

죽음 한가운데서 생명을

그녀의 이름을 로버타라고 하자. 그녀는 확실히 죽음의 문을 향한 기나긴 여정의 끝에 다다른 상태였다. 로버타의 암은 특히 위험한 변종이었고, 이미 그녀의 생명 유지에 절대 필요한 장기 대부분에 전이된 상태였다. 스카프가 그녀의 빠지기 시작한 머리를 감추고 있어, 그녀가 화학 요법에 따라 철저히 투약받고 있음을 짐작할 수 있었다. 죽음을 간신히 모면하려는 헛된 시도 속에서 그녀의 몸이 견뎌 낸 요법이었다. 그녀는 연약한 손과 힘없는 미소를 건네며 자신의 담임 목사에게 인사했다. 그녀의 피부는 창백했고, 만져 보니 차가웠다. 그녀는 호흡이 곤란했고, 호흡량이 적었으며, 임박한 죽음의 매우 불쾌한 냄새를 내뿜고 있었다. 그녀의 두 눈은 광채를 잃은 상태였지만, 그녀는 하나님의 말씀을 기꺼이 간절히 경청하면서, 음절 하나하나에 매달렸다. "교우님은 주님의 만찬을 좋아하시지요?"라고 내가 묻자, "그럼요"라고 그녀가 낮고 약한 목소리로 속삭였다.

로버타와 나는 모든 신자의 영원한 예식을 시작했다. 평생에 걸친 지상 순례 여행 내내 모든 성도에게 영양을 제공하는 그 식사는 어린양의 왕국에서 갖는 혼인 만찬에서 절정에 달한다. 그 음산한 겨울의 어느 날 오후, 로버타는 죽음의 그늘 골짜기에 바로 마련된 탁자 곁에 임시로 자리 잡고서 아직 오지 않은 저 영원한 잔치를 미리 맛보았다. 나는 "우리 주 예수 그리스도께서 배신당하시던 밤"이라고 시작하면서, 그녀가 삼킬 수 있을 것이라 여겨지는 작은 빵 조각을 성별했다. 이 빵 조각과 소형 잔에 들어 있는 한 모금의 포도주가 그녀에게 예수의 참된 살과 피, 즉 그녀의 구속과 그녀의 야위어 꺼져 가는 몸의 부활을 보증하는 상징이 될 것이었다. 이 거룩한 식사로 로버타는 용서만 받는 것이 아니라, 죽음 직전의 풍성한 생명도 지금 여기에서 미리 받을 것이었다.

하지만 그때 논리적인 문제가 발생했다. 자기 머리도 들지 못하는 사람이 어떻게 성찬을 받겠느냐는 것이었다. 나는 그녀의 침상 가장자리로 슬그머니 다가가, 뼈만 앙상한 그녀의 두 어깨 아래를 한쪽 팔로 감싸서, 깃털처럼 가벼운 그녀의 몸통을 들어 올린 다음, 피골이 상접한 아기 같은 그녀를 살며시 안았다. 그러고는 나의 다른 쪽 손으로 그녀의 입에, 그녀의 구세주가 주고 싶어 하신 선물들, 곧 이곳 땅 위에 주어진 천상의 빵과 온 세상을 위하여 쏟아진 구원의 잔을 넣어 주었다. "당신을 위해 주신 그리스도의 몸이니, 받아먹으세요" 하고 나는 말했다. "당신의 죄를 용서받게 하려고 당신을 위해 흘린 그리스도의 피이니, 받아 마시세요." 그런 다음, 나는 엄지손가락으로 그녀의 창백한 이마에 십자 표시를 하며 이렇게 축복했다. "우리 주 예수 그리스도의 몸과 피가 당신의 몸과 영혼을 튼튼하게 하고 보호하여 영원한 생명으로 이끌 것입니다. 그분께서 주시는 평화에 안겨 떠나십시오."

그녀는 그대로 했다. 우리는 그 즉시도 아니고 여러 날이 지난 것도 아닌 날에 모여, 우리 주님이 베풀어 주신 모든 자비에 감사하고, 그분의 은혜를 찬양한 다음, 로버타의 시신을 땅에 맡겼다. 흙은 흙으로, 먼지는 먼지로, 재는 재로 돌아가지만, 그녀가 장차 부활하여, 그리스도, 곧 살아 계신 분을 믿는 믿음 안에서 죽는 모든 세례 교인에게 하나님이 수여하시는 영생을 얻게 될 거라는 틀림없고 확실한 소망 안에서.

성찬식을 거행한 날, 나는 로버타의 아파트에서 성찬기를 꾸리면서, 그동안 그녀와 함께 밤을 새워 온 그녀의 가족과 친구들에게 작별을 고했다. 그러자 그들 가운데 한 사람이 감탄하여 말했다. "죽음이 오늘 여기서 목사님의 손에 맡겨졌군요." 그때 내가 어떤 응답을 했는지는 확실치 않지만, 내가 해야만 했던 말은 이것일 것이다. "그럴지도 모릅니다. 하지만 내 손에는 베풀어야 할 생명이 맡겨져 있습니다."

그리스도의 일꾼이 된다는 것은 그런 뜻이다. 여러분은 그분의 속된 사람들 사이에서 여러분의 손을 더럽힐 수밖에 없지만, 여러분이 그리하는 것은, 그들에게 주어야 할 생명이 여러분의 손에 맡겨져 있기 때문이다.

발을 씻겨 주기

무릇 관리인이란 그런 사람들이다. 그들은 섬기는 사람들이며, 예수께서 자기 사람들 가운데서 하신 그대로 하는 사람들이다. 그들은 진심으로 발을 씻겨 주는 사람들이다. 그들은 뒤를 잇는 각 세대 안에서 그리스도의 일을 수행하면서, 그분의 이름으로 그분을 대리하여 하나님의 비밀을 겸손히 거듭하여 공개한다. 관리인은 박물관의 경비도 아니고, 도매점의 매니저도 아니다. 그들은 공허하고 쓸모없는 전통의 보호자나 수호자도 아니다. 관리인은 예수께서 죽었다가 다시 살아나셔서 주시는 선물을 적극적으로 나눠 주고 분배하는 일꾼으로 머문다. 그 영적 선물은 언제나 같다. 신실한 설교와 성례전 집전에서 흘러나오는 그리스도 자신의 용서와 생명이 그 선물이다. 예수께서는 선포된 말씀 안에, 세례 안에, 그분의 살과 피를 먹고 마시는 성찬식 속에 적극적으로 현존하신다. 여러분은 예수께서 자신의 선물을 가지고 현존하시는 곳이면 어디든지 생명과 구원이 있다고 확신해도 좋다.

그러니 처음부터, 다음과 같이 기본적인 정의로 시작하도록 하자. 말하자면, 목사인 여러분은 무엇보다도 그리스도의 참된 일꾼이요 하나님의 비밀을 맡은 관리인이라는 것이다. 그 정체성-그 **습성**-이, 여러분이 사역 중에 행하고 말하는 모든 걸 지시하도록 하라. 그러면 여러분은 예수의 이름으로 다른 이들을 섬기는 만큼 제대로 섬김을 받게 될 것이다.

목회 직무를 좀 더 꼼꼼히 살펴보도록 하자. 목사들이 예수 이름으로 수행하도록 받은 것은 정확히 무엇인가?

성령의 수단들

여러분과 나는 하나님이 아니다. 그러므로 예수께서 제자들(과 목사직에 몸담은 그 계승자들)이 자기보다 더 큰 일을 할 것이라고 말씀하신 것은(요 14:12), 그들이 자신의 힘으로 신적인 일을 할 것이라는 뜻으로 하신 게 결단코 아니다. 오히려 권한을 충분히 받은 그리스도의 일꾼들로서, 그리스도의 목사들은 그리스도의 능력과 권한을 부여받고 갖추게 된다. 예수께서 열두 제자에게 사역을 위해 갖추게 하신 것이 바로 그것이다. 예수께서는 3년 동안 그들을 정성껏 가르치시고, 고난과 죽음과 부활의 구원 활동을 끝내시고 나서, 그분의 일을 하도록 그들에게 권한을 부여하시고, 그분의 영을 주셨다.

"그 날, 곧 주간의 첫 날 저녁에, 제자들은 유대 사람들이 무서워서, 문을 모두 닫아걸고 있었다. 그 때에 예수께서 와서, 그들 가운데로 들어서셔서, '너희에게 평화가 있기를!' 하고 인사말을 하셨다. 이 말씀을 하시고 나서, 두 손과 옆구리를 그들에게 보여 주셨다. 제자들은 주님을 보고 기뻐하였다. 예수께서 다시 그들에게 말씀하셨다. '너희에게 평화가 있기를 빈다. 아버지께서 나를 보내신 것 같이, 나도 너희를 보낸다.' 이렇게 말씀하신 다음에, 그들에게 숨을 불어넣으시고 말씀하셨다. '성령을 받아라. 너희가 누구의 죄든지 용서해 주면, 그 죄가 용서될 것이요, 용서해 주지 않으면, 그대로 남아 있을 것이다.'"(요 20:19-23).

성령께서 태초의 어둡고 깊은 혼돈 위에 움직이고 계시다가, 우주 안에 빛과 질서를 가져오셨듯이(창 1:1-3), 성부 하나님이 아담의 코에 자신의 신적인 영을 불어넣으셔서, 생명 없는 티끌

이 생명체가 되게 하셨듯이(창 2:7), 저 첫 부활절 저녁에 하나님의 아들 예수 그리스도께서, 무덤에서 갓 나오셔서, 생명과 불멸을 드러내시고, 친히 택하신 제자들에게 성령을 불어넣으셔서, 그들이 성령으로 무장한 채 그분의 일을 지상에서 수행하게 하셨다. 영광에 싸여 다시 오실 때까지, 인류라는 길 잃은 양들을 한 목자의 보살핌을 받는 한 무리 양 떼에 끌어들여, 그들이 그분의 목소리를 듣게 하는 것(요 10:1-18), 바로 그것이 주 예수께서 의도하신 바다.

타락 이후 인류는 비참하게 망가져서, 자진해서 믿음으로 나아갈 수 없게 되었다. "성령을 힘입지 않고서는 아무도 '예수는 주님이시다' 하고 말할 수 없습니다"(고전 12:3). 따라서 복음을 전하고, 설교하고, 가르치고, 교리를 문답식으로 가르치고, 위로하고, 경고하고, '참호 속에서' 생활하는 그리스도인들을 위문하고 가르치는 등의 일에서는 성령의 현존과 능력이 필수적이다. 설령 여러분이 건전한 이성과 변론을 통해 역사와 성경 텍스트 속에서 믿음의 근거를 찾아내어 옹호할 수 있다고 해도, 여러분은 사람들을 설복해 믿음 안으로 들여보낼 수 없고, 여러분 개인의 카리스마나 매력으로 그들을 영적으로 강하게 하거나 도덕적으로 순수하게 할 수도 없다. 오직 성령만이 그 사역을 완수할 수 있다. 성령께서는 정확히 여러분을 통해서 그 일을 하신다.

방금 한 이 말은 정확하지 않다. 성령께서는 여러분 개인을 통해서 일하지 않으시고, 예수께서 교회의 행복과 온 세상의 유익을 위하여 여러분에게 주신 도구들을 통하여 일하신다. 그 도구들은 다름 아닌 복음과 성례전이다. 이 도구들을 통해, 성부 하나님은 자기의 영을 보내어 믿음을 움직이셔서, 언제나 어디서나 그분을 기쁘게 해 드리도록 한다. 그리스도의 복음 사역은 언제나 성령의 사역이다. 성령께서는 복음 안에서 일하시고, 복음을 통해 주어지기 때문이다(고후 3:8).

예수께서는 자기의 말이 곧 영이라고 의도적으로 말씀하신다. "생명을 주는 것은 영이다. 육은 아무 데도 소용이 없다. 내가 너희에게 한 이 말은 영이요 생명이다"(요 6:63).

장담하건대, 여러분이 그리스도의 일꾼이자 그분의 비밀을 맡은 관리인이면서도, 여러분 자신의 능력이나 힘으로는 아무것도 할 수 없다는 이 기본적인 사실을 이해하지 못한다면, 여러분은 사역 중에 쇠약해지고, 거덜 나고, 탈진하게 될 것이다. 나는 그런 모습을 여러 차례 보았다. 한 머리 좋고 유능한 젊은 목사가 자포자기와 정서적, 영적 고갈 직전까지 몰렸다. 그가 자신의 창의력과 내적 자원에 기대어 사역하려고 했기 때문이다. 부디 이 점을 확실히 이해하기를 바란다. 즉, 여러분이 일의 일부를 수행하고, 하나님이 나머지 일을 수행하시는 것이 아니며, 여러분이 일을 아주 조금 수행하고, 하나님이 거의 전부를 수행하시는 것이 아니라는 것이다. 그리스도의 교회 안에서는 성령께서 모든 일을 수행하신다. 마르틴 루터는 그리스도인의 믿음과 삶을 다룬 소책자 《소교리문답서(1529년에 출판)》에서 이렇게 말한다.

나는 나의 이성이나 힘으로는 나의 주 예수 그리스도를 믿을 수 없고, 그분께 나아갈 수도 없지만, 성령께서 복음을 통해 나를 불러 주셨고, 자신의 여러 선물을 주심으로 나를 교화하셨으며, 나를 거룩하게 하셨으며, 나를 참된 믿음 안에 두셨음을 믿는다. 이와 마찬가지로 성령께서는 지상에

있는 기독교 교회 전체를 부르시고, 모으시며, 교화하시며, 거룩하게 하시며, 예수 그리스도와 함께 하나의 참된 믿음 안에 두신다. 이 기독교 교회 안에서 성령께서는 날마다 나의 죄와 모든 믿는 이의 죄를 모두 충분히 용서하신다. 최후 심판의 날에, 성령께서는 나와 모든 죽은 이를 일으켜 세우시고, 나에게 그리고 그리스도를 믿는 모든 이에게 영원한 생명을 주실 것이다.[3]

그리스도인의 삶은 처음부터 끝까지 하나님의 영의 선물이라는 사실에 유의해야 한다. 아담의 타락 이후, 모든 사람은 날 때부터 영적으로 눈멀고 귀먹은 상태이자 하나님의 원수다. 그래서 누구나 주 예수를 믿는 믿음과 신뢰로 나아가려면 언제나 성령의 능력이 필요하다. 나의 이성이나 힘으로는 나의 주 그리스도를 믿을 수 없으며, "그분께 나아갈 수도" 없다.

그러나 나의 이성이나 힘으로 할 수 없는 것을, 성령 하나님은 수행하신다. 먼저, 그분은 복음으로 나를 부르신다. 그다음에는 용서와 생명과 구원이라는 선물을 주심으로 나를 교화하고, 나를 거룩하게 하시며-그분은 자신의 거룩함을 나와 공유하신다-, 나를 참된 믿음 안에 두신다. 성령께서는 나를 위해 하시는 일을, 지상의 온 교회를 위해서도 하신다. 그분은 이처럼 일들을 병행하시면서 복음을 이용하여 곳곳의 남녀를 믿음으로 부르시고, 하나의 거룩한 공교회, 사도적 교회 안에서 그들을 거룩하게 하시고, 예수 그리스도와 함께 그들을 하나의 참된 믿음 안에 두신다.

3   Martin Luther, *Luther's Small Catechism* (St. Louis: Concordia, 1986), 15.

그러나 그 모든 일을 다 했다고 해서, 성령의 일이 완료된 것은 아니다. 성령께서는 날마다 이 거룩한 교회 안에서 모든 그리스도인이 살면서 짓는 죄를 계속 용서하신다. 여러분에게는 평범한 일상으로 여겨지겠지만, 그리스도의 헤아릴 수 없는 풍부함을 설교하고, 그분의 생명을 주는 성례전을 집전하는 것이야말로 여러분이 받은 소명의 핵심이다. 설교하고, 세례를 주고, 성찬식을 집전하는 것은 평범해 보여도 하나님이 정하신 것으로서 결단코 단조롭지 않다. 하나님은 이 거룩한 행위들을 통해서 자기의 성령을 주시고, 성령은 믿음을 일으켜, 언제 어디서든 복음을 듣는 사람들 안에서 하나님을 기쁘게 해 드리도록 한다. 평범해 보이는 이 임무들, 곧 목사의 임무들은 주마다, 날마다 대단히 많은 영향을 미친다. 즉, 죄인들이 용서받고, 성도들이 회복되고, 삶이 풍성해지고, 마음이 위로받게 되는 것이다. 여러분의 입과 손이 그 모든 일을 하는 것이다! 성령의 일은 그분의 거룩한 교회 안에서 날마다 여러분을 통하여 풍부하게 계속된다. 이것은 평범해 보여도 결코 따분한 일이 아니다.

끝으로, 성령께서는 모든 죽은 이를 일으켜 세우시고, 그리스도를 믿는 모든 이에게 영원한 생명을 주신다. 너무 좋아서 참말이 아닌 것처럼 여겨지는가? 하지만 그것은 확실히 참말이다. 하나님이 직접 정하신 것이기 때문이다.

여러분이 평범한 신학자인 나를 공평히 대한다면, 여러분은 그리스도인 개인들과 교회 전체의 삶 속에서 성령이 어떻게 움직이시는지와 관련하여 성령의 성화 활동을 아주 잘 이해했을 것이다. 하지만 목사인 여러분의 삶 속에서는 성령께서 어떻게 움직이시는가? 여러분은 여러분 자신의 이성이나 힘으로는 사역에서 아무것도 성취할 수 없음을 깨닫게 되었는가? 아니면 여러분은, 사역 중 일부는 여러분 자신이 한 것이라고 잘못 생각하며 움직이고 있는가? 설마 여러분 자신의 창의력과 사고력과 아드레날린과 노력으로 모든 우발 사건을 예상하고, 반대를 압도하며, 하나님과 그분의 나라를 위하여 위대한 일을 할 수 있다고 생각하고 있는 것은 아닌가? 우리가 하나님의 방식보다는 우리의 방식으로 무언가를 하려고 한다면, 그것은 순식간에 꼴사납게 되고 말 것이다.

주님이 교회 안에서 행하라고 명하셔서 정하신 대로, 우리를 성장시키고, 우리에게 양식을 주고, 자양분을 주며, 우리를 지키고, 보호하는 것은, 우리 목사들의 약함과 어리석은 언행이 아니라, 그리스도께서 그들의 손에 맡기신 수단들이다. 복음과 성례전은 활기 없는 실재들이 아니며, 우리가 하나님 나라를 광고하고 선전하기 위해 동원하는 구체적 실례에 불과한 것도 아니다. 오히려 복음과 성례전은 활기차게 약동한다. 복음과 성례전은 하나님의 영의 에너지와 생명을 가장자리까지 가득 담고 있다. 예수의 입에서 나온 실제적 말씀들은 믿음을 일으켜 떠받치기 위한 성령의 도구이자 수단이다. 예수께서 바로 그 말씀들을 여러분에게 주셨다고만 생각하라. 그분은 여러분의 너무나 인간적이고 흠결 있는 입과 두 손에 복음과 성례전을 맡기셨다. 성령께서는 지상에서 그것들을 통하여 그리스도인들을 부르시고, 모으시고, 교화하시고, 거룩하게 하신다. 여러분은 실수할지도 모른다. 사실상, 내 쓰라린 경험으로 말하건대, 여러분 대다수는 반드시 실수할 것이다. 몇 번이고 극적으로 실수할 것이다. 그러나 우리는 하나님께서 목사들의 죄도 사하여 주시는 것을 믿는다! 여러분에게 이 말을 들려주고 싶다. 이를테면 여러분은 비틀거리고 실수하지만, 하나님의 영은 그렇지 않다는 것이다. 주 하나님은 졸지도 않으시고, 주무시지도 않으신다(시 121:4)라고 성경은 우리에게 말한다. 하나님의 말씀은 이룬 것 없이 그분에게 돌아가는 법이 없고, 언제나 그분이 하라고 보내신 일을 성취하고 나서야 돌아간다(사 55:11). 성령도 비틀거리거나 도중에 그만두는 법이 없고, 그리스도의 모든 양을 한 무리 양 떼 안으로 모아들여 한 목자의 보살핌을 받게 하신다(요 10:16).

성령의 일

이제껏 우리는 구원하시는 하나님의 선교와 관련하여 성령이 절대적으로 필요한 이유를 살펴보았다. 말씀과 세례와 성만찬이라는 수단을 통해 일하시는 성령 하나님은, 성부 하나님이 영원 전부터 계획하신 모든 일과 성자 하나님이 우리의 구원을 위하여 때맞춰 완수하신 모든 일을, 계속되는 각 세대에 전하신다. 목회 직무는 이것을 기초로 삼는다. 목사는 하나님의 선물들을 가지고 그분의 사람들을 섬기며, 그분의 은혜와 자비의 태피스트리를 풍부히 짜서 그들의 마음과 삶 속에 넣어 준다.

그 은혜와 자비는 확실한 것이자, 예수께서 십자가에서 처형당하시며 "다 이루었다"(요 19:30)라고 외치셨을 때 단번에 완수된 기정사실이다. 정말 그렇다. 우리를 구원하는 작업은 그때 그곳에서 완료되었다. 그리스도께서는 우리의 범죄로 처형당하셨고, 그런 다음 우리의 칭의稱義를 위하여 다시 살아나셨다. 그러므로 그리스도 예수 안에 있는 사람들은 정죄를 받지 않는다.* 그분이 야말로 하늘에 계신 하나님 앞에서 우리의 의이시다. 칭의는 단 번에 이루어진 사실이다.

목사는 항상 성화의 영역에서 일하는 사람으로 정의된다. 성화 는, 죄로 손상되고 더럽혀진 것을 거룩하게 하시는 성령의 일이 다. 목사가 하나님의 활약 무대에서 설교하고, 세례를 주고, 성찬 을 분급하고, 상담하고, 죄를 용서하고, 기도하고, 축복하면서 끊 임없이 일하는 동안, 성령께서는 어둠에서 벗어나 이 어두운 세 상의 빛으로 살라고 부름을 받은 거룩한 사람들을 혼자 힘으로 부르시고, 모으시고, 교화하시고, 성화하신다.

많은 이들이 기독교의 복음을 지루하고 시시한 것, 일련의 복 잡하고 추상적인 신학 격언들로 느낀다. 사실, 기독교 신앙에는 심원한 비밀들이 있다. 하지만 그것들은 모두 하나의 단순한 진 리를 중심으로 돈다. 그것은 하나님이 세상을 그리스도 예수 안 에서 자기와 화해하게 하셨다는 것이다(고후 5:19). 그러므로 바 울이 그랬듯이, 모든 목사도 다음과 같은 단 하나의 목적을 갖는 다. "나는 여러분 가운데서 예수 그리스도 곧 십자가에 달리신 그 분 밖에는, 아무것도 알지 않기로 작정하였습니다"(고전 2:2). 기 독교는 하나님이 자기의 영원한 아들 예수의 성육신을 통해서 나 타내시고 보내신 생명과 진리를 드러낸다. 하지만 그 생명과 진 리는 무한히 불가해한 상태로 머문다. 여러분은 결코 그것을 이 해할 수 없다. 인간의 살과 피는 그토록 엄청난 경이들을 조금도 받아들일 수 없다. 위에서 언급했듯이, 우리의 이성이나 힘으로는

* 롬 8:1.

우리 주 예수 그리스도를 믿을 수 없고, 그분께 나아갈 수도 없다. 우리가 그분께로 갈 수 없게 되자, 그분께서 세례와 말씀과 성만찬 안에서 우리에게로 오셨고, 우리는 믿음을 통해 그분을 받아들이게 되었다. 목회 직무는 당연히 영적인 활동이다.

성령의 선물들

목사들은 항상 영적인 영역에서 일한다. 목사들은 이 구체적인 물질세계에 뿌리박고 있지만, 가르치고, 설교하고, 돌보고, 양육하고, 기도하고, 축복하면서 사람들을 영원하고 비물질적이나 매우 실제적인 것들과 연결한다. 그러나 그들은 우리 시대의 '영성'이 말하는 포괄적인 의미에서 그리하는 게 아니다. 오히려 그들은 하나님의 영의 선물들을 인간의 오감의 범위 안으로 가져다준다. 그런 점에서 그들은 현실적인 '예수의 사환'이다. 역설적이지만, 목회 직무는 본질상 물질적이면서 동시에 가장 영적이다. 목사들은, 하나님의 사람들에게 그분의 구원 활동의 모든 은택, 즉 용서와 생명과 구원을 가져다주도록 권한을 받은 그리스도의 일꾼들이다.

이 목회 과업은 놀라운 소명이다. 성령 하나님은 자기의 말씀과 성례전을 부서지기 쉽고 잘못하기 쉬운 인간의 입과 손에 두셔서, 모든 시대의 사람들이 타락하고 쇠락해 가는 세상의 깨진 기와 조각들 한가운데서도 주님이 좋은 분이심을 맛보아 알 수 있게 하신다. 사람들은 슬픔과 괴로움과 손실의 한가운데서도, 아직 오지 않은 세상, 슬픔이 변하여 기쁨이 되는 세상, 더는 죽음이 없는 세상, 하나님이 모든 눈에서 손수 눈물을 닦아 주시는 세상의 삶에 미리 참여할 수 있다.

그러나 여러분과 나는 그 세상을 아직은 볼 수 없다. 그 세상은 믿음이 힘을 발휘하는 세상이기 때문이다. 그래서 목회 직무에는 하나님의 성령이 절대 필요하다. 슬퍼하는 사람들을 위로하든, 병든 사람들을 위문하든, 기뻐하는 사람들과 함께 기뻐하든 간에, 목사들은 항상 성령의 현존과 능력에 의지한다. 우리가 신학이라는 학문에 가장 알맞은 교육과 목회적 돌봄의 기술을 추구한다고 해도, 결국 우리가 하는 일은 우리 자신의 행위에 의존하지 않고, 오로지 성령의 일에 의존한다. 기독교 '영성'은 통상적인 의미의 영성이 전혀 아니다. 오히려 기독교 영성은 성령의 위격과 성령의 일을 중심으로 삼는다.

바울은 그것을 이렇게 말한다. "우리는 세상의 영을 받은 것이 아니라, 하나님에게서 오신 영을 받았습니다. 그것은, 하나님께서 우리에게 은혜로 주신 선물들을 우리로 하여금 깨달아 알게 하시려는 것입니다. 우리가 이 선물들을 말하되, 사람의 지혜에서 배운 말로 하지 아니하고, 성령께서 가르쳐 주시는 말로 합니다. 다시 말하면, 영적인 진리를 영적인 사람들에게 설명해 주는 것입니다"(고전 2:12-13).•

약간의 문법 수업

신약성경 영어 역본들은 부득이 몇몇 중요한 의미 요소들을 볼

• "영적인 진리를 영적인 사람들에게 설명해 주는 것입니다"는 옮긴이 사역. 새번역 성경에는 "신령한 것을 가지고 신령한 것을 설명하는 것입니다"로 되어 있다.

명료하게 처리한 경우가 간혹 있다. 원문 표현에 딱 들어맞는 영어식 표현이 없기 때문이다. 그런 의미 요소들은 그리스어 원문을 꼼꼼히 연구함으로써만 이해할 수 있다. 그러나 방금 인용한 진술 속에는 바울이 '영', 혹은 **프뉴마**πνεῦμα라는 표현을 쓸 때 품었던 원 의도의 명백한 취지가 잘 번역되어 있다. **프뉴마토스**πνεύματος라는 표현이 **프뉴마**πνεῦμα라는 표현과 관계있는 것과 똑같이, '영적인'이라는 표현은 '영'이라는 표현과 관계있다. 따라서 우리는 '영적인 진리πνεύματος(가르침)'를 '영적인 사람들(**프뉴마티코이스**πνευματικοῖς)'에게 설명해 주는 것이 목사의 역할임을 이해하게 된다. 목사들은 성령 하나님에게서 오는 가르침을 전하는 사람들이다. 그들은 믿음으로 성령을 받은 이들에게, 하나님이 주신 그 가르침을 가져다주는 사람들이다. 하나님의 영은 인류와 하나님의 모든 선물 사이를 잇는 연결 고리다. 고대 교회의 신조가 고백하는 대로, 그분은 영원히 주님으로, 생명의 수여자로 머무시기 때문이다.

이 약간의 문법과 관련된 여담은, 목회 직무가 처음부터 끝까지 그 내용과 결과를 막론하고 하나님의 영의 현존과 능력에 달려 있음을 증명한다. 우리의 이성이나 힘으로는 아무것도 성취할 수 없다. 우리는 우리 구세주 예수 그리스도의 대리인에 지나지 않는다. 그분께서는, 첫 부활절 저녁에 사도들을 보내시면서 하신 것처럼, 모든 시대에 자기의 일꾼들을 보내시면서 이렇게 말씀하신다. "예수께서 다시 그들에게 말씀하셨다. '너희에게 평화가 있기를 빈다. 아버지께서 나를 보내신 것 같이, 나도 너희를 보낸다.' 이렇게 말씀하신 다음에, 그들에게 숨을 불어넣으시고 말씀하셨다. '성령을 받아라. 너희가 누구의 죄든지 용서해 주면, 그 죄가 용서될 것이요, 용서해 주지 않으면, 그대로 남아 있을 것이다'"(요 20:21-23).

목사로 봉직하는 사람들에게는 적잖은 기술들이 필요하다. 하지만 그들은 자신들의 이성이나 힘으로는 그들의 일을 수행할 수 없다. 설득의 능력, 개인의 비범한 통솔력, 매력, 지도력, 경영 수완이 제아무리 뛰어나도 사람들을 예수께로, 그분의 선물로 데려가지 못할 것이다. 오직 성령만이 그리하실 수 있다. 성령께서는 목사들이 설교하고 가르치는 말씀을 통하여 일하시며, 날마다 예수의 이름으로 사역을 뒷받침하고 감당할 수 있게 하신다.

영적인 의사들

적어도 4세기부터 목사들은 교회 안에서 '영적인 의사들'로 알려져 왔다. 그들은 그리스도의 양들과 어린 양들을 목자가 하는 것과 마찬가지로 돌보고, 약탈자로부터 그들을 지키고, 그들을 먹이고 돌보는 일에 주의하고, 그들의 건강과 안전을 주시한다. 양 한 마리가 병이 나면, 선한 목자는 그 양의 회복을 돕기 위해 온통 눈이 되고, 귀가 되고, 손이 된다. 먼저, 그는 그 가축을 꼼꼼히 진찰하여 병을 진단한다. 그는 증상을 토대로 진단한다. 단지 증상만 치료하는 건 아닐 것이다. 그는 질병 자체에 어떤 치료법을 적용할 것인지를 알려고 할 것이다.

옛날에 농장에서는 농부들이 꼭 필요한 축산 기술을 쓰라린 경험으로 배웠다. 내 아버지를 포함한 그들 중 다수는 수의獸醫 학교에 다닌 적이 없는데도 상당히 유능한 진단 전문의였다. 그들은 앞선 세대들에게서 배우고, 자신들이 돌보던 가축들을 집중적으로 관찰하여 중요한 실제적 기술들을 습득하고, 가축 하나하나의 특성을 꼼꼼히 지켜봄으로써 다양한 상황에서 어떻게 행동해야 하는지를 익혔다. 그들은 이상한 점이 보이면, 신속히 움직여야 한다는 것을 알고 있었다.

여기 주목할 만한 예가 있다. 봄철에 우리 집 젖소들이 처음으로 방목장에 풀려나면, 녀석들은 수분을 많이 함유한 새싹들을 게걸스럽게 과식하는 경향이 있었다. 녀석들의 부피 큰 위가 상당량의 콩과 식물을 다 먹어 버릴 수 있었고, 때에 따라서는 아버지가 과감히 조처하지 않으면 안 되었다. 젖소 한 마리의 양 옆구리가 비정상적으로 부풀기 시작하더니, 녀석이 점점 옅은 숨을 쉬며 헐떡거리기 시작했다. 녀석은 솟과 동물이 곧잘 걸리는, 위산 과다로 인한 소화 불량을 겪고 있었다. 녀석이 호흡할 수 없을 정도로 배 속에 찬 가스가 팽창하면, 치명적인 결과가 빚어질 수 있었다. 나는 아버지가 칼을 꺼내어, 잔뜩 부푼 젖소의 옆구리를 찌른 다음, 그 속에 축적된 가스를 빼내어 녀석의 목숨을 구하는 모습을 여러 차례 목격했다. 아버지는 동맥을 베어 녀석을 죽이지 않도록 칼을 찔러도 되는 곳이 어디인지를 정확히 알고 있었다. 그것은 확실히 과격한 대처였지만, 필수적인 치료법이었다.

하지만 아버지는, 그 젖소를 치료할 수 있는 이는 자신이 아니며, 농작물을 자라게 할 수 있는 이도 자신이 아님을 잘 알고 있었다. 아버지는 그저 두 활동 무대에서 하나님의 대리인에 지나지 않았다. 파종기와 수확기는 성부 하나님이 미리 정하신 것이었다. 아버지가 할 수 있는 일은 경작하고, 심고, 재배하고, 수확기를 기다리는 것이 전부였다. 성부 하나님은 자기 손을 활짝 펴서, 모든 피조물의 바람을 채워 주신다. 내 아버지는 그저 젖소들을 방목장에 내놓아, 녀석들이 하나님이 공급해 주신 꼴을 뜯어먹게 할 수 있었을 뿐이다. 앞서 예로 든 사례에서, 녀석들이 너무 많이 먹을 때, 아버지가 할 수 있는 일은 녀석들의 건강과 안전을 위해 육체적 고통을 덜어 주는 게 전부였다. 그러는 동안 목자의 주의 깊은 눈을 통해 그 소 떼를 돌보신 분은 하나님이셨다.

아버지가 농작물을 자라게 하거나 젖소들에게 꼴을 공급할 수 있는 게 아니듯이, 여러분이 그리스도의 교회를 자라게 하거나 그리스도의 사람들을 돌볼 수 있는 게 아님을 기억해 두기를 바란다. 교회는 이미 구세주를 모시고 있다. 지금 교회에 필요한 것은, 그리스도의 일꾼, 곧 그분의 명령대로 행하며 그분의 선물들을 가져다줄 사람이다. 여러분이 바로 그 사람이다. 여러분은 예수의 사환에 지나지 않는다는 사실을 항상 기억해 두기를 바란다. 그 자세를 계속 유지하기는 쉽지 않다. 그러므로 우리, 곧 여러분과 내가 계속 생각할 것은 이것이다. 즉, 선한 일이 하나님의 나라에서 일어나려면, 우리의 지구력, 추진력, 풍부한 창의력이 필요하다는 것이다.

구세주가 될 셈인가? 일꾼이 될 셈인가?

나는 이 유혹을 알고 있었다. 여러 해에 걸쳐 이 유혹이 다른 사람들 안에 도사리고 있는 것을 여러 번 보았다. 우리는, 우리가 좀 더 열심히 일하거나, 좀 더 오래 일하거나, 좀 더 민첩하게 일하면, 사람들의 상처를 달래 주고, 그들의 문제를 해결해 줄 수 있다고 생각하기 시작한다. 그것은 얼마나 병든 생각인가? 사역의 정당성과 가치를, 우리가 얼마나 바쁘게 일하느냐, 우리가 얼마나 열심히 일하느냐에 두다니, 우리는 얼마나 뒤틀려 있는가? 우리가 구세주의 일꾼을 자처하지 않고 구세주를 자처하다니, 우리는 얼마나 거만한가?

반대 극단도 끈덕진 유혹이다. 이를테면 예수를 옛 아담처럼 상습적 게으름뱅이인 자들의 은신처로 삼는 것이다. 나는 다음과 같이 잘못된 생각이 작동하는 것도 목격했다. "어째서 그토록 열심히 일하느냐? 나 자신의 이성이나 힘으로는 그 나라에서 아무것도 성취할 수 없고, 모든 게 예수께 달려 있다는데, 뭐하러 애쓴단 말인가?" 그것 역시 지옥에서 곧장 나온 거짓말이다. 여러분이 예수의 대리인과 밀사가 되면, 여러분은 그분의 일꾼으로서 힘과 능력을 받아 적극적으로 일하게 될 것이다. 그저 여러분의 구세주이자 여러분의 주님이신 그리스도 예수께서, 친히 피를 흘리시며 목숨을 내어 주신 양들과 어린 양들을 사랑하고 섬기라고 여러분을 부르시고 분부하셨다고만 생각하라. 그 부르심과 분부는 실로 위대하지 않은가?

여러분이 이 점을 제대로 알고, 계속 유지한다면, 여러분이 게으름의 유혹을 받을 때마다 그것이 여러분의 사역에 활력과 힘의 원천이 되어 줄 것이고, 여러분이 광적인 분주함의 유혹을 받을 때마다 그것이 건전한 판단과 안정의 원천이 되어 줄 것이다. 실행이 필요한 수많은 일을 여러분 자신의 이성과 힘으로 완수할 수 있다고 생각한다면, 여러분은 얼마 못 가서 지치고 말 것이다. 설상가상으로, 여러분 자신이 전달자(도관導管)가 아니라, 사람들에게 필요한 실제적 도움의 원천이라고 생각하기 시작한다면,

여러분은 극적인 실패자로 이름을 날리게 될 것이다.

우리는 목사로서 어느 정도 쓸모없는 존재가 되는 것에 관해서가 아니라, 추락과 소진에 관해서 말하는 것이다.

그런 까닭에 여러분이 계속 성실히 사역하려면, 여러분의 영혼을 지탱해 주는 닻이 필요할 것이다. 그 닻은 여러분의 사역에 확실하고 신뢰할 만한 도구이기도 하다. 그 닻은 다름 아닌 하나님의 말씀이다.

II

하나님의 말씀
사역의 원천과 기준

디지털 시대에, 우리는 기가바이트의 자료 속에 잠겨 있어도 실재를 갈망한다. 우리는 정보에 싸여 있어도 참된 공동체를 간절히 바란다. 과학 기술은 즉석에서 우리를 지구 곳곳의 사람들과 이어 주지만, 역설적이게도 우리는 정보를 많이 얻으면 얻을수록, 가상 접속을 많이 하면 할수록, 점점 더 고립되고 외로워진다. 나는 소셜 미디어의 온갖 과학 기술을 여느 사람만큼 누리고 있지만, 이 가상 공동체들은, 내가 아내를 껴안을 때, 손자를 무릎에 앉힐 때, 친구와 마주 앉아 얼굴을 맞대고 대화하면서 마음속에 자리한 것을 생생히 주고받으며 위로할 때 발생하는 교환의 불충분한 대용품일 뿐이다.

인간 사이의 관계가 실로 그러할진대, 천지를 만드신 주 하나님과 우리의 관계는 얼마나 더 중요하겠는가? 설령 우리가 하나님이 지으신 세상을 보면서 그분에 관해 무언가를(예컨대 그분의 능력과 장엄함을) 추측할 수 있다고 해도, 그분께서 우리에게 그분 자신을 드러내지 않으셨다면, 우리는 그분의 참된 본성에 관해 아무것도 알지 못했을 것이다.

성경의 하나님은 인간이 추측해 낸 하나님이 아니라, 말씀하시는 하나님이다. 그분께서는 인류에게 인간의 언어로 자기를 알리신다. 창세기를 여는 구절들에서 하나님은 말씀으로 자기 계시를 시작하시고, 계시록을 마감하는 절에 이르기까지 줄곧 말하기를 결단코 멈추지 않으신다. 태초의 어둡고 텅 빈 허공을 향해 "빛이 생겨라"(창 1:3)라고 말씀하심으로써 우주의 시작을 명시하신 하나님은 사람의 모습을 한 아들, 곧 "그렇다. 내가 곧 가겠다"(계 22:20)라고 약속하시는 아들의 영광스러운 돌아옴에서 우주의 절정을 예견하신다.

하나님에 관해 무언가를 알고 싶다면, 그분의 말씀으로 그분을 알지 않으면 안 된다. 그게 요점이다. 하나님의 말씀을 제쳐 놓고 얻는 하나님에 관한 지식 중에서 신뢰할 만한 지식은 존재하지 않는다. 그 점이 하나님의 말씀을, 교회 안에서 이루어지는 모든 가르침의 유일한 원천과 기준으로 만들고, 모든 목회 직무의 유일한 원천과 기준으로 만든다. 그러나 하나님의 말씀은, 우리가 가장 평범한 의사소통—일종의 데이터 전송—과 연결 지어 생각하게 된 정보 더미가 아니다. 오히려 하나님의 말씀은 수단과 같다. 하나님은 말씀이라는 수단을 이용하여 자기를 드러내시고, 우리에게 마음을 여셔서, 우리가 어떤 하나님을 모시고 있는지, 우리가 여기 이 세상에서 그분을 어떻게 부르고 그분께 어떻게 접근해야 하는지, 우리가 그분께서 우리를 용서하시고 살리시고 구원하시기 위해 베푸시는 선물들을 받으려면 어떻게 해야 하는지를 알 수 있게 하신다.

중요한 일들이 먼저다

"태초에 '말씀'이 계셨다"(요 1:1). 이것은 이 세상에 다른 무언가가 있기 전에, 하나님의 말씀이 있었다는 뜻이다. 우리가 성경 첫 책의 첫 절들에서 읽는 것처럼, 창조주 하나님은 창조물이 생겨나라고 말씀하셨다. 하나님이 말씀을 시작하시기 전에 있던 질서는 뒤죽박죽이어서 어둡고 공허했다. 먼저 "빛이 생겨라"라는 말씀이 오자 빛이 생겨났으며, 그다음에는 다른 모든 것이 순서대로 뒤를 이었다. 해와 달과 별, 집짐승과 모든 기어 다니는 것, 공중의 새, 바다의 물고기, 심지어 무수한 곤충 떼까지. 복잡한 창조 세계 전체가 하나님의 명령으로 엿새 만에 생겨났다. 끝으로, 하나님의 창조 활동이 끝나 갈 무렵, 성삼위 하나님 사이에 협의가 이루어졌다. 무언가가 없어서, 창조 세계는 불완전했다. 더없는 작품, 곧 하나님을 대신하여 나머지 피조물을 관리하고 돌볼 피조물이 필요했다. "하나님이 말씀하시기를 '우리가 우리의 형상을 따라서, 우리의 모양대로 사람을 만들자. 그리고 그가, 바다의 고기와 공중의 새와 땅 위에 사는 온갖 들짐승과 땅 위를 기어 다니는 모든 길짐승을 다스리게 하자' 하시고, 하나님이 당신의 형상대로 사람을 창조하셨으니, 곧 하나님의 형상대로 사람을 창조하셨다. 하나님이 그들을 남자와 여자로 창조하셨다"(창 1:26-27).

여러분은 그 밖의 이야기도 알고 있다. 하나님은 먼저 흙으로 사람을 지으시고, 그의 코에 자기의 영, 곧 생명을 주는 영을 불어넣으셨다. 그러자 아담은 '네페쉬 하야nephesh hayah', 곧 생령이 되었다. 그것은 보는 방법에 따라 육체를 입은 영 또는 영적인 몸으로 보이기도 했다. 아담은 흙이라는 소재로 만들어져 하나님 자신의 천상적 생명으로 가득 채워진 몸이 되었다. 아담은 육체와 영혼을 아우르는 존재, 영의 영역과 물질의 영역에 동시에 존재하는 자였다. 여기까지는 좋았다.

하지만 아담은 아직 완전하지 않았다. 그는 하나님이 염두에 두고 계신 일에 적합하지 않았다. "주 하나님이 말씀하셨다. '남자가 혼자 있는 것이 좋지 않으니, 그를 돕는 사람, 곧 그에게 알맞은 짝을 만들어 주겠다'"(창 2:18). 그분께서는 아담을 깊이 잠들게 하시고, 그의 옆구리 안으로 손을 뻗어 갈빗대 하나를 뽑으셨다. 그분께서는 그 갈빗대로 여자를 지으시고, 그녀를 남자에게로 데려가셔서, 뼈도 그의 뼈, 살도 그의 살인 여자의 마음과 정신과 몸을 그와 결합하게 하셨다. 남자와 여자는 결혼으로 한 몸이 되었다. 하와는 여러 면에서 아담과 똑같았지만, 뚜렷이 다른 구석도 있었다. 그 점이 두 사람을 성적으로 그리고 감정적으로 서로 보완하게 했다. 그리하여 지금 우리가 우리 주위에서 전개되는 창조 세계에서 보는 바와 같이, 남자는 대대로 아버지와 어머니를 떠나, 아내에게 이르는 길을 트고, 그리하여 그들 두 사람은 한 몸을 이루게 된다. 그들은 남편과 아내로서 육체적으로 결합함으로써 전능하신 주 하나님의 형상대로 지어진 사람을 더 많이 얻게 된다. 이렇게 매우 실제적인 방법으로, 온 인류는 자신의 기원을 하나님의 말씀에 두고 있다. "생겨라"라는 저 태초의 명령이 혼돈된 원시의 어둠 속에 떨어진 순간부터 차례차례 나타난 각 세대, 인류가 시작되기 전에 상삼위 안에서 "우리가 …

만들자"라는 비밀 협의가 이루어진 순간부터 쇄도해 온 각 세대
도 자신의 기원을 하나님의 말씀에 두고 있다.

육신이 된 말씀

"태초에 말씀이 계셨다"라는 요한의 보도는 옳다. 하지만 더 중요
한 부분은 따로 있다. 요한은 이렇게 기록한다. "그 '말씀'은 하나
님과 함께 계셨다. 그 '말씀'은 하나님이셨다. 그는 태초에 하나
님과 함께 계셨다. 모든 것이 그로 말미암아 창조되었으니, 그가
없이 창조된 것은 하나도 없다"(요 1:1-3). 이보다 더 깊은 비밀이
있다. 즉, 모든 것을 창조하신 말씀이, 하늘에서 내려와 예수 안
에서 인간의 육신을 입은, 하나님의 영원한 외아들이시라는 것이
다. "그 말씀은 육신이 되어 우리 가운데 사셨다. 우리는 그의 영
광을 보았다. 그것은 아버지께서 주신, 외아들의 영광이었다. 그
는 은혜와 진리가 충만하였다"(요 1:14).

그러나 여러분과 나는 예수의 영광을 두 눈으로 보지 못했다.
그분께서 거룩한 산 위에 계실 때, 우리는 그분과 함께 있지 않았
다. 그때 그분께서는 자기 친구들이 보는 앞에서 변모하셔서, 모
세와 엘리야와 더불어 대화하셨다. 그들은 그 모습을 보고, 성부
께서 예수를 가리켜 "이는 내 사랑하는 아들이다"라고 선언하시
는 음성을 들었다(막 9:2-8). 우리는, 사람들이 그분을 십자가에
못 박거나, 하나님이 그분을 무덤에서 일으켜 세우실 때도, 그 자
리에 있지 않았다.

그러나 사도들은 그 자리에 있었다. 베드로는 그 변화산에서

예수와 함께 있었다(벤후 1:16-18). 그는 제자들 무리 안에서 야고보와 요한과 더불어 예수의 가장 친밀한 친구 중 하나였다. 그가 그 거룩한 산에서 경험한 일이 그의 여생 내내 그의 삶과 사역에 영향을 미쳤다. 전승이 정확하다면, 그는 십자가에 거꾸로 달려, 비참하고 몹시 괴로운 죽음을 맞았을 것이다. 그러나 그를 평생토록 전진하게 하고, 고통스러운 마지막 시간 동안 그를 떠받쳐 준 것은, 그가 그날 갈릴리에서 보고 들은 것, 곧 성부께서 하늘에서 "이는 내 사랑하는 아들이다. 나는 그를 좋아한다. 너희는 그의 말을 들어라"(마 17:5) 하고 말씀하시는 음성이었다.

요한도 그날 그 자리에 있었다. 예수께서 배신당하시고, 처형당하시고, 부활하시던 중대한 한 주 전후에 그가 그분과 함께 겪은 많은 일이 그의 장수 기간 내내 그를 떠받쳐 주었다. 전승이 정확하다면, 요한은 제자들 가운데서, 로마 제국의 도미티아누스 황제 치하에서 그리스도인 박해가 진행되는 동안 밧모섬에 유배당해 자연사한 유일한 제자일 것이다. 믿을 만한 자료에 따르면, 초로의 노망든 요한 사도는, 더는 걸어 다니거나 설교할 수 없는 상태임에도, 그리스도인 회합에 운반되어, 다음과 같이 네 단어로 이루어진 권고-그의 첫 번째 서신의 주요 주제-만 반복했다고 한다. "사랑하는 여러분, 서로 사랑합시다"(요일 4:7).

요한은 사랑을 예수의 온 생애와 사역의 핵심으로 여겼다. 그리스도 예수께서는, "하나님께서 세상을 이처럼 사랑하셔서 외아들을 주셨으니 …"(요 3:16)라고 한 대로, 성부 하나님의 사랑의 화신이었다. 요한은, 예수께서 약하고 더러운 인간의 육신을 어루만져 다시 깨끗하게 해 주시고 온전하게 해 주실 때, 그 사랑이 작동하는 것을 똑똑히 보았다. 그는 하나님이 건네시는 영원한 생명의 메시지를 들었다. 그것은 구세주께서 가르침을 베푸시면서 입 밖으로 내신 메시지였다. 또 요한은 십자가 아래 서서, 구세주께서 운명하시면서 피를 흘리시고 고문당하신 육신으로부터 그 영원한 생명과 사랑이 흘러나오는 것을 보았다. 예수께서는 그의 가장 친밀한 친구로서 인간적으로 말씀하시면서, 십자가 곁에 서 있던 자기 어머니 마리아를 보살피는 일을 요한에게 맡기기도 하셨다. 가장 생생하고 기억할 만한 일은, 예수의 시신을 무덤에 안치하고 사흘 뒤, 부활하신 그분의 살아 있는 육신을 요한이 손으로 직접 만져 본 것이다. 자신을 "예수께서 사랑하시던 제자"라고 부른(요 21:20) 요한이 예수와 함께한 자신의 개인적인 경험을 지적하며, 자신의 사도적 사역의 원천과 근거로 삼은 것은 당연한 일이다.

"이 글은 생명의 말씀에 관한 것입니다. 이 생명의 말씀은 태초부터 계신 것이요, 우리가 들은 것이요, 우리가 눈으로 본 것이요, 우리가 지켜본 것이요, 우리가 손으로 만져 본 것입니다. - 이 생명이 나타나셨습니다. 우리는 그것을 보았습니다. 그래서 우리는 이 영원한 생명을 여러분에게 증언하고 선포합니다. 이 영원한 생명은 아버지와 함께 계셨는데, 우리에게 나타나셨습니다. - 우리가 보고 들은 바를 여러분에게도 선포합니다. 우리는 여러분도 우리와 서로 사귐을 가지기를 바라는 것입니다. 우리의 사귐은 아버지와 또 그의 아들 예수 그리스도와 함께 하는 사귐입니다"(요일 1:1-3).

그러나 오늘날 여러분과 나는 어디서 예수의 말씀 및 행위와 접촉하는가? 우리는 예수께서 십자가에 못 박히시고 무덤에서 살아나실 때 그 자리에 있지 않았다. 소수의 선택받은 이들이 거룩한 산에서 그분과 함께 있으면서, 그분께서 변모하셔서 신적 영광에 싸여 옛적 예언자들과 대화하시는 것을 볼 때도 우리는 그들 가운데 있지 않았다.

말씀과 성령

하지만 예수를 경험하는 것에 관한 한, 제자들은 우리 위에 조금도 군림하지 못한다. 우리 역시 그분의 말씀을 듣고, 그분 안에서 발견되는 용서와 생명을 받도록 정해졌다. 여러분도 알다시피, 성부 하나님의 영원한 말씀의 화신인 예수와 그분의 제자들이 그분의 가르침 및 그분과 함께한 경험과 오늘날 우리 사이를 계속해서 잇는 연결 고리가 있다. 예수께서는 우리를 쓸쓸히 남겨 두고 아예 떠나 버리신 게 아니다. 성령이야말로 "다른 보혜사"시다(요 14:16-17). 성령께서 영속적으로 현존하시면서 예수와 똑같이 우리를 떠받치며 우리에게 능력을 주신다. 예수께서는 말씀으로 자기의 영을 보내신다. 말씀과 성령은 떼려야 뗄 수 없는 관계다. 여러분이 하나님의 영을 원한다면, 말씀이 있어야 한다. 말씀은 이 모순된 세상의 어둠 속에서 환히 빛나는 등불이다.

여러분과 내가 이 어둡고 불길한 시대에 참된 영혼의 의사가 되고자 한다면, 우리에게 정확한 진단 도구들이 있어야 한다. 그 도구들에 대해서는 나중에 다룰 참이다. 지금은 하나님의 살아 있는 말씀, 하나님의 변치 않는 말씀을 구별하고 분별하여 알맞게 적용하는 치료법에 여러분의 주의를 집중시키고 싶다.

성경은 교훈서 그 이상임을 명심하라. 여러분은 하나님의 말씀을 적용할 때마다, 뜻밖의 곤경에 빠지게 될 것이다. 성경은 성령의 책이어서, 성령의 소유인 생명과 활력이 넘친다. 성경은 그리스도인의 삶을 영위하는 데 필요한 실제적 정보를 많이 담고 있다. 특히 우리가 살아가는 무법 세상에서, 사람들은 하나님을 기쁘게 해 드리는 삶을 영위하는 방법에 대한 가르침이 필요하다. 우리가 하나님의 말씀 안에서 발견하는 것이 바로 그것이다. 하나님의 말씀은 옳음과 그름과 분명함의 경계선들을 제시하고, 충만하고 만족스러운 삶, 곧 하나님을 기쁘게 해 드릴 뿐만 아니라, 우리 이웃에게도 도움이 되는 삶을 영위하는 데 유용한 지침들을 제공한다.

그러나 하나님의 말씀은 명령과 약속, 심판과 은혜, 율법과 복음을 담고 있다. 하나님의 말씀은 신학이라는 학문이 파고드는 영역이다. 성경 텍스트의 내용과 주제를 올바르게 해석하여, 사역의 상황에 적용하는 게 중요하다. 그러나 우리는 학자들에 불과한 게 아니다. 우리는 영혼 치료에 종사하는 장인들이다. 거기에는 민감한 통찰력이 필요하고, 하나님의 말씀을 충실히 적용하는 자세가 필요하다. 내가 보기에 어떤 목사들은 하나님의 말씀을 최소한으로 이해하고, 그것을 규정된(의도된) 목적이나 언외의 목적을 달성하기 위한 수단으로 사용하는 한심스러운 경향이 있는 것 같다. 하나님의 살아 있는 말씀, 하나님의 변치 않는 말씀을 특정한 결과를 달성하는 데 필요한 또 하나의 교육 입문서로만 여긴다면, 이는 하나님이 정하신 용도를 홀대하는 짓이 될 것이다. 그분께서는 상하게도 하시고 낫게도 하시며, 죽게도 하시고 살게도 하시는 하나님이시다(신 32:39). 그분의 말씀은, 대지를 적시는 눈비처럼, 헛되이 그분에게 돌아가는 법이 없고, 언제나 그분이 달성하라고 보내신 목적을 달성하고 나서야 돌아간다 (사 55:11).

그러니 부디 하나님의 말씀을 임의로 이용하지 않기를 바란다. 분위기를 진정시키고 가라앉힌답시고 영적으로 진부한 것을 거창하게 말하는 것은, 여러분이 목표로 삼을 게 아니다. 여러분은 하나님의 말씀으로 무언가를 하고 싶을 것이다. 그분의 말씀은 말한 그대로 행한다. 바로 이것이 살아 계신 하나님의 살아 있는 말씀이다. 그분께서는 상투적인 표현으로 말씀하지 않으신다. 그분께서는 진실을 말씀하신다. 그분께서는 사람들의 문제를 해결하는 데 도움이 되는 암시나 유용한 전략을 제시하지 않으신다. 그분께서는 우리를 죽게도 하시고 살게도 하신다. 그분께서는 상하게도 하시고 낫게도 하신다. 그분께서는 옛 아담에게 죽음을 주시고, 구세주의 사랑 안에서 새로워진 영혼들을 다시 일으켜 세우신다. 그분의 말씀은 효능 있는 말씀이다. 그분의 말씀은, 그것이 말하는 그대로 행하기 때문이다. 따라서 여러분이 그분의 일꾼으로서 성령의 검을 사용한다면, 여러분은 상하여 죽어가는 영혼들에게 진정한 위안과 도움을 건네게 될 것이다. 여러분은 그저 추상적인 관념들이나 범주들을 이야기하는 것이 아니라, 괴로워하는 영혼들의 마음과 삶 속에서 하나님의 말씀, 생명을 주는 말씀이 움직이게 할 것이다.

영이요 생명인 말씀

믿음은 언제나 그리스도의 말씀을 들음에서 온다. 그리스도 예수 자신이 성부 하나님의 육신이 된 말씀이기 때문이다. 성부 자신 안에 생명이 있는 것처럼, 예수께도 생명이 있다. 콩 심은 데 콩 나고, 팥 심은 데 팥 나는 법이다. 성부 하나님 안에 영원 전부터 있던 생명과 빛이 모두 육신을 입은 성자 안에 전해졌다.

제자들과 나눈 유명한 대화에서, 예수께서는 자신의 입에서 나온 말의 영향력과 힘이, 영원한 성부에게서 발원하여 자신의 성 육신을 통해 시간 속에 다다른 영원한 생명의 표현이라고 말씀하셨다.

"'살아 계신 아버지께서 나를 보내셨고, 내가 아버지 때문에 사는 것과 같이, 나를 먹는 사람도 나 때문에 살 것이다. 이것은 하늘에서 내려온 빵이다. 이것은 너희의 조상이 먹고서도 죽은 그런 것과는 같지 아니하다. 이 빵을 먹는 사람은 영원히 살 것이다.' 이것은 예수께서 가버나움 회당에서 가르치실 때에 하신 말씀이다. 예수의 제자들 가운데서 여럿이 이 말씀을 듣고 말하기를 '이 말씀이 이렇게 어려우니 누가 알아들을 수 있겠는가?' 하였다. 예수께서, 제자들이 자기의 말을 두고 수군거리는 것을 아시고, 그들에게 말씀하셨다. '이 말이 너희의 마음에 걸리느냐? 인자가 전에 있던 곳으로 올라가는 것을 보면, 어떻게 하겠느냐? 생명을 주는 것은 영이다. 육은 아무 데도 소용이 없다. 내가 너희에게 한 이 말은 영이요 생명이다'"(요 6:57-63).

연결과 연속이 보이는가? 이 구절들에서 생명의 연속이 드러난다. 예수께서는 성부 하나님을 "살아 계신 아버지"라 부르시고, 생명을 주는 자신의 살이 성부 하나님에게서 기원한다고 밝히신다. 두 분이 밀접하게 연결되어 있기에, 예수의 살과 피를 먹고 마시는 사람은 창세 이전부터 성부 하나님과 함께 있던 신적 생명을 먹고 마시는 것이다.

제자들 가운데 여럿이 난처한 기색을 보였다. 누가 그들을 탓하겠는가? 예수를 먹고 마시는 사람마다 아직 오지 않은 영원한 생명을 함께 나누게 된다는 말씀은 실로 어려운 말씀이다. 그러나 그것은 사실이다. 콩 심은 데 콩 나고, 팥 심은 데 팥 난다는 말을 기억하는가? 생명이 넘치는 하늘 아버지께서 자기 아들을 이 세상에 보내셔서 그 생명의 화신이 되게 하셨다. 따라서 그분의 살을 먹고 그분의 피를 마시는 사람은 누구나 마지막 날에 살아날 것이다(요 6:54). 그러나 먹고 마시는 것이 성찬에서 중요한게 아니다. 하나님의 말씀이 성찬의 앞과 중심에 자리한다. 하나님의 말씀은 성찬의 원천이자 능력으로서, 빵과 포도주와 결합하여, 모든 믿는 죄인에게 용서와 생명을 준다.

주지하다시피, 말씀은 하나님의 능력을 전달하는 수단이다. 예수께서 그리 말씀하셨다. 영은 생명을 주고, 육은 아무 데도 쓸모가 없다(요 6:63). 그분께서는 계속 말씀하신다. "내가 너희에게 한 이 말은 영이요 생명이다." 예수께서 하신 말씀은 생명을 가장자리까지 가득 담고 있다. 그 말씀은 성부의 생명의 화신이신 예수로부터 발원하기 때문이며, 생명의 수여자이신 성령의 능력으로 가득 차 있기 때문이다.

여러분이 자기를 위해 도움을 찾고 있든, 아니면 상처 입어 비탄에 잠긴 타인에게 도움을 주든 간에, 여러분은 살아 있는 말씀, 변치 않는 말씀에 의지하지 않으면 안 된다. 무엇보다도 여러분에게는 예수가 필요하다. 그분께서는 살아 계신 아버지의 살아 있는 말씀이시다. 이 말씀은, 여러분이 목회를 수행하다가 다양한 고갈 상태에 처할 때마다 구제책과 치료책이 된다. 여러분이 당황하며 자포자기하거나 항복하는 도중이든 간에, 여러분은 생명을 주는 그리스도의 말씀을 통해 그리스도 안에서 여러분의 생명과 빛을 발견하게 될 것이다. 여러분은 그분을 두 눈으로 볼 수 없어도, 그분의 말씀을 그분의 입술에서 떨어진 것과 똑같은 말씀으로, 하나님의 생명과 치유를 가득 담은 말씀으로 들을 수 있다. 그분께서 말씀하신 대로, 그분의 말씀은 단순한 정보 그 이상이다. 그분의 말씀은 영이요 생명이다. 베드로한테 물어보라.

비밀과 생명

폭넓은 제자 무리의 다른 사람들이 예수를 포기할 때, 베드로는 그러지 않았다. 제자들은 예수께서 신적 생명의 운반체인 자신의 살과 피를 놓고 가르치신 내용을 소화할 수 없었다. 오늘날에도 단순한 빵과 포도주가 예수께서 용서와 생명과 구원을 베푸시기 위해 내어 주시고 흘리신 실제의 살과 피가 될 수 있다는 엄청난 비밀을 이해하지 못하는 사람들이 있다. 그것이 요점이다. 이 성찬은 영원히 비밀로 머문다. 이는 내가 위에서 탐구한 대로, 예수 자신이 비밀, 하나님의 위대한 상징, '만져서 알 수 있도록 영원과 연결되신 분'이신 것과 마찬가지다. 여러분은 비밀을 이해할 수 없다. 그저 마음으로 붙잡을 수 있을 뿐이다.

그래서 예수께서 열두 제자에게 "너희도 나를 포기할 것이냐"라고 물으신 것이다. "너희까지도 떠나가려 하느냐?" 베드로가 대답하였다. "주님, 우리가 누구에게로 가겠습니까? 선생님께는 영생의 말씀이 있습니다"(요 6:67-68).

지금도 예수께는 영원한 생명의 말씀이 있다. 여러분이 사역 중에 낙담한 상태이든, 탈진으로 이어진 길을 가는 중이든, 여러분은 예수의 말씀 안에서 영원한 생명을 발견하게 될 것이다. 여러분은 예수의 말씀을 그저 읽기만 하거나 연구하기만 하는 것 그 이상을 수행하지 않으면 안 된다. 말씀을 단어나 구절 그대로 깊이 생각하고, 마음속으로 곰곰이 생각하고, 여러분의 일용할 양식으로 삼고 묵상하지 않으면 안 된다.

예수의 말씀은 지면에 인쇄된 말 그 이상이라는 사실에 유의하라. 그것은 예수의 말씀으로서 그분께서 제자들에게 주신 것과 똑같은 말씀이다. 예수의 말씀은 단순한 데이터 그 이상으로서 그리스도의 생명으로 가득 차 있다. 이는 그분께서 성부 하나님의 생명으로 가득 차 계신 것과 마찬가지다. 예수의 말씀은 가장 진정한 의미에서 정보다. 그것은 사람들을 그리스도 예수 안에서 속속들이 단련하여 최대한 성숙하게 한다.

하지만 이처럼 생명을 주는, 그리스도의 입에서 나온 말씀을 지면에 인쇄된 말들을 통해 접한다는 것은 놀라운 역설이 아닐 수 없다. 여러분과 내가 예수의 말씀을 이용할 수 있는 것은, 우리가 배울 수 있도록-한 예식 기도문이 말하는 대로, "읽고, 표시하고, 익히고, 속으로 소화할 수 있도록"-그 말씀이 실제로 기록되었기 때문이다.

하나님의 말씀을 담은 이 말씀들은, 바울 사도가 젊은 목사 디모데에게 설명한 대로, 영감으로 기록되었다. 디모데는 어머니와 할머니에게서 구약성경의 예언서들을 문답식으로 교육받았다. 그 예언서들은, 바울이 말한 대로, "하나님의 영감으로 된" 것이었다. "하나님의 영감으로 된"이라는 표현은 성령, 곧 모든 생명의 원천과 기원으로서 우주를 창조하는 하나님의 숨을 직접적으로 가리키는 표현이다.

"그러나 그대는 그대가 배워서 굳게 믿는 그 진리 안에 머무십시오. 그대는 그것을 누구에게서 배웠는지를 알고 있습니다. 그대는 어려서부터 성경을 알고 있습니다. 성경은 그리스도 예수를 믿는 믿음으로 말미암아 그대에게 구원에 이르는 지혜를 줄 수 있습니다. 모든 성경은 하나님의 영감으로 된 것으로서 교훈과 책망과 바르게 함과 의로 교육하기에 유익합니다. 성경은 하나님의 사람을 유능하게 하고, 그에게 온갖 선한 일을 할 수 있게 하는 것입니다"(딤후 3:14-17).

성부로부터, 성자 안에, 성령에 의해. 이것이야말로 구원의 신적 경륜이다. 성부 하나님이 창세전에 영원 전부터 계획하셨고, 사람의 모습을 한 성자 예수 그리스도께서 시간 속에서 성취하셨으며, 그리스도의 말씀을 통해 일하는 그분의 영이 모든 시대의 사람들 안에 전한 것이 바로 그 경륜이다.

말씀은 오늘날에도 여전히 그런 식으로 움직인다. 예수께서는 성부 하나님의 육신이 된 말씀으로서 사도들에게, 친히 택하신 사자들에게 하신 말씀을 통해 자기의 선물들을 나누어 주신다. 예수께서 자기 입에서 나온 말씀은 생명을 주는 영의 운반체이자 도구라고 제자들에게 알리셨는데, 기억나는가? "내가 너희에게 한 이 말은 영이요 생명이다"(요 6:63). 감사하게도, 우리에게는 예수의 말씀을 기록한 텍스트, 사도들의 서신들, 구약성경의 예언서들이 있다. 이 신성한 문서들은 교회 안에서 이루어지는 모든 교육의 원천이자 기준일 뿐 아니라, 괴로워하며 염려하는 모든 그리스도인에게 하나님이 주시는 살아 있는 말씀, 변치 않는 말씀이기도 하다.

이것은 성경이 영혼 돌봄의 씨실과 날실로 짜인 태피스트리를 제공한다는 뜻이다. 성경 텍스트는 모든 목회 직무의 핵심에 자리한다. 우리가 영혼들을 진단하고 치료하면서 수행하는 일의 핵심은 기록된 하나님의 구두 말씀을 중심으로 움직이는데, 이는 그 말씀이 그리스도에게서 차례차례 비롯하고, 그리스도는 육신이 된 하나님의 말씀이기 때문이다.

기록된 말씀

베드로는 자기가 변화산에서 직접 경험한 것을 이야기하는 것으로 예수의 위격 및 업적과 성경 텍스트의 연결을 이해할 수 있게 해 준다. 그는 예수께서 십자가 처형과 부활과 승천이라는 임박한 모험을 놓고 모세 및 엘리야와 대화하시던 모습을 야고보와 요한과 더불어 목격한 사도다. 그는 예수의 생애와 업적은 결코 종교적 열광자들이 상상으로 지어낸 가상 이야기가 아니라며 이렇게 주장한다. "우리가 여러분에게 우리 주 예수 그리스도의 권능과 재림을 알려 드린 것은, 교묘하게 꾸민 신화를 따라서 한 것이 아닙니다. 우리는 그의 위엄을 눈으로 본 사람들입니다. 더없이 영광스러운 분께서 그에게 말씀하시기를 '이는 내 사랑하는 아들이요, 내가 좋아하는 아들이다' 하실 때에, 그는 하나님 아버지께로부터 존귀와 영광을 받았습니다. 우리가 그 거룩한 산에서 그분과 함께 있을 때에 우리는 이 말소리가 하늘로부터 들려오는 것을 들었습니다. 또 우리에게는 더욱 확실한 예언의 말씀이 있습니다. 여러분의 마음 속에서 날이 새고 샛별이 떠오를 때까지, 여러분은 어둠 속에서 비치는 등불을 대하듯이, 이 예언의 말씀에 주의를 기울이는 것이 좋습니다. 여러분이 무엇보다도 먼저 알아야 할 것은 이것입니다. 아무도 성경의 모든 예언을 제멋대로 해석해서는 안됩니다. 예언은 언제든지 사람의 뜻에서 나온 것이 아니라, 사람들이 성령에 이끌려서 하나님께로부터 오는 말씀을 받아서 한 것입니다"(벧후 1:16-21).

베드로는 저 갈릴리 언덕에서 두 눈으로 목격하고 두 귀로 들은 것이 자신의 사역과 그리스도를 섬기는 삶을 자극하고 재촉했다고 주장한다. 그는 성경은 "확실한 예언의 말씀"이라고 주장한다. 성경은 하나님 자신의 책이다. 그것은 인간의 상상력에서 나오는 말들을 가득 담은 책이 아니라, 하나님 자신에게서 오는 말씀들을 가득 담은 책이다. 사실, 성경의 다양한 텍스트는 다양한 시대와 환경 속에 있는 인간 저자들에 의해 쓰였다. 하지만 확실히 그 저술 과정을 지도하신 이는 성령 하나님이시다. 저자들은 "제멋대로 해석해서" 기록하지 않고, 성령에 "이끌려서", 즉 성령의 감동과 지도를 받아서 썼다. 그러므로 우리는 기록된 말씀이라는 신성한 텍스트 안에서 성부의 참된 말씀, 요한이 말한 대로 "은혜와 진리가 충만한"(요 1:14) 말씀의 위력과 능력을 얻는다.

나는 활자화된 책을 여러 권 낸 사람으로서 기록된 텍스트의 힘을 잘 알고 있다. 지난 30여 년 동안 내가 과거로 거슬러 올라가며 글로 옮긴 생각들을 다수의 사람이 즉시 접했다니, 실로 겸손해지지 않을 수 없고, 얼떨떨하지 않을 수 없다. 책은 진정으로 시공을 여행하는 기계다. 나는 지면에 활자화된 말들로, 나와 독자들을 시간상으로 지리상으로 가르는 수십 년의 세월과 여러

대륙을 곧장 가로지를 수 있다. 기록된 말들은 텍스트의 이면에 자리한 추상적 의미를 표시하는 '기호'나 '기표'에 불과한 게 아니다. 오히려 기록된 말들은 기록된 텍스트에 의미를 연결한다. 나는 글을 쓸 때면 종종 한 단락과 씨름하면서, 내가 의도하는 의미를 정확히 표현할 용어를 찾으려고 고심한다. 인쇄된 지면을 통해 독자들과 만나서, 내가 시작한(몇몇 사례에서는 수십 년 전에 시작한) 대화를 계속하는 것은 실로 기분 좋은 일이다. 나는 우리가 언어를 이용하는 게 아니라, 언어가 아주 실질적으로 우리를 이용하고 있음을 알게 되었다. 우리는 인간으로서 순수 사고로 혹은 정신적 텔레파시로 소통하는 것이 아니다. 우리가 아는 최상의 의미는 언어를 통해 전달된다. 내가 이 책의 곳곳에서 여러분과 대화하면서 수행하는 바와 같이, 우리가 지닌 최상의 진실은 말로 움직인다.

기록된 하나님의 말씀도 그러하다. 우리는 텍스트 위에 서서, 우리의 주관적인 기준을 활용하여 텍스트를 판단하지 않고, 오히려 텍스트 아래 서서, 텍스트가 우리에게 영향을 미치게 한다. 텍스트는 우리가 살아가는 영적 죽음의 상태에서 우리를 살려 내고, 우리를 그리스도의 형상으로 끊임없이 만들어 간다. 그러면 우리의 옛 죄성은 날마다 죽고, 우리는 그리스도와 함께 다시 살아나, 그분과 함께 새로운 삶을 영위하게 된다. 성경은 고대의 다양한 문화권에서 생겨나 수천 년에 걸쳐 다양한 언어권으로 퍼졌지만, 성경의 모든 장르와 문학 형식을 통해 엮어진 것은 다음과 같은 단 하나의 중심 취지였다. "하나님께서 사람들의 죄과를 따지지 않으시고, … 세상을 그리스도 안에서 자기와 화해하게 하신 것입니다"(고후 5:19).

이처럼 성경은 고대 문화의 특정 문서들을 모아 놓은 게 아니며, 우리의 문화적 상황에 맞게 조정되어서도 안 된다. 오히려 연속하거나 변화하는 모든 문화적 상황을 이 확실한 성경 텍스트들의 전망에 맞추어야 한다. 점진적으로 변화하는 문화적 동향들이 성경의 위치를 정해서는 안 되고, 오히려 성경이 모든 변화하는 문화의 위치를 차례차례 정해야 한다. 예언서를 사적으로 해석해서는 결단코 안 된다. 그것은 하나님이 우리가 알고 믿었으면 하고 바라시는 것을 우리가 배우도록 신적 영감으로 정확히 기록한 것이기 때문이다. 기록된 말씀의 능력을 절대로 얕보지마라. 특히 그것이 하나님의 말씀일 경우에는!

예수와 성경

육신이 된 말씀 자체이신 우리 주 예수께서는 권위 있는 말씀인 예언서들을 거듭거듭 참조하셨다. 그중에서도 특히 사탄과 대결하시면서 그리하셨다. 그분께서는 "성경에 기록하기를"이라는 표현을 한 차례가 아니라 세 차례나 말씀하셨다. 사탄의 가학적 시험을 잠잠하게 하시려고, 기록된 말씀을 인용하신 것이다.

그 즈음에 예수께서 성령에 이끌려 광야로 가셔서, 악마에게 시험을 받으셨다. 예수께서 밤낮 사십 일을 금식하시니, 시장하셨다. 그런데 시험하는 자가 와서, 예수께 말하였다. "네가 하나님의 아들이거든, 이 돌들에게 빵이 되라고 말해보아라." 예수께서 대답하셨다. "성경에 기록하기를 '사람이 빵으로만 살 것이 아니라, 하나님의 입에서 나오는 모든 말씀으로 살 것이다' 하였다." 그 때에 악마는 예수를 그 거룩한 도성으로 데리고 가서, 성전 꼭대기에 세우고 말하였다. "네가 하나님의 아들이거든, 여기에서 뛰어내려 보아라. 성경에 기록하기를 '하나님이 너를 위하여 자기 천사들에게 명하실 것이다' 그리고 '그들이 손으로 너를 떠받쳐서, 너의 발이 돌에 부딪치지 않게 할 것이다' 하였다." 예수께서 악마에게 말씀하셨다. "또 성경에 기록하기를 '주 너의 하나님을 시험하지 말아라' 하였다." 또다시 악마는 예수를 매우 높은 산으로 데리고 가서, 세상의 모든 나라와 그 영광을 보여주고 말하였다. "네가 나에게 엎드려서 절을 하면, 이 모든 것을 네게 주겠다." 그 때에 예수께서 그에게 말씀하셨다. "사탄아, 물러가라. 성경에 기록하기를 '주 너의 하나님께 경배하고, 그분만을 섬겨라' 하였다." 이 때에 악마는 떠나가고, 천사들이 와서, 예수께 시중을 들었다(마 4:1-11).

여기서 우리는 인간의 모습을 한 하나님의 말씀이, 기록된 말씀을 인용하여, 악마의 교활한 거짓말과 반쪽 진실에 맞서시는 장면을 접하게 된다. 성경 텍스트와 인간의 모습을 한 성부 하나님의 말씀과 예수 사이의 매끄럽고 친밀한 관계를 보여 주는 탁월한 장면이 아닐 수 없다. 성경 텍스트와 예수와 성부 하나님의 말씀, 이 셋은 떼려야 뗄 수 없는 관계다. 어떤 것도 하나님의 영의 영감으로 기록된 하나님의 말씀과 하나님의 아들을 이간할 수 없다. 이것은, 교만하여 회개하지 않는 죄인들이 위험한 상황에 놓였을 때 그들에게 훈계하고, 그들을 꾸짖고, 그들에게 경고

하는 중요한 임무에는 물론이고, 마음이 상해 슬퍼하는 죄인들을 위문하고, 위로하고, 용서하고, 깨끗하게 해 주려고 애쓰는 목사들에게도 크게 위안이 되는 말이다.

하나님의 말씀은 언제나 말한 그대로 행한다는 사실을 기억하라. 여러분이 비탄에 잠긴 사람에게 죄 용서를 선언하면, 여러분이 예수를 대리하여 입 밖에 내는 그 말의 능력과 권위로 그 사람의 죄가 용서된다. 여러분이 죽은 자를 살리시는 하나님의 약속을 담아서, 죽음에 다다른 신자들을 위로하면, 그들이 부활이요 생명이신 그리스도 안에서 소망과 평안을 얻는다. 여러분이 하나님의 말씀을 사용하여, 학대받고 다른 사람의 죄로 더러워진 여성을 정화하고 깨끗하게 해 주면, 그녀가 자신의 거룩함이 아닌, 예수 자신의 순결과 신성에 싸인 거룩함으로 깨끗해지고, 새로워지고, 순결해진다.

하나님의 말씀은 일을 계획대로 이루어 내는 말씀이다. 하나님은 먼저 무로부터 유를 창조하신 다음, "빛이 생겨라" 하고 선언하심으로써 태초의 공허한 어둠으로부터 빛을 불러내셨듯이, 자기의 순전한 말씀으로 새로운 실재를 계속 창조하신다. 여러분이 "하나님께서 당신에게 복을 주시고, 당신을 지켜 주시기를 빕니다" 하고 말한다면, 이는 공허한 바람을 표현하거나, 뜨거운 기도를 표현한 게 아니다. 하나님의 이름과 말씀이 지닌 모든 능력이 그 복을 일으키고, 그에 따라 하나님은 자신의 소생시키는 능력을 주신다. 한 남자와 한 여자가 혼인 예식에서 평생토록 함께하겠다고 서약하여 성 삼위일체의 이름으로 남편과 아내가 되었음을 여러분이 공포하면, 그들은 더는 둘이 아니고 한 몸이 된다. 그리스도의 일꾼으로 부름을 받고 목사 안수를 받은 여러분이 그리스도의 권위를 힘입어 성부와 성자와 성령의 이름으로 죄를 용서해 주면, 그 죄는 하늘에 계신 하나님 앞에서 실제로 용서된다. 그것이 바로 여러분에게 주신 하나님 말씀의 능력이다. 하나님의 말씀은 활기 없는 정보에 불과한 것이 아니라, 자기(말씀)가 말하는 대로 행하고, 자기(말씀)가 이야기하는 대로 성취하고, 자기(말씀)가 약속하는 대로 이행하는 성령의 도구다. "하나님의 말씀은 살아 있고 힘이 있어서, 어떤 양날칼보다도 더 날카롭습니다. 그래서, 사람 속을 꿰뚫어 혼과 영을 갈라내고, 관절과 골수를 갈라놓기까지 하며, 마음에 품은 생각과 의도를 밝혀냅니다"(히 4:12).

그렇다면, 영혼 돌봄의 중심에 자리하는 것은 당연히 성경일 것이다. 하나님의 말씀은 약속을 이행한다. 우리가 상대하는 사람이 생활 환경이나 부주의한 사람들의 악행 때문에 상심하고 낙담하며 괴로워하는 영혼이든, 우리가 돌보는 사람이 자신의 죄 짐을 지고 낙담하는 사람이든 간에, 말로 하는 형식으로, 혹은 성례전의 형식으로(대개는 두 형식 모두로) 하나님의 말씀을 세심하고 주의 깊게 전하는 것이 목회에 필요한 기술의 핵심이라고 할 것이다.

그늘 골짜기로 다닐지라도

내가 목사로 섬기는 특권을 받은 40여 년의 세월 동안 하나님의 말씀이 미친 영향력을 생각하노라니 여러 장면이 마음에 떠오른다. 여기 한 예가 있다.

그녀의 이름을 사라라고 부르자. 그녀는 40대 여인이다. 지금은 암으로 고통받고 있지만, 그녀는 한때 생기 넘치고 활기찬 사람이었고, 일상의 의무들을 열심히 감당하는 에너지 꾸러미였다. 그녀는 어느 모로 보나 여인이었다. 남편에게 애정을 품고 헌신하는 아내였고, 10대의 두 아들을 끔찍이 사랑하는 엄마였으며, 게다가 자신이 돌보는 환자들에게 온갖 다정한 관심을 기울이는 간호사였다.

처치할 수는 있지만 완치할 수는 없는 악성 림프종 변이라는 진단을 받고 입원한 그녀를 심방하던 날이 잊히지 않는다. 누구도 들을 준비가 되어 있지 않은 소식, 특히 활기차고 살아야 할 이유가 많은 사람이라면 더욱 들을 준비가 되어 있지 않은 소식이었다. 그런데도 나는 사라에게서 "어째서 저입니까? 이제 어쩌자는 겁니까?"라는 말을 듣지 못했다. 그녀의 압도적 관심 대상은 그녀 자신이 아니라, 그녀의 남편과 특히 그녀의 두 아들이었다. "그들은 어떻게 대처할까요? 누가 그들의 필요를 돌볼 것이며, 누가 그들을 성인으로 만들겠습니까?"

우리는 그러한 관심사들을 놓고 기도했다. 그러나 그 전에 이 충격적인 소식 한가운데에 울려 퍼지는 하나님의 확실한 약속의 말씀을 먼저 들었다. "··· 주님께서 말씀하신다. ··· '내가 너를 속량하였으니, 두려워하지 말아라. 내가 너를 지명하여 불렀으니, 너는 나의 것이다. 네가 물 가운데로 건너갈 때에, 내가 너와 함께 하고, 네가 강을 건널 때에도 물이 너를 침몰시키지 못할 것이다. 네가 불 속을 걸어가도, 그을리지 않을 것이며, 불꽃이 너를 태우지 못할 것이다'"(사 43:1-2).

때로는 죽음이 예기치 않게 빨리 다가오기도 한다. 이 사례에서는 죽음이 찔끔찔끔 다가왔다. 처음에는 거의 알아차릴 수 없게 아주 조금씩 다가오더니, 나중에는 점점 사납게 다가왔다. 지켜보는 것이 두려울 정도였다. 아내이자 엄마가 천천히 그러나 가차 없이 체력을 잃고, 그다음에는 활기를 잃고, 그다음에는 기능을 잃는 모습을 바라보는 것은 남편과 두 아들에게 힘든 일이었다. 나도 그랬다. 제아무리 영혼들의 참된 목자라고 해도, 설령 그가 서서히 잠식해 오는 어둠 한가운데서 선한 목자이신 분의 위로와 현존을 충분히 잘 알고 있다고 해도, 자기 양들과 함께 죽음의 그늘 골짜기로 다니는 것을 좋아하지는 않을 것이다.

그것이 얼마나 긴 여정이었는지는 기억나지 않지만, 아무리 따져 보아도 확실히 긴 여정이었다. 그러나 사라와 그 가족에게는 한 달 한 달이, 한 주 한 주가, 한 날 한 날이 소중했다. 그들은 기회가 닿을 때마다 휴양 시설을 갖춘 호텔형 별장에서 하루나 이틀을 지내면서, 가족을 만나고, 친구들을 즐겁게 맞이하며, 남들이 지옥 같은 여정이라고 부를 만한 여정에서 기쁨의 순간들을 낚아챘다. 내 아내 제인은 사라의 막역한 친구가 되었다. 상황이 감당하기 어려워지자, 제인은 애정을 담은 보살핌과 기도로 뒷받침하는 길이 전화 통화 방식뿐임을 알았다. 그리고 심야 대화가 여러 차례 이어졌다. 동정의 눈물이 가미된 대화였다.

그 여러 달 동안 나는 내게 주어진 도구들로 사라와 그녀의 가족을 돌보았다. 하나님의 확고하고 확실한 약속의 말씀과 하나님의 귀중한 성례전이 그 도구들이었다. 죽음이 점점 더 길고 어두운 그림자를 날마다 드리우고 있는데도, 그들은 회중과 함께하는 공적인 예배에 정기적으로 참석하여 용서와 생명과 영원한 구원을 받았다.

사라가 더는 하나님의 집에서 드리는 예배에 참석할 수 없게 되었을 때, 나는 영예롭게도 사라와 그녀의 가족을 심방하여 선물들을 나누었다. 그들과 함께 기도하고, 그들과 함께 웃고, 그들과 함께 눈물을 흘린 것이다. 서로의 기쁨과 슬픔을 동시에 간직하는 것은 하나님의 모든 성도에게 주어진 특권이다. 그러나 무엇보다도 나는 하나님의 약속을 제시했다. 하나님이 확실하고 분명한 말씀으로 하신 약속이다. "주님께서 말씀하신다. … '내가 너를 속량하였으니, 두려워하지 말아라. 내가 너를 지명하여 불렀으니, 너는 나의 것이다.'"

그러던 어느 날, 그 일이 일어났다. 주일 오전, 마지막 예배를 알리는 종이 울리기 직전에, 나는 성직자석으로 연결된 입구에 서서 성소에 들어갈 채비를 하고 있었다. 그때 이런 전갈이 도착했다. "사라가 임종 직전입니다. 목사님이 오실 수 있는지, 그녀가 물었습니다." 나는 급히 부목사를 대리로 세우고, 그녀의 집으로 달려갔다. 그녀의 집은 불과 몇 분 거리에 있었다.

죽음이 임박한 신자의 집 입구에는 특히 명백한 무언가가 자리하고 있다. 그곳에 있어 본 목사라면, 내 말이 무슨 뜻인지 알 것이다. 그것이 여러분의 코를 공격하고, 여러분의 얼굴을 칠 것이다. 종국이. 임박한 슬픔이. 무엇보다도 경의와 거룩한 경외가. 성도들이 현세에서 내세로 떠날 때, 여러분이 서 있는 땅은 거룩한 땅이 된다. 죽음이 접근하고 있지만, 헤아릴 수 없는 영광이 기다리고 있다. 그리스도께서 오셔서 산 자와 죽은 자를 심판하실 때, 죽음 자체가 죽고, 하나님께서 모든 눈물을 손수 닦아 주실 것이다.

직업 의료인인 사라는 자신의 가족에게 이날을 꼼꼼히 준비시켰다. 그들은 생리학적으로 무엇을 기대해야 하는지 알고 있었다. 그러나 그녀의 살아 있는 믿음 덕분에, 그들은 영적으로 무엇을 기대해야 하는지도 알고 있었다. 또 하나의 죄인이자 성도가, 오래전에 시므온이 노래한 대로, 평안히 떠나가려 하고 있었다. 시므온의 눈처럼, 사라의 눈도 구세주를 보았다. 시므온은 그분을 자기 팔로 안았지만, 사라는 그분을 아주 친밀하게 알고 있었다. 그분의 확실한 말씀으로, 그리고 그분의 성만찬에서 받은, 실재하는 생명의 빵으로.

하지만 나는 그녀에게 그 귀중한 선물을 주는 특권을 한 번 더 받았다. 다가오는 죽음의 냉기를 막기 위해 따스한 담요에 싸여 있었지만, 그녀의 사지는 이미 식어 가고 있었다. 만져 보니 그랬다. 그녀를 더 도와줄 현세적 약물이 없었다. 너무나 익숙한 향기가 죽어 가는 사람 주위의 공중에 서성거리며 내 코를 공격했다. 닥쳐오는 죽음의 향기로우면서도 매운 악취였다. 그러나 나는 영면 직전의 그녀에게 불멸의 의술을 한 번 더 집전하는 특권을 누렸다. 그녀의 생명이 서서히 빠져나가고 있었다. 그녀는 지하에 있는 거실에서 영원히 지속되는 생명을 받았다. "받아서 먹어라. 이것은 내 몸이다. 이 잔을 마셔라. 이것은 죄를 사하여 주려고 너를 위하여 흘리는 나의 피다." 그런 다음 축복이 이어졌다. "우리 주 예수 그리스도의 몸과 피가 당신의 몸과 영혼을 지켜 주어 영원한 생명에 이르게 하시기를 빕니다. 아멘." 그녀는 힘없이 "아멘"으로 답했다.

"어떤 찬송을 불러 드릴까요?" 하고 내가 묻자, 그녀는 작은 소리로 말했다. "〈주님은 나의 목자〉요. 하지만 옛 찬송으로 불러 주세요." 그래서 나는 노래를 불러 주었다.

주님은 나의 목자시니, 내게 부족함 없어라.

나를 푸른 풀밭에 누이시며

잔잔한 물가로 인도하신다.

내가 비록 죽음의 어두운 골짜기로 다닐지라도,

주님께서 나와 함께 계시고,

주님의 막대기와 지팡이로 나를 위로해 주시니,

나는 어떤 병도 두렵지 않습니다.

주님께서는, 내 원수들이 보는 앞에서

나의 상을 차려 주시고,

내 머리에 기름을 발라 주시니,

내 잔이 넘칩니다.

가장 훌륭하게 번역된 스코틀랜드판 시편은 아니었지만, 나는 사라의 여정이 곧 그녀를 현세에서 내세로 이끌 것임을 알고 있었으므로, 최선을 다해 노래를 불렀다. 내가 "내 거처는 영원토록 하나님의 집에 있을 것입니다"라고 마지막 행을 부르자마자, 그녀는 숨을 거두었다.

나는 그녀의 죽음이야말로 옛 성도들이 감동적이고 시적인 용어로 불렀던 "복된 최후"라고 생각한다. 여러분이 목사로서 활동 영역에 걸맞게 관여하는 일들이 그런 일들이다. 사람들 대다수는 지상에서 마지막 몇 시간을 보내고 있는 사람들을 돌보는 일과 관계있는 직업을 가지려고 하지 않을 것이다. 하지만 이 일도 영혼 치료에 속한다. 그것은 목회적 **습성**의 한 부분이다. 여러분이 그 **습성**에 익숙해지면, 그것이 여러분에게 제2의 천성이 될 것이다.

다른 직업에서도 마찬가지다. 농부인 내 아버지가 자연스럽게 받아들인 많은 일이, 사람들 대다수에게는 겁나는 일이었을 것이다. 장시간 수행하는 힘겨운 노동에 관해서는 이미 이야기했다. 하지만 분만 중인 돼지들 및 어린 암소들과 함께 밤을 새우는 날들도 있었다. 그런 철야의 결과는 들쭉날쭉했다. 대개는 기쁨이었지만, 사산死産인 경우도 간혹 있었다. 그 모든 일은 활동 영역에 걸맞은 일이었으며, 농사짓기에 관한 **습성**의 한 부분이었다.

그러나 여러분은, 그리스도의 양들과 어린 양들 가운데서 생명이 위태로워 괴로운 시간을 보내는 양을 돌볼 때, 잘 준비되어 있을 것이다. 여러분은 이 어둡고 불길한 상황 속으로 가져갈 무언가 영원하고 변함없는 것을 받은 상태이기 때문이다. 가장 무거운 짐, 가장 격렬한 슬픔, 가장 비통한 상실, 이 모든 것은 하나님의 생명을 주는 말씀과 그분의 성례전에서 호적수를 만난다. 하나님의 말씀과 성례전은 마법이 아니다. 이 신성한 도구들이 마음의 아픔을 하룻밤 사이에 없애 주는 것은 아니기 때문이다. 그러나 그것들은 장애물에도 불구하고 시간이 지나도 지속되는 영원한 치료를 일으킨다.

사라의 사정이 적절한 예다. 그녀의 남편과 두 아들 앞에는 헤아릴 수 없는 난제들이 기다리고 있었다. 처음에는 어마어마한 슬픔이, 그다음에는 그들의 마음과 삶에 소중했던 사람의 상실에 따라붙는 까다로운 문제들이. 내가 여러 해 전에 그녀와 함께 바쳤던 기도가 이루어졌다고 여러분에게 알리게 되어 감사하다. 하나님의 은혜로 사라의 두 아들이 대단히 곧고 유능한 그리스도인 신사로 자란 것이다. 하지만 나에게 헤아릴 수 없는 감동을 준 것은 따로 있다. 복잡한 우여곡절을 지닌 기나긴 여정 전체가 하나님의 말씀이라는 확실한 기초 위에 안전하게 놓이게 된 것이다. 이것이야말로 우리가 현세와 내세에서 얻을 만한 최고의 위로이자, 품을 만한 희망이다.

하나님의 말씀

내가 영혼 돌봄을 이토록 좋아하는 이유를 여러분은 아는가? 다른 모든 것이 사라져 갈 때도 꼭 필요한 한 가지를 사람들에게 가져다줄 수 있다면, 그 한 가지는 당연히 영혼 돌봄일 것이다. 다른 모든 이가 무기력하게 수수방관할 때 무언가를 베푸는 것, 다른 모든 말이 좋은 의도를 띠고 있는데도 귀에 공허하게 들릴 때 영원토록 중요한 것을 말해 줄 수 있는 것, 이것은 모든 목사를 겸허하게 하는 경험이다. 그러나 우리, 곧 여러분과 나는 먼저 받지 않은 것을 가져다주지 못한다. 우리는 예수의 사환, 곧 자기 목숨을 내주려고 피 흘리고 죽으신 분의 사절에 지나지 않는다. 그분 덕분에 이 죽어 가는 세상의 모든 사람이 그분 안에서 생명을 얻게 되었다.

인간의 가장 진실한 생각조차 공허해질 때, 우리 목사들은 내어 줄 만한 확실하고 영속적인 것을 가지고 있다. 우리는 죽음의 악취 한가운데에 자리한 생명의 향기다. 인간의 다른 모든 말이 비틀거리고 실수할 때, 우리는 확실하고 변치 않는 말씀을 전하기 때문이다. "주님께서 말씀하신다." 이것은 실로 두려워 떠는 마음들, 근심하며 슬퍼하는 영혼들을 위로하는 표현이 아닐 수 없다! 불안한 생각들이 쇄도할 때도 의지할 만한 것이 있다. 인간 경험이라는 움직이는 사막 한가운데에도 확실한 발판이 있다.

사라 이야기는, 사람들의 삶이 파탄 나고, 그들의 미래가 불길한 예감으로 암울해질 때, 내가 약속의 말씀을 건네는 특권을 누린 수백 가지 사례 가운데 하나일 뿐이다. 그런 상황에서 인간의 동정심은 너무 과한 게 될 수 있다. 삶이 무너질 때, 충격을 받아 비탄에 잠긴 영혼들은 인간의 친절 그 이상의 것이 필요하다. 그들에게는 하나님 자신이 필요하다.

놀랍게도, 하나님은 자신의 위로의 말, 위안의 말을 우리 같은 인간의 입술에 맡기신다. 그래서 우리는 옛적의 예언자들처럼 우리의 입을 열어 믿음과 신뢰를 가지고 그 말씀을 건넨다. 그러면 그 말씀은 자기가 말하는 그대로 행한다. 하나님의 말씀이 최대한 효력을 발휘하여, 혼돈에서 질서를 창조하고, 끔찍한 상처와 쓰라린 고통 한가운데로 위로를 가져다줄 때, 우리는 맨 앞줄 좌석에 앉아서 하나님이 일하시는 것을 본다.

목사인 여러분은 여하한 생활 환경, 생명 자체가 위태로운 순간들, 세속적이고 진부하고 범상한 삶의 우여곡절 속에 있는 그분의 양들과 어린 양들에게 그분의 말씀을 건네고 성례전을 집전함으로써 그분의 현존과 치료를 일으키도록 권한을 위임받은 그분의 대리인이다. 물론 여러분은 상담사도 아니고 치료사도 아니다. 하지만 여러분은 그리스도의 목양견으로서 그리스도의 명령대로 하는 사람들이다. 여러분은 가장 세속적인 생활 환경 속에 소망과 평화를 흩뿌리라고 보냄을 받은, 예수의 사환이다. 두려워하며 불안해하는 10대, 걱정하는 어머니, 어찌할 바를 모르는 아버지가 여러분의 사역 속에서 안정을 발견할 것이다. 여러분 안에서 발견하는 것이 아니라, 하나님 자신 안에서 발견할 것이다. 여러분에게 말하라며 주신 말씀을 통해 그분의 위로하는 일을 하도록 여러분을 택하신 하나님 안에서. 하나님이 자기의 말씀을 통해 현존하시면서 불안한 마음을 진정시키시고, 두려움을 달래신다는 것은 놀라운 사실이다. "주님께서 말씀하신다." 이것은 불확실한 세상에서 확실히 중요한 말이다.

생명의 말씀

나는 이 장의 서두를 사도 요한의 말로 시작했다. 그는 "예수께서 사랑하시던 제자", 자기 친구이자 동시에 자기 주님이요 자기 하나님인 예수, 곧 영원 전부터 하나님과 하나가 되시고, 성부 하나님의 말씀으로서 우리와 우리의 구원을 위하여 육신이 되신 분과 함께한 경험을 기록한 제자다. 그는 예수의 공적 사역 초기부터 3년 뒤 그 사역이 정점에 이를 때까지 그분과 함께했다. 자기 이름을 달고 있는 복음서에서, 요한은 예수께서 행하신 표적들-치료와 마귀 축출의 기적들-뿐만 아니라, 자신이 수련 사도로 지내던 3년 동안 그분의 입술에서 나온 은혜로운 생명의 말씀들도 후세를 위해 성령의 감동으로 기록했다.

가장 의미심장한 사실은, 사람들이 주님을 십자가에 못 박을 때, 요한이 그 자리에 있었다는 것이다. 그는 예수의 어머니와 다른 두 마리아와 더불어 십자가 곁에 서 있었다(요 19:25-26). 그는, 하나님이 죄 많은 세상에 대한 자신의 진노를 죄 없는 아들에게, 곧 모든 죄와 수치를 자기 몸에 지고, 참기 어려운 육체적 고통 속에서 그리고 해독할 수 없는 영적 고뇌 속에서 성부의 심판을 정면에서 맞으신 하나님의 어린양에게 터뜨리시던 날, 해골곳(아람어로 골고다를 말함-편집자)에서 일어난 모든 일을 두 눈으로 직접 보았다. 요한이 그 쓰디쓴 세 시간 동안 그곳에서 본 장면이 그의 생애와 사역을 꿰뚫었다. 구세주께서 생명의 피를 흘리시며 운명하실 때, 그분의 상처에서 슬픔과 사랑이 섞여 흘러내리는 걸 목격한 것이다. 그는 병사들이 만신창이가 된 예수의 시신을 십자가에서 내리는 것을 보고, 빌린 무덤에 그 시신이 안치되는 것을 보며, 창자가 끊어지는 듯한 슬픔을 느꼈다.

그러나 요한은 사흘 뒤에 일어난 모든 일도 두 눈으로 보았다. 첫 부활절 아침에 무덤이 비어 있던 때부터, 살아나신 예수께서 그날 저녁에 제자들 가운데 서시던 때까지, 요한은 개인의 삶을 변화시키는 부활을 경험했다. 일주일 뒤, 의심 많은 도마가 예수의 살아 있는 육신을 만지면서 "나의 주님, 나의 하나님!"이라고 외칠 때도 요한은 제자들 사이에 있었다.

그렇다면, 요한이 자신의 첫 번째 서신에서, 가나의 혼인 잔치로부터 부활절 아침에 이르기까지 자신이 직접 예수와 함께한 경험을 자신의 사도 사역의 기초로 강조한 것은 당연한 일일 것이다. "이 생명의 말씀은 태초부터 계신 것이요, 우리가 들은 것이요, 우리가 눈으로 본 것이요, 우리가 지켜본 것이요, 우리가 손으로 만져본 것입니다. ‒ 이 생명이 나타나셨습니다. 우리는 그것을 보았습니다. 그래서 우리는 이 영원한 생명을 여러분에게 증언하고 선포합니다. 이 영원한 생명은 아버지와 함께 계셨는데, 우리에게 나타나셨습니다. ‒ 우리가 보고 들은 바를 여러분에게도 선포합니다. 우리는 여러분도 우리와 서로 사귐을 가지기를 바라는 것입니다. 우리의 사귐은 아버지와 또 그의 아들 예수 그리스도와 함께 하는 사귐입니다"(요일 1:1‒3).

예수의 말씀은 영이요 생명이라는 것을 기억하는가? 그분께서는 우리를 위하여 그리고 우리의 구원을 위하여 육신이 된, 성부의 말씀이시다. 그리고 우리에게는 더 확실한 예언자의 말도 있다. 오래전에 예언자들이 입 밖에 낸 말이 역사와 시간 속에서 확증되고 기록되어, 우리도 예수께서 가져오신 영원한 생명을 서로 나눌 수 있게 되었다.

사람의 모습을 한 말씀-말로 전해지는 말씀-기록된 말씀. 이 말씀들은 형식은 다르지만, 모두 우리의 구원을 위한 하나의 말씀이다. 고대 예언자들은 자신들이 이스라엘 시대에 들은 말씀, 하나님의 백성에게 큰 소리로 말하라고 받은 말씀을 기록했다. 그 말씀들은 하나님의 영에 '이끌려서' 기록되었다. 신약성경의 저자들에게 영감을 준 것도 같은 영이시다. 그 저자들은 육신이 된 말씀에 관해 듣고 본 바를 기록했다. 사도들에게는, 베드로가 쓴 대로, "더욱 확실한 예언의 말씀"이 있었다(벤후 1:19).

말씀의 사역

하나의 신적인 말씀-육신이 된 말씀, 구두 말씀, 기록된 말씀-은 여러분과 내가 오늘날 영혼 돌봄에 힘쓰면서 하나님의 사람들에게 전하는 말씀이다. 그리고 그 말씀 안에는 생명, 곧 온 인류를 위한 그리스도의 생명이 있다. 그래서 우리는 목사로서 수행하는 모든 일을 하나님의 말씀을 통해 수행한다. 아픈 영혼들의 말을 귀담아듣고, 그들의 상처를 치료하고, 그들의 슬픔과 불안을 없애 주는, 이 모든 일은 말씀을 통하여 수행하는 일이다. 우리는 말씀을 수단으로 삼아 기도하고, 말씀을 수단으로 삼아 축복한다. 하나님의 말씀은 목사의 삶과 일이라는 태피스트리를 엮는 금실이다. 이 살아 있고 변함없는 말씀의 목적은 언제나 같다. 예수께서 사랑하시던 사도 요한이 자신의 복음서 말미에다 그 목적을 적절히 요약해 놓았다. "예수께서는 제자들 앞에서 이 책에 기록하지 않은 다른 표징도 많이 행하셨다. 그런데 여기에 이것이나마 기록한 목적은, 여러분으로 하여금 예수가 그리스도요 하나님의 아들이심을 믿게 하고, 또 그렇게 믿어서 그의 이름으로 생명을 얻게 하려는 것이다"(요 20:30-31).

기록된 말씀과 함께하는 사역은 모두, 우리를 위하여 그리고 우리의 구원을 위하여 육신이 된 말씀의 사역이다. 그분 안에는 어둠 속에서 비치는 빛이 자리하고 있다. 그분이야말로 어둠이 이기지 못하는 빛이시기 때문이다. 그분은 생명이시고, 그 생명이 죽음 한가운데에 자리하고 있다. 그분께서는 단 한 번 죽어서 영원토록 사시며, 자기의 영원한 생명을 모든 믿는 세례 교인과 함께 나누신다.

예수 그리스도께서는 사실상 우리의 둘도 없는 생명이시다. 동시에 그분께서는 우리의 의와 거룩함이시다(고전 1:30). 이 둘은 영혼 돌봄에 필수적이다. 목회적 **습성**은 신학이라는 학문의 지배를 받는 기술이 아니라, 경험이라는 학교에서 다듬어지는 기예다. 의료 실습의 경우와 마찬가지로, 영혼의 의사들은 먼저 주의 깊은 진단으로 시작하고, 그다음에는 성부 하나님의 말씀을 이용하여 의도적 치료를 위한 처방을, 성령의 능력 안에서 사람의 모습을 한 아들을 통해 제공한다. 예수 그리스도만이 우리의 생명이시므로, 목회적 돌봄의 기예는 언제나 절대적 관념이 아니고 복된 실재들인 그분의 거룩함과 그분의 의를 신중하고 분별 있게 적용하는 것을 필요로 한다. 그런 수준의 기술은 하룻밤 사이에 습득되는 게 아니다.

우리는 우리의 사역 내내 영적 수련의로 머문다. 우리의 기능을 익히는 데는 유능하고 박식한 멘토들이 필요한 만큼, 그런 기술들을 갈고 다듬는 데는 신실하고 부지런한 동료들도 필요하다.

바로 거기가 여러분이 힘을 발휘하는 지점이다.

III

영혼 치료

주의 깊은 진단

_____ 1장에서 나는 목회 직무에 대한 고전적 이해를 **습성**, 혹은 목사의 영혼의 성벽이라 불렀다. 목사는 그리스도의 양들과 어린 양들의 병증을 정확하게 구별하고, 그런 다음 세심히 치료하는 영적 의사의 기술들을 **습성**을 통해 습득한다. 오래전 농장에서 보낸 내 유년 시절의 경험을 떠올리며, 그것이 어떻게 이루어지는지를 설명해 본다.

최첨단이 되고 싶어, 목회에 필요한 지도력과 관련하여 현재 유통되고 있는 가장 훌륭한 실제들을 따르려고 하는 목사들에게는 이 장과 다음 장에서 하는 나의 이야기들이 외국어처럼 들릴지도 모르겠다. 목회 직무의 최신 모델들은 사회 과학과 영업과 사업 리더십 이론에서 빌려 온 용어와 방법에 크게 의지하고 있다. 여러분이 이 장에서 그러한 것을 찾으려 한다면, 거의 찾지 못할 것이다. 현대적인 농부들 가운데서, 내 아버지가 80년 전에 했던 것처럼, 몇 마리의 말이나 육체노동에 의지하여 오늘날의 일류 영농 기업을 세울 수 있다고 생각하는 사람은 없을 것이다. 어쩌면 독자들은 내가 1950년대의 농업에 대한 향수에 흠뻑 젖어 있을 뿐만 아니라, 오늘날의 목회 돌봄과 관련해서도 어쩔 도리 없이 정반대되는 입장에 갇혀 있다고 생각할지도 모르겠다. 어쨌든 지금은 21세기이며, 어떤 목사도 18세기의 영국 시골 목사처럼 움직이려고 해서는 안 된다는 것이다.

나는 여러분의 의견에 동의한다. 과학 기술의 발전은 우리에게 영혼을 돌보는 일에 사용할 수 있는 도구를 많이 안겨 주었다. 그리고 오늘날 우리가 섞여 일하는 사람들은 이전 세기의 사람들보다 훨씬 복잡한 세계, 영적으로 말하자면 수십 년이 지나면서 방향을 잡기가 점점 더 힘들어진 세계를 마주하고 있다. 목회적 돌봄의 훌륭한 모델들을 찾겠다고 시계를 늦추거나 좀 더 단순한 시대로 돌아가는 것은 무모한 짓이다. 실로 우리는 시대가 바뀌었을 때 무언가를 이전 시대와 똑같이 하려고 해서는 안 되며, 세대가 바뀌었을 때도 마찬가지다. 삶의 흐름과 경험의 흐름은 끊임없이 전진한다. 우리는 우리 옆을 지나가 버린 것이 아니라, 지금 우리를 에워싸고 있는 것을 중점적으로 다루어야 한다.

거대한 강의 흐름과 같은 도도한 문화의 흐름에 맞서 싸울 수는 없다. 계속해서 바뀌는 환경을 중점적으로 다루는 데는 두 가지 선택안이 있다. 첫째는, 흐름 속에 뛰어들어 흐름과 어울리고, 우리의 접근법을 바꾸어, 끊임없이 흘러가는 그 강에 순응하는 것이다. 둘째는, 단단한 땅 위에 서서, 온갖 표류물에 갇힌 사람들에게 무언가를 가져다주는 것이다. 만일 우리가 흐름 속에 뛰어들어 흐름과 어울린다면, 우리는 끊임없이 우리의 접근법을 조정하거나 바꾸게 될 것이고, 필연적으로 그 흐름의 끊임없는 물살이 우리의 말과 행동을 형성하기 시작할 것이다.

그래서 목회적 돌봄의 고전적 모델이야말로 최신 모델, 최첨단 모델이 된다. 그 모델은 연속하는 문화적 경향의 급변하는 흐름 속에서 우리를 거들어 평형 상태를 유지하게 해 준다. 그러나 그것은 우리에게 딛고 설 땅을 제시하여, 그 흐름 한가운데서 버둥거리는 하나님의 사람들에게 정말로 필요한 것을 정확하고 효과적으로 이야기할 수 있게 한다. 어떤 환경이든, 우리는 말해 줄 것을 가지고 있다. 우리는, 끊임없이 변할 뿐만 아니라 휙휙 지나가며 사라지는 것들 한가운데에서 영원하고 변함없는 것들에 관해 말하는 사람들이기 때문이다. 사람들이 자신들 주위에서 일어나는 일들에 무력하게 부화뇌동할 때 필연적으로 불협화음과 혼돈이 발생한다. 그 불협화음과 혼돈 중에는 귀에 거슬리는데도 사람들의 귀를 차지하려고 경쟁하는 목소리들이 있게 마련이다. 우리는 그 목소리들 사이에서 영원한 하나님 나라의 견고하고 변함없는 것들에 대해 자신 있게, 즐겁게 이야기할 수 있다.

현대적인 대 vs. 전통적인

오늘날 교계에서는 '현대적인contemporary'이라는 표현과 '전통적인traditional'이라는 표현을 놓고 유감스러운 농담이 성행하고 있다. 설상가상으로, 그 두 용어의 의미를 놓고도 혼란이 일고 있다. '**현대적인**'이라는 말은 글자 뜻 그대로 실시간으로 일어나는 것, 현재 경험되는 것을 의미한다. 그러나 대중을 지향하는 상업

오락의 최신 유행에 맞는 것을 의미하지는 않는다. '전통적인'이라는 말은 글자 뜻 그대로 '전해진' 것을 뜻한다. 그러나 오래된 다락에 처박혀 있는 과거의 유물을 뜻하지는 않는다. 교회의 과제-와 모든 목사 앞에 놓인 과제-는 대중문화의 어설픈 유행이 아니라 하나님의 말씀이라는 확고한 진리, 곧 그리스도 안에 뿌리 박은 채 모든 시공간에 퍼지는 진리로 지금 일어나고 있는 일을 이야기하는 것이다. 교회의 전통은, 교회가 신실한 과거 세대들로부터 받은 것을 동시대인들에게 전하는 방식이다.

교회는 모든 종족과 민족과 사람들과 언어권으로부터 피난자들을 초대하여, 그리스도 안에서 그리고 그분의 구원 활동 안에서 피난처와 생명을 얻게 하는 독특하고 탁월한 문화를 가지고 있다. 그들은 교회에서 살아 있는 성도들과 작고한 성도들-아브라함, 이삭, 야곱, 모세, 미리암, 요셉, 마태, 마가, 누가, 루디아, 바울, 디모데-그리고 시대와 장소를 불문하고 자신들을 어둠에서 불가사의한 빛 가운데로 불러 주신 그리스도를 한목소리로 찬양하는 사람들 사이에 자리 잡는다. 각 세대는 저마다 자기만의 시간과 공간, 자기만의 독특한 언어와 고유한 문화를 가지고 있다. 하지만 각 세대에서 주님은 한 분이시고, 믿음도 하나며, 세례도 하나다(엡 4:5). 모든 세대와 인간 집단은, 대대로 충실하게 전수된 공교회의 가르침을 받아들이고 꽉 붙잡을 자리를 하나님의 영원한 나라에서 얻는다. 그러므로 충실한 전통('전수된 것')은 어느 세대에서든 참으로 동시대적인(현행하는) 것 안에서 중심적인 지위를 차지한다. 우리는 지금 고백하는 그리스도인으로서 살고 있지만, 우리가 고백하는 것은 앞서간 그리스도인들의 모든 고백과 일치한다.

영혼 치료와 영혼 돌봄

나는 영혼 돌봄에 대한 고전적 접근법이 모순되고 혼란스러운 우리 시대에 비할 바 없는 접근법일 뿐만 아니라, 목사들이 자리 하고 있는 지역이나 세대가 어떠하든지 간에 실제하는 사람들에 게 실제로 필요한 것을 이야기하는 단 하나의 비할 바 없는 방법 이라고 주장했다. 또한 나는, 4세기부터 목사들이 영적 의사들, 영혼의 의사들로 불렸다고 말했다. 그러니 친숙하지 않은 사람들 을 위해서 기초 용어를 개관하면서 시작하는 게 좋겠다. 고전적 인 모델을 이해하려면, 그것의 어휘를 파악해야 할 것이다. 모든 기술에는 저만의 언어가 있고, 우리가 사용하기에 앞서 붙잡고 씨름해야 할 개념도 얼마간 있다. 그것들을 우리 직업의 특징으 로 여기기를 바란다.

쿠라 아니마룸cura animarum은 글자 뜻 그대로 영혼 돌봄 또는 영 혼 치료를 의미한다. 이것은 목회 사역에 대한 기초적 서술이다. 그것은 다른 문자로 옮겨져 대다수 교회의 용어가 된다. 독일 루 터교 전통에서 그것은 영혼을 의미하는 **제엘레**seele와 돌봄 또는 치료를 의미하는 **조르게**sorge의 합성어 **제엘조르게**seelsorge로 옮겨 졌다. 거기서 한 걸음 더 나아가 목사를 **제엘조르거**seelsorger, 혹 은 영혼에게 돌봄을 제공하는 사람, 영혼을 위한 의사로 칭하게 되었다. 영적 돌봄과 영적 치료가 오늘날 우리가 아는 바와 같은 의료적 돌봄보다 오랫동안 우위에 있었다는 확실한 증거가 있 다. 고대 그리스 철학자들은 영적 의사로 자처했다. 하지만 그들 은 주로 정신과 인식에 초점을 맞추었다. 4세기의 교부 나지안 주스의 그레고리우스는 영적 돌봄을 "기예 중의 기예, 기술 중의 기술"로 칭하면서, 육체의 질병과 부상을 치료하는 것에 비해 영혼의 문제를 다루는 치료술이 훨씬 더 복잡하다고 역설했다.[4] 이처럼 영적 진단과 영적 돌봄 또는 치료에 관해 말하는 것은 의료 공동체에서 유사한 것을 빌려 와 말하는 게 아니다. 굳이 있다면, 육체 치료술을 시행하는 이들이 목회적 돌봄의 특성과 관계있는 용어, 곧 영혼의 의사라는 교회의 용어를 제멋대로 가져다 쓴 것이라고 할 수 있다.

내 사역 초기에 목회자 회의에서 '진정한 제엘조르거'로 소개된 백발의 십자가 노병들이 생각난다. 나는 독일어를 어느 정도 알고 있어서, 제엘조르거라는 표현이 돌봄을 실천한 어떤 사람을 의미한다는 걸 알아챘다. 또한 나는 지각력도 어느 정도 갖추고 있어서, 그들이 정말로 **돌봄**을 실천한 사람들이라는 걸 알았다. 그러나 내 사역의 마지막 무대에서 내 머리털이 백발로 바뀐 지금, 나는 사역의 결정적 출발점이라고 할 수 있는 동정과 공감의 사람이 되기보다는 영혼의 의사가 되는 일에 더 많이 열중하고 있음을 깨닫게 되었다.

'영혼'이라는 표현은 까다로운 단어다. 사람들 대다수가 그것이 의미하는 바를 일반적으로 알고 있기 때문이다. 하지만 그 단어가 떠다니다가 포괄적 추상 개념으로 바뀌는 게 문제다. 대중적인 어법에서 '영혼'은 육체에서 분리된 영, 인간 안에 있는 본질적이고 영적인 구성 요소를 의미한다. 사람들 다수는 '영혼'을

---

4 "내가 보기에는 피조물 가운데서 가장 변덕스럽고 다면적인 인간을 인도하는 일이야말로 기예 중의 기예, 기술 중의 기술인 것 같다. 영혼들의 의사가 하는 일과 육체의 치료를 비교해 보면, 누구나 이 말을 인정할 것이다. 그리고 육체의 치료가 힘들다고는 하나, 우리가 수행하는 치료가 훨씬 더 힘들며, 치료 주제의 특성, 치료 기술 능력, 치료 대상 면에서 볼 때, 훨씬 더 중대하다는 걸 알게 될 것이다." Gregory Nazianzus, "In Defense of His Flight to Pontus," *Oration* 2.16.

시상 하부 바로 위의 어딘가에 자리한, 막연하고, 중량이 없고, 무취이며, 비물질적인 실체, 곧 모든 인간 안에 있는 근본적인 영적 구성 요소로 여긴다.

'영혼'이란 무엇인가?

내가 영혼을 두고 정의한 것이 모든 사람의 마음에 드는 건 아닐 것이다. 나는 성경이 그 단어를 얼마나 복잡하게 사용하는지, 그 단어가 교회사 전체에 걸쳐서 어떻게 사용되어 왔는지를 정확하고 자세히 알고 있는 체할 마음이 없다. 그러나 내가 찾아낸 방법 가운데 가장 효과적인 방법은 그저 다음의 사실부터 먼저 말하고 시작하는 것이다. 즉, 성경적으로 말해서, 사람은 영혼을 **가지고 있는** 것이 아니라, **영혼 그 자체**라는 것이다. 주 하나님이 에덴에서 땅의 흙으로 아담을 지으시고, 그의 코에 자기의 숨(히브리어로 루아흐ruach, 영), 곧 생명의 숨을 불어넣으시자, 그 사람이 **네페쉬 하야**nephesh hayah, 또는 "생령"이 되었다(창 2:7). 그는 하나님의 생명으로 충만해졌다. 이것은 그가 숨 쉬는 피조물이 되었다는 뜻이다. 그는 곧 영혼이었다. 그는 하나님이 지으신 신체와 하나님이 주신 숨으로 이루어진 하나의 전체였기 때문이다.

성경은 어딘가에서 육체와 영혼을 구별하거나, 육체와 영혼과 영을 구분하기는 하지만, 어느 대목에서도 인간이 둘 내지 세 가지 구성 요소로 나뉘거나 각脚으로 떠질 수 있다고 가르치지 않는다. 그렇다, 우리는 여느 동물처럼 몸이 있는 육체적 피조물이지만, 몸이 없는 천사의 영처럼 영적인 피조물이기도 하다. 성경은 우리를 전체론적으로 그린다. 우리는 육신을 입은 영들이며, 거꾸로 말하면 영적인 몸들이다. 우리 인간들은 동물적 삶의 여러 양상을 지니고 있지만, 하나님의 숨과 생명을 부여받아, 모든 창조물의 정점에 서 있다는 점에서 비할 데 없는 존재들이다. 우리는 온갖 창조물, 곧 생물과 무생물을 보살피고 돌보도록 하나님의 부섭정vice-regents으로 창조되었다.

영혼 돌봄과 관련한 이 책의 취지는, **사람들**이 육체적 특징과 영적 특징을 모두 갖춘, 하나님의 피조물임을 깨닫고, **그들을** 돌보는 것이다. **영혼 치료**cura animarum 또는 **영혼 돌봄**seelsorge라는 전문 용어는 교회가 목사들에게 그들의 본질적인 역할을 상기시키던 방식일 뿐이다. 하나님이 지으시고, 성자께서 구속하시고, 그분의 영이 시간과 영원 속에서 거룩하게 하시는 사람들을 돌보는 것이 목사들의 본질적인 역할이다.

돌봄 대 치료

영혼 돌봄의 돌봄 양상과 치료 양상을 파악하려면, 의술에 관해 얼마간 알 필요가 있다. 의학 용어에서, 돌봄(간호)과 치료는 동전의 양면이다. 돌봄은 여러분이 만성 질환으로 인해 받는 지속적인 처치이고, 급성 질환에 걸렸을 때 받는 것은 치료이다. 누군가가 "목사님도 의사의 돌봄을 받고 있습니까?" 하고 물으면, 나는 이렇게 대답하곤 한다. "지금 농담하는 거죠, 그렇죠?" 나는 연간 건강 검진을 받고, 나의 관상동맥 우회술 이후의 회복 정도를 모니터로 점검하려고 1년에 한 차례 내 심장 전문의에게 진찰을 받는 등 의사의 돌봄을 정기적으로 받고 있다. 하지만 열병이나 기타 병증이 나타날 때는 의료 개입을 요구하기도 한다. 내 육체적 건강을 위해서는 치료와 돌봄이 모두 필요하다.

교회도 수 세기에 걸쳐 돌봄과 치료를 통해 영혼들의 활력과 행복을 목격했다. 하나님의 백성들은 모두 만성적 죄인들이라는 점에서, 평시의 돌봄이 필요하고, 하나님의 말씀이 선포되고, 성례전이 집전되는 예식(공적인 예배) 중에 그런 돌봄을 받으며, 기도와 찬양으로 답한다. 그러나 급성의 경우에는 그들의 가장 절박한 곤경에 적절한 특별 돌봄이 필요하다. 목사들은 둘 다 제공한다. 공적인 예배 중에는 돌봄을, 응급의 경우에는 비공식적인 목회적 돌봄 속에서 치료를 제공한다. 내 경험에 따르면, 하나님의 사람들을 방문할 필요는 늘 많고, 해가 갈수록 점점 증가하는 것 같다. 감사하게도, 여러분과 나는 그 점증하는 필요를 우리의 제한된 내적 자원으로 채워 주지 않고, 그리스도 예수 안에 끝없이 저장된 하나님의 은혜와 자비로 채워 준다.

한 영혼은 하나님과 관계를 맺는(**하나님 앞에 있는**, coram Deo) 한 개인이다. 내가 사용하는 '영혼'이라는 단어는 오로지 한 인간의 영적인 면만을 의미하지 않는다. 오히려 그 단어는 하나님과의 관계에서 볼 때 (육체와 영혼을 아우르는) 전인全人을 의미한다. '하나님 앞에서'를 뜻하는 **코람 데오**는, 내가 의도하는 바를 교회가 표현하기 위해 수 세기에 걸쳐 사용해 온 신학 전문 용어다. 사람들은 가족, 타인, 직장, 주변 세계와 관계를 맺으며 살아간다. 내가 한 개인을 '영혼'으로 칭할 때, 그는 하나님과 관계를 맺는-하나님 앞에 있는-사람을 의미한다. 그는 창조주와 영원토록 관계를 맺으며 살도록 창조된 사람이며, 목사인 우리가 최대한 관심을 기울이지 않으면 안 되는 사람이다.

각 개인의 삶에는 육체적인 면, 사회적인 면, 감정적인 면, 심리적인 면 등 다양한 면이 있지만, 나는 목사로서 특히 그 개인과 하나님의 관계에 주의를 기울인다. 그런 까닭에 그 영혼의 영성 생활은 나의 궁극적인 관심사다. 그렇다고 나의 유일한 관심사인 건 아니다. 근심, 불안, 불신, 불행, 기쁨, 슬픔 등 증상들이 나타나면, 나는 항상 그것들이 그 영혼과 하나님의 관계에 관해 드러내는 것에 초점을 맞추어 그것들을 해석하는 일에 열중한다. 만일 내가 사회적 증상, 감정적 증상, 환경적 증상에만 주의를 기울인다면, 그 영혼에 대한 나의 진단과 치료법은 잘못되고 말 것이다. 설상가상으로, 내가 그 사람 전체보다 그 사람의 감정을 치료하는 일에만 초점을 맞춘다면, 나는 탈선하고 말 것이다. 내 생각에는, 그 지점에서 목회적 돌봄이 좌회전한 것으로 여겨진다. 20세기 목사들 상당수가 활동 감독, 법인 이사, 심리 치료사(훈련을 빈약하게 받은 무면허 상태의 부적절한 치료사)를 자처했기 때문이다. 아무리 잘해도 그 성과는 미미했고, 최악의 경우는 사람들에게 해가 되고, 교회의 생명과 사명에 유해했다.

우리는 21세기의 복잡다단함을 마주하여 영혼 돌봄 또는 치료라는 교회의 오래된 유산을 현대 목회 직무에 유용한 모형으로 재검토하지 않으면 안 된다. 사회 구조들(특히 가족과 그에 따른 다른 단체들)이 해체되고, 삶이 붕괴하면서, 우리는 유용한 사업 관행들, 양질의 사회 과학자들, 자격을 갖춘 유능한 치료사들로부터 얻을 수 있는 온갖 도움을 이용할 수 있다. 그러나 성실한 목사들은 더욱더 문제의 핵심으로 주의를 돌리지 않으면 안 될 것이다. 한 개인과 하나님의 관계, 그분께서 교회 안에서 제정하신 수단을 통해 그분으로부터만 오는 치료와 회복이 바로 그 핵심이다. 헌것이 다시 새것이 된다. 좋은 시절과 나쁜 시절, 성장과 수축, 인기와 박해를 거치는 동안 교회의 생명을 늘 떠받쳐 준 것은, 영혼을 성실하고 세심하게 돌보는 이 고전적 접근법이었다. 언뜻 보기에, 이것은 퇴행적인 것으로, 시대에 뒤처진 생각으로 보일 것이다. 그러나 갈등하는 우리 시대 한가운데서, 선교와 사역에 그것보다 더 첨단이고, 더 실제적이며, 더 중요한 것은 존재하지 않는다. 우리 목사들은 현대에 걸맞은 영적 의사의 자격과 기량을 회복하고 더 다듬는 일에 노력을 배가하지 않으면 안 된다. 부디 이 접근법에 흠뻑 반하기를 바란다. 내가 영혼 치료에 열중하고 있듯이, 여러분도 똑같이 열중하게 되기를 바란다.

주의 깊은, 의도적인 모델

나는 여러분에게 영혼 치료라는 교회의 오래된 유산과 어울리는 목회적 접근법을 제시하고 싶다. 기본적으로, 그것은 최근 몇 세기 동안 의료업에서 사용된 접근법과 유사하다. 이를테면 좋은 진단이 정확한 치료로 이어진다는 것이다. 여느 유능한 의사와 마찬가지로, 목사도 먼저 곤경에 처한 영혼의 말을 귀담아들은 뒤에야 그 영혼에 어떤 치료를 시행해야 할지를 알 수 있다. 정확한 진단이 필요하고, 그래서 그는 증상들을 파악하는 것으로 시작한다. 그러나 여느 훌륭한 의사와 마찬가지로, 그도 증상들을 치료하지 않고, 병을 치료한다. 병이 치료되면, 증상은 줄어들거나 사라진다.

영혼 치료의 과정은 두 국면을 지니고 있다. 주의 깊은 진단과 의도적인 치료. 주의와 의도가 똑같이 중요하다. 오진과 성급한 치료는 반드시 피해야 할 함정이다. 정확한 진단은 효과적인 치료로 이어진다. 진단 국면에서, 목사는 온통 귀의 사람이 되어, 진단 대상자의 모든 면-육체적인 면, 감정적인 면, 사회적인 면, 영적인 면-에 온전히 주의를 기울여야 한다. 일단 유용한 진단에 도달하면, 목사는 목회적 돌봄을 제공하고, 그 독특한 상황에 필요한 영적 치료를 제공할 수 있다. 그러나 치료 국면에서, 목사는 의도성을 띨 필요가 있다. 잘못된 약물 처방이나 투약 계획은 의료 환자에게 해로울 수 있으며, 때로는 치명적일 수 있다. 그러므로 영적인 의사도 자신의 사역이 한 개인의 영혼에 영원한 영향을 미친다는 것을 의식하면서 최대한의 돌봄으로 그의 영적 건강 치료에 착수한다.

내 아버지가 우리 집 젖소들의 배가 부푸는 것을 알고서 어떻게 극적으로 조처했는지 기억하는가? 칼을 조금만 잘못 찔러도 치명적일 수 있었다. 하지만 아버지는 젖소를 치명적인 위험에 내버려 둘 수 없었다. 단호한 행동만이 아버지가 할 수 있는 유일한 선택이었다. 생명이 경각에 달려 있을 때, 여러분은 꾸물거리지 않을 것이다. 목회적 돌봄은 결코 가벼운 일이 아니다. 여러분은 늘 위험에 처해 있는 사람들을 섬기도록 부름을 받았기 때문이다. 그래서 영적 의사들은 항상 정확한 진단을 중요하게 여긴다. 정확한 진단이 의도적인 치료를 특징짓기 때문이다.

진단 과정

영혼 치료의 고전적 모델을 신학생들에게 가르치던 때, 나는 한 탁월한 의사를 정기적으로 찾아가서 진찰을 받곤 했다. 병원에 간 어느 날, 나는 육체적 돌봄과 영적 돌봄의 유사점에 관해 말하면서, 우리 목사들이 인간의 감각에 숨겨져 있는 영적 복잡성을 분석할 기술적 도구들을 마음껏 사용하지 못했음을 아쉬워했다. 나는 내심 부러워하며 이렇게 물었다. "영혼의 영적 건강을 방해하는 것을 우리에게 알려 주는 엑스레이나 영상 기계가 있다면 놀랍지 않을까요?" 내 담당의는 이렇게 대답했다. "우리 의사들이 진단을 위해 그와 같은 검사 방법들에 의지하는 것은 일반적 오류입니다." 그러고는 이어서 말했다. "그것들이 목사님에게 지금 신체적으로 무슨 일이 일어나고 있는지를 정확하게 보여 주는 정밀한 영상을 제공한다면 굉장하겠지요. 하지만 그것들은 신체적 고통이나 신체적 질병의 정확한 원인을 보여 주지 않습니다." 그는 그런 영상들이 진단에 필요한 정보의 10퍼센트 또는 15퍼센트만 제공한다며 이렇게 말했다. "그래서 나는 환자가 말하는 병력病歷에 의지합니다."

최근 세대의 목사들이 쉽게 무시하던 것, 곧 조용히 자세하게 조사하는 대화와 대단히 주의 깊은 경청에 의학계가 의지하다니, 놀라운 일이 아닐 수 없다. 내 경험에 따르면, 경청 자체는 치료에 엄청난 이점을 제공하는 것 같다. 우리 시대의 사람들 대다수는 차분히 앉아서 마음의 짐을 내려놓을 시간을 내지 못할 만큼 정신없이 많은 일에 바쁘게 종사하고 있다. 그들이 계속 그리하려고 한다면, 아무도 서로 귀담아듣지 않을 것이다. 따라서 누군가에게 60초 정도만 주의를 온전히 기울여 주어도, 여러분은 그에게 엄청난 선물을 준 셈이 될 것이다.

그래서 우리는 곤경에 처한 영혼에게 일정 기간 온전히 주의를 기울인다. 나는 여러분에게 능동적인 경청의 기술 몇 가지를 알려 주고 싶다. 여러분이 주의를 온전히 기울이고 있음을 표시하기 위하여 시선은 어떻게 맞추고, 신체의 자세는 어떠해야 하며, 표정은 어떠해야 하는지, 그런 대화들은 어떻게 진행되어야 하는지와 관계있는 기술이다. 먼저 경청하고, 그다음에는 응답하고, 묻고, 경청하고, 설명하고, 응답하고, 좀 더 물어라. 의례적인 말을 나눈 뒤, 그냥 대화체로 시작하라. "와 주셔서 감사합니다. 오늘 어떻게 도와드릴까요?" 그런 다음 경청이 시작된다. 신경질적인 버릇이 겉으로 드러나는지, 혹은 고통이나 걱정의 징후가 겉으로 드러나는지, 눈을 뜨고 계속 살펴라. 고민의 원인을 주의 깊게 듣고 파악하되, 여러분의 귀만 사용하지는 마라. 여러분의 전부를 기울여 들어라. 되도록 그 사람의 머릿속과 마음속으로 들어가서, 그가 겪는 고통의 본질, 그 곤경의 감정적 결과와 영적 결과를 파악하도록 하라. 그 영혼이 어떤 일을 겪고 있는지를 온 마음을 다하여 그려 보되, 치료는 여러분의 공감 능력이나 이해력에 있지 않고, 그리스도의 자비와 위로에 있음을 기억하라.

요한 크리소스토무스는 목사가 되려고 하는 사람들에게 하나님의 양들을 상대할 때 성급함이나 독재적 방법을 피하라고 충고한다. "치료를 받겠다는 결정은 투약하는 사람에게 있지 않고, 환자에게 있다."[5] 그는 주제넘은 영적 돌봄으로 영혼의 건강과

5   John Chrysostom, *On the Priesthood*, Popular Patristics Series1 (Crestwood, New York: Vladimir's Seminary Press, 1964), 56.

생명을 위태롭게 하지 않도록 목사들에게 재치와 인내를 요구한다. "영혼의 상태를 모든 각도에서 진찰하려면, 목사에게 많은 지혜와 천 개의 눈이 필요하다"라고 그는 썼다.[6] 성실한 영적 의사들은 올바른 진단을 극히 중요하게 여긴다. 주제넘은 약물 치료나, 그릇된 약물 치료에 뛰어드는 것은 영적인 화를 자초하고 만다. 루터교 환경에 공통된 언어로 말하자면, "지은 죄로 인해 이미 두려움에 떠는 사람들에게 율법을 설교하거나, 죄를 짓고도 안심하는 사람들에게 복음을 설교하는 것은, 하나님의 말씀을 올바르게 분배하는 것이 아니다."[7]

공적인 설교를 훌륭히 하는 데 도움이 되는 것은, 개인적 교육을 효과적으로 수행하는 데도 도움이 된다. 목사는 먼저 영혼의 말을 귀여겨들어야 한다. 그래야 그 영혼을 돌볼 수 있다. 영혼의 상태는 주로 마음이 드러내므로, 유능한 영적 의사는 자신의 듣는 기술을 다듬지 않으면 안 된다. 그저 육신의 귀만 여는 게 아니라, 마음의 귀도 열어, 그 괴로워하는 영혼의 말을 경청해야 한다. 성령께서 여러분의 이해력을 인도하실 때, 인간적으로 가능한 한 그 영혼의 감정을 읽도록 하라. 이를테면 그 영혼의 표면을 뚫고 들어가라. 그래야 여러분의 정신만이 아니라 여러분의 전부를 동원하여 그 영혼이 처한 곤경의 복잡함을 파악할 수 있다. 한 사람의 마음이 다른 사람의 마음에 자신을 드러낼 때, 신실한 목회적 영혼 돌봄이 시작되고, 그제야 치유를 몰고 오는 하나님의 말씀 사역과 성례전 사역이 가장 유효하게 적용될 수 있다.

여러분에게는 고뇌하는 한 영혼을 개인적으로 치료할 수 있는

6   Chrysostom, *On the Priesthood*, 58.
7   C. F. W. Walther, *Law and Gospel* (St. Louis: Concordia, 1981), 64.

능력이 없고, 우리의 은혜로우신 하나님이 자신의 선물들을 넘쳐 흐르도록 풍성히 공급하신다는 사실을 잊지 마라. 그분은 진정한 치료자이시고, 여러분은 그분의 대리 치료자에 지나지 않는다. 영적 의사인 여러분에게는 정확한 진단뿐만 아니라, 성실하고 효과적인 치료도 필요하다. 2장에서 간단히 말한 대로, 모든 목회 사역은 하나님 말씀의 적용이다. 그러므로 여러분이 말할 때는, "성령께서 가르쳐 주시는" 말로 하는 것이 중요하다(고전 2:13). 그것은 여러분의 두 귀를 다 사용해야 한다는 뜻이다. 한쪽 귀는 오로지 여러분이 돌보려고 하는 사람의 마음 및 영혼에 맞추고, 다른 쪽 귀는 하나님의 말씀에 맞추어야 한다.

경청하는 법

누군가 나를 신뢰하기 시작하면, 나는 허둥대곤 했다. 나는 그 사람이 말을 그치면, 내가 이야기할 차례라는 것을 너무나 잘 알고 있었다. 그리고 내가 이야기할 때면, 나는 무언가 의미심장한 말을 하고 싶었다. 그것은 위협적이었을 뿐만 아니라, 듣는 과정까지 망쳤다. 능히 짐작하겠지만, 다음에 무슨 말을 할 것인지에 주의를 집중하느라, 정작 듣고 있는 말에 주의를 기울이지 못한 것이다. 만일 내가 성경 텍스트 목록을 넘기는 데 내 모든 시간을 쓴다면, 내 앞에 있는 사람에게 도저히 집중할 수 없을 것이다. 여기서 크리소스토무스의 다음과 같은 금언이 힘을 발휘한다. "여러분은 영혼들의 목자임을 잊지 않도록 하라." 이것은 일이나 직업이 아니다. 그것은 하나의 **습성**이다. 여러분이 하는 일은 여러분의 정체성에서 비롯한다는 사실을 잊지 마라. 여러분이 목자의 품성과 정체성을 몸에 붙이면, 그것이 여러분이 양들을 바라보고 그들과 상호 작용하는 방식에 영향을 미칠 것이다. 여러분의 목회적 대응은 사고-행동의 2단계 과정이 아니라, 점점 자동적이고 본능적인 게 될 것이다. 여러분은 육감六感-영적 전망, '천 개의 눈'-을 계발하여, 영혼의 상태를 모든 각도에서 진찰하게 될 것이다. 그러려면 여러분의 눈이 한 방면보다는 더 많은 방면으로 열려 있어야 할 것이다.

10대 시절, 나는 아버지가 우리 집 젖소 떼를 돌보는 것을 거들곤 했다. 하지만 아버지는 나와는 사뭇 다르게 젖소들을 바라보았던 것 같다. 나는 많은 일을 요구하는 큰 소들의 무리로만 보았지만, 아버지는 그들 하나하나를 따로따로 식별했다. 그들 가운데 일부는 농장에서 태어난 녀석들이고, 아버지는 녀석들이 자라는 걸 지켜보고, 녀석들 가운데 다수가 첫배 송아지를 낳는 걸 돕고, 첫배 송아지가 무리 가운데 자리 잡는 걸 도왔다. 내가 녀석들을 집합적으로 알았던 반면, 아버지는 녀석들을 개별적으로 알았다. 이를테면 녀석들 하나하나의 습관(그렇다, 젖소들은 저마다 성격이 있다), 녀석들의 특이한 버릇, 녀석들이 저마다 곧잘 걸리던 병을 알고 있었다. 농부이자 낙농장 일꾼에게는 나름의 **습성**이 있다. 문제가 발생할 때마다, 아버지는 그것에 대처하는 법을 거의 본능적으로 알고 있었다. 아버지는 젖소들과 소통하고 그들에게 오랫동안 주의를 기울인 까닭에 그들 각각의 필요에 맞추어 돌봄의 손길을 펼칠 수 있었다. 목회 직무도 마찬가지다. 여러분이 영적 목자의 **습성**을 몸에 붙이면, 그것이 여러분의 신자 돌봄에 영향을 미치게 마련이다. 이 습성의 상당 부분은 실습으로 다져지며, 여러분 개인의 묵상 생활 및 기도 생활로 형성되고 조성된다.

하나님의 말씀은, 여러분이 곤경에 처한 영혼에게 제공하는 치료의 원천이기도 하지만, 정확한 진단에 꼭 필요한 것이기도 하다. 여러분은 경청할 때 여러분이 하는 말(과 관찰하는 것)을 하나님의 말씀을 통해 거른다. 영혼의 의사들은 어둠 속에서 움직인다. 여러분과 나는 인간의 마음속을 들여다볼 수 없고, 우리 인간의 오감으로는 영혼의 상태를 진찰할 수 없다. 한 개인의 감정, 외관, 행동이 중요한 실마리를 제공해도, 그것들은 실마리에 그칠 뿐이어서, 우리가 보고 듣는 것만을 통해서는 곤경의 진짜 원인을 확신할 수 없다. 따라서 진단 단계에서는 하나님의 말씀과 성령의 인도하심이 절대 필요하다. 그것은 시편 작가가 말하는 바와 같다. "주님의 말씀을 열면, 거기에서 빛이 비치어 우둔한 사람도 깨닫게 합니다"(시 119:130).

각 상황에는 유효한 접근 방식의 범위가 있다. 그것은 모두, 개개의 곤경에 처한 사람이나 사람들에게 가져다주도록 여러분이 무엇을 받았느냐에 달려 있다. 무엇이 문제인지를 알기 전에는 그들에게 무엇을 가져다주어야 할지를 알 수 없다. 충실한 치료는 언제나 정확한 진단을 중심으로 이루어진다는 사실을 기억하라. 내 생각에는 영적 의사마다 진단 방법이 다르지 않을까 싶다. 의료업계에는 의료적 돌봄의 허용 기준들이 있지만, 의술은 의사마다 다소 다르게 연마한다. 따라서 영혼들을 돌보고 치료하는 일에서도 영적 의사들은 저마다 자신만의 방법을 찾지 않으면 안 된다. 그런 까닭에 나는 '영혼들의' 충실한 '의사'로 임하는 법을 여러분에게 정확히 알려 주지 못하고, 그 기술만을 설명할 수 있으니, 여러분 자신이 그것을 실제에 적용해야 할 것이다. 그러나 여러분이 내 어깨너머로 보는 데 도움이 되도록 나의 접근법을 여러분과 얼마간 공유할 수는 있겠다.

영적인 사람들을 위한 영적 진리들

내가 실제로 일하는 방식은 다음과 같다. 누군가 내게 도움을 요청할 때마다, 나는 그들에게 주의를 온전히 기울인다. 나는 그들이 대부분 자신들 안에 오랫동안 억눌러 숨겨 두었던 것을 털어놓을 만큼 충분한 담력을 발휘하기까지 시간이 얼마나 걸렸을지를 상상해 보려고 노력한다. 그러면 나는 곧바로 겸손해져서, 그 하나님의 자녀가 시간을 내고, 감정을 들여 자신의 곤경을 털어놓았다는 것을 알고 영광으로 생각하게 된다. 하지만 그 모든 것에도 불구하고, 목회적 돌봄은 순전히 감정적인 교류나 관계적인 교류가 아니다. 궁극적으로 목회적 돌봄은 영적 교환이다. 나는 어떤 사람이 나에게 털어놓는 이야기에 나의 인식적, 감각적 주의를 온전히 기울임과 동시에 조용히 성령의 도우심과 인도하심을 청한다. 구체적으로 말하면, 나는 이 영혼이 자기 마음에 무겁게 자리하고 있는 모종의 사실들을 말할 수 있게 해 달라고 기도하고, 하나님이 말씀과 성례전을 통해 의도하시는 도움과 치료를 가장 잘 제공하는 법도 정확히 식별하게 해 달라고 기도한다. 충실한 목회적 돌봄은 최고 수준의 신학 교과(교의 신학, 역사 신학, 주석, 목회 신학) 수련과 우리가 지적으로 감정적으로 익힐 수 있는 최고의 기술들을 요구하지만, 우리가 영혼들의 목자로서 수행

137
목회 돌봄

하는 일의 본질적 핵심은 언제나 영적이다. 정의상, 그것은 우리가 성령과 더불어 일해야 한다는 뜻이다.

1장에서 언급한 대로, 영혼 돌봄의 전 과정은 성령의 작용을 중심으로 진행된다. 여러분과 내가 영적 의사로서 관심을 기울이는 분야는 일반적인 '영성'이 아니다. 성경에 따르면, 참으로 '영적인' 것은 성령의 위격과 활동에서 비롯한다. 한 개인의 상태에 대한 우리의 통찰-정확한 진단-과 그 상태에 적용하는 우리의 치료는 하나님의 말씀 안에 자리한 성령의 계시를 중심으로 이루어진다. 상황 전체를 정확히 파악하려면, 지각력과 정서 지능 그 이상이 필요하며, 말씀을 통한 정확한 식별이 필요하다. 우리가 말할 때는 인간의 지혜 그 이상이 필요하며, 하나님의 영이 그분의 말씀을 통해 내리시는 지시가 필요하다. 마찬가지로 우리가 하나님의 영의 능력으로 가져다주는 것을 사람들이 받을 수 있는 것은, 그들이 '영적이기' 때문이며, 이는 그들 자신이 세례를 받고 그리스도의 사람이 됨으로써 그 영을 받았다는 뜻이다. 송신기와 수신기가 같은 주파수대에 있어야 신호가 정확히 연결되듯이, 영적 돌봄의 전 과정도 성령의 '파장' 위에서 이루어진다.

"우리는 세상의 영을 받은 것이 아니라, 하나님에게서 오신 영을 받았습니다. 그것은, 하나님께서 우리에게 은혜로 주신 선물들을 우리로 하여금 깨달아 알게 하시려는 것입니다. 우리가 이 선물들을 말하되, 사람의 지혜에서 배운 말로 하지 아니하고, 성령께서 가르쳐 주시는 말로 합니다. 다시 말하면, 영적인 진리를 영적인 사람들에게 설명해 주는 것입니다"(고전 2:12-13).*

---

* "영적인 진리를 영적인 사람들에게 설명해 주는 것입니다"는 옮긴이 사역. 새번역 성경에는 "신령한 것을 가지고 신령한 것을 설명하는 것입니다"로 되어 있다.

그러나 앞서 강조한 대로, 의사들은 자기가 치료하려고 하는 우환을 알아야 치료를 시행할 수 있다. 대중 요법은 치료가 아니다. 그런 경우는 병적 상태를 연장할 뿐이다. 오히려 성실한 의사들은 최선의 진찰법을 알고 있다. 모든 증상을 꼼꼼히 고려하되, 그 증상들을 이용하여 기저 질환을 정확히 진단하는 것이다.

댄이라는 사람이 있다. 20대 후반의 두 아들을 둔 중년의 아버지다. 두 아들 가운데 한 아들, 곧 로버트라 불리는 골칫거리 젊은이가 사춘기부터 줄곧 어머니와 아버지에게 좌절과 걱정거리를 안겨 준 상태였다. 가업의 한 자리를 차지한 로버트는 자신의 파란만장한 과거를 깨끗이 털어 내기 위해 성실히 노력하고 있었고, 상당한 진전을 이루어, 몇몇 형편없는 인생 선택을 극복하는 것처럼 보였다. 댄과 그의 아내 낸시는, 로버트가 최근에 착실한 여자 친구와 헤어졌음에도 불구하고 삶이 아주 달라진 상태여서, 희망을 품기 시작하는 중이었다. 로버트는 나를 찾아와 이 모든 것을 털어놓았고, 나는 그에게 그리스도 안에 치료의 약속이 있음을 말해 주었다. 그는 평안해 보이는 얼굴로 내 서재를 떠났다.

그러나 그날 밤 새벽 2시쯤에, 날카로운 전화벨 소리가 나를 깊은 잠에서 깨워 긴급 경계 태세를 취하게 했다. 나는 혼미한 상태에서도 낸시의 목소리를 바로 알아들었다. 그녀는 "로버트예요"라며 목석처럼 불쑥 말했다. "그 애를 우리 집 뒤뜰에서 발견했어요. 그 애가 총으로 자살했다고요." 당연히 그날 밤의 나머지가 뿌예졌다. 나는 옷가지를 주섬주섬 챙겨 입고 그들의 집으로 달려갔다. 번쩍이는 경찰 순찰차와 긴급 차량의 불빛이 그 집의 차도와 정면을 붉은색과 푸른색으로 섬뜩하게 비추고 있었다. 댄과

139

낸시는 충격에 빠져 있었다. 나도 충격에 빠진 채 기도하며 그들을 돌보고, 속으로는 그 젊은이가 목숨을 끊기 12시간 전에 그와 나눈 이야기를 놓고 나의 '… 할 수도 있었는데, … 해야만 했는데, … 했으면 좋았을 텐데' 목록을 되짚어 보았다. 그와 같은 상황에서는 여러분도 자동으로 그리할 것이다. 슬퍼하는 사람을 위로하고, 우는 사람과 함께 울 것이다. 그러나 이해할 수 없는 일을 이해하려면 먼저 귀여겨들어야 한다. 그래야 모든 사람이 자기 마음을 뒤지며 답을 찾으려고 해도 찾지 못할 때, 그토록 심하고 무서운 비극의 블랙홀, 위로할 길 없는 공허한 블랙홀에 위로가 담긴 치료를 베풀어 달라고 하나님께 기도할 수 있다.

사흘 뒤, 나는 방을 가득 채운 채 괴로워하는 친구들과 가족 앞에서 그것에 초점을 맞추어 설교했다.

"이런 일을 두고 우리가 무엇이라고 말할 수 있겠습니까?"

여러분은 다시 말할 것입니다. 우리가 무엇이라고 말**할 수 있겠는가?** 그것은 우리가 비극적인 소식을 처음 듣고 스스로 던진 물음입니다. 그것은 우리가 오늘 밤 이 자리에 와서 스스로 던진 물음이기도 합니다. 그것은 우리가 앞으로도 오랫동안 스스로 던지는 물음이 될 것입니다. **우리가 무엇이라고 말할 수 있겠는가?**

모든 답을 알고 있다면 참 좋겠지요. 그러면 이 자리에 앉아서 모든 조각을 맞추고, 이 경우에 어떤 판단도 내놓을 수 있을 것입니다. 그러나 아시다시피, 판단하시는 분은 하나님이시지, 우리가 아닙니다.

그렇다면, 우리가 무엇이라고 말할 수 있겠습니까?

여러분에게 해 줄 수 있는 말은 한 가지뿐인데, 그것은 내가 로버트에게 해 준 말이기도 합니다. 그는 이 메시지를 경청했고, 이 메시지는 그에게 희망을 주었습니다. 그 정도가 내가 아는 전부입니다. 그날 밤 무슨 일이 벌어졌는지는 모르지만, 나는 오늘 밤 여러분에게도 로버트에게 해 주었던 말을 해 주고 싶습니다. 그것은 내가 확실히 아는 한 가지입니다. 그런 이유로 여러분에게 말해 주려는 한 가지이기도 합니다. "하나님이 우리 편이시면, 누가 우리를 대적하겠습니까? 자기 아들을 아끼지 않으시고, 우리 모두를 위하여 내주신 분이, 어찌 그 아들과 함께 모든 것을 우리에게 선물로 거저 주지 않으시겠습니까?"(롬 8:31-32)

여러분이 알다시피, 하나님은 예수를 아끼지 않으시고, 우리 모두를 위하여 내주셨습니다. 하나님이 예수를 내주신 곳은 다름 아닌 십자가였습니다. 그 십자가는 멋진 그림이 아니었습니다. 인쇄했다면, 그것은 여느 주일 학교 전단지보다 훨씬 끔찍한 그림이었을 것입니다. 그 십자가에서 상상도 할 수 없는 일이 벌어졌습니다. 영원한 불사신 하나님이 우리의 모든 죄와 그 결과들을 자기 몸에 받으셨습니다. 하나님의 죄 없는 아들이 우리 죄의 고통을 마지막 한 방울까지 마시셨습니다. 모든 생명의 주님이 스스로 낮아지셔서 죽음을 맞으셨습니다. 그 죽음은 일반 범죄자의 흔한 죽음처럼 보였지만, 흔치 않은 죽음이었습니다. 하나님은 그분을 아끼지 않으시고, 피투성이가 되도록 두들겨 맞게 하신 다음, 십자가에 달려 고통스러운 죽음을 맞게 하셨습니다. 여러분이 알다시피, 그 방법을 통해서만 하나님은 우리를 사랑하실 수 있었습니다. 우리 삶의 온갖 불행이 제거되지 않으면 안 되었습니다. 그래서 그분께서는 자기 아들을 아끼지 않으시고, 우리 모두를 위하여 내주셨습니다.

그러나 오늘 밤 이 자리에서 여러분에게 알려드리고 싶은 말은 이것입니다. 즉, 예수께서 성부로부터 버림받으셨으므로, 여러분은 결단코 버림받지 않으리라는 것입니다. 밤이 아무리 캄캄해도, 고통이 아무리 쓰라려도, 상실감이 아무리 깊어도, 여러분은 결단코 버림받지 않을 것입니다. 하나님은 예수 덕분에 여러분의 편이십니다. 그분께서는 이 어둡고 무서운 세상 안으로 빛과 생명과 소망을 안겨 주십니다.

오늘 밤 이 자리에는 수많은 의문이 있고, 나는 모든 답을 알고 있지 못합니다. 그러나 우리가 아는 다음 한 가지를 꼭 붙잡도록 합시다. 이를테면, 길이 아무리 거칠어도, 고뇌가 아무리 깊어도, 아픔이 아무리 격심해도, 슬픔이 아무리 견디기 어려워도, 고독이 아무리 지독해도, **하나님이 우리를 위하시고**, 하나님이 여러분의 편이시라는 이 한 가지는 영원히 참된 것으로 남는다는 것입니다.

"누가 우리를 그리스도의 사랑에서 끊을 수 있겠습니까? 환난입니까, 곤고입니까, 박해입니까, 굶주림입니까, 헐벗음입니까, 위협입니까, 또는 칼입니까? 성경에 기록한 바 '우리는 종일 주님을 위하여 죽임을 당합니다. 우리는 도살당할 양과 같이 여김을 받았습니다' 한 것과 같습니다. 그러나 우리는 이 모든 일에서 우리를 사랑하여 주신 그분을 힘입어서, 이기고도 남습니다. 나는 확신합니다. 죽음도, 삶도, 천사들도, 권세자들도, 현재 일도, 장래 일도, 능력도, 높음도, 깊음도, 그 밖에 어떤 피조물도, 우리를 우리 주 예수 그리스도 안에 있는 하나님의 사랑에서 끊을 수 없습니다" (롬 8:35-39).

장례식을 마치고 며칠이 지난 어느 늦은 밤에, 댄이 나에게 전화를 걸어왔다. "목사님, 오늘 밤 뵐 수 있을까요?"라고 그가 물었고, 나는 "그럼요"라며 이렇게 대답했다. "30분 뒤에 내 서재에서 봅시다."

댄이 나를 만나 내 회의용 테이블에서 이야기를 털어놓기 시작했을 때, 그의 고뇌를 명백히 알 수 있었다. 우리는 한밤중이 되도록 이야기를 나누고 또 나누었고, 댄은 불행을 회상하며 자기의 괴로운 심정을 토로했다. 물론 나는 그의 상실감과 슬픔을 귀여겨들었다. 하지만 나는 그 자리에 그 이상의 것이 감돌고 있음을 감지했다. 나는 조용히 성령께 기도했다. 그가 하고 싶은 말을 할 수 있게 해 주시고, 내게는 잘 듣는 귀를 주셔서, 그의 가슴에 맺힌 응어리를 풀어 달라고. 마침내 그림이 분명해졌다. 댄은 로버트가 목숨을 끊던 날 밤에 로버트와 주고받은 논쟁에 붙잡혀 있었다. 그들 사이에 거친 말이 오갔고, 원한의 말, 증오의 말이 오갔다. 참기 어려울 정도로 댄의 후회가 막심했다. 마침내 그 무섭고 험악한 사건의 핵심에 이르렀다. 댄은 "그 애가 사용한 총은 저의 사냥용 소총이었습니다"라며 목메어 울면서 말했다. "어째서 제가 그 총을 잠가 놓지 않았을까요?"

후회를 상대로 논쟁을 벌일 수는 없다. 자살은 방아쇠를 당기는 사람 외에도 여러 피해자를 만들어 낸다, 분별없는 사고는 분별없는 행동으로 이어진다, 스스로 목숨을 끊으려고 하는 자들은 무슨 일이 있어도 방법을 찾을 것이다, 라며 심히 가혹한 사실들을 설명하는 건 아무 소용이 없다. 나는 마음속으로 주의를 기울이면서 댄이 겪는 고통의 핵심을 죄책감으로 진단했다. 이제는 의도적으로 치료에 임할 시간이었다.

나는 "댄, 당신은, 우리가 예배 시간에 공식적으로 하는 것과 같이, 그리스도인들이 개인적으로, 비공식적으로도 죄를 용서받을 수 있다는 걸 몰랐나요?" 하고 물으면서 말했다. "이 혼란한 상태를 예수께 맡겨서, 그분께서 해결하시게 합시다." 댄과 나, 우리는 내 서재에 있는 기도대에 함께 무릎을 꿇었다. 댄은 그 고요한 밤에 십자가에 달리신 분의 성상 앞에서 자신의 후회와 죄책감을 토로했다. 그것은 내게만 한 것이 아니라, 보혈로 모든 죄를 닦아 내신 주님께 한 토로였다. 그리고 그 밤에 댄은 두 귀로 내 음성만 들은 것이 아니라, 주님의 이름으로 주님을 대리하여 모든 죄를 용서해 주라고 나에게 위임하신 구세주의 음성을 들었다. 내가 지상에서 죄 용서를 수행함으로써 댄은 하늘에 계신 하나님 자신 앞에서 용서받은 상태가 되었다.

댄은 그날 밤 자유로운 상태로 귀가하여 희망 속에서 다시 살

수 있었다. 그러나 내가 그의 말을 두 귀로만 듣거나, 나의 지성만을 사용하여 그의 슬픔을 사색했다면, 그 일은 일어나지 못했을 것이다. 나는 성령의 안내를 청하면서, 그의 깊고 심원한 상실감 아래 자리한 죄책감을 발견했고, 같은 영에 의지하여, 그의 쓸쓸한 감옥에서 그를 풀어 줄 수 있는 한마디만 말했다. "내가 성부와 성자와 성령의 이름으로 당신의 모든 죄를 용서하노라." 하나님의 말씀은 그대로 행한다. 그 캄캄한 밤, 댄은 그의 주 그리스도 예수 안에서 새로운 용기를 얻었다.

걱정거리

나는 사람들을 내 서재에 잠시 들르게 한 적이 많다. 그럴 때면, 그 사람은 "목사님, 저는 목사님이 바쁘신 줄을 잘 알고, 목사님을 성가시게 해 드리고 싶지 않지만" 하고 말하면서 평범한 대화처럼 보이던 것에 '여담'을 슬쩍 끼워 넣는 것 같다. 사람들은 종종 진짜 문제를 확실히 알지 못해서, 명백한 불안과 주저함을 담아 모종의 관측기구를 띄우는 것인지도 모른다. 그들은 곧잘 어떤 결정과 관련하여, 혹은 자신들이 맞닥뜨린 궁지와 관련하여 충고를 구한다. 하지만 사태를 영적인 관점에서 보는 사람은 거의 없고, 윤리 문제나 행동의 문제로 보는 사람이 훨씬 많은 것 같다. "제 문제아를 어찌해야 할까요? 변덕스러운 상사나 불만투성이 배우자를 어찌 대해야 할까요? 제가 맞닥뜨린 까다로운 문제에 가장 잘 대처하려면 어찌해야 할까요?"

더 명백하고 분명한 영적 문제들이 있다고 확신하는 때도 더러 있다. "내 속에서 화가 부글부글 끓고 있는 것 같은데, 그렇게 치밀어 오르는 화를 다루려면 어찌해야 할까요? 내가 그런 짓을 하다니 어떻게 나 자신을 용납할 수 있을까요?" 내게는 다룰 힘이 없지만, 알코올, 마약, 포르노, 성적 유혹, 탈선 등의 문제도 있다. 여러분은 다른 문제들도 알고 있을 것이다. 목사는 사례들을 골라서 맡지 않는다. 목사에게 맡겨진 영혼들은 너나없이 날마다 수많은 죄와 온갖 종류의 유혹에 맞닥뜨리고, 때로는 대단히 위태로운 상황에 빠지기도 한다. 예수께서는 그런 사람들 하나하나를 자기 사람으로 얻기 위하여 피 흘리시고 죽으셨다. 그분께서는 그분의 이름으로 그분을 대리하여 돌보라고 그들을 여러분의 돌봄과 보살핌에 맡기셨다. 그분께서는 그들에게 베풀 만한 자원이 여러분에게 조금도 없다는 것을 너무나 잘 아신다. 그래서 그분께서는 자신의 말씀을 여러분의 입안에 넣어 두셔서 입 밖에 내게 하시고, 자신이 제정한 성례전을 여러분에게 위임하셔서 모든 상처 입은 사람에게 집전하게 하시고, 절망하며 낙담하는 사람들에게 희망과 치료를 가져다주게 하신다.

어떻게 시작할 것인가?

여러분은 어떻게 증상으로부터 정확한 진단으로, 그다음에는 충실한 치료로 나아가는가? 그 가운데 일부는 실습으로 이루어진다. 그 밖에, 여러분이 영리하다면, 사역에 몸담은 신뢰할 만한 동료와 정기적으로 상의하면서 그의 목회 경험에서 배우되, 비밀은 지키려고 할 것이다. 머리 둘(과 마음 둘)이 머리 하나(와 마음 하나)보다 더 낫다. 한 각도보다는 그 이상의 각도로 볼 때, 또 한 형제의 인식을 여러분 자신의 인식과 결합할 때, 사태를 더 잘 볼 수 있게 된다. 여러분은 틀림없이 지난 세대들에게서도 배울 것이다. 고대로부터 최근 시대에 이르기까지 영혼 치료와 관계있는 고전 텍스트들을 정기적으로 연구하는 데 열중하고 조사한다면 그것들이 성경과 조화를 이룬다는 것을 확신할 수 있을 것이다.

습득할 만한 가장 중요한 기술은 양심의 소리에 귀 기울이는 기술, 내면의 소리를 정확히 영적으로 듣는 기술일 것이다. 영혼을 돌보려면, 한 사람의 마음이 다른 사람의 마음에 주파수를 맞추는 일이 필수적이다. 여러분이 이런 식으로 주의 깊게 듣는다면, 여러분은 영혼 치료에서 발생할 수 있는 쌍둥이 위험, 곧 오진이나 성급한 치료에서 비롯하는 다수의 불행을 피하게 될 것이다. 그러나 여러분의 양들을 심문하지는 마라. 그저 경청하기만 하라.

심문하지 마라

심문하지 않는 것이 으뜸이다. 목회 직무는 탐지 활동이기는 해도, 심문은 아니다. 여러분이 대하는 교인이나 여타의 가난한 영혼들을 절대로 심문하지 마라. 여러분은 심문관이 아니라, 그리스도의 양들과 어린 양들을 다정하게 돌보는 목자다. 그들과 그리스도의 다면적인 관계에 관심을 기울이되, 영적으로 엿보는 사람이 되어서는 안 된다. 사적인 문제를 꼬치꼬치 파고들어서는 안 되며, 깊고 어두운 비밀들을 캐내려고 해서도 안 된다. 여러분이 영적 돌봄을 수행하다 보면, 사람들이 자기 삶의 개인적이고 사사로운 면들을 드러낼 것이다. 하지만 그러한 면들에 대한 여러분의 관심은 결코 사적이어서는 안 된다. 여러분은 심부름과 임무를 받고서 그 자리에 있는 것이기 때문이다. 여러분은 그리스도의 대사요, 대행자다. 예수께서는 자기의 일을 여러분을 통해서 하려고 하신다. 때로는 여러분이 목회적 돌봄에 힘쓰는 동안에 오래도록 감추어져 있던 사건이 드러나기도 한다. 그런 사건이 일어날 때마다, 여러분은 여러분에게 맡겨진 도구들을 활용하여 그 사건에 적절히 대처할 것이다. 그러나 오점을 캐내려고 해서는 안 된다. 오점을 캐내는 건 사탄의 일이다. 사탄은 고발자이기 때문이다. 반면에 그리스도께서는 구세주이시다. 그분께서는 제때 출현하셔서 사탄의 일을 폐하셨고, 죄와 죽음을 없애셨으며, 복음을 통해 생명과 불멸을 드러내셨다(딤후 1:10). 여러분은 그리스도의 일을 수행하라고 보내심을 받았고, 오랫동안 죄에 포박된 사람들을 해방하고, 하나님 앞에서의 선한 양심을 그들에게 제시하라고 그분의 복음의 대행자가 되었다.

그러므로 예수의 이름으로 여러분의 사역에 임하되, 심문관처럼 하지 말고, 여느 훌륭한 의사처럼 증상들을 조사하라. 여러분의 주치의는 여러분에게 "어디가 아프세요?" 하고 물을 것이다. 여러분은 대답으로 불편 사항을 되도록 최대한 정확히 설명하려고 시도하고, 여러분이 제공할 수 있는 적절한 정보를 모두 제공할 것이다. 어쨌든, 여러분 안에서 벌어지고 있는 일의 이해 관계자는 의사가 아닌 여러분의 몸이다. 다양한 증상을 조사하는 것부터 시작하여, 반대 징후들을 배제하고, 무엇이 문제의 원인인지를 효과적으로 진단하는 것, 그것이 의사의 일이다. 그제야-오로지 그때가 되어서야-의사는 일련의 치료제를 처방한다. 그것은 내 주치의가 내게 알려 준 바와 같다. 훌륭한 의료 진단은 환자가 이야기해 주는 병력에서 나온다.

여러분과 나는 영적 검진을 어떻게 수행하는가? 앞서 말한 대로, 우리는 사적인 문제들에 직접 관여하지도, 고발자가 되지도 않는다. 우리가 하려고 하는 일은 그리스도의 일이지, 사탄의 일이 아니다. 그러므로 예수 자신을 본받는 게 좋을 것이다. 예수께서는 사마리아 우물가에서 여인의 호의를 구하시면서 그저 마실 물을 청하셨고, 그런 다음 그곳에서 떠나가셨다. 하지만 그날이 다 가기 전에, 그 여인은 부도덕한 삶을 뒤로하고 치유를 향해 나아갔다(요 4:7-29). 어떤 사람이 예수께 다가와서 유산 분쟁의 조정자 역할을 해 달라고 청하자, 예수께서는 현세적 재화와 영적 부유함의 적절한 관계를 설명하시는 것으로 끝내셨다(눅 12:13-21). 예수께서는 어느 경우에도 심문을 떠맡지 않으셨다는 사실에 유의하라. 그분께서는 그저 대화체로 진행하시면서, 그 사람이 어떤 구실로 말하는지를 귀여겨들으시고, 그런 다음 적절히 응대하셨다. 설교하고 가르치실 때도 있었지만, 이 상황들에서는 통찰력 있는 경청으로 시작하시고, 그다음에는 충만한 마음을 담아 말씀하셨다.

대화

두 번째로 기억할 게 있다. 즉, 대화체로 소통하고, 질문에 자연스럽게 대답하고, 물음을 적절히 던지는 것이다. 답변을 들으면, 그것을 적어 둔다. 플립 차트나 점검표에 적지 않고, 마음속에,

내부에 적는다. 차후에 참고하기 위하여 그것을 마음속에 갈무리해 둔다. 그다음에는 주의를 기울인다. 주의를 기울이되, 예수의 이름으로 기울인다. 나는 이 단계에서 성령의 지도를 받으며 할 수 있는 한 예수처럼 귀담아들으려고 한다. 그렇게 해야 대화 중에 그분의 말씀을 입 밖에 낼 수 있고, 그분의 치료를 제공할 수 있기 때문이다.

나는 무엇을 들으려고 귀를 곤두세우는가? 나는 네 가지 서로 다른 차원의 것을 동시에 듣는 것이 유용함을 알았다. 그 차원들은 주의 깊은 영적 진단의 시금석이다. 이 네 영역을 대화 연장을 위한 도로 표지나 이정표로 여기기를 바란다. 나는 첫 대화에서는 네 가지 차원 전부를 좀체 언급하지 않는다. 한 사람과 영적으로 관련 있는 그림의 퍼즐을 정확히 맞추기 시작하려면, 여러 차례의 대화가 필요하기 때문이다. 소위 '가정의家庭醫'처럼, 임기가 어느 정도 길어야 여러분의 교우들을 여러 해에 걸쳐 알 수 있고, 더 나은 위치에서 그들을 영적으로 섬길 수 있을 것이다. 각 영역에서 무엇을 들으려고 해야 하는지에 유의하면서, 목회적 대화의 네 가지 이정표를 하나씩 탐구해 보도록 하자.

믿음. 이것은 너무나 명백해서 언급할 가치가 조금도 없는 것처럼 여겨진다. 그러나 통계상 기독교 신앙이 우리 세계에서 갈수록 덜 분명해지면서 기독교의 영향력이 줄어드는 이 시대에는 그것이 시작 지점이다.

목회적 돌봄과 선교 활동도 종종 극과 극으로 여겨진다. 선교사의 일과 목사의 일이 별개로 여겨진다. 그런 오해는 불행이 아닐 수 없다. 사실, 모든 목사는 선교사이기 때문이다. 모든 목사는,

길을 잃은 사람들을 찾아오셔서 구하시고, 죄와 죽음이라는 영적 감옥에 갇힌 죄인들을 위해 자기를 몸값으로 내주신 구세주의 복음을 전하는 이들이다. 마찬가지로, 모든 성실한 선교사는 개종자들을 목양의 대상이 되도록 하는 일에 관심을 기울이지 않으면 안 된다. 사람들은 그리스도를 구세주로 믿을 필요만 있는 것이 아니라, 자신들의 구원에 어울리는 온갖 좋은 것을 그분에게서 받을 필요도 있다. 특히 우리의 문화가 윤리적으로 그리고 도덕적으로 안에서부터 파열하고 있으므로, 우리는 예수께로 귀의하는 새 개종자들을 얻게 될 것이다. 그들은 자신들의 죄와 다른 사람들의 죄로 인해 입은 영적 손상으로부터 회복되기를 희구하는 까닭에 지속적인 목회적 돌봄을 절실히 필요로 한다. 그들은 자신들의 죄로 인한 오염에서 깨끗해지지 않으면 안 되며, 자신들에게 가해진 죄의 상처들을 치료받지 않으면 안 된다.

그러므로 내가 영혼의 의사로서 귀여겨들으려고 하는 첫 번째 사항은 믿음이다. 이 영혼은 주 예수의 이름으로 믿는가? 그렇다면, 나는 어떻게 진행해야 하는지를 알고 있다. 만일 그렇지 않다면, 나는 어디에서 출발해야 하는지를 알고 있다.

그다음에는 세례의 문제가 있다. 이 영혼은 성부와 성자와 성령의 이름으로 씻음을 받았는가? 예수께서는 영광에 싸여 다시 오실 때까지 성삼위 하나님의 강력한 이름으로 사람들에게 세례를 주는 권한을 자기 교회에 위임하셨다. 이 씻음으로 사람들은 용서, 영적 거듭남, 평생토록 예수의 이름으로 수행하는 회개와 쇄신의 시작을 얻는다.

하인리히는 본인이 인정한 대로 종교적 회의론자였다. 전쟁으로 파괴된 독일에서 성장한 그는 과학자가 되었다. 정의상, 그것은 그가 불가지론자임을 의미했다. 그는 모든 종교를 전설로, 성경을 신화로 간주했다. 내가 선교 목사로 섬기던 개척 교회에 그의 아내와 가족이 등록하자, 그에게 호기심이 생겼다. 속담에 있듯이, 그는 비웃으러 왔다가, 기도하기 위해 남았다. "또 성령을 힘입지 않고서는 아무도 '예수는 주님이시다' 하고 말할 수 없습니다"(고전 12:3). 성령께서는 예수의 말씀을 통해서 일하신다. 성령께서 확실히 하인리히를 움직이셨다. 그는 난생처음으로 성경을 진지하게 받아들이기 시작했다. 놀랍게도 그는 성경의 이야기들이 실제 역사에 뿌리를 두고 있으며, '진리의 울림'이라는 걸 알았다. 하나님의 말씀과 하나님의 영이 하인리히와 함께했다. 예배와 성경 공부반에 1년 동안 출석하고 난 뒤 어느 날, 그는 자기가 세례를 받을 수 있는지를 내게 문의했다. 그가 예수의 죽음 및 부활과 그의 연합을 굳게 해 주는 다음과 같은 고백으로 세례를 받은 날은 즐거운 날이었다. "나는 전능하신 아버지 하나님 … 을 믿습니다. 나는 그의 유일하신 아들, 우리 주 예수 그리스도를 믿습니다. … 나는 성령을 믿으며, 거룩한 공교회와 성도의 교제 … 를 믿습니다." 그는 자신이 몸담은 과학계에서 믿음의 증인이 되었고, 자신이 출석하는 교회에서는 장로가 되었다.

믿음은 우리 모두에게 중추이듯이 그에게도 중심이었다. 그러나 세례는, 우리의 여생 동안 옛 아담이 날마다 죽어 묻히고, 새 사람이 부활하는 것을 상징하는 중심점이다.

하지만 우리가 세례받은 신자들과 이야기하는 순간에도, 악마는 하나님의 계획을 저지하려고 분투한다. 마르틴 루터는 종종 이렇게 말했다. "그리스도께서 자기 교회를 세우시는 곳에 악마는 부속 예배당을 세운다." 믿는 영혼은 삼위일체 하나님을 믿는 살아 있는 믿음을 소유함과 동시에 거짓 신도 맞아들였을지 모른다. 그럴싸하게 정의해 보자면, 우리가 온갖 좋은 것을 달라고 호소하는 대상, 필요할 때마다 피난처로 여기는 대상이 곧 신이다. 그 정의에 따르면, 여러분은 여러분의 경험을 통해, 가장 독실한 그리스도인조차도 우상 숭배적 믿음을 지닐 수 있고 지니기도 한다는 것을 알 것이다.

그러므로 영적 의사로서 내가 직면하고 있는 것이 무엇인지를 아는 게 대단히 유용할 것이다. 이 영혼이 천지의 창조주이신 참하나님을 예배하면서 별도로 예배하는 다른 신들은 어떤 신들인가? 이 유혹하는 우상들을 알 수 있다면, 그 영혼에 회개를 적절히 촉구하여, 우상 숭배에서 돌이켜, 살아 계신 하나님을 믿는 산 믿음으로 또 한 번 살게 할 수 있을 것이다.

하지만 그 영혼이 자신의 우상들을 거명할 수 있고, 그래서 영적 건강을 향해 제대로 나아갈 수 있다면, 그것이 더 좋은 일일 것이다. 그 사람이 죄와 죄의식을 짊어지고 있는 경우에는, 예수께서 "너희가 사람들의 죄를 용서하여 주면, 그들이 죄를 용서받는다"라고 하신 것처럼, 예수의 이름으로, 예수를 대리하여 죄 용서를 선언하면 된다. 그다음에는 친절히 애정을 기울여 이 신자를 인도하며 상습적 유혹에 넘어가지 않게 하고, 그 거짓 신을 안전한 은신처나 위로와 힘의 강력한 원천으로 삼지 않도록 조심하게 하면 된다. 기도와 하나님의 말씀으로 그런 우상 숭배의 유혹을 물리치도록 지침을 제공하면 된다.

섭리. 내가 귀담아들으려고 하는 두 번째 영역은 믿음의 척도라고 할 수 있다. 이 영혼은 삶의 실패들에 잘 대처하는가? 그는 그런 일이 일어날 때 역경을 견실하게 헤쳐나갈 수 있는가? 아니면 그는 하나님이 자기를 버리신 게 아닐까 하고 생각할 정도까지 흔들리는가? 그렇게 곤경 한가운데 처한 사람들을 상대로 한 목회적 돌봄은, 그들이 자신감에서 절망감까지 뻗은 스펙트럼의 어느 구간에 자리하고 있느냐에 달려 있다.

인생길을 걷는 동안, 우리는 육체의 위험과 영혼의 위험에 사방팔방으로 둘러싸이게 마련이다. 그것은 가장 단단한 영혼조차도 무서워하는 전망이다. 밝고 화창한 날, 우리가 게임의 절정에 자리하는 날도 있고, 인생의 모든 면이 한꺼번에 무너지는 날도 있다. 유명한 글귀로 줄여서 말하면, "하나님은 하늘에 계시고, 세상의 모든 건 어김이 없다."* 에덴 이후, 삶은 줄곧 무덤 옆에서 영위되어 왔다. 우리는 눈 깜짝할 사이에 좌절할 수도 있고, 한창 살아 있다가 죽음에 처할 수도 있다. 하룻밤 사이에 만족과 평온이 침울과 불길한 전조로 바뀔 수도 있다.

주 예수께서는, 하늘에 계신 아버지를 의지하라고, 어느 상황에서든 우리에게 필요한 모든 것을 그분께 구하라고 가르치신다. "공중의 새를 보아라. 씨를 뿌리지도 않고, 거두지도 않고, 곳간에 모아들이지도 않으나, 너희의 하늘 아버지께서 그것들을 먹이신다. 너희는 새보다 귀하지 아니하냐?"(마 6:26). 하나님은 우리에게 장미 정원을 주겠다고 약속하지 않으시고, 일용할 양식-이 육신과 생명을 지탱하는 데 필요한 것들-을 주겠다고 약속하셨다. 그분께서는 우리에게 꼭 필요한 것들을 예비하신다. 그분께서는 자기 외아들을 우리의 죄를 대속할 희생물로 내주신 때부

• 로버트 브라우닝Robert Browning, 〈봄의 노래〉의 시구.

터 그 외아들과 함께 우리에게 필요한 모든 것을 확실히 은혜롭
게 공급하신다(롬 8:32 참고).

"하나님이 우리 편이시면, 누가 우리를 대적하겠습니까?"(롬
8:31) 그러나 삶이 푹 내려앉을 때, 믿음은 종종 흔들린다. 육신
이 괴롭거나 마음이 괴로울 때, 보통은 신자들이 자신들의 목사
를 찾는다. 하지만 그들이 찾아오지 않을 때는, 우리가 그들을 찾
아가서 그리스도의 위로를 전한다. 괴로워하는 영혼과 대화하는
동안, 나는 숨기려 해도 숨길 수 없는 반신반의의 기미가 그 영혼
의 말에 담겨 있는지를 귀여겨들으려고 한다. 이 영혼은, 하나님
을 사랑하는 사람들에게는 모든 일이 서로 협력해서 선을 이룬
다는 것을 믿는가?(롬 8:28) 아니면 이 사람은 하나님이 선한 분
이라는 사실을 의심하기 시작했는가?

믿는 그리스도인들도 나쁜 일을 많이 겪을 때는 하나님이 선한
분이라는 것을 믿기 어려운 때가 있다. 육체의 질병, 가정의 역기
능, 정신적 고통, 자연재해, 테러 행위 등 수많은 비극은 가장 단
단한 믿음까지 흔들 수 있다.

이런 상황들 속에서 돌봄을 수행하는 목사들은 곤경이나 비극
을 설명하려는 자연스러운 유혹을 받는다. 하나님의 의도하시는
바가 무엇인지를 해명하려고 하는 것이다. 외면하시는 듯하거나
행동하시지 않는 듯한 하나님을 마주하여 그분의 명성을 옹호하
려고 하는 때도 왕왕 있다. 설상가상으로, 우리가 하나님의 마음
에 내밀히 관여하고 있기라도 하다는 듯이, 비극의 의미를 해독
하려고 할 때도 더러 있다.

영혼의 진정한 의사는 점쟁이나 영매가 아니다. 우리는 이 세
상에서 일어나는 비극과 대혼란을 접쳐, 그 이면에 감추어진 의

미를 밝혀내려고 시도해서는 안 된다. 사실, 목사들을 포함한 우리 인간들은 한 개인의 인생에서 일어난 사건들을 해독하는 것으로는 하나님의 뜻을 분별할 수 없다. 곤경이나 비극 가운데서 우리 목사들이 하는 역할은, 우리가 면허나 권한을 받지 않은 영역 속으로 뛰어드는 게 아니라, 그 개인의 고통 속에서 동무가 되어 주는 것이다. 우리는 기뻐하는 사람들과 함께 기뻐하는 것과 마찬가지로 우는 사람들과 함께 운다.* 그러나 우리의 공감 넘치는 경청이나 동정의 눈물 속에는 치료가 존재하지 않는다. 오히려, 우리는 괴로워하는 사람에게, 하나님이 세상을 향해 마음을 활짝 여시고, 괴로워하는 인류에 대한 자신의 진정한 심정을 드러내신 한 장소를 가리킨다. 그 장소는 다름 아닌 십자가다. 때때로 우리가 가져다주어야 하는 유일한 위로는 이것이다. 즉, 우리에게는 고난받는 하나님이 계신다는 것이다.

케이트는 한 살배기 아들을 둔 젊은 엄마다. 그녀와 그녀의 남편 팀은 신혼 생활, 새 아이, 새 가정, 새로운 직업 등 새로운 시작의 정점에 있었다. 팀은 한 낙농 회사의 공장장으로서 고위급 경영진에 진입해 가고 있었다. 그의 피에는 농업이 자리하고 있었고, 그의 장래는 밝아 보였다. 도시 여성인 케이트는 팀이 선택한 직업을 기꺼이 따랐다. 그러고는 전원풍의 시골 환경에서 그들 세 사람을 위해 가정을 꾸리는 데 몰두하면서, 자신의 사무 보조직과 아내와 어머니로서 바쁜 업무의 균형을 잡았다.

최근에 팀은 오랜 각고의 훈련 끝에 한 지역 마라톤 대회에서 완주했으며, 평소에는 자전거를 타고 2마일 거리에 있는 농장으

* 롬 12:15.

로 출근했다. 어느 날 밤, 그는 교대 근무를 끝내고 저녁을 먹으러 귀가해야 했는데 그러지 않았다. 케이트는 잠시 기다리다가, 몇몇 사나운 가축으로 인해 그의 퇴근이 늦어진 것이지 싶어 그에게 문자 메시지를 보냈다. 하지만 답장이 없었다. 마침내 그녀는 아기를 자동차 좌석에 앉히고, 차를 몰고 일터로 갔다. 팀이 1년생 가축에게 사료를 주곤 하던 헛간 아래의 중간쯤에 사료 운반 트럭이 주차되어 있었다. 내연 기관이 계속 돌고 있었고, 케이트는 팀이 갑자기 트럭 뒤에서 나타나, 씩 웃는 모습으로 그녀에게 인사하며, 퇴근이 늦어진 것에 사과하는 모습을 기대했다.

그러나 그는 나타나지 않았다. 그녀는 천천히 트럭에 다가갔다. 트럭의 강력한 엔진이 여전히 오거auger*를 회전시키고 있었고, 오거는 가축 여물통에 사료를 다 비워 낸 채 공회전하고 있었다. 무섭게도, 그녀의 눈에 팀이 보였다. 그의 몸이 오거에 물려 조각조각 찢어지고 있었다. 그녀는 가까스로 누군가를 호출하여, 트럭의 시동을 끄고, 구급 의료 기사를 부르게 했다. 물론 너무 늦은 조치였다. 검시관이 나중에 분석한 바에 따르면, 팀은 오거 장치에 낀 사료를 제거하려고 시도하다가 트럭 바닥에 떨어져 즉사한 것 같다.

케이트에게 그 경험은 그녀의 뇌리에 영원히 새겨진 것이나 다름없다. 한 치료 전문가가 나중에 기술한 바에 따르면, 그녀가 그날 보고 듣고 냄새 맡으면서 받은 정신적 외상은, 군사 훈련을 받지 않은 사람이 유혈이 낭자한 격전지에 갑자기 투하되었을 때 경험하는 것과 유사하다고 한다. 물론 그녀는 어느 정도의 감정

---

* 사료를 공급하는 기계의 나선 모양으로 된 부분.

적 안정과 기능을 회복하는 데 많은 도움이 필요했다. 그날 일어난 사건으로 인해 그녀의 삶과 그녀를 사랑하는 사람들의 삶이 영구히 바뀌었다. 짐작하다시피, 그 사건이 그녀의 믿음을 뒤흔들었다. "하나님은 어찌하여 내가 행복하기를 바라시지 않는가요?" 이것이 그녀의 열불 나는 물음이었다.

솔직히 말해서, 그것은 그녀의 어머니와 나를 울린 물음이기도 하다. 짐작하겠지만, 케이트는 우리 부부의 딸이다. 그날 그 축사에서 일어난 사건이 우리를 속속들이 흔들었다. 팀의 부모에게, 그들의 외아들, 그토록 전도유망하고, 그토록 생명력 넘치는 아들이 죽었다는 한없이 끔찍한 소식을 전화로 전하는 것은 내 몫이었다. 제인과 나는 비행기에 탑승했다. 한 친구가 우리 부부를 비행기로 날라 딸이 있는 북부에 되도록 빨리 데려다주었다. 제인과 나는 딸애를 팔로 감쌌다. 긴 삼자 포옹 중에 딸애가 말했다. "나와 함께 기도해 주시겠어요? 나는 한마디도 못 하겠어요." 곧이어 팀의 부모가 도착하여 몹시 괴로워하며 슬퍼했다. 우리는 무감각하게 장단기 일정을 짜기 시작했다. 두 할머니가 손자의 침실로 들어가, 손자가 평화로이 잠든 모습을 지켜보며 위로를 받았다.

하지만 어른들은 잠을 자지 못했다. 이해할 수 없는 일을 이해하려고 애쓰던 여러 날 밤이 지금도 생각난다. 나는 되도록 조용히 그리하려고 했지만, 제인의 말에 따르면, 가슴이 미어지는 듯한 나의 흐느낌으로 침대가 흔들렸다고 한다. 그 흐느낌은 케이트와 그들의 아들 꼬마 엘리야 존에게 닥친 황망한 상실을 처리하는 내 몸의 방식이었다.

그러나 팀의 죽음은 나에게 닥친 상실이기도 했다. 짧은 몇 년

사이에 그는 나의 셋째 아들이 되었다. 슬픔은 사랑의 다른 면이다. 사랑하는 사람을 잃으면, 그것은 상처가 된다. 나는 상처를 입었다. 그것은 의심의 여지가 없는 사실이다. 우리 딸이 상처를 입었음은 물론이고, 나 자신도 상처를 입었다. 몇 날 밤 잠을 자지 못한 뒤, 나는 말없이 드리는 기도-대개는 "어째서"라는 물음의 변주-중에 하나님이 "나를 믿어라" 하고 말씀하신다는 느낌을 받았다. 나의 의식적 대답은 "알겠습니다. … 하지만 그러고 싶지 않습니다"였다.

그렇다, 실로 하나님의 뜻은 언제나 선하다. 하지만 사실, 하나님의 뜻은 죽음을 면할 수 없는 우리에게 언제나 불가해한 수수께끼로 남는다. 설명할 수 없는 것을 설명하려고 하는 것은 소용없는 짓이다. 오히려, 하나님의 사람들이 죽음 앞에서 보이는 적절한 반응은 슬퍼하는 것이다. 소망을 가지지 못한 사람들처럼 슬퍼해서는 안 되지만(살전 4:13), 그래도 우리는 슬퍼한다. 사랑과 슬픔은 서로 손을 맞잡고 간다. 그것은 하나님의 방식이며, 부활의 한 단면이다.

능히 짐작하겠지만, 장례 예배는 위로와 고통으로 얼룩졌다. 제인과 나는 케이트를 교회 안으로 인도했다. 케이트를 신랑에게 데려다주기 위해 복도를 걸어 내려간 이래 그 복도가 그렇게 길었던 적이 없다고 생각하던 때가 기억난다. 우리는 거기서 그의 관을 따라가고 있었다. 우리의 목사가 우리의 심한 고통을 감지하고는 건너와서, 행렬이 시작되기 직전에 케이트에게 조용히 말했다. "괴로운 일이지만, 예수께서는 우리에게 '슬퍼하는 사람은 복이 있다. 하나님이 그들을 위로하실 것이다'라고 말씀하십니다."

물론, 그의 말이 옳았다. 슬퍼하는 건 우리의 거룩한 소명이었다. 팀의 죽음을 애통해하는 것은, 그를 알고 사랑한 우리 모두의 마땅한 일이었다. 그리스도 안에서 죽는 사람은 모두 하늘의 안식과 부활의 약속을 얻는다고 확신하지만, 깊이를 헤아릴 수 없는 일을 해명하기보다는 울며 슬퍼하는 것이, 하나님이 우리에게 부과하신 임무였다.

이 끔찍한 비극 앞에서 하나님을 옹호하고, 무의미한 재앙처럼 보이는 것을 마주하여 그분의 감추어진 뜻을 어느 정도 이치에 맞게 설명하는 것은, 케이트의 담임 목사와 그녀의 가족인 우리에게 솔깃한 일이었다. 그러나 그것은 십자가의 길이 아니다. 오히려 엄청난 고통을 마주하여 할 수 있는 최선의 반응은, 예수께서 하셨던 것처럼, 슬퍼하며 큰 소리로 "나의 하나님, 어찌하여?" 하고 부르짖는 것이다. 때로는 그저 고통을 인정하는 것이, 우리가 할 수 있는 가장 효과적인 일이 되기도 한다. 우는 사람들과 함께 울고, 슬퍼하는 사람들과 함께 슬퍼하는 것이다. 하나님의 '감추어진 계획'을 진부하게 들먹이면서 고통의 감정을 마비시키려고 시도해서는 안 된다. 사람들이 자신들의 삶에서 일어난 비극적 사건들 속에서 의미를 찾지 못할 때, 우리는 그들을 또 다른 비극적 사건, 무의미해 보이는 사건으로 친절히 안내하지 않으면 안 된다. 그 사건은, 하나님이 골고다, 곧 '해골 곳'이라 불리는 장소, 죽음과 고통이 가득한 장소에서 자신의 애정이 깃든 마음을 괴로워하는 세상에 드러내신 사건이다.

우리는 우리를 위하여 그리고 우리의 구원을 위하여 육신이 되신 하나님의 십자가 안에서만 은혜로우신 하나님을 발견할 수 있고, 우리 마음의 고통, 의심, 두려움을 안고 그분께 나아갈 수 있다. 예수께서는 그 추한 모든 것을 잘 알고 계신다. 그분께서도 고통 속에서 괴로워서 "나의 하나님, 나의 하나님, 어찌하여 나를 버리셨습니까?" 하고 큰 소리로 부르짖으셨기 때문이다(마 27:46). 그분께서 우리를 대신하여 버림받으셨으므로, 하나님의 자녀는 결단코 버림받지 않을 것이다.

수고하며 무거운 짐을 진 모든 이에게 우리의 고난받는 구세주의 위로를 전하는 것이야말로 목사인 우리의 즐거운 특권이다. 그분께서는 "내게로 오너라" 청하시면서 "내가 너희를 쉬게 하겠다. … 내 멍에는 편하고, 내 짐은 가볍다" 하고 말씀하신다(마 11:28, 30). 그분께서는 자신이 무슨 말을 하는지 알고 계신다. 그분께서는 온 세상의 죄를 자신의 몸으로 떠맡으시고, 모든 슬픔을 짊어지셨다.

우리가 고통과 아픔을 아무리 많이 덜어 주고 싶어 해도, 그것은 예수께서 영광에 싸여 오실 때까지 다 없어지지 않을 것이다. 우리는 하나님의 자비를 간청하고, 괴로워하는 영혼들을 위해 탄원할 수 있지만, 여러분과 내가 목사로서 할 수 있는 최선의 일은 슬퍼하는 영혼들과 상처 입은 마음을 인도하여, 그들을 돌보시는 분께 그들의 슬픔과 상처를 맡기게 하는 것이다. 하나님의 여러 길에는 우리가 이해할 수 없는 일들이 많이 일어난다. 그러니 우리는 우리가 알지 못하는 일들에 관해 이러쿵저러쿵 말해서는 안 된다. 하지만 우리는 이것만은 알고 있다. 즉, 우리에게는 상황이 최악일 때 최선을 다하는 하나님이 계신다는 것이다. 그분께서는 자신의 사랑을 십자가의 모진 고통과 고뇌에 싸서 드러내셨듯이, 인간의 고통 속에 몸을 숨긴 채 자기의 사랑을 친밀하게 직접 드러내신다. 그리스도를 아는 것은, 그분의 부활의 능력을 아는 것일 뿐 아니라, 그분의 고난에 동참할 줄 아는 것이기도

하다(빌 3:10).

거룩함. 거룩함은 세 번째 영역이다. 그것은 까다로운 영역이다. 거룩함은 종종 도덕과 혼동된다. 실로, 거룩한 사람들은 거룩한 삶을 영위한다. 그러나 그들의 거룩함은 빌린 거룩함이다. 오직 하나님 자신만이 거룩하시다. 그분께서 예수 안에서 자신의 거룩함을 자신의 모든 자녀와 공유하신다는 것은 놀라운 사실이 아닐 수 없다. 따라서 이것은 우리가 영혼의 의사로서 탐험해 볼 만한 기름진 영역이다. 목회적 대화는 언제나 믿음과 섭리라는 주제에 초점을 맞출 뿐 아니라, 거룩함-혹은 반대로 더러움-의 자취를 열심히 찾기도 한다. 예컨대, 이 영혼에는 거룩하다고 할 만한 게 있는가? 그는 신성함을 어떻게 생각하는가? 그에게는 일상 생활과 분리되고 구별된 하나님에 대한 공경과 경외가 있는가? 이 사람은 하나님을 거룩하신 분으로 여기는가?

우리는 고도로 세속화된 문화 속에서 살고 있고, 우리의 집단적 사고방식은 사물과 사람과 하나님을 평등주의의 관점에서 본다. 이 세계관은 모든 것을 공통적이고 실용적인 면에서 본다. 우리의 본성은 모든 것을 유용성의 관점에서 보기 때문에 하나님을 거룩한 분으로 생각할 수 없다. 하나님을 찾는다고 하면서 하나님을 조금도 두려워하지 않는 사람들을 접하는 것은 결코 놀라운 일이 아니다. 그들은 자기들을 행복하게 해 주는 것을 유일한 목표로 삼는 존재가 하나님이라고 생각한다.

하나님의 거룩한 것들을 대하는 이 사람의 방식이 무얼 암시하는지를 주의 깊게 귀여겨듣는 것이 유용하다. 이 사람은 그것들을 위협으로 여기는가, 아니면 위로로 여기는가? 이 사람에게는 하나님 자신이 거룩하시다는 인식, 하나님이 거룩함을 요구하기도 하시고 베풀기도 하신다는 인식이 있는가? 이 영혼은, 예수를 믿는 믿음을 통해, 하나님이 자신의 거룩함을 신자들과 공유하셔서, 그분 자신이 거룩한 것과 같이 그들도 거룩하게 하려 하신다는 사실을 알고 있는가?

사만다는 아칸소 대학교의 대학원생이었다. 그 대학교는 내가 거의 50년 전에 신학 수련생 시기를 보낸 곳이다. 그녀의 전공은 심리학이었다. 그녀는, 그녀의 직업 세계에 있는 다수의 사람과 마찬가지로, 고도의 감수성과 의식을 지닌 사람이었다. 정신 질환을 앓고 있는 사람들을 치료하는 일에 생애를 바치는 것이 그녀의 꿈이었다.

내가 학부생과 대학원생을 대상으로 몇 개의 연구회를 꾸렸던 해에, 그 연구회 가운데 하나는 성경의 가르침과 기독교 교리를 개관하는 모임이었다. 사만다는 그 연구회에 가입하여, 초보적 수준에 머물렀던, 기독교적 가르침에 대한 이해를 열심히 넓혀 갔다.

그리스도의 위격과 그분이 하신 일을 두고 토론이 한창 진행되고 있었는데, 사만다가 눈에 띄게 흥분했다. 그녀에게 무슨 일이 일어나고 있는지 읽어 낼 수 없었다. 하지만 나는 그 모임을 계속 진행하면서 그리스도라는 한 위격 안에 자리한 인성과 신성을 풀어 주는 성경의 핵심 텍스트들을 탐구해 갔다. 그러자 그녀가 나에게 열중했다.

그런데 우리가 대리 만족-예수께서 온 인류의 죄를 짊어지신 다음, 자신의 의로움과 거룩함을 모든 믿는 사람에게 수여하신다고 하는 '위대한 교환'-을 개관할 즈음, 사만다의 불안이 고조되었다. 마침내 그녀가 자신의 의자를 뒤로 박차고 서서 그 방을 서성거리기 시작했다. 그녀는 그 모임에 온 사람들에게 이렇게 말했다. "이것에 대해 충분히 생각하려는 것뿐이니, 신경 쓰지 마세요. 당신이 죄의식과 용서에 관해 말하는 것이 모두 사실이라면, 정신 병원에 있는 병상 다수가 텅 빌 거예요."

사만다는, 사람들이 하나님의 은혜에 힘입어 거룩함-그들 자신의 것이 아니다-에 참여하고, 자신들의 죄를 용서받고, 안팎으로 정화와 거듭남을 받는다는 그 엄청난 의미를 파악하기 시작했다.

여러분과 나는, 자신들의 죄와 다른 사람들의 죄로 상처 입은 사람들에게 그런 극적 거듭남과 정화를 안겨 주는 특권을 받았다.

믿음이 있느냐 없느냐에 따라 내가 영혼을 돌보는 방식이 달라지듯이, 어떤 사람이 거룩함과 관련하여 두려움을 품느냐 위로를 받느냐에 따라 나의 접근법도 달라지게 마련이다. 하나님을 두려워하지 않고 그분의 거룩하심을 무시하는 곳이라면, 율법의 심판과 제재를 가할 필요가 있고, 어떤 사람이 하나님의 거룩하심에 압도당하는 곳이라면, 죄 용서와 죄인의 성화라는 치료를 예수의 이름으로 적용할 필요가 있다.

회개. 영적 진단의 마지막 차원은 회개의 영역에 있다. 수많은 사람이 회개라는 말을 협박으로 여기지만, 사실상 '회개하다'라는 표현은 은혜로운 거듭남을 의미하는 단어다. 그것은 신약의 복음서에 들어 있는 세례자 요한과 예수 자신의 설교 속에 가장 먼저 기록된 단어이기도 하다. 글자 뜻 그대로 옮기면, 그 단어는 '네 마음을 바꾸어라'를 의미한다. 하나님의 모든 말씀이 그러하듯이, 그 단어도 말한 그대로 행한다. 그 단어는 거듭남을 명할 뿐 아니라, 자신의 고유한 능력으로 거듭남을 안겨 주기도 한다. 그 단어는 극적인 반전, 완전한 변화, 죄에 대한 거부, 하나님을 향해 돌아섬을 추진한다. 그러면 하나님이 오셔서 모든 죄를 용서하시고 의의 통치가 시작되었음을 알리신다.

그렇다면 회개는 영적 진단의 가장 기본적인 요소들 가운데 하나일 것이다. 이 영혼은 자기를 죄인으로 여기는가? 죄를 시대에 뒤처진 화제로 여기는 사람들 축에 속하는 건 드문 일이 아니다. 우리의 문화는 향락주의적인 쾌락 추구에 강박적인 태도로 집요하게 초점을 맞추기 때문에 효과적으로 죄를 하나의 범주로 여기고 무시해 버린다. 나는 괴로워하는 영혼과 첫 대화를 나눌 때면, 내 대화 상대가 죄를 인정하는지, 하나님께 해명해야 할 의무가 자기에게 있음을 인정하는지를 탐지하려고 귀 기울여 듣곤 한다. 이 영혼이 자기의 죄를 거명할 수 있다면, 더 좋을 것이다. 그런 경우는 성령께서 그 사람의 삶 속에서 율법을 통해 움직이시면서, 그를 이끌어 죄를 유감스럽게 생각하도록 하신 것이기 때문이다.

여기서 믿음이 움직이기 시작한다. 내가 상대하는 사람이 세례받은 신자이고, 의로우시고 거룩하신 하나님 앞에서 느끼는 죄책감이 그 사람 안에 자리하고 있으면, 나는 그를 일상적인 회개로 안내할 수 있다. 그리스도의 죽음 및 부활과 연합하여 세례받은 (롬 6:3-4) 그는 그리스도를 옷으로 입은 상태다. 뉘우침과 회개로 이전의 죄스러운 본성이 날마다 죽고, 그리스도를 믿는 믿음으로 새사람이 날마다 일어선다.

새롭고 깨끗한 양심은 예수의 이름으로 회개하는 모든 죄인에게 하나님이 날마다 주시는 선물이다. 내가 예수의 이름으로 예수를 대리하여 죄 용서를 선언하는 것은 바로 그 목적을 위해서다. 그런 죄 용서는 완전히 새로운 정신과 새로운 마음을 예수의 이름으로 가져다준다. 그런 사람에게는 날마다 주어지는 지속적인 죄 용서의 위로와 아직 오지 않은 몸의 부활과 영원한 생명이 자리한다.

데이비드는 복잡한 사람이었다. 30대 중반인 그는 한 어린 딸의 아버지이자 조경 공사 분야의 유능한 장인이었다. 그는 예술적 안목과 헌신적인 직업 윤리로 모든 고객의 경의를 한 몸에 받았다. 테라스를 설치하든, 교목과 관목과 묘목을 심든 간에, 그의 일솜씨는 나무랄 데 없었다.

그러나 나는 그의 근면성에 어두운 면이 있음을 알게 되었다. 데이비드는 매우 고통스러운 유년기를 보내면서, 지나치게 통제하는 아버지로부터 신체 학대와 언어 학대를 당했다. 그는 소년 시절에, 종종 그의 아버지가 그의 어머니를 때리는 것으로 끝나곤 하던 부모의 시끄러운 말다툼을 들으며 힘없이 침대에 누워 있는 게 어떤 것인지를 내게 설명했다. 데이비드는 어머니를 지켜 줄 만큼 크고 힘센 사람이 되고 싶었지만, 그렇게 노력하다가 종종 맞으면서, 결코 개입해서는 안 된다는 비싼 교훈을 얻었다.

데이비드는 매우 성난 사람으로 자랐다. 그의 외모는 상냥하고 온화했지만, 그의 내면은 화가 부글부글 끓는 솥단지나 다름없었다. 그는 자신의 고통을 덜기 위해 술에 손을 댔다. 내가 그를 만났을 때는, 그의 알코올 중독이 진정된 상태였다. 하지만 그런 중독은 결단코 사라지지 않으며, 회복은 언제나 평생의 과정을 요구한다.

데이비드에게 그것은 그가 영적 폐인임을 의미했다. 주기적으로 재현되는 그의 환각이 그를 막다른 상황으로 떠밀 때마다, 그는 나의 도움과 조언을 구했다. 그는 자기가 저지른 죄에 대한 후회로 괴로워했고, 손상을 입어 생긴 상처들을 가리려고 갑옷처럼 두른 분노로 견딜 수 없어 했다.

내가 영혼의 의사로서 배운 것 중 일부는 내가 데이비드에게서 배운 것이다. 언젠가 그는 나에게 이렇게 말했다. "성화란 참 좋은 소식이군요." 그의 말은, 그가 겪고 저지른 모든 것으로 호되게 난타당하고 멍들고 더러워졌는데, 그리스도 예수 안에서 내적 정화와 은총을 받고 나서 해방되고 거듭났다는 뜻이었다.

그러나 회복기의 모든 중독자가 그렇듯이, 데이비드도 그 정화를 여러 번 반복하여 받지 않으면 안 되었다. 그가 특히 최악의 상태에 처해 있던 어느 날, 나는 그가 겪는 고통의 깊이에 주의 깊게 귀 기울이고 나서 나의 재량에 맡겨진 모든 수단을 동원하여 그의 영혼에 의도적 치료를 제공하기로 마음먹었다. 우리는 텅 빈 교회당 안으로 들어갔고, 그는 그리스도의 십자고상 앞에서 마음속의 짐인 죄와 오물을 내려놓았으며, 나는 예수의 이름으로 예수를 대리하여 그에게 용서를 선언했다. 그런 다음, 나는 예수의 몸과 피로 거룩하게 구별된 빵과 포도주를 가져와, 데이비드에게 불멸의 빵을 건네며 말했다. "받아먹으십시오. 이는 우리 주님이자 구세주이신 예수 그리스도께서 당신을 위해 내어 주신 참된 몸입니다. 받아 마십시오. 이는 당신이 죄 용서를 얻게 하려고 그분께서 당신을 위해 흘리신 피입니다."

그러고는 그를 떠나보내면서 이렇게 말했다. "우리 주님 예수 그리스도의 참된 몸과 피가 당신의 몸과 영혼을 강하게 하고 보호하여 영원한 생명에 이르게 할 것입니다. 평안히 떠나가십시오."

그는 그대로 했다. 시므온처럼*, 데이비드도 평안히 떠나갔다. 하지만 우리 같은 회복기의 모든 죄인이 그렇듯이, 데이비드도 계속해서 그 평안을 얻지 않으면 안 되었다. 그리고 그리스도의 종으로서 그 평안을 거듭 제공하는 것은, 여러분의 즐거움인 것과 마찬가지로 나의 즐거움이었다.

이 네 가지 경계표나 이정표는 모두 우리에게 도움이 된다. 영혼의 의사인 우리는 말할 줄 알기 전에 먼저 귀여겨들을 줄 알아야 한다. 진단과 치료의 기술에는 네 가지 수준에서 동시에 진행하는 주의 깊은 경청과 정확한 분별이 필요하다. 그다음에는 대화와 기도와 축복을 통해 믿음과 섭리와 거룩함과 회개라는 네 영역[8]에 주의 깊게 반응하는 것이 필요하다.

천 개의 눈

지금쯤이면 여러분은 영혼 치료의 여러 다면적 차원을 이해하기 시작할 것이다. 영혼의 의사는, 요한 크리소스토무스가 말한 대로, 천 개의 눈이 필요하지만, 충실하고 효과적인 치료술을 잘 연마하면서, 예수 안에서 최적의 건강과 치료를 가져다주도록 의도된 방식으로 말씀과 성례전을 영혼의 기저 질환에 적용할 필요가 있다. 목회적 대화와 관계있는 이 네 접점은 여러분에게 영혼돌봄의 진단 단계에서 좋은 조건을 제공할 것이다. 여러분은 온

---

*   눅 2:29.
8   이 네 가지 범주를 더 살펴보려면, Paul Pruyser, *The Minister as Diagnostician: Personal Problems in Pastoral Perspective* (Philadelphia, Westminster Press, 1976)을 보라. (《생의 진단자로서 목회자》, 이은규 옮김, 동서남북)

통 눈의 사람, 귀의 사람이 되지 않으면 안 된다. 여러분은 여러분 앞에 있는 영혼에게 예수의 이름으로 주의를 기울이지 않으면 안 된다. 여러분이 어떻게 처리할지를 알 수 있는 유일한 방법은, 영적 고통의 증상들만이 아니라, 그것들의 근본적인 원인을 주의 깊게 분별하는 것이다.

이것은 영혼 치료의 첫 단계일 뿐이다. 둘째 단계인 의도적 치료도 똑같이 중요하다.

IV

영혼 치료
의도적 치료

_____ 나는 여러 해에 걸쳐 영혼 치료, 곧 영혼 돌봄에 관한 10개의 논제를 루터교 식으로 개진해 왔다. 논제란 논의에 초대하기 위해 의도된 정통한 의견을 의미한다. 이 논제들을 다가올 어려운 시기에 충실한 사역에 이르는 길의 도로 표지판으로 여기기를 바란다. 나는 이 시대에 충실한 목회적 돌봄으로 가는 단체 여행을 함께 도모해 보자고 여러분을 대화에 초대한다.[9]

논제 1: 모든 영적 돌봄은 성 삼위일체 하나님이 구두 형식과 가시적 형식의 말씀을 통해 제공하신다.

목사인 여러분과 나는 치료자가 아니다. 하나님 자신만이 죄인들과 병자들을 치료하실 수 있고, 전쟁으로 피폐한 영혼들, 전상戰傷

---

9 www.doxology.us의 여러 자료를 검토하고, 개인적으로 나와 연락하고 싶다면 'contact us'라는 항목을 이용하기를 바란다.

을 입은 영혼들, 상처 입은 영혼들에 위로와 위안을 주실 수 있다. 우리는 생명을 주는 하나님의 말씀을 공식적으로 설교하고, 교회 안의 영예로운 전승을 인용하자면 "일종의 가시적 말씀"인 성례 전을 베풀고 집전할 책임을 맡은 사람들이다.[10]

하나님의 말씀은 말한 그대로 실행하거나 수행한다. 하나님의 말씀은 무언가를 기술하는 것으로 그치지 않고 무언가를 창조해 낸다. 여러분과 내가 고통당하는 영혼들을 가엾이 여겨 개인적 돌봄과 관심을 표할 수 있다고 해도, 우리의 관심과 동정은 고통을 일시적으로만 덜어 줄 뿐이다. 참되고 오래가는 치료는 우리가 아닌 하나님에게서 온다.

내가 그 교훈을 얻는 데는 꽤 오랜 세월이 걸렸다. 나는 슬퍼하는 사람들이나 상처 입은 사람들에게 나의 개인적 공감 능력만으로도 중요한 도움을 줄 수 있다고 생각했다. 내 생각은 잘못된 것이었고, 나의 공감 능력은 바닥나고 말았다. 여러분은 어떤지 모르나, 나의 공감 능력은 유한하다. 공감 능력이 바닥나자, 줄 것이 조금도 남아 있지 않았다.

나는 이제껏 집례한 장례 예식 중 첫 장례 예식을, 신학교를 졸업하고 대략 8개월이 지난 뒤에 집례했다. 한 40대 중반의 농부가 갑자기, 예기치 않게 죽었다. 그날 아침, 내가 병원에 있는 그

---

10 "말씀이 귀를 통해 들어가 마음을 때리듯이, 예식은 눈을 통해 들어가 마음을 움직인다. 말씀과 예식은 같은 효능을 가지고 있다. 아우구스티누스가 잘 지적한 대로, 성례전은 '보이는 말씀'이다. 예식은 눈으로 받는 것, 말하자면 말씀과 똑같은 것을 나타내는 그림 말씀이기 때문이다. 그러므로 말씀과 예식은 같은 효능을 지닌다." Philipp Melanchthon, Article XIII, *Apology to the Augsburg Confession*, in *The Book of Concord: The Confessions of the Evangelical Lutheran Church*, eds. Robert Kolb and Timothy J. Wengert (Minneapolis: Fortress, 2000), 219-220.

를 막 심방하고 난 뒤여서, 우리는 그가 호전되고 있다고 생각했다. 나는 모든 게 잘되고 있다고 확신하면서, 그날 오후에 장인과 얼음낚시를 갔다. 하지만 우리가 얼음에 구멍을 파자마자, 그의 처남이 설상차를 타고 와서 난데없이 말했다. "앨버트가 죽었습니다." 장례 예식과 비탄에 잠긴 사람들을 돌보는 것과 관련하여 배운 것을 조금이라도 기억해 내려고 애쓰면서 마을로 돌아가는 내 여정은 감정의 소용돌이 그 자체였다.

당연히 앨버트의 아내를 만나는 것이 먼저였다. 최근에 그들 부부는 이미 두 성인 아들을 비극적으로 잃은 상태였다. 하나는 암으로 죽었고, 다른 하나는 베트남 전쟁의 사상자였다. 나는 마음과 영혼을 다 쏟아, 앨버트의 가련한 아내와 아직 집에 있는 그들의 어린 자녀들을 위로하려고 용감히 시도했다. 그다음 며칠은 끊임없는 정서적 고통과 불안으로 얼룩졌다. 그 가족의 슬픔과 상실이라는 크게 벌어진 구멍을 나 자신의 감정적 공감 능력으로 최대한 메우려고 했기 때문이다. 어리석게도 나는 급속도로 말라 가고 있던 나의 내적 저수지에서 돌봄과 위로를 뽑아 올리려고 했다. 어쨌든 나는 그 힘겨운 며칠 동안 간신히 버텼다.

앨버트는 우리의 작은 공동체 안에서 평판이 좋은 시민이었다. 조문객들을 다 수용하려면 마을에서 가장 큰 교회를 빌려야 했고, 그 성소는 구석구석까지 조문객들로 꽉 찼다. 나는 예배 인도와 나의 첫 장례 예식 설교를 그럭저럭 수행했지만, 그것은 내게 극도로 힘든 일이었다. 그때쯤에는 거의 없는 것이나 다름없던 나의 감정적 비축 에너지를 그 유족 전체에게 제공하려고 필사적으로 노력하고 있었기 때문이다.

앨버트의 슬퍼하는 가족이 교회당의 앞 좌석에 앉아서 설교단

番外・不・文面

을 바라보던 때 그랬던 것처럼, 지금도 나는 그들의 얼굴에 서린 고뇌를 마음의 눈으로 볼 수 있다. 마침내 장례 예식이 끝나고, 장의사가 영구차의 문을 닫자마자, 나는 쓰러져서, 곁에 서 있던 우리 교회 장로 가운데 한 분의 팔에 안기고 말았다. 나는 정서적 폐인이었고, 우리 목사들이 곧잘 품는 생각, 이른바 '우리가 저 사람들을 우리의 개인적 힘으로 감싸 줄 수 있다면, 그들의 기분이 더 좋아질 거야'라는 그릇된 생각의 피해자였다.

나는 이처럼 충격적인 상태에서 나 자신의 감정적 평형을 유지하는 데 꼭 필요한 것이 바로 이 첫 번째 논제임을 여러 해에 걸쳐 알게 되었다. 이제 나는 내가 가져다주려고 하는 도움이 나 자신이 베풀 수 있는 능력을 훨씬 넘어선다는 것을 의식하고 있다. 그런 만큼 이제는 상당히 아슬아슬한 상황들에 관여하면서도 고질적 스트레스를 경험하지 않을 수 있다. 시편 작가가 기록한 대로, "내 도움은 하늘과 땅을 만드신 주님에게서 온다"(시 121:2).

하나님 말씀의 무한한 능력을 이해하는 목사, 하나님의 조용하고 낮은 목소리를 경외하는 목사는, 그리스도의 양들과 어린 양들이 감정적으로, 육체적으로, 또는 영적으로 긴급한 상황에 놓여 있을 때도, 그들을 돌보기를 두려워할 필요가 없다. 그는 연민과 애정을 기울여 그들을 상대할 때도 자신의 사랑이나 연민으로는 슬퍼하는 마음을 달래 줄 수 없고, 짐을 짊어지고 고통에 시달리는 영혼을 자유롭게 할 수 없음을 충분히 의식한다.

정신적 외상을 입은 양들을 돕는 일이 비극, 슬픔, 혹은 감정적 고통과 영적 고통을 다루는 일일 때, 나는 의식적으로 나 자신의 영혼도 돌보려고 애쓰면서, 내가 심부름꾼-그리스도의 심부름꾼-에 지나지 않는다는 사실을 떠올린다. 세례자 요한의 좌우명이 내 좌우명이다. "그는 흥하여야 하고, 나는 쇠하여야 한다"(요 3:30). 나는 되도록 무대에서 뒤로 물러서서, 예수께서 힘든 일을 수행하시게 하려고 한다. 그분의 말씀과 성례전으로 무장한 나는, 내가 돌봄을 수행하는 동안, 그분께서 치료를 수행하실 것이라고 확신한다. 나는 의무와 책임을 다하겠다고 맹세한 주치의이지만, 치료자는 하나님 자신이시다. 그분-성부, 성자, 성령-께서는 말씀과 은혜로운 성례전을 통해 치료를 제공하신다.

논제 2: 이 돌봄은 믿음으로 받는 돌봄이다. 인간은 하나님의 형상대로 지어졌다. 그의 몸과 정신과 영에는 하나님의 형상이 반영되어 있다. 그는 지성과 감성과 창조성을 지닌 피조물이다. 목사들도 그러하니, 우리는 영혼 돌봄을 위한 우리의 모든 재능을 지적으로 이용할 필요가 있다. 영적 의사들은, 의료계 의사들이 환자들을 아는 것과 똑같이, 자신들이 돌보는 영혼들을 알지 않으면 안 된다. 나의 의사가 했던 말을 기억하기를 바란다. 그는 자기 환자의 신체를 돌보는 데 구술 병력이 대단히 중요하다고 말했다. 따라서 성실한 목사는 자기가 상대하는 사람에 관해 되도록 모든 것을 알지 않으면 안 된다. 개개인이 모두 다르다. 나는 여기서 유난히 두드러진 것에 대해서만 말하는 게 아니다. 사람은 저마다 다른 신체와 개성을 지니고 있을 뿐만 아니라, 자기의 정체성을 구성하는 다수의 독특한 경험도 지니고 있다.

장기간에 걸친 영혼 돌봄이 이상적이다. 한 사람을 아는 일에 시간을 투자하면 투자할수록, 그에게서 영적으로 어떤 일이 일어나고 있는지를 더 정확히 분별할 수 있고, 그가 도움이 된다고 여기게끔 그의 질환들을 더 정밀하게 다룰 수 있게 된다. 당연히 그의 언어로 말해야 한다. 언어학상으로만이 아니라, 정서적으로도 그리해야 한다. 그를 이해하기 위해서는 그의 피부 속으로 최대한 파고들어야 한다. 그래야 그의 인생 경험과 문화가 확실히 그에게 영향을 미쳐도, 내가 해 주려고 하는 말을 그가 잘 받아들일 수 있을 것이다. 나는 의사소통을 입으로만 하지 않고, 표정과 겉모습과 나의 전 존재로 한다.

그러나 다시 말하건대, 내 안에는 고통받는 영혼에게 도움과 치료를 가져다줄 만한 것이 조금도 없다. 그런 상황에서 사역할 때, 나는 자비의 심부름꾼으로서 하나님이 하라시는 대로 봉사하는 도구에 지나지 않는다. 이 주고받기에서는 성 삼위일체 하나님이 성례전 사역의 경우와 마찬가지로 발설되거나 제공된 말씀을 통해 치료를 적극적으로 수행하신다.

영적 치료의 능력은 하나님의 말씀에서 오는 까닭에 믿음으로 받는 능력이다. 인간의 이성이나 정신력으로는 누구도 예수 그리스도를 주님으로 믿을 수 없다. 믿음은 이성적 추론 연습이 아니다. 하나님은 말씀을 입 밖에 내시고, 인간의 마음은 그 말씀을 믿는다. 그것이 요점이다. 인간의 이성을 동원하여 소통하고 추론해서는 사람을 설복해 그의 죄책감과 수치와 절망으로부터 구해 낼 수 없다. 하나님의 유효한 말씀만이 죄 용서와 정화를 제공하여, 죄로 병든 영혼을 치료할 수 있다. 그리고 그런 말씀은 언제나 믿음으로 받는 말씀이다.

그러면 그런 믿음은 어디에서 오는가?

논제 3: 믿음은 들음에서 온다. 바울 사도는 이렇게 말했다. "그러므로 믿음은 들음에서 생기고, 들음은 그리스도를 전하는 말씀에서 비롯됩니다"(롬 10:17). 이는 예수께서 자기 입에서 나오는 말을 두고 제자들에게 하신 말씀과 조화를 이룬다. "내가 너희에게 한 이 말은 영이요 생명이다"(요 6:63). 오직 하나님의 영만이, 죄로 눈멀어 둔감해진 사람의 마음속에 믿음을 조성하실 수 있다. 하나님의 영이 무로부터 물리적 우주 전체를 창조하셨듯이, 하나님은 죄 많은 인간의 마음속에 살아 있는 믿음을 조성하셔서, 사람을 영적 죽음에서 생명으로 데려가신다.

그런데 하나님은 창세 때 그러셨듯이 말씀을 통해 이 새 창조를 수행하신다. 태초에 하나님이 "… 가 생겨라"라고 하시자 그대로 되었다. 모든 생물과 무생물이 그분의 말씀을 통해 생겨났다. 마찬가지로 그리스도 예수께서 영혼들을 죽음에서 생명으로 전향시키실 때, 그분께서는 말씀을 통해 그리하시고, 같은 말씀으로 그들을 돌보시고 양육하신다. 그분께서 말씀하신 대로, 그분의 입에서 나오는 말씀은 "영이요 생명이다"(요 6:63). 그분의 말씀은 여러분의 말이나 나의 말처럼 그저 말에 불과한 게 아니다. 그분의 말씀은 성령으로 충만한 말씀, 그분만이 가져다주실 수 있는 생명으로 가득 찬 말씀이다.

목회적 돌봄은, 구두 형식의 말씀이든 보이는 말씀이든 간에, 항상 하나님 말씀의 사역이다. 우리가 되도록 사람들의 눈길을 끌고 사람들이 접근하기 쉽게 돌본다고 해도, 우리가 가져다주는 돌봄은 우리의 개인적인 카리스마나 호감도에 달려 있지 않고, 하나님의 살아 있는 말씀, 변치 않는 말씀에 달려 있다. 성령 하나님은 이 말씀을 통해 자기 사람들의 마음속에 믿음을 조성하시고 유지하신다.

하나님의 영이 사람들의 삶 속에서 직접 일하신다면, 그분의 은혜로운 계획을 방해할 것이 없을 것이다. 하지만 지혜로우신 하나님은 간접적으로, 즉 복음 설교와 성례전 집전이라는 수단을 통해 일하기로 작정하셨다. 그래서 여러분과 내가 그리스도의 일꾼으로, 하나님의 비밀들을 맡은 관리인으로 취임하게 되었다. 하나님의 말씀과 성례전의 적절한 활용이야말로 주의 깊은 영혼 돌봄의 핵심이다. 하지만 성령께서는 직접 일하시지 않고, 이 수단들을 통해 일하시는 까닭에, 그 과정 전체는 공격받기 쉽다.

그래서 목사의 일은 불안정하다.

논제 4: 악마, 세상, 육체는 믿음에 맞설 음모를 꾸민다. 목사의 일은 매 순간 공격받기 쉽다. 사탄, 하나님을 섬기지 않는 세상, 죄스러운 본성이 협력하여 계획 전체를 무산시키려고 모의한다. 나는 이 책의 한 장 전체를 영적 전쟁에 할애하겠지만(9장), 지금 당장은 유혈이 낭자한 세부 묘사로 여러분을 놀라게 할 마음이 없다.

지금은 여러분이 공식적으로 말씀 사역과 성례전 사역에 착수할 때 장미 정원을 기대해서는 안 된다고 말하는 것으로 충분하다. 여러분이 어디에서 섬기든 간에, 힘든 시기가 여러분을 기다리고 있을 것이다. 공공연한 공격과 은밀한 저항이 도중에 대기하고 있을 것이다. 사탄과 그의 군대가 제휴하여 하나님과 그분의 나라에 엇설 것이다. 사탄에게는 여러 협력자가 있다. 하나님을 섬기지 않는 세상과 인간의 죄 많은 마음이 하나님의 이름을 거룩하게 여기기를 거부하거나, 하나님 나라가 우리 가운데 오지 못하도록 하는 것이다. 여러분은 말씀의 일꾼으로서 일하러 가는 곳마다 이 전쟁이 계속되고 있음을 인지하게 될 것이다. 여러분이 주일에 설교를 수행하거나, 누군가의 거실에 앉아 있거나, 입원한 환자를 방문하든 간에, 하나님의 말씀을 충실히 영접하는 길에는 다양한 장애물이 놓여 있을 것이다.

때로는 믿음을 방해하는 걸림돌들이 매우 분명하게 드러나기도 한다. 강박적이거나 집요한 죄, 부도덕한 행위, 온갖 비행 등등. 그러나 내 경험상, 더 위험한 걸림돌은 훨씬 교묘한 변종이다. 그것은, 사람이 그릇된 신앙을 받아들이거나 절망에 빠져서 말씀을 들을 수도, 믿을 수도 없게 되는 것으로 나타난다. 그런 일이 일어나면, 믿음이 서서히 손상된다. 그런 사람은 말씀을 들어도 그것을 믿지 못하고, 그 말씀 안에서 제공되는 용서와 생명과 구원이라는 놀라운 선물을 받지 못하게 된다. 양심의 갈등을 겪은 댄과 남편의 사고사로 정신적 외상을 입은 케이트, 두 사람 다 영적 공격을 받고 괴로워했다. 그리고 그들 두 사람이 지속적인 치료에 이르는 유일한 길은 말씀을 통한 성령의 사역에 있었다.

그러므로 충실한 목사는 항상 자기의 사역에 동행해 달라고, 모든 악의를 분쇄하고 저지해 달라고, 말씀이 믿음으로 받아들여지게 해 달라고 성령의 현존과 능력을 간구한다.

논제 5: 목회적 돌봄은 영혼에게 힘을 주어, 그가 고통의 상황에 놓였을 때 필요한 말씀을 들을 수 있도록 하는 데 초점을 맞춘다. 여러분은 신학교 수련 기간이나 목사직 임기 중 어느 시점에서 '목회적 재량권'이라는 단어와 맞닥뜨리게 될 것이다. 내가 보기에, 그것은 너무나 자주 '마음대로'나 '좋을 대로'의 암호로 바뀌는 것 같다. 그런 식의 사역 접근법을 채택하는 사람은 주님의 이름으로 봉사하면서도 주님께 헌신하지 않는 사람이다. 우리의 임무는 우리의 일을 수행하는 것이 아니라, 그리스도의 일을 수행하는 것이다. 우리는 프리랜서가 아니다. 우리는 개인의 일시적인 기분을 따르는 것으로 사역을 구성해서는 안 된다. 우리는 예수께서 우리에게 맡기셔서 그분의 양 무리를 위해 수행하게 하신 일에 충실해야 한다. 그분께서 피 흘리시고 죽으셔서, 자기의 사랑하는 양들과 어린 양들에게 주신 선물들을 계속 분급하는 것이야말로, 그분께서 모든 시대에 의도하신 바다. 우리는 마땅한 의무로서 그 선물들을 그분의 분부에 맞게 분급해야 한다.

부활절 저녁에 다락방에서 벌어진 광경을 기억하는가? 예수께서는 제자들에게 이렇게 말씀하셨다. "아버지께서 나를 보내신 것 같이, 나도 너희를 보낸다"(요 20:21). 우리는 우리 주 예수를 제쳐 두고 사역을 수행할 권한이 없다. 우리는 우리에게 맡겨진 영혼들을 그분의 명백한 의도와 뜻에 맞게 돌보지 않으면 안 된다. 우리는 직관의 안내를 받는 것으로 우리의 사역을 구성해서는 안 된다. 그것은 의료계의 의사가 정상적인 해부학과 자신이 쌓은 의료 경험에 맞게 치료와 약물을 처방하지 않고, 일시적 기분에 따라 처방하는 것과 다르지 않을 것이다. 그런 의사는 면허를 잃음은 물론이고, 자기 환자들을 돕기는커녕 그들에게 해를 입히고 말 것이다.

댄과 케이트를 위한 목회적 돌봄은 정확한 조사와 주의 깊은 진단의 안내를 받지 않으면 안 되었다. "경우에 알맞은 말은, 은 쟁반에 담긴 금사과이다"(잠 25:11). 적절한 때에 하는 알맞은 말은 충실한 영혼 치료의 핵심에 자리한다. 기도하는 마음으로 하나님의 말씀을 묵상하고, 영혼이 하는 말을 주의 깊게 귀담아듣지 않으면, 무슨 말을 해야 할지를 알지 못할 것이다.

영혼의 목자인 여러분과 나는 우리 주님으로부터 그분의 일을 충실히, 부지런히 수행하며, 그분의 말씀과 성례전을 그분의 뜻과 의도에 맞게 적용하도록 분부받았다. 모든 영혼은 선한 목자께서 말씀을 통해 들려주시는 음성을 듣고, 그분의 성찬을 받지 않으면 안 된다. 목사인 우리의 임무는 각 사람이 자신의 독특한 환경에 필요한 말씀을 들을 수 있도록 하는 것이다. 회개하지 않는 죄인에게는, 그가 계속 죄 가운데 머무르다가 하나님의 진노를 받는 일이 없도록 심판과 제재의 말씀을 들려줄 필요가 있다. 낙담하며 죄를 깊이 뉘우치는 사람에게는, 그리스도 예수께서 그의 죄책감을 없애시고, 자기의 순결을 그에게 수여하시려고 그의 죄를 자기 몸에 짊어지셨다는 말을 들려줄 필요가 있다. 다른 사람의 죄로 인해 상처 입은 영혼에는, 예수께서 자기의 대속적 사랑으로 그 영혼의 고통을 달래시고, 그 영혼의 상처를 치료하시며, 죄의 온갖 충격을 완전히 진정시키셨다는 말을 들려줄 필요가 있다.

이처럼 목사들은 자신들이 돌보는 각 영혼에게 무엇을 가져다주어야 하는지를 정확히 분별하여 '재량권'을 행사할 필요가 있다.

논제 6: 목사들은 믿음을 위협하는 것을 주의 깊게 분별하고, 그다음에는 하나님의 말씀으로 그 위협에 의도적으로 대처한다. 유능한 의사는 자기 환자들을 정확한 검사 없이 치료하지 않는다. 그는 환자의 몸속에서 의학적으로 무슨 일이 벌어지고 있는지를 알고, 환자의 몸이 하는 말을 청진기를 통해 듣고, 때로는 환자의 혈액과 소변을 검사하고, 환자의 신체를 찍은 전자 영상을 통해 보강 증거까지 얻을 것이다. 그러나 오랜 경험, 구술 병력, 혹은 둘 다로 환자를 아는 것을 대체할 수 있는 것은 없다. 그럴 때만 의사는 의학적 치료 과정을 결정할 수 있다.

영혼의 의사들도 마찬가지다. 우리는 우리가 예수의 이름으로 섬기려고 하는 사람에 관해 얼마간 알 필요가 있다. 사람은 저마다 다르고, 저마다 독특한 개성과 기질을 지니고 있다. 개성과 기질은 각 사람이 저마다의 생활 환경에 대응할 때 극적으로 영향을 미친다. 과민한 두려움으로 보이는 것이 실제로는 변장한 기쁨일 수도 있고, 무뚝뚝한 무관심으로 나타나는 것이 특정한 사람에게는 감정적 규범일 수도 있다.

그러나 우리 목사들의 치료 대상은 감정이 아니라는 사실에 유의하라. 우리의 치료 대상은 **영혼**-하나님의 형상대로 지어져 그분과의 관계 속에서 살아가는 사람-이다. 영혼의 내적 상태를 반영한다는 점에서 감정은 중요하다. 하지만 사람들에 대한 우리의 관심은 피부 한 꺼풀보다 더 깊다. 우리는 감정적 분별을 넘어서 하나님 앞에 있는-교회의 모국어로 말하면, **코람 데오**coram Deo - 영혼의 상태를 정확히 평가하는 데로 나아가려고 애쓴다.

영적 의사로 섬기는 것과 관련하여 다음 두 가지가 꼭 필요하다. **주의**하기being attentive와 **의도적**이기being intentional. 둘 다 충실한 진단과 치료에 필요하다. 먼저 우리는 예수의 이름으로 주의하면서, 믿음을 위협하는 것을 정확히 판단한다. 그런 다음 우리는 예수의 이름으로 말하면서, 의도적으로, 즉 그분의 치료하는 말씀으로 기저 질환을 치료한다.

개인 묵상과 기도를 통해 여러분의 마음속에 하나님의 말씀이 남모르게 자리할 때, 여러분은 각각의 괴로워하는 영혼에게 가져다줄 것을 갖게 된다. 여러분은 여러분 자신의 연민과 공감 능력 너머에 있는 것을 가져다주게 된다. 여러분의 연민과 공감 능력은 꼭 있어야 하지만 유한한 것에 지나지 않는다. 성령의 검인 하나님의 말씀이 여러분의 마음에 가득 차 있을 때, 여러분은 인간의 지혜에서 나온 말로 말하는 것은 물론이고, 하나님의 영이 가르쳐 주신 말씀으로도 말할 수 있게 될 것이다. 하나님의 말씀은 무궁무진한, 고갈될 줄 모르는 도움과 치료의 저수지, 여러분이 끝없이 꺼내어 써도 고갈되지 않는 저수지다.

여러분이 기도와 묵상을 하면 할수록, 여러분은 점점 더 영혼의 의사가 될 것이다. 여러분이 시간을 들여, 마음이라는 저장고를 하나님의 말씀으로 채운다면, 여러분은 필요할 때 줄 것이 있으리라고 확신해도 좋다. 그때 여러분의 돌봄과 치료는, 여러분이 여러분의 마음에서 길어 올리는 불충분한 자원에 제한받는 일 없이, 하나님의 은총과 진리의 풍부한 혜택으로 거침없이 계속될 것이다. 목회적 돌봄을 수행하는 동안, 한쪽 귀로는 오로지 영혼의 고통에 집중하고, 다른 쪽 귀로는 참 목자요 영혼의 의사이신 그리스도 예수께서 생명을 주는 말씀의 풍부한 저장고에서 들려주시는 음성을 경청한다.

따라서 **주의 깊은 진단**과 **의도적 치료**, 이 두 요소는 효과적인 영혼 치료에 필수적이다. 첫 번째 요소는 두 번째 요소에 정보를 제공한다. 영적 의사는 영혼의 고충을 주의 깊게 들음으로써 적절한 치료법을 제대로 분별하고, 의도적으로, 곧 하나님의 말씀을 적절하게 그리고 자비롭게 적용하여 영적 기저 질환을 치료할 수 있다.

하나님의 치료하는 말씀은 입말의 형식으로 올 뿐만 아니라, 육신의 형식으로도 온다.

논제 7: 목사들은 사람들에게 세례를 주고, 그들을 그리스도의 죽음과 부활에 참여시켜 죄의 용서를 받게 한다. 세례는 그냥 물이 아니라, 그리스도의 명령과 제자들의 사명에 포함된 물이다. "아버지와 아들과 성령의 이름으로 세례를 주고"(마 28:19). 따라서 세례란 일종의 '보이는 말씀', '물을 뿌린 말씀'이라고 할 수 있을 것이다. 하나님의 말씀은 언제나 말한 그대로 행한다. 확실히, 물과 말씀을 함께 적용함으로써, 혹은 더 정확히 말하면, 하나님의 말씀을 세례 물에 적용함으로써 강력한 일들이 이루어진다. 죄인들이 세례를 통해 예수의 죽으심과 연합하여 그분과 함께 묻히고, 그분과 함께 그분의 부활에 참여한다. "세례를 받아 그리스도 예수와 하나가 된 우리는 모두 세례를 받을 때에 그와 함께 죽었다는 것을 여러분은 알지 못합니까? 그러므로 우리는 세례를 통하여 그의 죽으심과 연합함으로써 그와 함께 묻혔던 것입니다. 그것은, 그리스도께서 아버지의 영광으로 말미암아 죽은 사람들 가운데서 살아나신 것과 같이, 우리도 또한 새 생명 안에서 살아가기 위함입니다"(롬 6:3-4). 이처럼 세례는 하나님과 함께하는 영혼의 삶을 개시하게 한다. 실로, 세례받는 날은, 이 세상에 태어나 죄에 포박된 모든 영혼, 영적으로 말하면, 눈멀고 마비되어 하나님의 원수가 된 모든 영혼에게 영원한 여명의 날이다. 세례받고 그리스도와 하나가 된 영혼은 영원한 생명으로 거듭난다. 하인리히가 물과 말씀으로 씻고 예수의 죽으심과 부활로 뛰어들어 경험한 것이 그 거듭남이다.

성부와 성자와 성령의 강력한 이름으로 씻음받은 사람은 모든 죄를 씻고 온전한 새 생명을 받아 영위한다. 아담에게서 이어받은 죄와 그 사람이 지은 모든 죄가 그 물에 빠져 죽는다. 실로, 예수께서는 그 죄인과 죄와 모든 것을 자신의 죽음과 연합하게 하시고, 그 죄들을 물 무덤에 묻으셔서, 다시는 살아나지 않게 하신다. 하지만 바로 그 물에서 새사람이 출현한다. 자신의 거룩한 피로 모든 영혼의 몸값을 치르시고, 그 영혼의 모든 더러운 것을 씻겨 주신 주님의 형상대로 지어진 새사람이다.

따라서 세례는 영혼 치료에 꼭 필요한 수단이자 영혼의 의사들이 반드시 갖추어야 할 도구라고 하겠다. 목사는 한 사람에게 단 한 번 세례를 베풀지만, 그 물 무덤이 죄에 대하여 갖는 의의는 날마다 이어진다. 세례받은 사람은 여생 동안 날마다 통회와 회개를 통한 그 씻음으로 돌아간다. 그리하여 옛 아담이 날마다 죽고, 새사람이 정기적으로 출현하여 하나님 앞에서, 그리스도의 의로우심과 참된 거룩하심 안에서 살아가게 된다. 그런 이유로 목사는 충실하고 끈기 있는 가르침으로, 자신의 본보기로, 자신의 기도와 축복으로, 세례받은 신자들에게 '그들의 세례를 기억하도록' 가르쳐, 날마다 회개하며 세례의 삶을 영위하게 한다.

이처럼 세례는 그리스도 안에서 영위하는 새 생명의 중심점을 형성한다. 여러 면에서, 영혼 치료는 언제나 지속적인 세례 요법이다. 목사는 그리스도의 장엄한 세례 선물들의 이런저런 면을, 죄책감을 짊어지거나 상처와 수치로 낙담하는 영혼들에게 적용한다. 세례의 중심에는 예수께서 피 흘리셔서 이루어진 모든 죄의 용서가 자리하고 있다. 즉, 우리가 하나님을 거역하여 지은 죄, 다른 사람들이 우리에게 저지른 죄의 용서가 자리하고 있다.

세례는 일회적 사건이지만, 그러한 용서는 우리 목사 집단이 영적 건강과 치료를 위해 필요로 할 때마다 응한다. 죄의 용서는 모든 세례받은 영혼의 일용할 양식이다.

영혼의 의사들이 방심하지 않고, 예수의 이름으로 죄를 용서하고 싶어 하는 것은 그 때문이다.

논제 8: 목사는 죄를 뉘우치는 죄인을 용서하고, 뉘우치지 않는 죄인의 죄는 그대로 둔다. 부활하신 주님은 부활절 밤에 갑자기 제자들 가운데 나타나셔서, 그들을 사도, 혹은 '보냄받은 사람'으로 임명하신 다음, 그들을 밖으로 내보내셔서, 하늘 아버지께서 자기에게 맡기신 임무를 그들이 계속 수행하게 하셨다. 그분께서는 그들에게 숨을 불어 넣으시며 말씀하셨다. "성령을 받아라. 너희가 누구의 죄든지 용서해 주면, 그 죄가 용서될 것이요, 용서해 주지 않으면, 그대로 남아 있을 것이다"(요 20:22-23). 이 주목할 만한 본문에서, 예수께서는 자기 교회에 지속적인 죄 용서의 선물을 주신다. 우리 주님은 영광에 싸여 다시 오실 때까지 모든 시대의 상심한 죄인들, 상처 입은 죄인들이 용서를 받게 하려고 하신다. 그분께서는 그들에게 용서를 가져다주시려고 죽으시고 살아나셨기 때문이다.

교회는 이 굉장한 선물을 '거룩한 죄 용서holy absolution'라고 부른다. 실로 그것은 거룩하다. 어쨌든, 그것은 그리스도 예수께서 친히 신성하게 제정하시고 선사하신 것이다. 이는, 그리스도의 부르심을 받은 목사들이 영혼들을 그분의 신적인 명령대로 상대하면서, 회개하지 않는 죄인들을 그들의 죄에 매어 두건, 상심한 죄인들을 그들을 묶고 있는 죄에서 풀어 주건 간에, 이 조처는 그리스도께서 직접 말씀하신 것처럼 하늘에서도 정당하고 신뢰할 만하다는 뜻이다.

이 영적 '대리인의 능력'은 효력이 있다. 나는 매는 열쇠가 영혼들을 제정신이 들게 하고, 회개를 통해 그들을 아버지 하나님의 집으로 되돌리는 것을 목격했다. 그러나 그보다 더 인상적인 것은, 푸는 열쇠가 상처 입은 영혼들, 죄로 병든 영혼들을 치료하고 위로하는 극적인 능력을 지니고 있다는 것이다. 나는 여러 해에 걸쳐, 해방하는 용서의 말씀을 예수의 이름으로 건네고, 그 말씀이 작용하는 것을 보는 특권을 여러 차례 받았다. 내가 예배를 무수히 인도하면서 일반적인 죄 용서를 선언하건, 아니면 개인적 고백의 신성한 비밀을 지키며 죄 용서를 선언하건 간에, 그리스도의 용서의 말씀이 무엇을 성취하는지를 보는 것은 경이로운 일이 아닐 수 없다. 나는 상심한 영혼들이 희망을 얻고, 다시 용기를 내는 것을 보았다. 나는 사람들이 너무나 중대해서 절대로 용서받을 수 없다고 믿기 시작했던 죄의 사슬에서 해방되는 것을 목격했다. 내가 예수의 이름으로 예수를 대리하여 그런 식으로 섬겼던 수많은 사람 중에서 세 사람만 예로 들자면, 댄과 사만다와 데이비드를 들 수 있다.

혹자는 이 세상의 것이 아닌 듯한 그런 능력이 남을 당황하게 할 것이라고 여길 것이다. 그러나 내가 죄 용서를 선언함으로써, 동이 서에서 먼 것과 같이, 그들의 죄가 제거된다고 확신하면서, 영혼들을 굴레에서 구해 내고, 그들이 마음속으로 느껴 아는 죄의 압제로부터 그들을 해방하여, 깨끗한 양심에서 생기는 자유와 기쁨 속에서 살게 해 주는 것보다 더 숭고한 일은 없다. 물론 내가 죄 용서를 선언하는 것이지만, 용서는 내가 하는 게 아니다. 바로 그것이 거룩한 죄 용서라는 성례의 요점이다. 말하자면 예수께서 친히 부르신 일꾼들의 입을 통하여 죄를 용서하시고, 자기의 생명을 주는 말씀을 인간의 입술에 맡기셔서 다른 영혼의 귀에 건네게 하심으로써, 그 영혼이 목사 안에서가 아니라 그리스도 안에서 위로와 위안을 얻게 하신다는 것이다.

그러나 우리 하나님은 은혜가 풍성하셔서, 용서가 한 가지 이상의 방법으로 오게 하신다.

논제 9: 목사들은 죄의 용서를 위해 그리스도의 몸과 피를 분급하여, 세례받은 신자의 몸과 영혼을 튼튼하게 하고 보호한다. 배신당하시던 밤에, 우리 주 예수 그리스도께서는 유월절 식사용 빵과 잔을 취하셔서 성찬대의 성찬을 제정하셨다. 그분께서는 이렇게 말씀하셨다. "이것은 너희를 위해 내주는 내 몸이니, 받아먹어라. 이것은 내가 죄를 용서하려고 너희를 위해 흘린 피로 맺은 새 계약의 잔이니, 받아 마셔라." 히브리 사람들은 자신들이 옛적에 이집트 노예살이에서 해방된 것을 1년에 한 차례 경축했지만, 예수께서는 이 신성한 식사를 교회에 맡기셔서, 신자들이 유월절의 경우처럼 이 세상의 압제자에게서만이 아니라, 죄와 죽음과 지옥 자체로부터도 해방되었음을 매주 기억하고 경축하게 하셨다.

그리스도인들은, 이 빵을 먹고 이 잔을 마실 때마다, 자신들의 죄책이 완전히 속량되었고, 자신들의 죄가 용서되었다는 증거로 구세주의 몸을 받아먹는다. 그들은 자신들이 저지른 죄와 자신들이 당한 죄가 완전히 용서되었다는 표지로 그분의 피를 받아 마신다. 그리스도인들은 이렇게 먹고 마심으로써 하늘 이편에 계신 그리스도께 되도록 가까이 다가간다. 그리스도께서는 이 성만찬 속에서 자기를 그리스도인들에게 묶으시고, 그들을 자기에게 묶으신다. 그것은 천상의 신랑이신 예수 그리스도께서 지상의 신부와 가지시는 영적 사귐이다.

그러나 이 식사에서는 다른 지평의 사귐도 이루어진다. 그리스도인들은 그리스도의 성만찬에서 그분하고만 연합하는 게 아니라, 서로 연합하여 친밀한 일치와 영적 사귐을 이루고, 주님도 한 분이고, 믿음도 하나이고, 세례도 하나임을 고백한다(엡 4:5). 그들은 이렇게 먹고 마시면서 자신들이 먹는 대로 된다. 그들은 그리스도의 몸을 식사하면서 그리스도와 한 몸이 된다. 그들은 지켜보는 세상 앞에서 공동으로 그리스도의 몸으로서 살고, 그리스도 안에서 이루어진 하나님의 사랑을 말과 행위로 증언한다.

주님의 만찬은 우리 시대의 유독한 개인주의에 탁월한 해독제가 된다. 수많은 개인이 이 성찬의 비밀을 공유함으로써 한 몸이 되어, 서로의 짐과 고뇌를 짊어지고, 서로의 기쁨을 늘려 간다. 게다가 그들은 이 신성한 식사에 참여하여, 수고를 마치고 하늘의 영광에 싸여 쉬는 성도들, 하나님의 보좌 주위에 모여 그분의 나라에서 이루어지는 어린양the Lamb의 결혼 축연을 영원토록 경축하는 성도들과 친밀한 사귐을 갖는다.

주님의 만찬이 베푸는 은혜를 충분히 기리기는 어려운 일이다. 영혼의 목자이자 영적 의사인 여러분과 나는, 상심한 죄인들과 상처 입어 멍든 영혼들을 가르치고 권고하여, 성찬대에서 이루어지는 이 신성한 식사에 정기적으로 참여하여 치료를 받게 하는 것이 온당하다. 주님의 만찬은 하나님의 사람들 모두에게 무진장한 치료와 힘의 원천이다. 옛 영혼의 의사들은 이 성찬을 가리켜 '천상의 약'이라고 불렀다. 주님의 만찬은 실로 그러하다. 신적 의사이신 분께서, 먼저 마리아의 태에서 사람의 모습을 하시고, 우리와 우리의 구원을 위하여 십자가에 못 박히시고, 죽음과 지옥에 대한 승리로서 죽은 자들 가운데서 힘차게 살아나신 그 몸과 피를, 상처 입어 괴로워하는 영혼들에게 직접 끊임없이 내주신다. 이제 그분께서는 영광에 싸여 다스리시며, 다시는 죽지 않으신다. 그러나 그분께서는 이 성찬 안에서 주일마다 오셔서 친밀한 일치와 사귐을 이루시고, 죄로 병든 영혼들을 위로하고 치료하신다. 예수께서는 이 식사 속에서 자기의 부활한 살과 피를 진짜 음식과 진짜 음료로 내주시며, 충실한 신자들의 영혼과 육신을 강하게 하시고, 보호하시고, 생기 넘치게 하신다.

성찬대에서 이루어지는 성찬이야말로 교회의 생명의 핵심이다. 말씀 설교와 더불어, 이 '먹을 수 있는 말씀'은 그리스도 예수와 함께하는 우리 삶의 중추다. 주님의 만찬은 여전히 영혼 치료의 근본적 특징이다. 지속적 영혼 돌봄의 모든 면은 그리스도께서 대신하여 죽으신 영혼들을 이런저런 방식으로 초대하여, 그들이 전에 제단 앞에서 받은 선물들을 점유하게 한다. 그러면 우리 영혼의 의사들은, 그들이 지상의 순례를 마칠 때 이루어지는 또 다른 사귐으로 그들을 끊임없이 유인한다. 그러면 그들은 영광에 싸여, 그들보다 먼저 죽은 모든 충실한 신자들과 함께하는 영원한 잔치에 참여하여, 하늘에 계신 그들의 신랑과, 영혼과 육신으로 이루는 영원한 일치와 사귐을 누리게 될 것이다.

그러나 아직은 아니다. 그사이에 우리는 끊임없이 기도한다. "오소서, 주 예수여, 속히 오소서."

논제 10: 목사들은 영혼들을 교육하여, 하나님이 말씀으로 약속하신 것을 위하여 기도하게 하고, 성 삼위일체의 이름으로 그들을 축복하고, 그분께서 말씀으로 약속하신 것들을 개개인에게 구체적으로 적용한다. 목사인 우리는 항상 대화한다. 우리는 하나님을 대신하여 사람들과 대화하고, 살아 있고 변치 않는 말씀을 건넴으로써 그들이 필요할 때마다 도움과 위로를 받을 수 있게 한다. 그러나 우리는 사람들을 대신하여 하나님과 대화하기도 한다. 우리는 기도로 대화한다.

일반적인 생각과 달리, 기도는 저절로 발생하는 게 아니다. '주기도문'은 한 제자의 요청에 응하여 주어진 것이다. "주님, 요한이 자기 제자들에게 기도하는 것을 가르쳐 준 것과 같이, 우리에게도 그것을 가르쳐 주십시오"(눅 11:1). 예수께서는 이렇게 대답하셨다. "너희는 기도할 때에, 이렇게 말하여라. '우리 아버지, ….'" 여기에서 세 가지가 두드러진다. 첫째, 기도는 가르침을 받고 해야 한다. 둘째, 기도에 이르는 가장 자연스러운 방법은 소리 내어 하는 것이다. 셋째, 우리는 기도할 때 예수와 함께 기도한다는 것이다. 그분께서는 **우리** 아버지께 기도하는 법을 제자들에게 가르치셨는데, 이는 그분의 아버지가 제자들의 아버지이기도 하다는 뜻이다.

그러므로 하나님의 자녀가 드리는 기도는 모두 하나님의 외아들 우리 주 예수 그리스도 안에서 그리고 그분을 통해서 드리는 기도다. 그분과 연합하여 세례받은 우리는 그리스도를 옷으로 입은 사람들이다(갈 3:27). 따라서 예수와 연합한 우리는 하늘과 땅을 지으신 하나님께 담차게 기도할 수 있다. 우리는 하나님이 그리스도 안에서 우리의 참 아버지이시며, 우리가 그분의 참 자녀임을 알기에, 사랑하는 자녀가 자기의 사랑하는 아버지에게 부탁하듯이, 우리도 하나님께 무엇이든 부탁할 수 있다.

기도는 영혼의 의사인 우리가 계속 수행하는 일에 꼭 필요한 것이다. 앞서 언급한 대로, 우리는 한 영혼의 고충을 귀여겨들으면서 성령의 인도하심을 조용히 간청하고, 고통을 유발하는 영적 질환을 정확히 진단할 수 있게 해 달라고 기도한다. 그러나 우리는 영혼들을 대신하여 무엇을 기도해야 할지를 알기 위해서도 그들의 고민이나 혼란을 귀여겨듣는다. 여러분은, 모든 일대일 사역을 말씀과 기도로 하는 사역이라고 말할 수도 있을 것이다. 먼저, 우리는 말씀을 건넴으로써 치료와 도움을 건네고, 그다음에는 우리의 목회 심방 끝 무렵이나 우리의 개인적 중보 기도 시간에, 우리가 귀여겨들었던 사람들의 필요를 채워 달라고 탄원한다.

우리에게 있는 것 가운데에는 이 아파하는 사람들에게 가져다줄 게 없다는 것을 기억하라. 우리의 도움은 언제나 하늘과 땅을 지으신 주님의 이름을 타고 온다(시 124:8). 우리의 개인적 연민과 공감 능력이 중요하기는 하지만, 그것은 빠르게 고갈되고 만다. 인간의 공감 능력은 영구적 치료가 될 수 없다. 그것은 증상들을 잠시 덜어 줄지 모르나, 진정한 치료는 하나님으로부터 그분의 말씀을 통해 온다. 그래서 우리 목사들은 무슨 일을 하든지 하나님의 말씀으로 한다. 하나님은 그 말씀을 통해 자기의 영을 주시고, 그 영은 때와 장소를 불문하고 믿음을 일으켜, 하나님을 기쁘게 해 드리도록 한다.

우리는 말씀으로 기도하기도 한다. 우리는 위로와 도움의 기초를 형성하는 성경 본문들을 괴로워하는 영혼들에 적용하기도 하지만, 그들을 위한 우리의 기도에 짜 넣기도 한다. 모든 기도는 본질상 답하는 말이다. 하나님의 자녀인 우리는 그분께서 우리에게 하신 말씀을 그분께 되풀이해 말한다. 말씀을 기반으로 한 기도의 첫 단계는, 그분께서 우리에게 하신 말씀을 그저 되풀이하고, 그분께서 그 말씀에 담아 약속하시거나 명하신 것을 그분께 되풀이해 드리는 것이다. 그때 우리는 그와 같은 약속이나 명령에 대해 하나님께 감사하면서, 그 말씀을 거역한 우리의 죄를 고백하고, 끝으로 그분께서 그 말씀에 담아 건네시는 것이면 무엇이나 달라고, 혹은 내려 달라고 청한다.

영혼의 의사는 기도의 사람이다. 그는 자신의 돌봄을 받는 영혼들을 위해 끊임없이 기도하고 탄원한다. 내가 첫 번째 논제에서 강조한 것을 기억하는가? 치료자는 여러분과 내가 아니라, 성삼위일체 하나님이시다. 그분만이 자기의 말씀과 성례전을 통해 도움을 제공하신다. 여러분과 나는 심부름꾼-치료 수단을 가져다주어, 하나님이 직접 치료하실 수 있게 하라고 파견된 사환-에 지나지 않는다.

기도하는 법

양들과 어린 양들은 끊임없이 공격받기 쉽고 영적 질병과 고통에 걸리기 쉽다. 하지만 우리는 그들이 필요로 할 때마다 그들과 늘 함께 있을 수 없다. 그런 까닭에 우리는 영적 의사로서 그들 한 사람, 한 사람을 가르쳐, 그들이 기도하는 마음으로 하나님의 말씀을 묵상하면서 자기 영혼을 돌보게 하는 것이 현명하다. 각 영혼의 지속적 건강과 회복을 위해 우리가 할 수 있는 가장 좋은 일 가운데 하나는 그 사람에게 주 예수를 믿는 믿음을 통해 하늘에 계신 아버지의 사랑받는 자녀로서 담차게 그리고 일정하게 기도하는 법을 가르쳐 주는 것이다. 우리는 기도의 사람이 되어야 하지만, 교인들에게 하나님의 말씀에 근거한, 입으로 하는 기도법을 끈기 있게 가르칠 필요가 있다. 나는 여러 해에 걸쳐 수 많은 사람에게 마르틴 루터의 간단한 구두 묵상 기도법을 가르 쳐 왔다. 그 기도법은 그의 '기도 화환'● 속에서 찾아볼 수 있는 데, 그 개요는 아래와 같다. 그 기도법은 간단하고 독창적이면서 동시에 심원하다. 간결한 성경 본문 하나를 고른다. 그런 다음 그 본문으로 하나님께 기도하되, 그 한 말씀으로 다음과 같은 네 요 소를 담아 기도 묵주를 엮는다. (1) 가르침, (2) 감사, (3) 고백, (4) 기원.

"아버지의 이름을 거룩하게 하시며"를 예로 들어 보자.

1. 아버지, 아버지께서는 아버지의 이름이 거룩하다고 내게 가르치십니다. 아버지 자신이 거룩하시고, 아버지의 이름으 로 아버지 자신을 우리에게 계시하시는 까닭에, 아버지의 이름은 무엇보다도 거룩한 이름으로 존중받아야 합니다. 아 버지께서는 세례 물로 아버지의 이름을 내 위에 얹으시고, 나를 아버지의 사람으로 공언하셨습니다. 이제 나는 아버지 의 사람이니, 아버지께서 거룩하시듯이, 나도 거룩합니다.

2. 아버지, 정화의 물인 예수님의 보혈로 나를 씻겨 주시고, 나를 거룩하게 해 주셔서 그분의 사람으로서 그분의 나라 에서 그분의 다스림을 받으며 살게 해 주시니 감사합니다.

3. 내가 끝낸 일과 끝내지 않고 남겨 둔 일로 아버지의 거룩

● 화환 모양의 그림 안에 기도 내용을 적어 넣은 것.

한 이름을 더럽히고, 아버지께서 나와 은혜롭게 공유하신 거룩을 훼손하였음을 고백합니다. 부디 예수님을 보아서라도 나를 용서해 주십시오.

4. 아버지, 아버지의 이름이 내 삶 속에서 거룩하게 되도록, 다른 사람들이 나의 선행을 보고, 아버지의 크나큰 은총을 찬미하도록, 나를 도우셔서, 아버지의 거룩한 말씀을 믿게 하시고, 생각과 말과 행위로 경건한 삶을 영위하게 해 주십시오.

내가 다른 사람들을 돌보면서 목격한 것은 나 스스로 발견한 것이기도 하다. 이를테면, 모든 것은 말씀과 기도로 거룩해질 수 있다는 것이다(딤전 4:5). 나의 영혼처럼 괴로워하는 영혼들, 빈번히 그릇된 신앙과 절망의 유혹을 받는 영혼들도 그렇게 될 수 있다. 내가 몇 번이고 받았던 것처럼, 그들도 개인 축복을 통해 치료와 힘을 얻을 수 있다.

축복

먼저 인정할 게 있다. 그것은 그리스도인 대다수—실제로, 우리 목사들 다수—가 축복을 어떻게 다루어야 할지를 모른다는 것이다. 축복은 명백하게 성경에 등장하는 것인데도, 우리는 그것을 좀체 껴안지 않고 있다. 성경 언어*에 있는 동사들은 영어에는 없

* 히브리어와 헬라어.

는 특별한 면들을 가지고 있다. "주님이 당신을 지켜 주시기를 빕니다"라는 말이나 "주님이 당신과 함께하시기를 빕니다"라는 말은 무엇을 의미하는가? 우리는 일상 대화에서 기술하거나, 명령하거나, 지시를 표현할 때, 삼인칭으로 하지 않고, 일인칭이나 이인칭으로 한다. 예컨대 나는 "평안하세요"라고 말할 수 있지만, 그 결과로서 무슨 일이 실제로 일어나지는 않는다. 그래서 내가 "평화가 당신에게 있기를 빕니다"라고 말하면, 사람들 대다수는 그 말을 다음과 같은 의미로 해석할 것이다. "나는 당신이 평안하기를 바라고 있습니다." 그러나 바울이 데살로니가 교인들에게 보낸 두 번째 서신에서 다음과 같이 말한 것은, 그의 개인적 기도나 소원을 표현한 게 아니었다. "평화의 주님께서 친히 언제나 어느 방식으로든지, 여러분에게 평화를 주시기를 빕니다. 주님께서 여러분 모두와 함께 하시기를 빕니다"(살후 3:16).

바울 사도는 다음과 같은 축복을 인사말처럼 건네기도 한다. "주 예수 그리스도의 은혜와 하나님의 사랑과 성령의 사귐이 여러분 모두와 함께 하기를 빕니다"(고후 13:13). 이는 수많은 그리스도인이 평생토록 공적인 예배 중에 듣는 구절이다. 그들은 그것을 교회의 언어로 인정하지만, 이 사도의 축복 안에서 무슨 일이 일어나고 있는지는 모르고 있다. 애석하게도, 우리 목사들 다수도 그러하다. 숨기려 해도 숨길 수 없는 모호한 'may'*가, 우리가 교회에서 듣는 축복들 앞에 너무나 자주 자리하기 때문이다.

그리스도의 일꾼이요, 하나님의 비밀들을 맡은 관리인인 여러분이 축복의 신학과 축복의 실제를 더 잘 이해하는 것이 중요하

• 바람, 기원, 저주를 표현할 때 쓰이는 조동사로서 우리말의 "… 하기를"이나 "… ㄹ지어다"에 해당한다.

다. 그러면 여러분은 개인들에게 말씀을 건네는 여러분의 사역의 일부인 영혼 돌봄에 그것을 적절히 적용할 수 있게 될 것이다. 문제의 핵심은 이것이다. 즉, 하나님의 말씀은 언제나 유효하다는 것이다. 하나님의 말씀은 그저 현실을 기술하는 게 아니라, 현실을 창조해 낸다. 그러므로 여러분이 축복을 통해 하나님의 약속이 있는 말씀을 괴로워하는 영혼에게 적용하면, 이는 그 말씀의 효력이 그 사람에게 나타나게 하는 셈이 될 것이다.[11]

이 신적인 능력을 부여하는 일은, 구약에서 모세를 통해 아론 제사장에게 주어진 지시에서 가장 분명하게 드러나는 것 같다.

> 주님께서 모세에게 말씀하셨다. "너는 아론과 그 아들들에게 말하여라. 그들이 이스라엘 자손에게 복을 빌 때에는 다음과 같이 빌라고 하여라.
>
> '주님께서 당신들에게 복을 주시고, 당신들을 지켜 주시며, 주님께서 당신들을 밝은 얼굴로 대하시고, 당신들에게 은혜를 베푸시며, 주님께서 당신들을 고이 보시어서, 당신들에게 평화를 주시기를 빕니다.'
>
> 그들이 나의 이름으로 이스라엘 자손에게 이렇게 축복하면, 내가 친히 이스라엘 자손에게 복을 주겠다"(민 6:22-27).

---

11 축복의 신학과 축복의 목회적 활용의 실제에 관한 더 포괄적인 논의를 살펴보려면, John Kleinig의 탁월한 소론 "Pastoring by Blessing," http://www.doxology.us/wp-content/uploads/2015/03/28_blessing.pdf를 참고하라.

다시 말하지만, 영어에만 익숙한 사람들에게는 히브리 원문의 강력한 효력이 어색할 것이다. 이 축복들은 다수의 귀에 단순한 기원이나 기도처럼 들릴 것이다. 그러나 하나님이 자신의 거룩한 이름을 통해 자신의 거룩한 현존을 펼치려 하셨다는 것은 분명한 사실이다. 하나님의 거룩한 이름으로 사람들을 축복하면, 하나님은 긍정적인 복을 주겠다고 약속하셨다. 하나님의 복은 단지 그분의 승인을 전하는 게 아니라, 생기를 주고 북돋우는 그분의 능력, 즉 그분의 신적인 보호와 그분의 과분한 호의와 육신과 영혼 안에서 이루어지는 그분의 항구적 평화를 적극적으로 재현하고 수여한다는 사실에 유의하라.

축복하는 법

그리스도의 일꾼인 여러분은 축복을 통해, 하나님이 말씀으로 약속하신 것을 무엇이나 수여하는 권한을 받았다. 축복은 하나님으로 시작한다. 하나님은 언제나 행위자이시고, 괴로워하는 영혼은 수령인이기 때문이다. 예컨대, 축복은 이렇게 한다. "주 하나님께서는 창조적 능력, 구원하는 능력, 거룩하게 하는 능력을 갖고 계셔서, 당신에게 복을 주십니다. 그것은, 당신이 필요한 도움, 위로, 힘 등을 얻어 목적하는 바를 이루게 하시려는 것입니다. 성부와 성자와 성령, 전능하신 하나님께서 지금 그리고 영원히 당신과 함께하시기를 빕니다."

나는 축복과 관련하여 몇 가지 의례적 차원이 유용함을 알게 되었다. 먼저 가볍게 손을 댄다. 이것은 하나님께서 말씀과 현존을 통해 움직이고 계심을 알리는 촉각적 표현이다. 두 손을 얹는 동작은 하나님의 복이 효력을 나타내고 있음을 알리는 성경적 동작이다(행 8:17, 19:6, 딤전 4:14, 딤후 1:6-7). 나는 대개 복을 받는 사람의 머리나 어깨에 손을 얹는다. 그다음에는 성자 하나님의 이름을 부르며 그의 이마에 엄지손가락으로 십자표를 그린다. 이는 십자가에서 행하신 그분의 은혜로운 구원 행위를 신체에 상기시키는 것으로서 세례받을 때 받는 표와 같다.

인간은 몸이 있는 피조물이기에, 이 촉각의 차원들은 불가해한 축복이 사람에게 받아들여졌음을 명심시키는 데 유용하다. 그러나 그 차원들이 유용해도, 의식儀式이 필요한 것은 아니다. 축복은 마술이 아니기 때문이다. 의례나 의식에는 능력이 없지만, 축복을 통해 효력을 나타내는 말씀에는 능력이 있다.

조지는 10대 자녀들로 인해 몹시 괴로워한다. 그들이 어설픈 선택으로 위험한 행동에 연루되었기 때문이다. 그는 그들의 믿음을 놓고 걱정한다. 그래서 어찌해야 아버지의 소명을 가장 잘 완수할 수 있을까 생각 중이다. 그는 자기가 자녀들에게 실망을 안겨 주었을까 봐 두려워한다. 여러분은 그와 대화하면서 그의 두려움의 본질과 이 상황의 상세한 특성을 조사한 뒤에야 하나님의 말씀을 기초로 하여 그에게 격려와 조언을 제공하는 절차를 밟는 게 좋다. 만일 그가 자녀들에게 특별한 실수를 하거나, 거친 말을 하거나, 징벌한 것을 후회한다면, 여러분은 그리스도께서 여러분에게 맡겨 주신 권한을 행사하여 그의 죄를 용서해도 된다. 심방을 마칠 무렵에는 이 세속 아버지의 고뇌와 고통을 하늘 아버지의 보좌 앞으로 가져가서, 그분의 신성한 개입과 위로를 청하는 게 좋다. 그다음에는 그의 곁에 서서, 그의 어깨에 두 손을 얹고, 다음과 같이 하나님의 말씀에 근거한 축복으로 심방을 마치면 된다.

"온갖 좋은 선물과 모든 완전한 은사는 위에서, 곧 빛들을 지으신 아버지께로부터 내려옵니다. 아버지께는 이러저러한 변함이나 회전하는 그림자가 없으십니다."*

조지, 하늘에 계신 아버지 하나님께서 당신을 지으시고, 자기 아들의 보혈로 당신을 죄와 죽음에서 해방하시고, 당신을 자기 가족의 일원으로 받아들이시고, 당신의 몸을 거룩하게 하셔서 자기 영이 거할 성전으로 삼으셨습니다. 그분께서는 지금 당신에게 정신과 마음, 몸과 영혼의 평화를 주시고, 당신에게 온갖 좋은 것을 갖추어 주셔서, 그분께서 당신에게 주신 아내에게는 남편의 역할을, 자녀들에게는 아버지의 역할을 그분의 뜻대로 감당하게 하십니다. 또한 그분께서는 당신 안에 계시면서 자기가 보기에 아주 좋은 일을 하고 계십니다. 성부와 성자와 성령, 전능하신 하나님의 복이 지금 그리고 영원히 당신과 함께하기를 빕니다. 아멘.

고통받는 영혼들 돌보기

난치성 통증으로 괴로워하는 사람들을 위한 목회적 돌봄만큼 힘

* 약 1:17.

든 일은 없다. 나는 여러 해에 걸쳐 많은 상처와 비극을 목격했지만, 지금까지 나에게 가장 큰 영향을 미치는 사례들은, 내가 아주 가까이서 직접 목격한 것들이다. 솔직히 말하건대, 내가 목격한 것 가운데 가장 모진 통증은, 내 사랑하는 아내가 여러 해 전에 등을 다쳐 온갖 합병증이 생긴 이래 죽 견뎌 온 무자비하고 만성적인 통증이다. 그녀는 20여 년 동안 날마다 그 통증을 겪으면서도 기도하며 끈기 있게 견뎌 내는 인내의 한 보기가 되고 있다. 그 무렵 나의 절친한 친구에게 급성 통증이 발현하였는데, 이 통증은 길게 지속하며 그를 괴롭혔다. 부상과 질병이 복잡하게 결합한 결과로 발현한 지긋지긋한 통증이었다. 아내와 한 몸이 된 까닭에, 아내에 대한 나의 소명은 주로 남편의 소명이라고 할 수 있다. 우리 부부에 대한 영적 돌봄은 우리의 유능하고 세심한 목사들이 여러 해에 걸쳐 맡아 왔다. 하지만 내 친구가 격심한 고통을 겪고 있을 때는 내가 그의 목사로 섬기기도 했다.

사랑하는 사람들이 괴로워하는 모습을 지켜보며, 그들을 대신하여 자신이 기적적으로 통증을 느끼고, 그들에게는 통증의 짧은 유예라도 줄 수 있게 되기를 온 마음으로 기원하는 것은 힘든 일이다. 나는 그들 가운데 한 사람을 위해서도 그러지 못했다. 하지만 나는 할 수 있는 일을 수행했고, 그것으로 감사했다. 여러분을 사랑하는 누가 여러분의 통증에 마음을 쓰고, 여러분이 아플 때 여러분 곁에 있어 준다면, 얼마간 위안이 될 것이다. 어쨌든, 외로움은 고통을 악화시킨다. 하지만 인간의 공감 능력은 거기까지만 가능하다는 사실을 직시하자.

하지만 실제로 인간의 고통 속으로 뛰어드신 분이 있다. 우리의 구세주이시고, 인간의 육신을 입은 우리의 형제 그리스도 예수께서 십자가에서 괴로워하시며 모든 성도의 육체적 고통과 정신적 고통을 기꺼이 끌어안으셨다. 그분은 이제 부활하셔서 고귀한 영광에 싸여 계시지만, 이미 그들의 고뇌를 경험하시고, 자기의 가장 신성한 몸으로 그들의 개인적 괴로움을 만지셔서 거룩하게 하신 분이다. 사람들은 자신들의 고통 속에서 천국, 곧 자기들의 주님께 되도록 가까이 다가간다. 그러면 그분께서는 현존을 통해 불행한 그들을 위문하시고 위로하신다. 이것은 인간의 고통에 의미를 부여한다. 나는 그 영향을 보았다. 마르틴 루터는 한 목회 서신에 이 위로를 아주 생생히 담아, 중병에 걸린 선제후 현자 프리드리히*에게 보낸다. 프리드리히가 독일 전역에서 가장 큰 성물 수장고 가운데 하나를 획득한 뒤의 일이다. 루터는 성물로 추정되는 것들에 대한 선제후의 애호를 교묘하게 이용하여, 그의 고통도 거룩한 것이라고, 즉 그리스도의 현존을 상기시키는 표지라고 지적한다.

"당신은 그리스도의 옷, 그리스도께서 만지거나 사용하신 그릇들과 물 항아리들, 혹은 그리스도께서 만져서 거룩하게 하신 것이 가장 감미로운 유물인 양 입 맞추고, 애무하고, 끌어안으면서, 이 세상의 고통과 문제들, 치욕과 수치는 어찌하여 더 사랑하지도, 더 끌어안지도, 더 입 맞추지도 않는 건가요? 그것들은 그리스도께서 만져서 거룩하게 하셨을 뿐만 아니라 자기의 가장 거룩한 보혈을 뿌려 축복하시고, 심지어 자발적인 마음과 더없이 압도적인 사랑으로 끌어안기까지 하신 것들인데 말입니다."[12]

---

* 작센의 선제후 프리드리히 3세.

12 Martin Luther, *Fourteen Consolations* (1520), LW 42:143. LW는 루터의 저작들Luther's Works을 뜻한다. 82 vols. projected. St. Louis: Concordia; Philadelphia: Fortress, 1955-1986, 2009-.

목회 서신

내 친구가 주기적으로 격심한 통증과 승부를 겨루는 내내, 나는 지속적인 형제애와 지원을 아끼지 않았다. 하지만 그의 사례에서 이 일은 때때로 대단히 신중한 목회적 돌봄으로 보완되기도 했다. 내가 그의 친구로서 건네는 나의 개인적 지원과 그의 목사로서 건네는 돌봄을 구별하기 위해 찾아낸 가장 유용한 방법 가운데 하나는, 목회적 돌봄의 시기 뒤에 목회 서신을 한 통 추가하는 것이었다.

우리는 모두 신약성경에 들어 있는 베드로와 바울의 목회 서신들을 익히 알고 있지만, 우리 가운데 다수는 기록된 편지를 영혼 치료를 제공하는 한 방법으로 여기지 않고 있다. 수년에 걸쳐, 나는 목회 심방 뒤에 전자 우편 형식의 목회 서신을 보내어, 내가 처방한 치료(처치)의 추진력을 강화하는 것이 유용함을 알았다. 또한 나는 고통받는 사람이 나의 돌봄을 거듭 돌아보며, 불행 한 가운데서 말씀의 능력과 추진력을 기억하고 이용하는 데에 목회 서신이 유용함을 알았다. 그래서 나는 가장 암울한 고통의 나날을 보내고 있는 친구에게 그대로 했다.

내가 대면 만남을 기도와 축복으로 마치고 나서, 괴로워하는 친구에게 써 보낸 편지의 초록이 여기 있다. 나는 그의 의식적인 마음이 통증에 사로잡혀 압도당할 때 기도할 수 있도록 하나의 방법을 약술했다. 육체의 고통은 육체만 괴롭히는 것이 아니다. 그것은 영혼도 질식시킬 수 있다.

의심할 바 없이 점점 더 힘들고, 점점 덜 유쾌할 텐데도, 자네가 여전히 경건 생활을 유지하고 있어서, 하나님께 감사하네. 내 형제여, 현실주의자가 되시게. 활활 타오르는 통증을 품고 있으면, 장시간의 중단 없는 명상을 유지할 수 없을 테니, 짧은 시간으로 만족하게. 자네의 지성과 정신에만 의지하지 말고, 세상을 위해서만이 아니라 자네를 위해서도 고난받으신 예수님을 상상으로 그려 보시게. (십자고상이라는 가시적, 촉각적 도구가 자네의 주의력, 상상력을 이 일에 집중하게 할 것이네.) 큰 소리로 그분을 부르게. 원한다면 울게. 자네에게 상처를 입힌 죄들을 그분이 어떻게 짊어지고 용서하시는지에 집중하는 법을 익혔으니, 자네가 몸으로 느끼는 불행에도 적용하게. 그분의 고난에 가까이 다가갈수록, 그분께서 자네의 고통을 거룩하게 하실 것이네. 그분께서는 이렇게 초대하시네. "나한테 배워라. 내 멍에는 편하고, 내 짐은 가볍다." 자네의 짐들을 그분께 맡기게. 그러면 자네의 짐들은, 괴로움이 덜하지는 않아도, 훨씬 짊어질 만하게 될 것이네. 그분께서 자네에 앞서 짊어지셨으니, 이제는 자네와 함께 짊어지실 것이네.

극심한 통증 속에서도 지성은 기도하지 못하고, 마음은 부르짖고, 몸은 직접 기도하네만, 성령께서는 이루 다 말할 수 없는 기도로 친히 간구하시네(롬 8:26). 따라서 역설이 아닐 수 없네. 그 통증은 자네가 그리스도의 것임을 보증하는 소유권 표지라네. 자네 손안에 있는 십자고상의 촉감은, 그분께서 자네의 고통 속에서 자네와 함께하고 계심을 (인식력이 아닌 촉각으로) 상기시키는 것이라네. 그리스도를 아는 것은 그분의 고난에 동참하는 법을 아는 것이기 때문이

네(빌 3:10). 두려움과 공포가 자네를 궤멸하겠다고 으르대어도, 그 고통은 자네를 그리스도에게서 떼어 놓지 않을 것이네. 사실은 정반대라네. 그 고통은 자네가 그분께 속해 있고, 자네가 그분의 다정한 팔에 안전하게 안겨 있음을 알리는 표지이니 말일세. 경험상 고통은 끔찍한 공포일지 모르나, 실은 거룩하신 분께 가장 근접한 것으로 특징지어지는 성스러운 땅이라네.[13]

이것은 목회적 돌봄에 기도를 이용한 한 보기일 뿐이다. 이것은 틀림없이 특수한 경우일 것이다. 하지만 나의 요점은 이렇다. 즉, 우리 구세주의 영혼 치료를 제공할 때는, 자신이 직접 간구하지 말고, 기도하는 법을 그 영혼에게 가르치라는 것이다. 우리 주님은 모든 위로와 돌봄의 진정한 원천이시다. 그분께서는 자기의 사랑하는 모든 이를 계속해서 초대하신다. "수고하며 무거운 짐을 진 사람은 모두 내게로 오너라. 내가 너희를 쉬게 하겠다. … 너희는 마음에 쉼을 얻을 것이다"(마 11:28-29).

　기도와 축복은 함께 간다. 이 둘은 하나님의 말씀에 근거하기에 영혼 돌봄과 영혼 치료에 반드시 필요한 요소들이다. 그것들을 의도적으로 잘 활용하라. 그러면 여러분과 여러분이 예수의 이름으로 섬기는 사람들이 복을 받게 될 것이다.

사랑 - 치 - 문맹

13　개인 이메일 편지.

새로운 시작

이 10개의 논제는 고전적 형식의 영혼 돌봄의 핵심에 관한 것들이다. 그것들을 염두에 두고 있다면, 여러분은 목회적 **습성**-영혼의 의사로서 갖추어야 할 마음의 성벽-을 제대로 몸에 붙이고, 자신들의 죄와 타인들의 죄로 인해 괴로워하는 영혼들에게 하나님의 치료를 적용하고 있는 셈이다. 나는 여러분이 이 일을 좋아하기-원한다면, 심취하기-시작하여, 여러분의 사역을 통해 일하시는 하나님이 찢기고 상한 영혼들에게 희망과 치료를 공급하시는 것을 보게 되기를 바란다.

하지만 의료계의 의사들이 자신들의 의료 경력 내내 의술을 연마하듯이, 영혼의 의사들도 하나님께서 그들의 사역에 허락하시는 세월 동안 영혼 치료술을 연마한다. 여러분과 나, 우리는 끊임없이 진보하는 작품이다. 괴로워하는 영혼을 만날 때마다, 우리는 고대의 기술을 점점 더 많이 익히게 된다. 사실상 그것은 "모든 성도와 함께 여러분이 그리스도의 사랑의 너비와 길이와 높이와 깊이가 어떠한지를 깨달을 수 있게 되고, 지식을 초월하는 그리스도의 사랑을 알게"(엡 3:18-19)되는 것과 같다.

그래서 우리의 일은 절대로 끝나지 않는다. 그 점도 목사의 **습성** 중 한 부분이다. 그는 계속하기를 계속하며, 주님 안에서는 자기 수고가 결단코 헛되지 않다는 걸 안다. 그리스도 예수께서는 그가 예수의 이름으로 예수를 대리하여 수행하는 사역을 통해 친히 자기의 영과 함께 일하시면서, 거룩한 사람들을 부르고 모으고 가르치고 거룩하게 하신다.

따라서 우리의 기술에는 인내가 주요하다. 성실한 농부가 날마다 자기 밭에서 계속 일하며 추수를 기다리듯이, 신실한 목사도 계속하기를 계속한다. 감사하게도, 그 추수 때는 반드시 온다. 어느 날 곧 주님이 자기의 모든 사람을 거두어들이실 것이고, 우리는 그분의 환영하는 음성을 듣게 될 것이다. "잘했다, 착하고 신실한 종아! 네가 적은 일에 신실하였으니, 이제 내가 많은 일을 네게 맡기겠다. 와서, 주인과 함께 기쁨을 누려라"(마 25:23).

그러나 아직은 아니다. 그때까지는 일을 계속 수행하고, 예수의 이름으로 영혼들을 얻어 계속 보살펴야 한다.

V

양 떼 지키기와 양 떼 돌보기

고귀한 임무

_____ 여러분과 나는 목회 직무와 관련하여 우리의 시력을 흐리게 하는 우리 시대의 기만술에 걸려들기 쉽다. 설교와 성례전 집전을 통한 성령의 작용이 눈에 보이지 않기에, 그것들을 제쳐 놓고 더 직접적이고 명백한 성과를 약속하는 목회 직무 접근법을 선호하기 쉬운 것이다. 말하자면, 우리는 늘 어둠 속에서 일하고 있다. 우리 자신은 우리가 건네는 말씀과 우리가 집전하는 성례전을 통한 성령의 작용을 감지할 수도 없고, 영적 청진기나 혈압계를 그 영혼에게 갖다 댈 수도 없다. 오직 하나님만이 사람의 마음속을 들여다보신다. 따라서 영적 사역은 정의상 측정이 가능하지 않다. 반면에, 경영자의 대인 접근법과 심리학의 대인 접근법은 수량화하기가 훨씬 쉽고, 그래서 더 만족스럽다. 특히 교회 회원 수와 출석률이 감소하고, 교회들이 재정적으로 고투할 때, 우리 목사들은 본질적인 것을 제쳐 놓고 이처럼 유용하고 이

로운 사역 방법에 집중하라는 말에 설득당하기 쉽다.

본질적인 것ESSE 대 이로운 것BENE ESSE

우리가 일에 착수하는 법을 분류할 때 도움이 되는 고전적 구별법이 있다. 우리는 여러 세기에 걸쳐 교회의 용어로 **이로운**bene esse 것과 **본질적인**esse 것에 관해 이야기해 왔다. 사람들 대다수는 '본질적인'이라는 개념에 대한 이해를 타고났지만, 실제로는 그 개념을 너무나 자주 무시한다. 예컨대, 미국 교회 임원들 대다수는 설비가 갖추어진 안락한 예배당에서 예배하는 그리스도인들이 적도 아프리카의 야외 천막 아래에서 예배하는 그리스도인들보다 더 우월하지 않다는 걸 들어서 알고 있다. 한 환경에서 믿음을 북돋우고 떠받치는 말씀과 성례전은 다른 환경에서도 똑같이 믿음을 북돋우고 떠받치기 때문이다. 이 신성한 수단들은 본질적인 수단들이다. 환경은 유용하기는 하지만, 희생시켜도 된다. 그런데도 서양의 보통 교회 임원회는 유용하나 본질적이지는 않은 것들에 시간과 에너지(와 재정 자원)의 9할을 집중해서 쓴다.

목사인 여러분과 내가 그러한 접근법을 채택하기 시작할 때가 진짜 문제다. 비본질적인 것을 위해 본질적인 것을 제쳐 놓고, 부차적인 문제들에 시간과 에너지의 9할을 들이면서 주요한 것을 무시하고, 유용하나 불필요한 사역 접근법에 집중하는 것이다. 하지만 그 와중에 하나님 말씀을 주의 깊게 적용하는 일과 성례전의 충실한 집전이 너무나 자주 홀대받는다.

부분적이긴 하지만, 사정이 이렇게 된 것은, 우리가 말씀과 성례전은 한물간 것이라는 믿음에 속아 넘어갔기 때문이다. 우리의 형성과 수련 대부분은 이 신성한 수단들을 중심으로 이루어지건 만, 우리가 일단 목사로서 목회 현장에 들어서면, 우리는 다른 직무 내용 설명서를 건네받는다. 대부분 기업계에서 뽑아낸 지휘 원리와 경영 원리가 기존의 접근법을 대체하고 있고, 다른 접근법들도 관계의 기술들을 중심으로 전개되고 있다. 영혼 보살핌보다는 교회 경영이 관심의 초점이 되고 있다.

주요한 것과 부차적인 것

나는 경영 문제와 심리학적 문제에 더 면밀한 주의를 기울일 필요가 있다는 것을 여러 해에 걸쳐 알게 되었다. 영혼들을 진정으로 보살피고자 한다면, 교회 경영법을 알 필요가 있다. 사역의 경영 차원과 심리학적 차원은 중요하고 유용하다. 그것들은 실로 회중의 일반적인 안녕에 없어서는 안 될 중요한 요소들이다. 균형 예산, 교회 재산과 토지에 대한 주의, 전략적 계획, 정확한 기록 보관은 탁월한 사역에 이바지하는 것들이다. 마찬가지로, 심리학적 사역 방식이나 관계적 사역 방식은 사람들과 연결하는 여러분의 능력을 강화해 주고, 그들이 그리스도의 몸의 지체들과 의미심장한 관계를 맺도록 돕는다. 경영적 사역 방식과 심리학적 사역 방식은 교회의 생명에 유용하고, 결단코 무시할 수 없는 요소다.

하지만 그것들은 아무리 중요해도, 참으로 본질적인 사역 방식, 곧 영적인 사역 방식에 비하면 부차적인 것에 지나지 않는다. 예수께서 영광에 싸여 다시 오실 때까지는 그분의 복음을 세상

끝까지 선포해야 한다. 성령께서는 경영 활동이나 관계 기술을 통해서가 아니라, 복음을 통해서 쇠락의 굴레에 포박된 영혼들을 끊임없이 부르고, 모으고, 교화하여, 하나님의 자녀가 누릴 영광스러운 자유를 얻게 하신다(롬 8:21). 따라서 우리가 일을 충실하게 효과적으로 수행하려면, 목사로서의 우리의 정체성을 반드시 고수해야 한다. 명심하라. 목회 직무에서는 존재가 행위에 우선한다. 먼저 여러분이 누구인지를 알아야만 한다. 그래야 여러분은 무슨 일을 하든 간에 더 자신만만하고 만족할 수 있다. 영혼 보살핌은 소명이기 이전에 하나의 **습성**이다. 정확하게 이해하자면, 영혼 보살핌은 야망이나 개인적인 성취의 문제가 아니라, 부여받은 재능의 문제다.

부여받은 사역 재능

나는 여러분이 자기 자신을 교우들에게 어느 정도 하나님의 선물로 드높이라고 제안하고 있는 게 아니다. 목사라면 누구나 자기를 위해 추종자들을 모아서 자기 명성을 높이려 할 것이라는 생각을 버려라. 목양이라는 이 일에서 중요한 것은, 여러분이 아니라는 걸 기억하는가? 목양에서 중요한 것은, 예수와 그분의 선물뿐이다. 여러분은 그분을 위해 일하는 사람일 뿐이다. 여러분은 신랑이 아닌 들러리일 뿐이다, 라고 아주 오래전에 대大 그레고리우스는 말했다. "자기가 수행하는 선행에 의지하여 구세주의 사랑이 아니라 교회의 사랑을 받으려고 하는 자는 구세주의 원수다. 신랑의 심부름으로 신부에게 줄 선물을 들고 가는 종이 신부의 눈에 들려고 한다면, 그 종은 마음속으로 간음죄를 범한 것이다."[14] 여러분은 그리스도의 신부의 환심을 사려고 해서는 안 된다. 그것은 부정한 짓이 될 것이다. 그 신부에게는 이미 남편이 있기 때문이다. 그러나 여러분은 신랑이신 그리스도의 친구이자 그분의 들러리다. 예수께서는 여러분을 자기의 종으로 임명하셔서, 자기의 이름으로 자기를 대리하여 자기의 신부를 섬기게 하셨다. 그분께서는 신부에게 주고 싶은 선물들을 가지고 계시며, 그것들을 여러분에게 맡기셔서 전달하게 하셨다. 그분께서는 다시 돌아와 신부를 되찾으실 때까지, 그녀에게 사랑을 아낌없이 베푸시며, 물과 말씀으로 그녀를 계속 깨끗이 씻겨 주시며, 그분의 복음 선포로 그녀의 모든 죄를 용서해 주시며, 일찍이 십자가에서 친히 내주시고 흘리셨으나, 이제는 끊임없이 용서와 생명과 구원을 상징하는 살과 피를 그녀에게 먹이고 싶어 하신다.

예수의 들러리가 되는 것은 실로 어마어마한 특권이다! 그분과 그분의 신부를 함께 뵙고, 그녀가 그분의 사랑과 생명을 입을 때, 그분께서 우리에게 주셔서 설교하게 하신 말씀과 그분께서 우리에게 명하셔서 그녀에게 베풀게 하신 성례전을 그녀가 기꺼이 받아들일 때, 무슨 일이 일어나는지를 직접 목격하는 것은 참으로 큰 즐거움이다! 그분의 용서와 생명과 구원이 그분의 영을 통해 그분 연인의 마음과 삶 속에서 작용하는 것을 보는 건 실로 엄청난 특권이다. 바울이 바로 그 전망에서 기뻐한 것은 당연한 일이다. 그는 젊은 목사 디모데에게 이렇게 말한다. "이 말은 옳습니다. 어떤 사람이 감독의 직분을 맡고 싶어하면, 그는 고귀한* 일

---

14   Gregory the Great, *Pastoral Care*, trans. Henry David, Ancient Christian Writers 11 (New York: Newman Press, 1950), 75.

을 바란다고 하겠습니다"(딤전 3:1). 실로 고귀한 일이다! 살아 계신 주님의 심부름꾼이 되어, 죽음과 절망의 한가운데에 생명과 희망을 뿌리는 것보다 더 고귀한 일이 있을 수 있는가? 그러나 고귀한 이는 주님이시지, 우리가 아니다. 우리의 고귀함은 우리가 고귀하신 주님을 섬긴다는 사실에서 온다. 이 어려운 시대에 영혼 보살핌과 관련된 일이 아무리 힘들어도, 우리는 우리가 맡은 고귀한 임무와 그리스도의 양 떼를 섬기는 특권에 끊임없이 집중하지 않으면 안 된다. 그리하는 것은 사실 그리스도 자신을 섬기는 것이면서 동시에 겸허한 전망이자 놀라운 영예다.

실패와 회복

하지만 우리는 그런 영예를 받을 자격이 없다. 베드로처럼, 우리도 우리 자신의 실적에 관한 한, 맡은 임무에 종사할 자격이 없는 가련한 실패자들, 정확히 말하자면, 가엾고 불쌍한 죄인들이다. 우리는, 예수께서 배신당하시던 밤에 베드로가 대제사장의 안뜰에서 한 것처럼, 예수를 뻔뻔스럽게 부인하지는 않았겠지만, 목사로서 범한 태만죄와 과실로, 우리가 모시는 주님을 외면했을지도 모른다.

여러분도 알다시피, 베드로는 예수께 충성을 엄숙히 맹세했으면서도(마 26:35), 그 맹세를 한 번도 아니고 세 번이나 어겼다. 그는 예수를 시인하라는 압력을 받자마자, 하나님의 신성한 이름

* 옮긴이 사역.

을 자기의 증거로 끌어다 대면서 그분을 부인했다(마 26:69-74).
그러나 이 성경 이야기는 여러분의 삶과 나의 삶에서 일상적으
로 전개되는 이야기다. 우리 역시 자기의 보혈로 우리를 사시고,
자기를 뒤따르며 섬기라고 불러 주신 주님을 우리의 말과 행위
로-혹은 그것들 없이-거듭거듭 외면한다. 우리는 우리의 명성이
나 생계를 염려하면서, 복음 사역자로서의 우리의 위상을 대중의
승인이라는 제단에 너무나도 쉽게 제물로 바친다. 우리는 제대로
받아들여질 것 같지 않다는 이유로 하나님의 완전한 조언을 가
르치기를 꺼린다. 우리는 우리의 말과 행동을 시대 풍조와 우리
가 섬기는 사람들의 변덕에 맞추도록 끊임없이 유혹받는다. 우리
는 그들에게 필요한 것을 주기는커녕 오히려 그들이 원하는 것
을 주는 것으로 만족한다. 그러나 그들이 너무나 자주 원하는 것
은, 회개와 믿음을 제외한 하나님의 재가다. 그래서 좋은 기분이
좋은 삶보다 우선이 된다.

게다가 급속도로 무너지는 사회 구조와 여러분이 신실하지 못
한 데는 이유가 있다. 세상은 성경의 진리와 창조 질서를 꽉 막
히고 부정적인 것으로 여기고, 그 진리와 질서에 찬성하는 사람
들을 편협하고 억압적인 사람들로 여기기 때문이다. 안타깝게도,
목사들은 종종 그런 압력에 굴복한다. 우리는 우리의 충성을 맹
세한 구세주께 충성하고 있다고 말할 수 없다.

그러나 우리는 종종 신실하지 못하지만, 그리스도 예수께서는
언제나 신실하시다. 그분은 자기를 부인할 수 없으시기 때문이다
(딤후 2:13). 하나님의 영원한 아들이신 그분의 본성에는 사랑이
새겨져 있다. 언제든, 어디서든, 자기의 죄를 자백하는 영혼이 있
으면, 그분께서는 상심하며 죄를 뉘우치는 모든 마음을 용서하

고, 정화하고, 회복해 주실 의무가 있다. "우리가 죄가 없다고 말
하면, 우리는 자기를 속이는 것이요, 진리가 우리 속에 없는 것입
니다. 우리가 우리 죄를 자백하면, 하나님은 신실하시고 의로우
신 분이셔서, 우리 죄를 용서하시고, 모든 불의에서 우리를 깨끗
하게 해주실 것입니다"(요일 1:8-9).

베드로는 자기가 무슨 짓을 했는지 깨닫고는 상심했다. 그가
그날 밤 대제사장의 안뜰에 피워 놓은 모닥불 주위에서 비겁하
게 부인한 뒤, 주 예수께서 돌아서서 그를 똑바로 보시자, 그는
바깥으로 나가서 회개의 눈물을 흘렸다(눅 22:61-62). 그러나 요
점은 이것이다. 즉, 베드로가 예수를 저버렸는데도, 예수께서는
베드로를 저버리지 않으셨다는 것이다. 그분의 사랑은 언제나 영
원토록 변치 않는다. 베드로가 예수를 한 번이 아니라 세 번이나
부인했는데도, 예수께서는 자기의 타락한 종에 대한 지속적 사랑
을 한 번이 아니라 세 번이나 긍정하셨다.

그 모든 일이 끝난 후, 곧 옷 벗김, 매질, 창피 주기, 끔찍한 놀
림, 고통, 비열하고 괴로운 십자가형, 사흘 뒤 영광스럽게 살아나
심, 이 모든 일이 끝난 후, 예수께서는 갈릴리 바닷가에서 베드로
를 사역에 신중히 편입시키셨다. 그 사역은 사랑의 사역이었다.
그 사역에 실수가 있어서는 안 되었다.

우리는 요한복음 21장에서 그 바닷가의 대화를 엿듣게 된다. 기
적 같은 어획과 그다음에 이루어진 제자들의 아침 식사 직후에,
예수께서는 하나님의 과분한 사랑을 가리키는 단어를 사용하여
베드로에게 물으신다. "네가 나를 사랑하느냐?" 베드로는 한 번이
아니라 두 번이나 긍정의 답을 드린다. 그러자 예수께서는 그 두
번 모두 "내 어린 양 떼를 먹여라, 내 양 떼를 쳐라" 하고 대답하

신다. 그러고는 친구 사이의 친밀한 유대를 가리키는 단어*를 사용하여 한 번 더 물으신다. "네가 나를 사랑하느냐?" 예수께서 그 질문을 하신 방식이 베드로의 마음을 아프게 한다. 그 안뜰에서 저지른 극적인 실수의 기억이, 그의 마음속에 지워지지 않게 새겨져 있었을 것이고, 그가 저지른 부인의 쓰라린 잔재가, 죄를 뉘우치는 그의 상한 마음에 새겨져 있었을 것이다. 그런데 이제 주님이 모든 수준에서, 곧 인간의 수준과 하나님의 수준에서 베드로의 사랑을 물으신 것이다. 요한은 베드로가 슬퍼했다고 기록한다(요 21:17).

감히 말하건대, 우리는 베드로의 슬픔을 이해할 수 있다. 우리도 그 자리에 있었기 때문이다. 아무리 잘 보아주어도, 우리가 하는 사랑이 보잘것없어 보여 위기일발일 때도 있고, 우리의 일이 단조롭고 고된 일처럼 느껴져, 우리의 마음이 그 속에 담겨 있지 않을 때도 있다. 우리는 시늉은 하지만, 우리의 돌봄에 맡겨진 사람들을 보살피는 일에서 만족은 거의 얻지 못하기도 한다.

사랑의 사역

그러나 우리가 신실하지 못할 때도, 예수 그리스도께서는 항상 신실하시다는 사실을 기억하라. 그분께서는 자기를 부인할 수 없으시다. 그분께서는 사랑을 자기 이름으로 삼으시기에, 타락한 제자 베드로에게 하셨던 것처럼, 사랑으로 우리를 용서하시고,

---

• 첫 번째 물음과 두 번째 물음에 쓰인 동사는 '아가파스ἀγαπᾷς'이고, 세 번째 물음에 쓰인 동사는 '필레이스φιλεῖς'다. '아가파오ἀγαπάω'는 하나님 수준의 사랑을 의미하는 동사다.

회복시키시고, 새롭게 하신다. 시르죽은 베드로가 "주님, 주님께서는 모든 것을 아십니다. 그러므로 내가 주님을 친구로서 형제로서 사랑하는 줄을 주님께서 아십니다" 하고 말씀드리자, 그리스도께서는 즉시 간결하고 위로가 되게 "내 양 떼를 먹여라" 하고 말씀하셨다(요 21:17).

예수께서 이 말씀들로 하신 일은 두 가지다. 첫째, 그분께서는 한 번이 아니라 세 번이나 깨끗하게 하는 죄 용서를 선언하심으로써 베드로가 세 번이나 부인한 것을 말소하셨다. 그것은 신적인 사랑과 인격적인 사랑을 담은 죄 용서였다. 둘째, 예수께서는 한 번이 아니라 세 번이나 자기 양 떼에 대한 베드로의 사역을, 그 양 떼에 대한 자기의 사역과 생생히 연결하셨다. 그것은 의무적인 사역이 아니라 특별히 허가된 사역이었다. 무엇보다도 그것은 사랑의 사역이었다. 사실상, 예수께서는 "나를 사랑하여라. 내 양 떼를 사랑하여라" 하고 말씀하신 것이다. 베드로는 대 목자께서 목숨을 내주실 정도로 아끼신 그분의 양들과 어린 양들을 먹이고 보살피는 것으로 목자에 대한 자기의 사랑을 증명했다.

여러분의 사랑의 사역

베드로에게 참인 것은, 목사인 우리에게도 참이다. 우리가 예수의 형제자매 가운데 지극히 보잘것없는 사람에게 한 것이 무엇이든, 그것은 그분에게 한 것이다(마 25:40). 따라서 사역의 강력한 추진력은 우리가 아닌 그분에게서 비롯한다. 우리의 마음은 항상 우리의 수준을 떨어뜨리려 한다. 우리의 연민은 한정되어 있고, 우리의 헌신은 기껏해야 불투명할 뿐이다. 우리에게는 일관되고, 지적이며, 충실한 사역을 꾸준히 해 나갈 힘이 없다. 인간의 재간이나 의지력으로는 사람이 할 수 없는 일을 수행할 수 없고, 여러분과 내가 그리스도 예수께서 부탁하신 일을, 우리에게 맡겨진 복음 선포와 성례전 집전을 통해 성령의 능력과 현존 안에서 행할 때, 그분께서 몸소 수행하신다.

그리스도께 부름을 받아 임명된 일꾼의 사역에 참인 것은, 모든 세례받은 그리스도인의 제자도 생활에도 참이다. 우리가 사랑하는 것은 그분께서 우리를 먼저 사랑하셨기 때문이다(요일 4:19). 우리는 그 사랑을 통해서만 기쁠 때나 슬플 때나, 성취할 때나 공허할 때나 일관된 사역을 해낼 수 있다. 그리스도의 사랑이 우리를 둘러싸고, 그분의 손이 우리를 무한한 모험으로 이끌고, 미지의 위기를 타개하게 한다. "너희는 세상에서 환난을 당할 것이다. 그러나 용기를 내어라. 내가 세상을 이겼다"(요 16:33). 이처럼 그리스도 예수께서는 불안해하는 마음을 달래시고, 고뇌하는 영혼들을 진정시키신다. 사방에서 충돌하고 상충하는 메시지들의 불협화음 가운데서 그분께서는 세상이 절대로 이해할 수 없는 평화를 차분한 음성으로 수여하신다.

나는 우리가 목사로서 수행하는 일관된 사역의 유일한 능력은 이것이라고 생각한다. 우리가 사랑하는 것은, 우리가 먼저 사랑받았기 때문이다. 우리가 타인을 사랑하는 것은, 우리 자신이 사랑받은 몸이기 때문이다. 우리는 실제로 그리스도의 사랑의 수로나 도관일 뿐이다. 그분의 사랑이 우리를 감싸고, 우리를 재촉하고, 우리를 닦달하여, 우리를 위해 자기 목숨을 내주신 대 목자를 섬기는 일에 충성을 다하게 한다. 그리스도의 사랑은 한계를 모른다. 나는 가져다줄 것이 내 안에 없을 때도, 내가 계속 사역에 몸담을 수 있게 해 주는 것은 오로지 그분의 사랑뿐이라는 걸 깨달았다. 사실, 나의 소명과 목사 안수가, 매우 암울하고 힘겨운 사역 시기에도 나를 분별 있게 해 주고, 올바른 궤도를 유지하게 해 준 적이 많다. 그분께 맑은 눈을 집중함으로써 내 사역을 계속할 수 있었던 적도 많다. 예수께서 이 사랑스럽지 않은 사람들을, 자기의 전부를 내주시고 생명의 피를 흘리실 만큼 사랑하시기에, 나도 그들을 사랑할 수 있는 것이다. 내가 그들을 사랑하는 것은, 그들 자신이 사랑스러워서가 아니라(정확히 말하자면 그 반대다), 그분께서 그들을 사랑하시기 때문이고, 그분께서 선물들을 나에게 맡겨 그들에게 가져다주게 하시기 때문이다.

목자와 목양견

나의 어린 시절, 젖소 무리는 비교적 적었다. 우리 집 농장처럼 다양한 농장들에서는 착유 시간 사이에 젖소들을 목초지에 방목하곤 했다. 훈련된 목양견은 그 젖소들을 몰아서 모으거나 우리 안에 들이는 데 대단히 유용한 자산이었다. 내가 '훈련된'이라는 표현을 쓰는 것은, 젖소들을 몰아대거나 쫴치지 않고, 하루에 두 차례 축사로 이어진 길로 안내하여, 젖소들이 외양간에서 안심하고 착유 과정을 밟게 하는 게 품질 좋은 우유 생산에 필수적이었기 때문이다. 덥석 물고 공격하는 개의 자연적 본능은 낙농장 일꾼의 의지에 지배를 받아야 했다. 그렇게 하는 데는 얼마간 훈련이 필요했지만, 버릇을 들임으로써 그리할 수 있었다. 그렇게 버룻을 들인 뒤에야, 사람과 짐승의 협력이 이루어졌고, 그 모습은 보기에 아름다웠다. 사람과 짐승이 한 팀처럼 협력했다. 내가 보기에, 이 협력은 목사들과 그들이 섬기는 주님의 바람직한 관계를 예시하는 것 같다.

최근 몇 해가 지나면서 나는 좀 더 나은 예시를 우연히 발견하게 되었다. 그것은 낙농업에서 얻은 예시가 아니고, 목양업에서 얻은 예시다. 몇 해 전, 나는 브리튼을 여행하는 중에 텔레비전으로 방송하는 목양견 대회를 시청했다. 목자들과 그들의 목양견들이 적은 수의 양 떼를 안내하여 미로를 통과하는 능력을 시험하는 대회였다. 나는 제멋대로 움직이는 양 떼가 즉시 사방팔방 도망치려고 하는데도, 목양견들이 자기들의 목자인 주인들과 협력하여 긴밀하게 일하면서 그 양 떼를 정해진 목표 지점으로 능숙하게 안내하는 모습을 보고 깜짝 놀랐다.

그 장면을 상상하면서, 목양견과 목자의 관계를 보여 주는 이 영상을, 목사와 **선한 목자**—자기 양 떼를 섬기는 일에 목사를 끌어들이신 분—의 유대를 가리키는 생생한 실례로 여기기를 바란다. 목양견은 충실한 목사의 일을 가리키는 상징이다. 즉, 한쪽 귀는 대 목자의 음성에 맞추고, 다른 쪽 귀는 주의 깊게 양 떼에 맞추는 것이다. 내가 위에서 언급한 목양견 대회를 마음속으로 그려 본 다음, 아래의 글귀를 숙고해 보라.

그 개는 다른 지성을 가진 유순하고 충실한 대리자였다. 그 개는 제 지능과 독창성을 활용하면서도 항상 제 주인의 지시에 순종했으며, 주제넘게 나서지 않았다. 자기가 상대해야 하는, 얼마 안 되는 산양이 몹시 성가시고, 급회전과 회전을 잘하고, 장난꾸러기 소년처럼 길을 잘못 가도, 그 개는 그 산양 무리와 꾸준히 함께하면서 꼬리 흔들기를 멈추지 않았다.

그 개는 목자와의 관계를 자기 생의 중심으로 여겼다. 그래서 양 떼와 함께하는 자기 일을 즐겁게 수행했고, 골칫거리를 걱정하지 않았으며, 겉으로 드러난 결과 때문에 낙심하지도 않았다. 그 개는 단순한 개의 특질을 넘어섰다. 그 개는 자기를 넘어서 옳은 일의 지시를 받아 행동했다. 그 개는 목자의 대리자였으며, 자기의 것이 아닌 계획을 위해, 자기가 이해할 수 없는 전체를 위해 일했다. 그 계획과 전체는 기쁨과 열심의 원천이었으며, 그 개가 연구의 대상으로 삼은 교과였다. 그러나 그 개가 차분히 앉아서 목자를 꽤 오래 자주 바라보지 않았다면, 그 개는 그 특별하고 친밀한 관계를 유지하지 못했을 것이다.[15]

나는 제 주인을 섬기는 한 마리 개에 관한 이 묘사를 읽으면서 세 가지 점에 매료되었다. 첫째, 그 개는 목자의 의도 전체를 알지도, 이해하지도 못할 것이다. 둘째, 그 개는 주제넘지 않고, 오로지 목자의 마음과 의지로부터 연장된 역할만 한다. 그 개는 다른 지성을 가진 대리자이며, 목자의 뜻에 기꺼이 열심히 따르며, 목자가 지시하는 일을 수행하며, 그 과정에서 큰 기쁨을 얻는다. 그 개는 시간을 낼 여유가 있으며, 자신감이 넘치되 절대로 공격

15 Evelyn Underhill, "The Teacher's Vocation", *The Mount of Purification* (New York: Longmans, Green and Col, 1946), 182-183.

적이지 않다. 마지막으로, 양 떼로 인한 좌절에도 불구하고, 그 개는 늘 꼬리를 흔든다. 온통 제 목자를 사랑하는 일에 사로잡혀 있기 때문이다.

활기찬 사역

보이는가? 주님이 영혼들의 몸값으로 자기 생명의 피를 쏟으시고, 그 영혼들을 여러분의 돌봄에 맡기셨으니, 그것이 얼마나 놀라운 일인지 이해하겠는가? 그분께서 자기의 말씀을 여러분의 입에 맡기셔서, 죄의 결과로 낙담하고 상처 입은 마음들과 인생들을 경고하고, 꾸짖고, 확신시키되, 더 많이 위로하고, 위문하고, 용서하고, 회복하게 하셨으니, 그것이 얼마나 기적 같은 일인지 이해하겠는가? 예수의 이름으로 그분을 대리하여 이토록 귀한 치료의 일에 종사하게 되었으니, 그것은 얼마나 놀라운 특권인가! 실로 우리에 앞서 바울이 그랬듯이, 지금도 작동 중인 그 사랑의 기적은 우리에게 잠시 생각할 시간을 준다. "하나님께서 모든 성도 가운데서 지극히 작은 자보다 더 작은 나에게 이 은혜를 주셔서, 그리스도의 헤아릴 수 없는 부요함을 … 전하게 하시고"(엡 3:8).

대 목자의 이 놀랍고, 끊임없으며, 무모한 사랑이야말로 활기찬 사역의 비법이다. 우리가 그분의 사람들을 섬기면서 하는 일은 사랑-그분께서 우리에게 베푸시는 사랑이자, 우리가 그분께 바치는 사랑-의 사역이다. 우리는 그리스도의 사랑과 그분을 위한 사랑에 떠밀려, 우리의 임무들을 하나씩 하나씩 떠맡는다. 이는 우리의 일이 아무리 지루하고 반복적이어도 실은 그분의 일이라는 사실을 충분히 숙지하고 하는 일이다. 우리는 먼저 받지 않은 것을 남에게 줄 수 없다. 용서와 생명과 구원이라는 그분의 선물은 무궁무진하다.

하지만 목양견과 마찬가지로, 우리도 상당한 시간을 들여, 가만히 앉아서, 목자이신 분을 바라보지 않는다면, 그토록 우리를 지치게 하고 고갈시키는 일을 꾸준히 수행할 수 없을 것이다. 우리는 차분히 앉아서 목자이신 분을 바라봄으로써 우리의 영혼을 위한 쉼을 얻는다. 7장에서 목사의 경건 생활에 관해 더 많이 이야기하겠지만, 지금은 현장의 일로는 목회적 **습성**을 몸에 붙일 수 없다는 점만 말해 두련다. 이 진정한 목회적 성벽과 은혜는, 여러분이 그저 오랜 습관화로 기르는 것이 아니라, 주 예수의 말씀으로 묵상과 기도를 통해 그분과 접속함으로써 기르는 것이다. 여러분이 가만히 앉아서 목자이신 분을 바라보는 일은 시간 낭비가 아니라, 여러분 자신을 위해서뿐 아니라, 그분의 양들과 어린 양들을 위해서도 제대로 된 시간 투자다. 하나님은 말씀과 기도로 여러분을 길들이시고 조형하셔서, 그리스도의 참된 일꾼이 되게 하시고, 인류에게 선물들을 안겨 주시려는 하나님의 비밀을 맡은 관리인이 되게 하신다.

그리스도를 아는 것

이 생생한 그림을 여러분 마음속에 새기면, 목회 직무의 본질을 더 쉽게 파악할 수 있을 것이다. 목사로서 수고한 대가로 급료를 받아 생계를 꾸리고 가족을 부양하기는 하지만, 목회 직무는 결단코 일에 불과한 게 아니다. 이 일은 오히려 참된 소명이다. 우리는 그리스도께서 우리에게 하라고 위임해 주신 일을 날마다 수행하는 데 종사하기 때문이다.

착각하지 마라. 이 일은 영원한 의미를 지니고 있다. 사람들에게 그리스도와 연합하는 세례를 주고, 그들에게 그분의 살아 있는 말씀과 그분의 생명을 주는 살과 피를 먹이는 일은 죄를 없애 주고, 상한 마음을 치료하고, 상처 입은 영혼을 깨끗하게 해 주고, 모든 믿는 사람에게 영원한 구원을 안겨 주는 일이다. 그리스도를 아는 것보다 더 중요한 일은 없다. 그리스도를 아는 것은, 그분을 믿어, 지금 충만한 생명을 얻는 것이자 내세에서 영원한 생명을 얻는 것이다. 그것에 비하면, 이 세상의 다른 모든 일은 그다지 중요하지 않다. 오로지 그리스도를 아는 것만이 중요한 일이다.

"그뿐만 아니라, 내 주 예수 그리스도를 아는 지식이 가장 고귀하므로, 나는 그 밖의 모든 것을 해로 여깁니다. 나는 그리스도 때문에 모든 것을 잃었고, 그 모든 것을 오물로 여깁니다. 나는 그리스도를 얻고, 그리스도 안에 있는 사람으로 인정받으려고 합니다. 나는 율법에서 생기는 나 스스로의 의가 아니라, 그리스도를 믿는 믿음으로 말미암아 오는 의 곧 믿음에 근거하여, 하나님에게서 오는 의를 얻으려고 합니다. 내가 바라는 것은, 그리스도를 알고, 그분의 부활의 능력을 깨닫고, 그분의 고난에 동참하여, 그분의 죽으심을 본받는 것입니다. 그리하여 나는 어떻게 해서든지, 죽은 사람들 가운데서 살아나는 부활에 이르고 싶습니다"(빌 3:8-11).

칭의: 중심 조항

루터교 고백교회 신학자들은-다른 신학자들도-칭의를 신앙의 '중심 조항'이라 부른다. 바꿔 말하면, 성경의 다른 모든 가르침은 이 하나의 중추 진리를 중심으로 전개된다는 것이며, "하나님께서 사람들의 죄과를 따지지 않으시고 … 세상을 그리스도 안에서 자기와 화해하게 하셨다"(고후 5:19)는 것이다. 성경에는 많은 교리와 가르침이 있지만, 칭의로 불리는 이 교리는 다른 모든 교리의 중심이다. 라틴어에서 유래한 'justification(칭의)'은 재판 법령의 의미를 지니고 있다. 그것은 하나님이 친히 그리스도를 위하여 믿음으로 의롭다 선언하시는 것을 의미한다. 핵심 내용은 이러하다. 즉, 그리스도 예수께서 우리의 모든 죄를 짊어지시고 자기 몸에 받으셔서, 십자가에서 이루어진 자기의 희생적인 죽음을 통해 그 죄들의 형벌을 영원히 제거하셨다는 것이다. 그분께서는 죄가 없으신데도 우리의 죄를 뒤집어쓰시고, 우리의 죄 때문에 죽으셨다. 그것은 단순하면서도 심오하다. 그분과 그분의 죽으심을 믿음으로써 우리는 용서받을 뿐만 아니라, 하나님이 그리스도 자신의 의를 우리에게 돌리기까지 하시는 것이다.

여러분이 이것을 여러분의 마음속에 더 생생히 새기는 데 도움을 줄 만한 시시한 여담이 있다. 하지만 그것은 내 유년 시절에 얻은 또 하나의 삽화인데, 여러분이 세균 혐오자라면, 이 대목을 건너뛰고 싶을지도 모르겠다.

내가 아이였을 적에, 우리 집에는 욕실이 없었다. 그렇다, 우리 집에는 전기와 상수도가 들어왔지만, 실내 화장실은 없었다. 우리 가족은 옛날식 옥외 변소에서 신체적 용무를 해결했다. 그곳은 차고 뒤편에 보이지 않게, 냄새를 피하도록 마련된 변소였다. (그래서 옥외 변소라고 불렀구나, 라고 여러분은 추측하지 않을까 싶다.) 추운 겨울밤이면, 우리는 식료품 저장실에 비치한 요강을 이용하곤 했는데, 아침마다 그것을 깨끗이 비우지 않으면 안 되었다.

하지만 나의 예화는 이제부터 시작된다. 그것은 화장실과 요강 이야기가 아니라, 목욕 이야기다. 우리 집에는 욕실이 없었고, 그래서 목욕은 우리 집 부엌의 화목 난로 앞에 있는 커다랗고 둥근 빨래 통에서 이루어졌다. 토요일 밤마다 나는 필요하든 필요하지 않든 간에 그 빨래 통에서 목욕하곤 했다. 목욕은 우리 집의 유일한 아이로서 내가 먼저 했다. 내가 목욕을 마치면, 그다음은 엄마 차례였다. 맨 마지막은 아버지 차례였다. 우리 세 사람 모두 이튿날 예배에 참석하기 위해 같은 물에서 목욕한 것이다. 내 여동생들이 태어나고 나서야, 부모님은 내 할아버지가 1906년에 지으신 오래된 농가에 욕실과 세탁실을 증축했다. 그러나 그때까지는 먼저 목욕한 사람이 남겨 놓은 때가 아무리 많이 떠 있어도 마지막 사람까지 그 물에서 목욕했다. 아버지는 그런 것에 신경 쓰지 않는 것 같았다.

여러분의 위생 감각을 상하게 해서 미안하지만, 나는 이것이야말로 예수께서 우리를 위해 하신 일, 곧 죄가 없으신데도 우리의 죄를 떠맡으신 일을 그럴싸하게 가리키는 예화라고 생각한다. 그러나 그 예화는 가장 본질적인 수준에 미달한다. 칭의의 완전한 요점은 이러하다. 즉, 예수께서는 우리의 죄를 떠맡으실 뿐만 아니라, 동시에 자기의 의로운 완전을 우리에게 주신다는 것이다. 이 장엄한 교환 덕분에 우리는 그리스도 예수를 믿는 믿음을 통해 하나님께 받아들여져, 의롭다 하심을 받는다. 칭의가 중심이다. 사실상, 위대한 종교개혁자들이 주장한 대로, 칭의는 교회를 서게도 하고 넘어지게도 하는 교리다.

진리 대 의제擬制

여러분이 교리에 관해 이야기하기 시작하면, 그것은 공허한 이야기처럼 들릴 것이다. 하지만 기독교 교리는 추상 개념이나 관념의 문제가 아니라, 현실 문제다. 칭의는 하나의 보기일 뿐이다. 그것은 개념이 아니라 현실이다. 우리는 그것을 그저 인식 가능한 것이 아니라 경험 가능한 것으로 여겨야만 한다. 칭의는 결단코 추상적인 교리가 아니다. 그것에 기대어 예수께서는, 마치 내 아버지가 내 몸의 때를 떠맡은 것처럼, 우리의 죄를 확실히 떠맡으신다. 성부 하나님은 실제로 자기 외아들의 무죄한 어깨 위에 우리의 모든 죄를 쌓으신 다음, 그분을 죽음에 맡기셔서, 우리 죄의 무고한 피해자, 궁극적인 희생자가 되게 하셨다. 하나님은 그 희생으로 자기와 인간 사이의 간격을 메우시고, 우리의 죄를 그 아들과 함께 십자가에 내주어 죽게 하심으로써 그리스도의 의로움과 무죄를 우리에게 수여하셨다. 그것은 법적 의제legal fiction*가 아니며, 하나님이 우리와 함께하는 척하신 것도 아니다. 우리가 의로웠던 것 같지는 않다. 하나님은 예수 안에서 우리의 죄를 공정하게 다루신다. 죄에 마땅한 벌은 죽음이고, 그 죗값은 십자가에서 전부 지불되었다. 예수께서 십자가에서 우리의 죄를 자기

226

•   명백히 진실이 아닌 것을 진실로 가정하는 일.

몸에 지시고, 우리 대신 사형당하셨다. 그분께서 자신의 무죄를 우리의 죄와 맞바꾸셨다. 그러나 그 교환은 양방향으로 진행된다. 그분께서는 십자가에서 우리를 위해 죄가 되셨고, 우리는 그분 안에서 하나님의 의가 되었다. 그리스도 자신의 의가 우리의 것으로 돌려졌고, 그리하여 신적인 정의의 저울이 완전히 균형을 잡게 되었다. 하나님은 그리스도 예수를 믿는 사람들을 보시면서, 더는 그들의 죄를 보지 않으시고, 자기 아들의 완벽한 기록만 보신다. 그분께서는 이제 반역자들과 죄인들을 사랑하는 자녀라고 부르신다. 그들은 이제 하나님의 사랑하는 자녀다(요일 3:1). 말장난이 아니다. 칭의는 그리스도 예수를 믿는 모든 사람에게 하나님과 더불어 누리는 생명과 평화를 가져다준다. 칭의가 일찍이 성도들에게 전달된 신앙의 중심 조항인 것은 당연하다.

그러나 칭의는 설교와 가르침의 중심인 것만이 아니다. 칭의는 영혼 돌봄의 중심이기도 하다. 우리에게는 상한 마음들과 괴로워하는 영혼들에 가져다줄 게 있다. 그것은 단순한 느낌이나 관념 그 이상이다. 우리는 그리스도 예수 안에서 죄들이 용서받고, 상한 마음들이 치료받는 현실을 안겨 준다. 우리는 깨끗한 마음과 바른 정신을 예수를 대리하여 가져다준다. 우리는 맑고 선한 양심을 하나님 앞으로 인도한다. 우리는 우리 자신을 설교하지 않고, 십자가에 못 박히시고 살아나신 예수 그리스도를 설교한다. 그분께서는 자기의 영을 통해 죽어 가는 사람들에게 생명을, 낙담하는 사람들에게 희망을, 이 현재의 어둠 속에 빛을 가져다주신다.

표적: 양심

신앙 공동체 밖에 있는 사람에게든, 안에 있는 사람에게든, 모든 목회 직무가 양심과 관계있다는 것은 순전한 사실이다. 길을 잃고 절망하는 영혼에게 복음을 전하는 것이든, 죄의 결과로 찢겨서 괴로워하는 영혼을 위로하는 것이든 간에, 우리가 하는 일은 모두 선한 양심을 하나님 앞으로 인도하는 것에 맞추어져 있다. 여러분도 상기하듯이, 하나님 앞이야말로 우리가 목사로서 좋아하는 자리이자 기준점이다. 우리의 목회 직무는 언제나 관계 활동이다. 우리는 온갖 종류의 관계에 관심을 기울인다. 목사와 그의 가정의 관계, 목사와 그의 동료들의 관계, 목사와 그의 동역자들의 관계, 목사와 그의 친구들의 관계 모두 고려해 볼 만한 타당하고 정당한 관계들이지만, 우리의 궁극적 초점은 주로 영혼과 하나님의 관계에 맞추어져 있다. 그리고 양심은 그 문제의 핵심이다.

양심은 여러분이 생각하는 것 그 이상이다. 대중적 어법에서 양심은 입법자—한 사람의 도덕적 나침반, 옳고 그름에 대한 그의 개인적 기준—이다. 오늘날 도덕적 나침반은 제 자북磁北을 잃었다. 도덕적 진실을 위한 기준점도 없다. 그래서 사람들은 자기들의 고삐 풀린 내적 충동에 따라 삶을 영위하고 있다. 그런 이유로 하나님의 선하고 은혜로운 의지의 계시인 하나님의 율법을 가르치는 것이 오늘날 목회 직무에 특히 중요하다. 하지만 그런 뜻으로 양심에 관해 말하는 게 아니다.

양심을 뜻하는 신약성경의 단어는 '쉬네이데세syneidēsē'다. 어원상 이 단어는 '함께 아는 것'을 의미하며, 한 영혼이 자기가 하나님 앞에 서 있음을 인식하는 것을 가리킨다. 양심은 도덕적 나침반이라기보다는 오히려 심판자이거나, 하나님이 여러분을 보시는 것처럼 자기 자신을 보는 능력이라고 할 수 있다. 양심은 하나님의 심판과 은혜에 대한 의식적 민감함이다. 목회 직무는 모든 개인이 선하고 깨끗한 양심을 소유하는 것에, 그 양심이 제대로 작동하여, 죄와 의로움을 감지하는 바람직한 일을 수행하는 것에 주로 관심을 기울인다.

안타깝게도, 항상 그런 것은 아니다. 이 타락한 세상에서의 삶은 대체로 양심 불량으로 이어진다. 타인의 죄로 인해 입은 손상뿐만 아니라 죄의 습관적인 방종도 양심에 상처를 남겨, 사람이 자기를 하나님이 보시는 것처럼 볼 수 없게 한다. 양심이 공격을 받으면, 악마는 사람을 절망으로 몰아넣고 난타하여, 그가 사랑스럽지 않고, 하나님도 그를 사랑하실 수 없을 것이라고 확신하게 한다. 비참하게도, 이런 상태는 전염성이 강하다. 하나님의 모든 자녀는 평생토록 상처 입은 양심과 어느 정도 날마다 씨름한다.

여러분과 내가 다음과 같이 한다면, 그것은 여러분과 내가 목회 직무의 초점을 분명하게 유지하고 있다는 뜻이다. 성경 연구 모임을 이끌며 가르치는 일에서부터, 병든 이와 죽어 가는 이를 심방하고, 낙담한 사람에게 조언하고, 잘못을 저지른 사람과 대면하고, 설교하고, 세례를 주고, 성찬을 분급하는 일에 이르기까지 우리가 하는 모든 일, 모든 목회 행위는 이 하나의 매우 본질적인 임무에 초점을 맞춘다. 즉, 사방에서 끊임없이 영적 폭격을 받는 사람들, 악마와 죄 많은 세상과 자기의 죄스러운 마음의 욕망 때문에 악한 양심으로 내몰리는 사람들에게 선한 양심을 전하는 일에 초점을 맞추는 것이다.

그렇다면, 바울이 젊은 목사 디모데에게 영혼 치료술을 가르치면서, 목사들이 주의를 기울여야 할 중심인 양심을 표적으로 삼는 것은 당연하다고 하겠다. "이 명령의 목적은 깨끗한 마음과 선한 양심과 거짓 없는 믿음에서 우러나오는 사랑을 불러일으키는 것입니다"(딤전 1:5). 믿음은 그리스도를 붙들고 늘어진다. 여러분이 믿음으로 그리스도 예수를 소유한다면, 여러분은 용서와 생명과 구원이라는 그분의 선물을 모두 소유한 것이다. 그러므로 여러분은 그리스도 안에서 의롭다 하심을 받는다. 여러분의 모든 죄는 그분께 쌓이고, 그 대신 여러분은 그분의 의를 받게 되며, 그 결과로 성부 하나님이 여러분을 자기 앞에서 무죄 상태로 여겨 주신다. 하지만 여러분은 예수를 믿는 믿음을 통하여 거룩해지기도 한다. 더럽고 불순한 여러분의 죄가 씻겨지고, 여러분은 그리스도의 거룩하심, 곧 여러분의 모든 상처를 치료하고 하늘에 계신 여러분의 아버지 하나님 앞에서 깨끗함과 무죄를 수여하는 거룩하심에 둘러싸인다. 하나님 앞에서 여러분이 받는 것이 바로 그것이다. 즉, 깨끗한 마음과 선한 양심은 함께 가는 까닭에, 그리스도 예수를 믿는 여러분의 믿음 덕택으로 이 모든 것이 여러분의 차지가 되는 것이다.

이제야 목회 직무가 명확해지기 시작한다. 목사들은 교육적인 일을 수행하고, 사람들이 하나님의 말씀을 아는 지식과 이해력 안에서 자라도록 돕는 일을 수행하지만, 여러분과 나는 영적 건강 센터의 지도자가 아니며, 모종의 인생 조언자도 아니다. 우리의 목표는 사람들을 단련하여 그들의 내적 자원을 활용하게 하거나, 더 나은 영적 선수가 되게 하는 게 아니다. 영혼 치료는 영적 기능 장애와 질환을 다루는 일에, 죄책감에 짓눌리고 수치심으로 찢긴 영혼들의 건강과 생명을 회복시키는 일에 초점을 맞춘다. 영적 의사인 우리의 임무는 악한 양심을 치료하고, 하나님의 살아 있는 말씀과 그분의 생명을 주는 성례전이라는 영적 치료제를 끊임없이 전하는 것이다.

자기를 지켜보라

이 말은 우리가 양심과 관련해서도 우리 자신의 영혼을 돌보지 않으면 안 된다는 뜻이다. 다른 사람들에게 선한 양심을 전하려고 애쓰면서도 정작 자신이 악한 양심의 소유자라면, 내적 단절이 발생할 것이기 때문이다. 우리가 하나님의 유효하고 강력한 말씀을 건넬 때도, 악마는 그 말씀에 이의를 제기할 것이다. 우리는 마음속으로 자신을 나무랄 것이고, 정확히 그럴 것이다. "우리가 죄가 없다고 말하면, 우리는 자기를 속이는 것이요, 진리가 우리 속에 없는 것입니다"(요일 1:8). 다른 이들에게 선한 것은, 우리에게도 선하다. 우리는 마음과 지성의 무거운 짐을 내려놓고, 우리의 죄를 자백하고 죄를 용서받지 않으면 안 된다. 노골적으로 말하자면, 다른 사람에게 필요한 만큼 우리에게도 목회적 돌봄이 필요하다. 우리 목사들 가운데 누가 "우리는 죄가 없다"라고 말할 수 있으며, "우리는 다른 사람의 죄 때문에 상처 입은 적이 없다"라고 말할 수 있는가? 우리 가운데 누가 "우리는 악한 양심이 없다"라고 말할 수 있는가? 다른 사람들에게 주기 위해 받은 것을 우리 자신도 받지 않으면 안 된다. 어느 한쪽만 받는 것은 바람직하지 않다. 그것은 로봇 식의 기계적 사역을 부추기고, 우리 자신과 우리가 섬기는 사람들의 영적 난파로 이어지게 마련이다. 그와 반대로, 우리가 기도와 묵상으로 우리의 영혼을 돌보고, 다른 말씀의 일꾼으로부터 목회적 돌봄을 받는다면, 그 결과는 놀라울 정도로 효과적이고 완전히 자유로운 것이 될 것이다. "우리가 우리 죄를 자백하면, 하나님은 신실하시고 의로우신 분이셔서, 우리 죄를 용서하시고, 모든 불의에서 우리를 깨끗하게 해주실 것입니다"(요일 1:9).

성령, 거룩한 사람들, 거룩한 교회

안타깝게도, 많은 목사가 확실히 염두에 두지 않아서, 그들의 섬김을 받는 사람들이 많은 도움을 얻지 못하는 게 있다. 그것은 추상적 정보로는 그다지 위로를 얻지 못한다는 것이다. 관념이나 개념, 혹은 신학적 범주는 위로를 거의 주지 못한다. 하지만 성령 안에는 헤아릴 수 없는 위로가 자리하고 있다. 실제로, 예수께서는 성령을 "또 다른 위로자(보혜사)"라고 부르셨다. 그 위로자는 예수를 대리하여 예수의 위로하는 일을 계속하도록 예수와 성부로부터 보냄을 받은 분이다.

하나님은 우리에게 그저 관념들만 주시지 않고, 자기 자신도 주신다. 성부 하나님은 자기 아들을 보내시고, 성령께서는 성부와 성자로부터 비롯하셔서, 예수께서 오래전에 지구 행성을 걸으시며 행하신 그대로, 오늘날 우리 가운데서 계속 죄를 용서하시고, 마음을 북돋우시고, 영혼을 치료하신다. 성령 하나님은, 예수께서 당시에 행하셨던 것처럼 오늘날에도 예수의 말씀을 통해 죄인들을 부르고, 모으고, 교화하여, 죄의 어둠으로부터 영원한 빛 가운데로 데려가신다. 그분께서는 지금도 날마다 죄인들을 하나씩 하나씩 거룩하게 하시고, 그들을 빛에 싸인 성도들의 교제 안으로 데려가신다. 그 교제는 용서받은 죄인들, 곧 이생과 다음 생에서 그리스도 예수 안에서 연합하여 왕과 같은 제사장, 거룩한 사람들, 하나의 교회가 되도록 새롭게 지어진 사람들의 사귐이다.

이처럼 칭의는 복음 전도, 설교, 교리 문답의 핵심일 뿐만 아니라, 영혼 돌봄의 핵심이기도 하다. 우리의 마음과 정신은 하나의 핵심 현실에 기초를 두고 있다. 믿음을 통한 은혜로 예수를 위하여 이루어지는 죄인들의 칭의가 바로 그 현실이다. 목회적 돌봄의 모든 사례에서 되풀이되는 중심 주제는 다음과 같이 항상 동일하다. "나는 여러분 가운데서 예수 그리스도 곧 십자가에 달리신 그분 밖에는, 아무것도 알지 않기로 작정하였습니다"(고전 2:2). 영혼의 의사인 우리는 항상 되어 가는 일꾼, 곧 지식과 기술 면에서 끊임없이 자라고, 되도록 양 분야에 박식하고 정통한 사람이 되려고 하는 일꾼이다. 하지만 우리가 이 모든 분야에서 수행하는 모든 일을 떠받치는 것은 다음과 같은 십자가의 단순한 메시지다. "하나님께서는 죄를 모르시는 분에게 우리 대신으로 죄를 씌우셨습니다. 그것은 우리가 그리스도 안에서 하나님의 의가 되게 하시려는 것입니다"(고후 5:21).

우리를 거룩하게 하시는 그리스도

칭의는 우리가 하는 모든 일의 중심이기는 하지만, 그것이 우리가 하는 일의 전부인 것은 아니다. 주 예수의 목양견인 우리는 동시에 성화의 영역에서도 일하고 있다. 우리가 죄인들을 상대할 때마다, 말씀을 통한 성령의 위격과 활동이 두드러진다. 여러분이 알다시피, 언제나 그렇다. 다음의 사실은 틀림없는 사실이다. 즉, 여러분이 한 사람을 상대할 때, 여러분은 한 죄인을 상대하는 것이다. 그들은 모르고 죄를 지었거나 고의로 죄를 지은 사람일 수 있으므로, 그 점을 고려하지 않으면 안 된다. 요컨대, 죄는 언제나 처리하지 않으면 안 되는 대상이다. 죄인은 죄의 영향력을 알고 상한 마음으로 뉘우칠 수도 있고, 딱딱하게 굳어진 마음으로 교만하게 계속 죄를 지으며 뉘우치지 않을 수도 있다. 사람은 죄의 선동자가 아니라 죄의 희생자가 되는 쪽에 있을 수도 있다. 바꿔 말해서, 사람은 다른 누가 저지른 죄의 무고한 희생자가 될 수도 있고, 다른 누군가의 증오에 찬 연설이나 상처를 입히는 행위에 꺾여 상처를 입을 수도 있다. 죄인은 종종 수치심을 죄책감으로 오해하기도 한다. 즉, 자기가 잘못되어서 그릇된 짓을 했다고 믿는 것이다. (그것에 관해서는 다음 장에서 더 많이 이야기할 생각이니) 지금은 죄의 영향력이 다양한 양상과 관계들로 나타날 수 있다는 점만 기억하기를 바란다. 지금 여러분과 내가 훌륭한 영적 의사로서 해야 할 일은, 증상들을 헤쳐 가면서 선한 양심을 하나님 앞으로 인도하는 가장 좋은 방법을 가려내는 것이다.

내 요점은 이것이다. 즉, 우리가 영혼들을 돌볼 때 중요한 것이 칭의이기는 하지만, 우리는 또한 성화의 영역에서도 일하고 있다는 것이다. 이 세상에서 죄인들에게 필요한 것은 하나님의 영이 수행하시는 성화 활동이다. 하나님의 영은 먼저 복음을 통해 죄인들을 부르시고, 자기의 은사들로 그들을 교화하시고, 그다음에는 하나님의 거룩한 것 곧 말씀과 성례전으로 그들을 거룩하게 하신다. 우리는 이 거룩한 수단들을 통해 하나님 자신의 거룩하심을 나누어 받는다. 하나님은 날마다 예수를 위하여 우리의 죄를 충분히 용서하시고, 자기의 영으로 우리를 깨끗하게 하시고, 새롭게 하시고, 정화하셔서, 우리가 그분처럼 거룩해지게 하신다. 칭의를 통해서 우리는 하나님의 은혜로 색다른 의를 받듯이, 성화를 통해서는 예수에게서 빌려 온 거룩함에 싸여 살게 된다. 바울에 따르면, 예수께서는 우리의 구원이시기에 우리의 의가 되실 뿐만 아니라, 우리의 거룩함도 되신다.

"하나님께서는 세상에서 비천한 것들과 멸시받는 것들을 택하셨으니 곧 잘났다고 하는 것들을 없애시려고 아무것도 아닌 것들을 택하셨습니다. 이리하여 아무도 하나님 앞에서는 자랑하지 못하게 하시려는 것입니다. 그러나 여러분은 하나님의 자녀로서 그리스도 예수 안에 있습니다. 그는 우리에게 하나님으로부터 오는 지혜가 되시며, 의와 거룩함과 구원이 되셨습니다"(고전 1:28-30).

예수께서 십자가에서 이루신 완벽한 지불(구속)은 두 가지로 우리에게 적용된다. 하나는 믿음을 통해 우리에게 수여되는 그리스도의 의이고(칭의), 다른 하나는 그리스도의 거룩함이다(성화). 그렇다면 신자들에게는 양자택일이 아니라, 둘 다 필요할 것이다. 거룩하게 되지 않고는 의롭다 하심을 받을 수 없다. 그리스도의 거룩함을 빌리지 않고는 믿음으로 그분의 의도 빌릴 수 없다. 칭의가 앞서가고, 성화가 그 뒤를 따른다. 그것은 그리스도 안에서 이루어지는 일괄 거래다. 차이가 있다면, 의는 이미 이루어진 완벽하고 완전한 거래이고, 거룩함은 언제나 과정 중에 있다는 것이다. 우리는 날마다 죽어서 사는 사람들이다. 통회와 회개로 우리 안의 옛 아담이 죽고, 새사람이 나타나 의와 참된 거룩함 속에서 산다. 그리스도의 의는 우리를 믿음으로 감싸지만, 그분의 거룩함은 우리 자신의 죄와 다른 사람의 죄로 날마다 흐릿해지고 더러워진다. 따라서 일상적인 성화의 과정이 날마다 계속된다. 죽고 다시 사는 일이 반복된다. 우리가 육체적으로 죽어서, 영광에 싸여 다시 살아나는 그날까지.

이처럼 고투는 계속된다. 모든 세례받은 신자는 날마다 이 타락한 세상의 전장戰場에서 살면서, 악마와 싸울 뿐 아니라, 자기의 죄스러운 육체의 욕망 및 강박 관념과 씨름을 벌인다. 이 세력들은 모든 세례받은 신자의 소유인 거룩함을 더럽히고 모독하려고 공모한다. 이는 이 세상에서 영위하는 그리스도인의 삶은 부단한 경계를 요구한다는 뜻이다. 그리스도인은 항상 악마, 죄 많은 이 세상, 자신의 죄스러운 육체와 교전 중이기 때문이다.

성화는 우리가 직접 하는 게 아니다. 성화는 세례받은 신자(의롭다 하심을 받은 죄인)가 하나님 앞에서, 그리스도 안에서 영위하는 삶이다. 우리는 세례를 받아 그리스도와 하나가 됨으로써 그리스도를 옷으로 입는다. 우리는 세례를 받을 때 그분과 함께 묻혔고, 그분과 함께 살아나 새 생명 안에서 산다(롬 6:1-4). 믿음으로 그분과 연합한 우리 죄인들은 그분의 의와 그분의 거룩함을 선물로 받는다. 예수께서 우리 안에서 사시고, 우리는 그분 안에서 산다. 사실상, 우리가 날마다 우리 자신을 위하여 살지 않고, 우리를 위하여 죽으시고 살아나신 그분을 위하여 살 때, 예수께서는 우리를 통하여 자기의 삶을 살아가신다(갈 2:20). 영적으로 말하자면, 우리는 진정한 의미에서 죽은 자이면서 살아 있는 자다. 우리는 그리스도를 믿는 믿음을 통하여 죄에 대하여는 죽은 자요, 하나님께 대하여는 살아 있는 자다. 하지만 우리가 죄인이라는 점에서, 우리의 삶은 기복과 우여곡절로 가득 차 있다. 바울은 이렇게 말한다. "나는 내 속에 곧 내 육신 속에 선한 것이 깃들여 있지 않다는 것을 압니다. 나는 선을 행하려는 의지는 있으나, 그것을 실행하지는 않으니 말입니다. 나는 내가 원하는 선한 일은 하지 않고, 도리어 원하지 않는 악한 일을 합니다"(롬 7:18-19). 그는 이 궁지를 타개하는 단 하나의 해결책을 제시한다. "아, 나는 비참한 사람입니다. 누가 이 죽음의 몸에서 나를 건져 주겠습니까? 우리 주 예수 그리스도를 통하여 나를 건져 주신 하나님께 감사를 드립니다"(롬 7:24-25). 그리스도 예수께서는 언제나 우리의 의일 뿐만 아니라, 하나님 앞에서 우리의 거룩함이기도 하시다(고전 1:30).

죄인들을 회복시키기 위한 사역

죄는 이미 알려진 사실이다. 그리스도인들은 죽는 날까지 죄의 영향력에 이런저런 방식으로 대처한다. 우리의 죄만 문제가 되는 게 아니라, 타인의 죄도 문제가 된다고 했는데, 기억하는가? 그리스도인들은 죄인일 뿐만 아니라, 타인의 범죄 대상이기도 하다. 이는 그리스도께서 자기 목숨을 내주실 만큼 사랑하신 영혼들의 의사로서 여러분이 날마다 수행하는 일 가운데서 마주하는 현실이다. 여러분은 난국에 대처하고, 그리스도의 이름으로 그분을 대리하여 그분의 사랑하는 사람들 가운데서 그분의 일을 감행하고, 그분의 용서만이 아니라, 여러분이 건네는 말씀과 여러분이 집전하는 성례전을 통하여 그분의 치료하시고 깨끗하게 하시는 접촉도 베풀라고 부름을 받았다. 여러분은 예수께서 명하시는 대로 행하는 그분의 목양견이다. 그분께서는 자기 양 떼가 주리고 목마를 때, 또는 제멋대로 굴다가 길을 잃을 때, 다정한 목자처럼 그들 하나하나를 불쌍히 여기신다. 그분께서는 매 순간 그분의 무리에 들어온 양 떼를 돌보시고, 아직 그분의 우리에 들이지 않으신 다른 양 떼도 거두어들이고 싶어 하신다.

그 지점이 여러분이 입장할 지점이다. 선교와 사역은 함께 간다. 거두어들임과 돌봄, 복음 전도와 목양은 부름을 받은 여러분이 수행해야 할 일괄 업무다. 예수께서는 생명을 주는 말씀과 치료하는 성례전으로 무장시키시고, 자기 영의 능력을 부여하셔서 여러분을 파견하신다. 이는 집을 떠나 방황하는 양들을 거두어들이고, 이미 거두어들인 양들을 돌보게 하려는 것이다. 여러분이 그분의 명령에 따라 그들을 대하면, 그리스도께서 직접 그들을 대하신다. 그것은 그리스도께서 그들을 친히 대하신 것과 같다. 여러분이 용서하면, 그것은 그리스도께서 용서하신 것이다. 여러분이 위로하면, 그것은 그리스도께서 위로하신 것이다. 여러분은 무언가를 여러분의 뜻대로 하지 않고, 여러분을 보내신 주님을 섬기는 사람들이다. 여러분은 그분의 지시를 받들어 그분의 사랑하는 양들과 어린 양들 가운데서 그분의 일을 펼치는 그분의 목양견에 지나지 않는다. 상한 마음들을 위로하고, 그들의 견딜 수 없는 죄 짐을 들어 주고, 그들에게 가해진 범죄로 인해 그들이 받은 고통을 달래 주는 것이 곧 그분의 일이다.

사실, 모든 죄는 근본적으로 우상이다. 죄는 하나님을 하나님으로 모시려 하지 않고, 자기를 높여 하나님의 보좌에 앉기를 고집한다. 죄는 "내 뜻은 이루어질 것이고, 내 왕국도 올 것이다"라고 말한다. 죄는 필요할 때마다 거울로 돌아서서, 거울에 비친 제 모습의 온갖 좋은 면만 본다. 죄는 창조주를 섬기거나 그분께 복종하려고 하지 않는다. 피조물 섬기기를 더 좋아하는 까닭이다.

따라서 여러분에게 적합한 일이 있다. 그것은 영혼들이 제 길을 발견하여 이 죄 많은 세상을 헤쳐 나가면서 자신의 죄와 타인의 죄의 영향력에 맞서 싸우도록 돕는 것이다. 그것은 힘든 일이자, 솔직히 말하자면, 불가능한 일이다. 우리 가운데 누가 이런 일들을 할 수 있겠는가? 우리 자신의 의지에 맡긴다면, 우리 중에는 이 일을 하고 싶어 할 사람이 없을 것이다. 인간적으로 말하자면, 우리 안에는 신약성경이 말하는 유능한 목사와 분별력을 갖춘 영혼의 의사가 될 만한 자질이 없다. 물론 그것은 내가 여러분에게 줄곧 이야기해 온 바이기도 하다. 여러분 자신의 의지에 기대어 이 일을 하려고 시도해 보라. 그러면 여러분은 실패하고, 실망하고, 급속히 고갈되고 쇠약해질 것이다. 그러나 여러분 자신의 이성이나 능력으로는 이 일을 할 수 없지만, 여러분이 그리스도의 이름으로 그리스도를 대리하여 섬길 때, 성령 하나님은 여러분에게 온갖 좋은 선물을 챙겨 주시고, 그분이 보시기에 썩 즐거운 일을 여러분 안에서 수행하신다.

순한 어린양 예수

예수께서 요단강에 이르셨다. 그곳에서는 요한이 세례를 주며, 죄를 용서받게 하는 회개의 메시지를 선포하고 있었다(막 1:4).

요한은 예수를 보자마자, 충실한 지지자들에게 그분을 속죄 제물로 소개했다. "보시오, 세상 죄를 지고 가는 하나님의 어린 양입니다"(요 1:29). 구약의 용어로 말하면, 예수께서는 두 가지 방식으로 죄를 용서하신다. 그분께서는 번제의 어린양이시면서 속죄 염소이시다(레 16:7-10). 이스라엘의 예식에서는 염소 두 마리를 주님 앞에 바쳤다. 첫째 염소는 도살하여 하나님께 제물로 바쳤고, 둘째 염소는 진영 밖으로 보냈는데, 그 염소는 이스라엘의 모든 죄를 짊어지고 황무지로 나가게 되어 있었다. 먼저 죄들이 관례에 따라 그 염소에게 떠맡겨지고, 그런 다음 그 염소가 밖으로 보내졌다. 그 염소는 그들의 모든 죄를 모조리 뒤집어쓰고 광야로 나갔다.

　요단강에 있던 사람들은 요한의 말을, 예수께서 위의 두 양상으로 죄를 용서하시고 형벌도 면제하신다는 뜻으로 알아들었다. 예수께서 죄를 대속할 최후의 제물이 되셨다는 점에서, 그 죄들은 말소되고 용서받을 수 있었다. 모든 죄가 그분께 쌓아 올려졌다는 점에서, 동이 서에서 먼 것 같이, 모든 죄가 멀리 옮겨졌다. 교회의 찬송가는 역사적 예식 속에서 이 점을 포착하여, 요단강에서 이루어진 요한의 선포를 노래했다. 모든 죗값이 전액 지급되었다는 보증으로 신자들이 예수의 구속하는 살과 피를 받기 전에 부른 그 찬송은 다음과 같다. "세상 죄 지고 가는 하나님의 어린양이시여, 우리를 불쌍히 여기소서Agnus Dei qui tollis peccata mundi, miserere nobis." '지다, 나르다'를 뜻하는 tollis라는 단어는, 죄들이 예수께 떠맡겨져서, 그분께서 그것들을 모조리 짊어지고 죽으셨음을 암시한다.

치료

그러나 이것은 하찮은 예식 놀음이 아니다. 그것은 여러분의 목회 도구 상자에 꼭 있어야 할 중요한 것이다. 예수께서 모든 죄를 짊어지셨을 뿐만 아니라 자기의 죽음으로 죗값을 다 치르셨다면, 그것은 죄를 용서받을 뿐만 아니라, 죄를 면하기도 한다는 뜻이다. 바꿔 말하면, 그분께서는 죄들을 두 가지 방식으로 사면하신다. 한편으로는 죗값을 전액 지급하시고, 우리 대신 성부 하나님의 진노를 받으신다. 그러나 그분께서는 똑같이 중요하다는 듯이 우리에게서 죄를 그 모든 결과와 함께 다 가지고 가 버리신다. 우리는 죄를 용서받는 것만을 믿는 게 아니라, 죄를 면하는 것도 믿는다.

이것은 사람들이 죄를 지었을 때, 예수 안에 그들을 위한 용서가 자리하고 있음을 의미한다. 하지만 그들이 타인의 죄로 인해 피해자가 되었을 때도 예수 안에는 치료제와 위로가 자리하고 있다. 그분께서는 그들의 고통과 손해를 떠맡으시고, 그들에게서 그 모든 것을 모조리 가져가신다. 그분께서는 모든 죄를 면하게 해 주신다. 우리가 저지른 죄와 타인이 우리에게 저지른 죄를 모두 면하게 해 주신다. 기능 장애와 폭력이 난무하는 우리 시대에는 이 면죄를 예수의 이름으로 건네는 것이 더욱더 중요하다. 몸의 상처, 마음의 상처, 양심의 상처가 너무 많다. 하지만 그것들은 희생 제물이자 속죄 염소이신 예수 안에서 위로와 치료를 얻을 수 있다. 그분께서는 모든 죄책감과 수치심을 자기 몸에 떠맡으시고, 그것들을 모조리 가지고 가 버리신다. 진실로 예수께서는 우리에게서 모든 더러운 것을 가져가시는 순한 어린양이시다.

죄책감을 용서하는 복음은 수치심을 씻겨 주는 복음이기도 하다. 예수 그리스도께서는 우리를 죄의 굴레에서 자유롭게 하시고 해방하신다. 죄책감의 경우는 우리의 죄책감을 씻은 듯이 없애 주시고, 대신 자기의 의를 수여하심으로써 그리하시고, 수치심의 경우는 자기의 구속하는 사랑으로 우리의 상처를 치료하시고, 타인이 우리에게 저지른 더러운 죄를 우리에게서 깨끗이 씻겨 주시고, 자기의 거룩함으로 우리를 거룩하게 하셔서, 우리를 자기 사람이라고 주장하시면서, 하늘에 계신 우리 아버지의 사랑하는 자녀라는 최고의 지위에 앉히신다.

따라서 여러분은, 하나님이 예수 그리스도 안에서 그리고 그분의 구속 활동 속에서 죄의 모든 영향을 전부 면하게 해 주신다고 말해도 된다. 그리스도께서는 죄라는 치명적인 병을 최종적으로 치우신다. 그분께서는 우리가 그분께 지은 모든 죄와 타인이 우리에게 지은 죄와 그것들이 일으킨 고통도 치우시고, 우리의 상처를 치료하시고, 대신 우리에게 자기의 애정 어린 호의를 베푸신다. 죄책감과 수치심은 우리 주 그리스도의 복음 안에서 함께 치료된다.

그러나 여러분이 알다시피, 면죄는 소수를 위한 것만이 아니다. 그것은 여러분을 위한 것이기도 하다! 목양견이 되는 고귀한 임무를 수행하기 전이든, 수행하는 중이든, 수행한 후든 간에, 여러분은 상당히 많은 시간을 들여, 차분히 앉아 목자이신 그분을 바라보아야 한다.

VI

죄책감과 수치심

_____ 여러분이 고통받는 영혼들과 나만큼 장시간 동안 대화했다면, 여러분은 사람들 대다수가 죄책감과 수치심을 구별하는 데 어려움을 겪는다는 걸 깨달았을 것이다. 그리고 그것은 당연하다. 죄책감과 수치심은 주관적이어서 분간하기 어렵고, 내적으로 같은 것을 아주 많이 느끼기 때문이다. 창피당한 사람들 다수는 터무니없게 죄책감을 느끼고, 하나님이 자기들에게 화나셨다고 마음 깊이 확신한다. 그들이 자기들이 경험하고 있는 것을 '수치심'이라는 표현을 동원하여 묘사하지 않아도, 그렇게 한 것이나 매한가지다. 그들은 타인들의 행위로 인해 망신을 당하거나 모욕을 당한 것이기 때문이다. 이와는 반대로, 어떤 사람들은 실제로 죄를 범했으면서도, 자기들은 완전 무죄이며, 남들이 비난받아 마땅하다고 자신한다. 모순되게도, 그들은 자신들이 느끼는 불쾌함의 근저에 자신들의 죄가 자리하고 있는데도, 자신은

피해자이고, 남들이 가해자라고 생각한다. 죄책감은 자기가 죄를 지어서 느끼는 것이고, 수치심은 죄에 당해서 느끼는 것이다.

죄책감과 수치심은 상당 부분 중첩된다. 그것은 우리 원조元祖의 사례에서 볼 수 있는 사실이다. 먼저 하와가, 그다음에는 아담이 뱀으로 위장한 사탄의 유혹에 굴복했을 때, 그들 부부는 죄책감과 수치심을 모두 경험했다. 그들은 하나님을 자임하며, 금단의 열매를 먹지 말라는 하나님의 명령을 어겼고, 바로 하나님의 심판을 받게 되었다. "그것을 먹는 날에는, 너는 반드시 죽는다"(창 2:17)라고 하나님이 경고하신 뒤의 일이다. 그들의 육체적 죽음은 먼 훗날의 일이었지만, 그들이 창조주께 불순종한 그날, 그들 안에 있던 무언가가 죽었다. 그들의 눈이 열렸고, 그들은 자기들의 벗은 몸을 보고 부끄러움을 강하게 느꼈다. 그날 저녁 하나님이 그들과 교제하기 위하여 오셨지만, 어디서도 그들을 찾아낼 수 없었다. 그래서 그들의 창조주께서 그들을 찾아 나서셨다. "아담아, 어디에 있느냐?" 그분께서는 계속 부르셨다. 우리 하나님은 여러분에게도 그리하신다. 그분께서는 그때부터 길을 잃은 사람들을 계속 찾으려고 애쓰신다. 아담은 이렇게 대답했다. "저는 벗은 몸인 것이 두려워서 숨었습니다."

여러분이 그 자리에서 느끼는 게 있다면, 그것은 수치심일 것이다. 수치심은 달아나서 숨게 한다. 그것은 하나님 안에서 은신처를 찾지 않고, 하나님에게서 벗어나 찾게 한다. 아담과 하와는 평소 하던 것과 달리, 하나님과 사귀는 것을 즐거워하지 않고, 그분께서 다가오시자 숨었다. 그런 식으로 수치심은 작동한다. 그것은 영혼을 불구로 만들어 시르죽게 하고, 격심하고 압도적인 불명예와 치욕의 느낌으로 마음을 괴롭힌다. 수치심은 육체와 영혼으로부터 모든 영광을 빼앗고, 사람들을 벗은 몸으로 남겨 두어, 하나님 앞에서 두려워하게 한다.

아담과 하와의 문제에서 뿌리는 죄였다는 사실에 유의하라. 그것은 추상적인 죄가 아니라, 실제적이고 구체적인 죄였다. 하와가 열매를 따서 먹고, 그런 다음 그 일부를 자기 남편에게 주자, 그도 먹었다. 그들은 하나님의 뜻을 어기고, 잘못을 저질러, 하나님 앞에 떳떳하지 못한 상태로 서서 저주를 받았다. 그것은 우리 문제의 뿌리이기도 하다. 우리는 모두 우리의 원조처럼 죄를 범하여 하나님의 영광에 미치지 못했다(롬 3:23). 우리는 모두 양처럼 길을 잃고, 각기 제 갈 길로 흩어져 떠돌았다(사 53:6). 우리는 하나님의 길보다 우리의 길을 더 좋아하는 까닭에 하나님의 뜻보다는 계속 우리 뜻대로 행한다. 우리는 죄를 범하고, 그럼으로써 하나님의 명령을 어기고, 그분의 의로운 심판을 받는다. 우리는 그분 앞에서 유죄다. 그래서 죗값을 치르지 않으면 안 된다. 죄의 삯은 죽음, 곧 육체적 죽음과 영적 죽음이다. 죄는 언제나 삯을 요구하고, 그 삯은 바로 죽음이다.

그러나 하나님의 뜻을 어기고, 아담과 그의 아내를 그분의 심판 아래 둔 죄는 그들에게 부끄러움을 안겨 준 죄이기도 하다. 그들도 죄의 피해자였다. 바꿔 말하면, 그들은 깊고 무자비한 치욕을 격심하게 느꼈다. 그래서 그들은 숨었다. 자신들의 수치심을 감추지 않으면 안 되었다.

죄책감이 행동과 관계있다면, 수치심은 정체성의 문제다. 죄책감은 내가 저지른 죄스러운 일에 매여 있는 것이고, 수치심은 본연의 자기를 넘어선 것에 대한 철저한 후회의 지속적 경험이다. 수치심을 경험하는 사람은 실패감과 자기 혐오감을 영속적으로 지닌다. 우리는 이것이 우리의 자녀들 안에서 어떻게 작용하는지를 볼 수 있다. 당신이 당신 아이의 잘못을 꾸짖으면, 그 아이는 기를 펴지 못하게 마련이다. 자기가 잘못했다는 것을 알기 때문이다. 그런데 그 아이는 자기가 당신의 기대에 어긋났다는 걸 알고, 자기가 쓸모없다고 심하게 느낀다. 그 아이는 부끄러워하면서 자기의 잘못에 대한 용서를 구한다. 당신에게 잘못했다는 걸 알기 때문이다. 수치심으로 인해 그 아이는 자기가 더러워지고 품성이 떨어졌다는 심한 느낌을 씻어 내지 않으면 안 된다. 말로 옮기지 않더라도, 속으로는 당신이 보기에 자기가 더러운 사람으로 보일 것이라고 느낀다. 진흙탕에 빠졌을 때 목욕이 필요하듯이, 그 아이는 당신 앞에서 회복을 간절히 원한다. 그러면 당신은 그 아이를 용서하고 두 팔로 감싸 안으면서, 그 아이를 당신의 사랑하는 아들로 재확인하고 기꺼이 맞아들인다.

예수께서는 고집스러운 아들과 그의 자애로운 아버지에 관한 흥미로운 이야기에서 하나님의 정화하는 자비를 정확히 그런 식으로 그리신다.

낭비하는 아들

예수께서는 탕자의 귀환이라는 유명한 비유에서 죄책감과 수치심의 차이와 중첩을 생생히 탐색하신다. 대개는 제목을 '탕자의 비유'로 붙이지만, 나는 헬무트 틸레케가 붙인 제목 '기다리는 아버지'를 더 좋아한다. 비유에 등장하는 아버지라는 인물이 그 이야기의 진짜 중심인물이다. 예수께서는 이야기의 두 가지 다른 장면에서 그 아버지를 변치 않는 아버지로 그리신다. 그는 두 아들을 둔 사람이다. 맏이는 집에 머무르며 가족 농장에서 일하고, 막내는 입신출세의 길을 찾으려고 집을 나간다. 연결부가 한 군데 있다. 막내가 무례하게도 자기 몫의 유산을 요구하고, 아버지가 그에게 챙겨 준 모든 자산을 무분별한 삶에 낭비하는 것이다.

그 아들은 이내 궁핍해져, 한 양돈업자에게 고용되어 돼지를 친다. 여러분이 유대인 남자라면, 부정한 동물들 사이에서 일하는 것 말고 딱히 선택권이 없을 때, 그보다 더 절망적인 상태는 없을 것이다. 그가 돼지 여물통을 부러운 눈으로 바라볼 때, 더는 견딜 수 없는 한계가 찾아왔다. 돼지 사료가 자기에게 좋아 보이자, 그는 자기가 맨 밑바닥 상태라는 걸 알았다. 그 순간, 그는 자기 아버지의 집으로 돌아가겠다고 결심했다. 그는 자기가 잘못했음을 알았다. 하나님과 아버지에게 죄를 지은 것이다. 그러나 그의 죄는 죄책감으로만 귀착한 게 아니었다. 그의 죄는 어마어마한 수치심도 유발했다. 그는 자기가 쓸모없는 사람임을 통절히 느끼고, 자기가 저지른 무모한 반항으로 인해 아들의 지위마저 박탈당했음을 뼛속 깊이 느꼈다. 그는 힘없는 목소리로 연습하기까지 했다. "아버지, 내가 하늘과 아버지 앞에 죄를 지었습니다. 나는 더 이상 아버지의 아들이라고 불릴 자격이 없으니, 나를 품꾼의 하나로 삼아 주십시오"(눅 15:18-19). 그 수치심은 그의 존재의 핵심을 때리고, 그의 정체성을 근본적으로 바꾸는 것과 같았을 것이다.

그래서 그 풀 죽은 아들은 긴 귀향의 여정을 시작했다. 그러면서 깊이 뉘우치는 대사를 말없이 몇 번이고 되풀이하며 연습했다. 그는 자기가 아버지에게 잘못했으며, 아들로서 아버지에게 실망을 안겨 주었음을 알았다. 그는 아버지의 지붕 아래로 돌아가고 싶어 하면서도, 자기가 다시 아들로 받아들여지기를 바라지는 못하고, 종의 하나로 고용될 수 있기를 바랐다.

기다리는 아버지

나는 예수께서 이 이야기를 건네시는 방식이 좋다. 그 아들이 무거운 발걸음으로 터벅터벅 집으로 향하고 있을 때, 우리는 그의 아버지가 지평선을 자세히 살피며 자기의 사랑하는 아들을 줄곧 기다리고 있었음을 알게 된다. "그가 아직도 먼 거리에 있는데, 그의 아버지가 그를 보고 측은히 여겨서, 달려가 그의 목을 껴안고, 입을 맞추었다"(눅 15:20). 그 풀 죽은 아들은 부자연스럽게 슬픈 대사를 낮은 목소리로 말하기 시작했다. "아버지, 내가 하늘과 아버지 앞에 죄를 지었습니다." 그것은 죄책감에서 말하는 목소리였다. 자기가 저지른 잘못을 자백하는 것이다. 그는 이어서 이렇게 말했다. "나는 더 이상 아버지의 아들이라고 불릴 자격이 없습니다." 그것은 수치심으로 말하는 목소리였다. 자기가 입은 상처를 말하는 것이다. 죄책감은 행위와 관계있고, 수치심은 존재 및 정체성과 관계있다고 한 말을 기억하라. 그 아들은 자기가 아들의 자격이 없다고 생각하면서 종의 하나로 고용되기를 바랐다.

그러나 아버지는 그 아들의 말을 수용하려 하지 않았다. 아버지는 아들의 말을 도중에 끊고, 종에게 돌아서서 지시했다. 망토와 반지와 신을 어서 가져오라고. 그것들은 모두 아들의 지위를 상징하는 것이었다. 그 아들의 잘못이 용서되고, 그의 수치심이

제거되고, 그의 자존감이 회복되었다. "어서, 가장 좋은 옷을 꺼내서, 그에게 입히고, 손에 반지를 끼우고, 발에 신을 신겨라"(눅 15:22). 이는 그 아들이 아버지의 집을 멀리 떠나 방황하면서, 자기가 받은 유산을 모두 탕진했는데도, 아버지가 그를 껴안음으로써 그의 모든 잘못이 용서되었다고 말한 것이다. 그 아들은 아들이 입는 옷을 입고, 아들이 하는 장식을 함으로써 자기가 집에 돌아왔음을 알게 되었다.

죄인 맞아들이기

그것은 영혼 돌봄 및 영혼 치료와 관련하여 매우 감격스러운 장면이 아닐 수 없다. 목사들은 성부의 집에서 일하는 종들, 상심하며 몹시 후회하는 하나님의 자녀들에게 자녀 자격의 상징을 가져다주는 종들이다. 여러분과 나는 거듭거듭 영혼들을 맞아들여 그들이 속해 있는 집으로 돌아가게 하는 남다른 특권을 지니고 있다. 하나님은 마음이 자애로우셔서 모든 잘못한 자녀를 포옹으로 감싸시고, 그들을 자기 자녀라고 부르시고, 그들을 자기 집의 바른 자리로 되돌리고 싶어 하신다. 바로 그 지점이 우리 목사들이 등장할 지점이다. 방황하는 영혼들을 거듭 간절한 부탁으로 회개에 이르게 함으로써, 우리는 그들이 자신들의 길을 찾고, 그들이 속해 있는 집으로 돌아가게 한다. 그들이 하나님의 은혜로 죄와 수치심에서 돌아서면, 우리는 곁에서 그들과 동행한다. 우리는 습관적인 죄로 상처 입은 삶을 영위하는 그들에게 천상의 습관을 가르친다.

물론, 귀향 여정의 첫 단계는 하나님 앞에서 자기가 누구인지를 고백하는 것이다. "나는 불쌍하고 가엾은 죄인입니다." 사람이 하나님 앞과 우리 앞에서 자기의 죄를 인정할 때마다, 여러분과 나는 명령을 받는다. 우리는 회개하는 마음을 용서하고, 살아 계신 그리스도의 심부름꾼인 우리에게 맡겨진 죄 용서의 말로 그들을 깨끗하게 해 줄 의무가 있다. "그 죄는 물론이고, 당신의 모든 죄가 예수의 등 위에 놓였고, 그분께서는 그 모든 죄를 짊어지고 죽으셨습니다. 그분의 이름으로 그분을 대리하여 내가 당신의 모든 죄를 용서합니다."

개인의 참회와 죄 용서를 위해 공식적인 예식을 활용하든, 내가 위에 쓴 초안처럼, 그리스도의 이름으로 간단히 죄 용서와 정화를 선언하는 것이든 간에, 여러분은 이제껏 유한한 인간에게 부여된 가장 놀라운 특권들 가운데 하나를 소유하고 있다. 그것은 그리스도의 입이 되어 죄를 용서하고 죄책감을 없애 주는 것이다. 종종 그것은, 하나님이 다시 사랑해 주실 수 있다는 생각을 끊어 버린 채 슬퍼하는 사람들에게 영속적 쇄신과 희망을 가져다주는 첫 단계가 된다.

그것이 첫 단계, 필수적 단계다. 하지만 성부의 집으로 돌아가는 여정은 온갖 우여곡절과 기복으로 가득한 평생의 여정이다. 다윗의 생애가 확실히 그랬다. 그는 회복 중독자로서 날마다 하는 회개의 중요성을 알고 있었고, 그의 생애는 여러 면에서 회개에 의지했다. 상처 입은 죄인의 마음과 정신과 몸속에는 죄의 습관들이 깊이 뿌리박혀 있다. 그것들은 옛 아담의 필연적인 불복 때문에 서서히-종종 고통스럽게-사라진다. 옛 아담은 자기가 너무 젊어서 죽을 수 없다고 끊임없이 주장하면서 자기 나름대로 개심하고 고치겠다고 약속한다. 그러나 죄 많은 본성은 새로운 기술을 배울 능력이 없다. 매일의 죄는 통회와 회개로 죽여야 한다. 옛 아담은 쉽게 개심하지 않는다. 날마다 옛 아담이 죽어야, 그리스도 안에서 새사람, 곧 참된 순결과 축복 속에서 새롭게 지어진 사람이 나타날 수 있다.

영혼 치료

그래서 영혼의 의사인 우리는 우리의 환자들을 잘 참아 준다. 바꿔 말하면, 우리는 예화 속 목양견처럼 꾸준히 함께한다. 그 개는 양들이 옛 습관으로 되돌아갔을 때도 낙심하지 않고, 목자의 의지대로 충실히 행했다고 한 말을 기억하라. 그 개는 꼬리 흔들기를 절대로 멈추지 않았다. 목자가 사태를 통제하리라는 걸 알고 있었기 때문이다. 그 개는 그저 자기가 하도록 부여받은 임무를 끈질기게 계속 수행했다.

그것이야말로 사역의 즐거움에 이르는 비결이다. 그 소문난 목양견처럼, 여러분과 나는 우리 구세주의 계획 전체를 파악할 수는 없을 것이다. 그렇지만 우리는 그분께서 우리에게 부여하신 임무를 즐거이 떠맡고, 그분의 명령대로 하고 싶어 한다. 바로 그것이면 되는데, 모르겠는가? 우리의 일은 일에 불과한 게 아니라, 거룩한 소명이다. 예수께서는 그분의 양들을 먹이고 그분의 어린 양들을 돌보는 임무를 우리에게 직접 부여하셨다. 그분께서는 그 양들을 자기의 피로 사셔서 우리에게 맡기시고, 그분의 이름으로 그분을 대리하여 그들을 돌보고 양육하게 하셨다. 우리의 이 사역은 실로 겸허한 영광이자 고귀한 임무가 아닐 수 없다!

목사가 된다는 것은, 직업 그 이상이며, 하나님이 주신 은사다. 그 은사 가운데서 여러분과 나는 끊임없이 그리스도의 일꾼과 하나님의 비밀들을 맡은 관리인으로 양성되고 있다. 우리는 죄와 수치의 진구렁 속으로 가라앉고 있는 영혼들에게 생명의 말씀을 꾸준히 제시하고, 사람들을 살아 계신 하나님의 현존 가운데로 거듭 안내하여, 그들이 자신들을 삼켜 버리겠다고 으르대는 죽음 가운데서 날마다 생명을 얻게 하라고 부름을 받았다.

지극히 작은 자보다 더 작은 나

이 자리를 빌려 여러분에게 작은 비밀 하나를 알려 주고 싶다. 나는 나의 생 대부분 동안 불안정하고 자신이 없었다. 만일 여러분이 내가 농장에서 자라던 아이 시절에 "너는 살면서 무엇을 하고 싶니?" 하고 물었다면, 나는 밭갈이, 농작물 재배하기, 소젖 짜기, 돼지에게 밥찌끼 주기, 달걀 주워 모으기 등 익숙한 일을 꼽았을 것이다. 그것은 안락한 전원생활이었고, 내가 아는 전부였다. 결국, 하나님은 다른 일들을 의도하셨다. 목사가 되는 것은, 아이 시절의 내가 예상한 게 아니었다.

하지만 몇 가지 초기 지표가 있었을지도 모른다. 대다수의 여느 아이처럼, 나는 역할 놀이를 즐겼다. 텔레비전도 없었고, 열 살이 될 때까지는 형제자매도 없었으며, 놀이 친구도 거의 없었으므로, 나는 카우보이와 인디언(우리는 그 당시 사회적 문제를 알지 못했다), 경찰과 도둑 역할을 혼자서 다 해 보면서 놀았다. 나는 미네소타 서부의 화창한 하늘 아래에서 즐거운 오후를 보내며 주인공과 적수, 영웅과 악인 역할을 하면서 놀곤 했다.

'목사' 역할을 해 보는 것도 좋아했다. 나는 일요일마다 담임 목사가 특별 찬양 중에 사라졌다가 설교단에 재등장하여 주의 깊은 청중에게 하나님의 말씀을 선포하는 모습을 보고 흠뻑 매료되었다. 그래서 나는 여느 아이들처럼 내가 본 그대로 흉내를 내곤 했다.

우리 집 헛간에는 건초 시렁이 있었다. 주기적으로 공급되는 알팔파와 참새귀리를 쌓아 두는 곳이었다. 오후만 되면, 아버지는 거대한 건초 더미를 건초 시렁 문을 통해 꼴이 걸려 있는 울타리 안으로 던졌다. 그러고는 헛간 중앙 통로의 양쪽에 1열씩 마련된 외양간의 젖소들에게 그 건초를 먹였다. 젖소들은 칸막이 안에 있어서 머리를 다치지 않고 중앙 통로를 중심으로 양쪽에서 마주 보고 서 있었다.

통로 양쪽에서 마주 보는 그 젖소들은, 내 유년 시절의 상상력 안에서, 신도석에 가지런히 정렬한 주일 예배 회중처럼 보였다. 그리고 건초 시렁의 한쪽 끝 걸이가 비워지면, 나는 그 걸이를 나의 가상 설교단으로 삼곤 했다. 내가 어떤 본문을 선택하고, 어떤 내용으로 '설교'했는지는 기억나지 않지만, 그 젖소들이 나에게 열중했던 것만은 생각난다.

나의 사춘기 시절에, 사람들은 내게 목회 사역에 몸담아야 한다고 말하곤 했다. 그 생각이 나의 흥미를 끌기는 했지만, 나는 '내가 어찌 **사람들** 앞에 서서 설교하겠는가?'라는 선천적 불안을 떨쳐 버릴 수 없었다. 젖소들은 본래 호기심이 많지만, 인간들은 좀 더 분별력 있고, 훨씬 더 비판적이기 때문이다.

내가 마침내 어떻게 이를 악물고 대학 예비 학교에 등록하고 그런 다음 신학교에 등록했는지를 세세히 이야기함으로써 여러분을 지루하게 할 생각은 없다. 그러나 나의 요지는 이것이다. 즉, 내가 마지못해 나 자신을 목회 사역 후보생으로 바치는 데 동의했을 때도, 나는 내가 자란 교회가 아닌 다른 교회에서 섬기는 것을 결단코 상상할 수 없었다. 내가 자란 교회가 내가 아는 전부였기 때문이다. 내가 아는 사람들은 내 아버지와 어머니처럼 대지의 사람들, 곧 등과 손으로 일해서 생계를 꾸리는 단순한 사람들, 대지 친화적인 사람들이었다. 나는 하나님이 은혜를 베푸셔서 내가 시골 교회에서 섬기게 하실 거라고 여겼지만, 그분은 전혀 낯설고 불쾌해 보이는 환경에서 섬기게 하셨다.

한 대학가에 있는 교회에서 나의 수련 기간을 채우도록 임명받았을 때, 내가 얼마나 겁을 냈을지, 여러분은 능히 상상할 수 있을 것이다. 주요 평신도 지도자들은 정규 교수들이었고, 남녀를 불문하고 다 박사 칭호를 듣는 사람들이었다. 줄잡아 말하지만, 나에게 맞지 않는 환경 속에 있는 것과 같았다. 지성인들 사이에 끼어 있는 한 소년 농부, 그 모습을 상상해 보라!

어느 날, 내가 불안감을 털어놓자, 한 대학 교수가 나에게 실상을 전해 주었다. 그는 수학 교수였던 것 같다. "걱정하지 마세요"라며 그는 이렇게 말했다. "나는 교회에 올 때 지적 자극을 받으려고 오는 게 아닙니다. 나는 죄인으로서 하나님의 말씀을 들으려고 옵니다." 그는 참 지혜로운 사람이 아닐 수 없다! 그는 단순한 미네소타 농부 소년을 격려하여, 하나님이 주신 소명을 잘 준비하게 하는 법을 알고 있었다.

그리고 나머지는 그야말로 역사다. 그때 이후 나는 내가 어릴

적에 알았던 사람들과 같은 농부들, 도회지의 상인들, 개종자들, 대학생들과 교수들, 교외 거주자들, 소수 민족, 도시 사람들을 섬기는 복을 받았다. 나는 신학교에서 가르치기도 했고, 몇 권의 인기 있는 신학서와 경건 서적을 쓰기도 했으며, 지금은 전 세계의 성직자와 평신도를 위한 교육을 연속적으로 수행하는 한 교회 선교 단체의 이사로 섬기고 있다.

내 안에 이렇다 할 장점이나 훌륭한 구석이 없는데도, 이 모든 일을 할 수 있었던 것은 순전히 하나님의 은혜 덕분이다. 확실히 내게는 목사직에 적합한 구석이 조금도 없다. 그저 하나님이 자기 교회를 통하여 나를 이 시간과 이 자리로 인도하셨고, 이 일을 위해 나를 준비시키셨으며, 내 주위의 신실한 성도들을 통해 나를 부요하게 해 주시고 원조해 주셨을 따름이다. 바울처럼, 나도 정직하게 말할 수 있다. "하나님께서 모든 성도 가운데서 지극히 작은 자보다 더 작은 나에게 이 은혜를 주셔서, 그리스도의 헤아릴 수 없는 부요함을 이방 사람들에게 전하게 하시고"(엡 3:8).

여러분이 목사가 되는 것을 놓고 심사숙고하는 사람이라면, 혹은 여러분이 이미 그 역할을 맡아 섬기고 있지만, 그것을 계속하는 데 필요한 것을 여러분이 실제로 지니고 있는지를 의심하고 있다면, 여기 그랬던 적이 있는 사람의 조언이 있다. 여러분 안에는 대 목자의 목양견으로서 섬기는 고귀한 임무를 위해 여러분을 준비시킬 만한 것이 없다. 그러나 그분께서 여러분을 부르셔서 그분을 섬기게 하시면, 놀랄 만한 일이 일어난다. 목회적 **습성**은 하룻밤 사이에 습득되는 게 아니다. "참고 견디십시오. 그러면 여러분 안에서 선한 일을 시작하신 분께서 자기의 맞춤한 때에 그 일을 완성하실 것이고, 자기가 보기에 아주 유쾌한 일을 여러분 안에서 수행하실 것입니다"(빌 1:6). 나는 다음과 같이 말하는 것이 진부하다는 걸 알지만, 이 경우에는 참말이다. 오늘은 여러분 여생의 첫날이다. 여러분이 실수했다면, 여러분의 죄를 자백하고, 우리 주 그리스도 예수 안에서 하나님의 은혜로 다시 시작하라. 여러분이 그분께 기회를 절반이라도 드리면, 그분께서 여러분을 통하여 놀라운 일들을 완수하실 것이다. 어쨌든, 사역의 실질적 자원은 여러분 안에 있지 않고, 그분께서 여러분의 손과 입에 두시는 도구들에 있다.

하늘이 내리는 약

우리의 돌봄에 맡겨진 영혼들을 치료하도록 우리에게 맡겨진 유일한 치료 도구는 말씀과 성례전이다. 그것들은 인간의 공허한 의식도 아니고, 무의미한 몸짓도 아니다. 성령 하나님은 자신을 위하여 그 거룩한 수단들을 통해 하나의 교회를 부르고, 모으고, 교화하고, 거룩하게 하는 일을 계속 수행하신다. 놀랍게도, 그분께서는 우리처럼 흠 있는 일꾼을 이용하여 그토록 고귀한 일을 수행하신다.

우리와 같은 사람들을 이용하여 천상의 일을 지상에서 수행하실 정도로 그분의 은혜는 아낌이 없다. 그분께서는 자신의 강력한 말씀을 우리의 연약한 입에 두셔서, 죄인들을 회개시키고, 상하고 상처 입은 죄인들을 용서로 치료하고, 그들의 수치심을 덮

• 옮긴이 사역.

어 가려 주게 하신다. 그분께서는 우리의 약하고 보잘것없는 손을 사용하여 죄인들을-노소 불문하고-회심의 욕조에 빠뜨리셔서, 그들이 예수와 함께 죽고, 예수와 함께 살아나서, 참된 의와 순결함 속에서 예수의 부활 생명을 영위하게 하신다. 주일마다 우리는 슬퍼하는 영혼들에 희망을 가져다주고, 떠는 마음들에 용기를 가져다주는 특권을 받았다. 그것은 우리가 그들에게 예수의 사랑과 은혜를 상징하고 보증하는 이 세상의 빵과 포도주를 예수의 살로 받아먹게 하고, 예수의 피로 받아 마시게 함으로써 이루어진다.

노예가 아니라 자녀다

상한 마음들과 상처 입은 영혼들은 통상 난타를 당한 상태여서, 하늘에 계신 아버지를 보지 못한다. 그들은 기능 장애에 깊이 빠진 상태여서, 그릇된 신앙, 절망, 기타 커다란 수치심과 악덕에 곧잘 걸린다. 그들은 악마의 거짓말을 맹목적으로 받아들인 까닭에, 성부의 집에서 소외되고, 그분의 사랑을 더는 받지 못하게 된다. 그들이 바랄 수 있는 것은 기껏해야 그분께 일꾼으로 고용되어, 그분의 집안에서 스스로 모종의 지위를 얻는 것이다. 그러나 예수의 비유에 등장하는 아버지처럼, 하늘에 계신 우리 하나님은 그리하지 않으실 것이다. 그분께서는 자기에게로 돌아오는 모든 타락한 죄인을 껴안으시고, 그들을 "내 소중한 아들딸"이라 부르신다. 그분께서는 자기의 종을 부르셔서, 자기의 자녀들에게 가서 옷을 입히고, 반지를 끼우고, 신을 신기라고 지시하신다. 이는 그분께서 그들의 아버지이시고, 그들이 그분의 자녀임을 암시한다. 그분께서는 그들을 위하여 잔치를 준비하게 하시고, 그들에게 식탁의 명예로운 자리에 앉으라고 하신다.

여러분과 나는 그 종이다. 자애로운 성부께서는 우리에게 명하셔서, 슬퍼하는 사람들에게는 희소식을, 절망하는 사람들에게는 희망을, 상심한 사람들에게는 치료를, 타락한 사람들에게는 회복을 설교하게 하신다. 우리는 낙담한 죄인들을 세례 증서로 감쌈으로써 그들에게 다시 한번 온전함을 가져다준다. 그것은 통회와 회개로 그들의 옛 아담이 죽고 새사람이 나타나, 그들을 사랑하시고 그들에게 자기 목숨을 내주신 하나님의 아들을 믿는 믿음으로 살 때 이루어진다. 데이비드를 기억하는가? 그는 학대하는 아버지로 인해 깊은 상처를 입었지만, 종으로 고용됨으로써 하늘에 계신 아버지의 선한 은혜 안으로 돌아가고자 애썼다. 내가 그에게 예수의 이름으로 거듭하여 건넨 용서와 생명과 구원은, 그가 노예가 아닌 사랑하는 아들로서 아버지의 집에 속해 있음을 알리는 필수적 상징들이었다.

그러나 조심하라. 여러분은 일단 세례받은 영혼을 통회와 회개로 이끌었으면 그것으로 할 일을 다 했다고 생각하고 싶을 것이다. 때때로 우리는 초기의 성공을 거둔 뒤에 바로 그 영혼에게서 너무 빨리 손을 떼고, 다른 영혼에게로 옮겨 가는데, 그러기가 쉽지 않음은 물론이다. 여러분이 그리스도인으로 살면서 경험하여 알다시피, 옛 아담은 뛰어난 수영 선수다. 어느 날 통회와 회개로 그를 익사시켰건만, 이튿날 그가 다시 나타나서, 버젓이 살아 움직이며 반항하고, 자기가 잘 아는 못된 일을 꾸미기 때문이다.

정원 가꾸기와 회개

나는 정원을 가꾸는 철이 되면 지속적인 회개의 필요성을 생각한다. 나는 거의 15년 동안 공동체 정원을 임대하여 써 왔다. 정기적으로 손에 흙을 묻히는 것은, 나의 농부 영혼에 좋은 약이나 다름없기 때문이다. 하지만 나의 정원에는 좋지 않은 게 하나 있다. 그것은 성가신 개밀의 습격을 받는 것이다. 그 불쾌한 잡초는 씨앗으로만 번식하는 게 아니라, 뿌리줄기의 정교한 지하 그물 조직을 통해서도 번식한다. 저지하지 않고 내버려 두면, 개밀은 비옥한 정원을 딱딱한 잡초밭으로 만들어 버린다. 그래서 나는 철마다 전투를 개시하여, 봉긋한 화단의 모든 평방피트를 힘겹게 삽으로 파내고, 그런 다음 모든 입방 피트의 흙을 샅샅이 뒤져 가며, 되도록 마지막 뿌리 조각까지 제거한다. 올봄에는 18리터짜리 커다란 양동이 10개 분량의 개밀 뿌리를 손으로 제거한 것 같다.

인내력과 지구력은 농사에 주요한 덕목이면서, 목회에도 주요한 덕목이다. 죄로 손상된 영혼들과 함께할 때는 지름길을 택해서는 안 된다. 회전 경운기에 버금가는 것으로 증상들을 다루려고 하면, 유혹만 늘고, 죄책감과 수치심이 되살아나기 마련이다. 오히려 여러분은 상처의 원인을 끈기 있게 듣고 진단하지 않으면 안 된다. 영혼을 통회와 회개로 이끌면, 치료의 능력을 지닌 하나님의 말씀이 작용하기 시작하여, 죄를 뿌리 뽑고, 그리스도 안에서 누리는 생명과 평화를 줄 수 있다. 그러므로 지름길을 택해서는 안 된다. 무엇보다도 영혼의 의사인 우리는 아무리 힘들어도 견뎌 내며 지속하는 인내력이 필요하다. 밀고 나아가면서, 우리에게 맡겨진 임무를 그저 되풀이해 수행하면 되는 것이다.

VI 죄책감과 수치심

그러나 우리에게 맡겨진 일들은 참으로 굉장한 일이 아닐 수 없다! 우리는 회개하는 마음들을 용서하고, 걱정하는 마음들을 위로하고, 지친 마음들을 위문하고, 상처 입은 마음들을 달래 준다. 이는 우리 자신의 동정심으로 하는 일이 아니라, 구세주의 사랑이라는 깊이를 알 수 없는 샘에서, 그리고 말씀 설교와 성례전 집전을 통해 계속 현존하시겠다고 하신 그분의 약속 안에서 하는 일이다.

죄 중독자 치료하기

우리는 모두 중독자들이다. 에덴동산에서 일어난 우리 원조의 무시무시한 반역 이후, 우리는 마지막 한 사람까지 다 죄를 짓는 경향이 있다. 죄는 죄인들이 하는 짓이다. 예수께서는 "죄를 짓는 사람은 다 죄의 종이다"(요 8:34)라고 말씀하신다. 죄는 중독성이 강하다. 우리는 죄가 우리를 죽이리라는 걸 알면서도 삶을 계속 영위하기 위해서는 죄를 짓지 않으면 안 된다고 믿게 되었다. 그것은 나쁜 소식이 아닐 수 없다. 그러나 대단히 좋은 소식도 있다. "아들이 너희를 자유롭게 하면, 너희는 참으로 자유롭게 될 것이다"(요 8:36). 계속 이어지는 기독교적 삶의 이야기는 죄 중독자들이 잇따라 자유롭게 되어 종이 아닌 자녀의 삶을 영위하게 되었다고 말하는 열린 무용담이다.

중독자들은 치료 없이는 절대로 회복되지 않는다. 감사하게도, 하나님은 죄 중독에 대한 치료법을 제공해 주셨다. 모든 중독에서 인간의 의지는 변화를 가져올 힘이 없다. 그것은 죄 중독에서도 마찬가지다. 아무리 노력해도, 우리의 의지력으로는 우리의 죄 많은 마음과 육체의 갈망을 채우려는 강한 충동을 가라앉힐 수 없다. 그 곤경은 바울이 말한 바와 같다. "나는 내 속에 곧 내 육신 속에 선한 것이 깃들여 있지 않다는 것을 압니다. 나는 선을 행하려는 의지는 있으나, 그것을 실행하지는 않으니 말입니다. 나는 내가 원하는 선한 일은 하지 않고, 도리어 원하지 않는 악한 일을 합니다. 내가 해서는 안 되는 것을 하면, 그것을 하는 것은 내가 아니라, 내 속에 자리를 잡고 있는 죄입니다"(롬 7:18-20).

물론 그 궁지에서 벗어나는 유일한 길이 있다. 우리가 우리의 죄 많은 탐욕과 욕망이라는 감방에서 탈출하려고 하면, 하나님은 친히 우리를 탈출시키려 하시고, 당연히 그리하신다. 하나님의 영원한 아들이 우리 인간의 몸을 입으시고, 인류에게 알려진 온갖 유혹에 종속된 우리 가운데 한 사람이 되셨다. 그분께서는 우리 모두의 대리인이 되셔서 하나님의 완전하신 뜻과 하나님의 법에 적극적으로 복종하셨다. 또한 그분께서는 모든 인간의 죄와 불법을 자기 몸에, 자기의 죄 없는 육신에 수동적으로 받아들이셨다. 그분께서는 갈보리에서의 희생적 죽음을 통해 우리의 죄책감과 수치심을 결정적으로 확실하게 처리하셨다. 그분께서는 먼저 우리의 범죄 때문에 죽임을 당하셨고, 우리를 의롭게 하시려고 살아나셨다(롬 4:25). 기독교의 수많은 교사는 그것을 "위대한 교환"이라고 부르는데, 예수께서는 바로 그 교환을 통해서 우리의 죄를 떠맡으시고, 우리에게 자신의 의로움과 거룩함을 주신다. 하지만 이 모든 것은 매우 오래전에 아주 먼 곳에서 일어난 일이다. 그 교환은 어떻게 우리의 것이 되는가?

세례 요법

세례는 모든 그리스도인을 위하여 죽으시고 부활하신 예수께서 제정하신 것이다. 시간과 지리학의 한계가 없어지고, 이 성례전을 통해 세례받은 사람은 저마다 성금요일 및 부활절과 연결된다. 하나님의 모든 자녀는 물로 씻겨 주는 이 신성한 의식과 말씀을 통해 예수의 죽음을 죽어서 예수와 함께 무덤에 묻혔다가, 예수와 함께 살아나서, 그분의 부활 생명을 영위하게 된다.

"세례를 받아 그리스도 예수와 하나가 된 우리는 모두 세례를 받을 때에 그와 함께 죽었다는 것을 여러분은 알지 못합니까? 그러므로 우리는 세례를 통하여 그의 죽으심과 연합함으로써 그와 함께 묻혔던 것입니다. 그것은, 그리스도께서 아버지의 영광으로 말미암아 죽은 사람들 가운데서 살아나신 것과 같이, 우리도 또한 새 생명 안에서 살아가기 위함입니다"(롬 6:3-4).

세례는 단 한 번 이루어지지만, 그 의의는 계속 이어진다. 세례받은 하나님의 자녀는 모두 남은 생 동안 날마다 죽고 살아난다. 죄 중독자는 죄에 대하여는 죽고, 의에 대하여는 살아남으로써 몇 번이고 죽고 살아나서, 성부 하나님의 집에서 종이 아닌 자녀로서 삶을 영위하게 된다.

나는 그것을 세례 요법이라고 부르게 되었다. 세례의 능력을 계속 적용함으로써 죄인은 새 생명을 얻어 살게 된다. 죄인의 불충분하고 부적당한 의지력에서 연료를 얻는 게 아니라, 십자가에 달리셨다가 살아나신 구세주, 믿음을 통해 죄인 안에서 사시는 구세주로부터 연료를 얻는 것이 새 생명이다. 이 요법은 양방향으로 길을 낸다. 그것은 죄책감과 수치심을 치료한다. 세례 요법은 압도적 무게의 죄책감을 경험하며 슬퍼하는 마음들에 그들의 모든 죄가 완전히 용서되었다는 안도감과 해방감을 가져다준다. 또한 세례 요법은, 타인들의 죄로 인해 깊이 새겨진 수치심의 상처를 지닌 채 움츠러들고 위축된 마음들에 정화와 회복을 안겨주고, 그들을 그리스도 자신의 거룩한 옷으로 거듭거듭 감싼다.

목사들을 위한 치료술

치료술은 의사들에게 필수적인 기술이다. 또한 그것은 영혼의 의사들에게도 필수적인 기술이다. 앞서 설명한 대로, 여러분과 내가 훌륭한 영혼의 의사가 되려면, 진단 기술과 치료술을 연마할 필요가 있다. 그리고 세례 요법은 여러분과 내가 습득하지 않으면 안 되는 주된 치료술 가운데 하나다. 그것은 죄책감과 수치심을 치료할 때 필요한 치료술이다. 대개는 동반 질환이 있을 것이다. 이를테면 타인들에게 수치를 당한 사람들이 통상 자신들에게 상처를 준 자들에게 죄를 짓는 것으로 응수하는 것이다.

그런 까닭에 목사들은 특히 잘 듣는 사람이 되지 않으면 안 된다. 우리는 해법으로 여겨지는 것에 너무나 빨리 뛰어드는 경향이 있다. 그러나 사람들은 풀어야 할 수학 문제가 아니다. 그들은 예수께서 죽기까지 위하신 영혼들이다. 따라서 우리는 양질의 영혼 돌봄을 위해 무엇을 기억해야 하는가?

우리는 온통 귀가 되어야 한다. 그래야 예수께서 주려고 하시는 걸 그들에게 가져다줄 수 있다. 4장에서 나는 목사가 자기 앞에 있는 영혼에게 다가가서, 감출 수 없는 영적 곤경의 징후들―

죄책감이나 수치심-을 귀담아듣는 네 가지 대화 지침을 기술한 바 있다. 영혼 치료에서 첫 번째 중대한 요소는 예수의 이름으로 주의를 기울이는 것이다.

그다음에는 의도적으로 예수의 이름으로 행동할 필요가 있다. 여느 훌륭한 목양견처럼, 그저 목자를 섬기며, 그분의 명령대로 하면 된다. 자신의 재간이나 인간적 수단으로는 영혼을 치료할 수 없다. 나의 유일한 책무는 그리스도의 일꾼이 되고, 하나님의 비밀들을 맡은 관리인이 되는 것이다. 하나님은 그 비밀들을 통해 치료를 수행하신다. 나의 관심사는 내 앞에 있는 영혼과 생명의 주 그리스도 예수의 만남을 촉진하는 것이다. 나의 불타는 바람은 그분의 치료와 도움을 적용하는 것이다.

예수께서 들려주신 탕자와 그의 아버지 이야기를 기억하는가? 그 아들이 그럭저럭 집에 돌아와서 자기를 직원으로 고용해 주기를 청하자, 그 아버지는 그 청을 수용하려 하지 않았다. 오히려 자기 종에게 지시를 내려, 옷과 반지와 신을 속히 가져오게 했다. 옷과 반지와 신은 자식의 신분을 가리키는 상징들이다. 목사인 여러분과 나는 사역 속에서 이야기 속 아버지와 똑같이 한다. 여러분의 서재에서 여러분의 맞은편에 앉아 있거나 병원에 누워 있는 사람은 성부 하나님의 또 다른 탕자, 각자 나름의 방식으로 아버지의 집으로 귀환하기를 갈망하는 탕자일 뿐이다. 세례 요법은 세례로 돌아가, 전에 그 신성한 목욕, 곧 죄를 용서하고 생명을 회복시키는 목욕 중에 받았던 선물들을 끊임없이 적용하는 것 그 이상도 이하도 아니다. 탕자들은 통회와 회개를 통해 계속 아버지의 집으로, 아버지의 자애로운 품으로 돌아간다. 그러고는 그리스도의 교회라는 동아리 안에서 믿음의 가족이 누리는 온갖 혜택을 받는다. 그들은 더는 죄스러운 탐욕과 정욕에 사로잡히지 않고, 날마다 아버지의 집에서 자녀로서 자유롭게 살아간다. 그래서 우리 목사들은 아버지의 상처 입은 자녀들에게 아버지의 선물을 언제라도 나누어 주기 위해 아버지로부터 온갖 하사품을 갖추고 있다.

　성령께서는 죄를 뉘우치는 신자들의 모든 죄를 날마다 충분히 용서해 주신다. 여러분과 나는 그리스도께서 하신 용서의 말로 그 용서를 건넨다. 성령께서는 누구나 부르셔서 거룩하게 하신다. 그분께서는 자신의 죄와 타인의 죄로 더러워진 사람들을 거룩하게 하신다. 여러분과 나는 예수의 깨끗하게 하는 피와 그분의 정결하게 하는 말씀을 통해 그 거룩함을 건넨다. 우리는 슬퍼하는 마음들에 다시 희망을 준다. 우리는 죽음이 불쑥 모습을 드러내는 곳에 생명을 가져다주고, 전에 절망이 지배하던 곳에 희망을 건넨다. 우리는 우리의 귀를 사용하여 인간의 상처와 아픔을 귀담아듣고, 우리의 입을 사용하여 하나님의 말씀을 건네고, 우리의 손을 사용하여 물과 빵과 포도주로 그분의 치료제를 발라 준다. 우리는 모든 아파하는 마음과 상처 입은 영혼을 위해 기도하며, 우리가 귀담아들었던 탄식과 비탄을 토로하고, 각 영혼이 하늘에 계신 아버지께로 나아가도록 돕는다. 우리는, 그들이 아버지께로 나아가는 것은 그분의 사랑하는 아들 예수 그리스도를 통하여 나아가는 것이므로, 그들이 사랑하는 자녀라는 말을 꼭 듣게 될 것임을 보증한다. 끝으로, 우리는 성 삼위일체의 강력한 이름으로 신청한 복, 곧 성부 하나님의 사랑과 우리 주 예수 그리스도의 은혜와 성령의 영속적인 친교를 각각의 상처 입은 영혼에게 건넨다.

경계의 말씀

수치심과 죄책감은 단지 부정적인 감정 그 이상이다. 목사인 우리는 하나님의 사람들이 느끼는 감정을 철저히 그리고 세심히 알고 있어야 한다. 그것은 정확한 영적 진단과 관련하여 꼭 필요하다. 우리의 대인 응대 방식에 영향을 미칠 수 있는 우리의 내적 감정을 아는 것도 결정적으로 중대하다. 우리가 치료하는 것은 감정이 아니라 사람들이기 때문이다. 여러분이 성경을 읽어 본다면, 죄책감과 수치심은 인간 기분의 지배를 받을 뿐만 아니라, 객관적 실재들이기도 하다는 걸 알게 될 것이다. 내가 죄책감을 느끼는 것은, 나에게 죄가 **있기** 때문이고, 내가 잘못했기 때문이다. 동시에 내가 수치심을 느끼는 것은, 내가 더럽혀지거나 수치스러운 일이 나에게 일어났기 때문이다. 내가 오염되고 더러워져서 아무 가치가 없다고 느끼는 것이다.

우리는 그 분명한 보기를 "하나님의 마음에 드는 사람"(행 13:22) 다윗왕의 경험에서 보게 된다. 사무엘하 11-12장에 기록된 씁쓸한 이야기, 곧 다윗이 밧세바를 유혹하고 그녀의 남편을 살해한 이야기에서, 우리는 죄와 수치심이 얼마나 구체적이고 실제적인지, 죄와 수치심이 어떤 영향력을 지니고 있는지, 나단이 그것들을 어떻게 다루는지를 똑똑히 볼 수 있다. 나단은 하나님의 파견을 받아서, 먼저 다윗에게 면박을 준 다음 그의 죄와 수치심으로부터 그를 치료해 준다.

다윗왕은 하나님의 거룩한 명령을 어기고, 우리야의 아내를 침대로 데려갔고, 그런 다음 우리야가 최전선에서 전사하게 함으로써 자기 죄를 덮으려고 했다. 그러나 그 죄들로 인해 다윗은 거룩하신 하나님을 모독하고, 밧세바뿐만 아니라 자기 몸까지 더럽히고 말았다. 주님의 예언자 나단이 그의 죄를 들이대자, 그는 낙담한 채, 하나님께 마음을 터놓고 자신의 죄책감과 수치심을 털어놓았다.

> 하나님, 주님의 한결같은 사랑으로
> 내게 자비를 베풀어 주십시오.
> 주님의 크신 긍휼을 베푸시어
> 내 반역죄를 없애 주십시오.
> 내 죄악을 말끔히 씻어 주시고,
> 내 죄를 깨끗이 없애 주십시오(시 51:1-2).

다윗의 죄는 두 가지가 겹치면서도 다른 방식의 의도적 치료가 필요했다는 사실에 유의하라. 그의 죄책감에는 용서 혹은 마땅히 받아야 할 처벌의 면제가 필요했다("내 반역죄를 없애 주십시오"). 그의 수치심에는 씻겨 줌이 필요했다("내 죄악을 말끔히 씻어 주시고"). 그가 주님의 대변자를 통해 받은 게 바로 그것이었다. "그 때에 다윗이 나단에게 자백하였다. '내가 주님께 죄를 지었습니다.' 나단이 다윗에게 말하였다. '주님께서 임금님의 죄를 치워 주셨습니다.' 그러므로 임금님은 죽지는 않으실 것입니다'"(삼하 12:13). 다윗의 기분을 더 좋게 해 주는 게 아니라, 그를 용서해 주고 그의 더러운 죄를 씻겨 주는 것이 나단의 목표였다는 사실에 유의하라. 그 후 다윗의 기분이 더 나아졌는가? 틀림없이 그

• 옮긴이 사역.

랬을 것이다. 그러나 그 기분은 그가 받은 실제적인 것들, 곧 죄
용서와 수치심을 씻음에서 비롯되었을 것이다.

치료된 치료자들

바로 그것이다. 죄책감과 수치심은 죄의 두 결과다. 여러분이 종
종 서로 뒤얽히는 그 두 실재를 더 잘 구별하면 구별할수록, 여러
분은 예수의 이름으로 도움과 치료를 더 잘 가져다줄 수 있을 것
이다. 목회 직무의 모든 면이 그러하듯이, 그렇게 구별하는 능력
은 영혼의 의사로 오래 실습한 결과라고 할 수 있다. 그것은 습
득된 기능이다. 그것은 목회 직무의 **습성**에 속한다. 여러분이 자
기 영혼을 세심히 의도적으로 돌볼 때, 그리고 여러분이 다른 목
사의 돌봄을 받을 때, 그 능력은 자란다. 그럴 때만 여러분은 하
나님의 은혜로 여러분이 받은 것을 다른 이들에게 줄 수 있다. 내
가 같은 말을 되풀이하는 사람처럼 말하고 있다는 것을 알지만,
먼저 받지 않은 걸 베풀 수 없다는 말은 참말이다. 감사하게도,
관대하시고 은혜로우신 하나님은 한계를 모르신다. 요한은 오래
전에 이렇게 말했다. "그 말씀은 육신이 되어 우리 가운데 사셨
다. 우리는 그의 영광을 보았다. 그것은 아버지께서 주신, 외아들
의 영광이었다. 그는 은혜와 진리가 충만하였다. … 우리는 모두
그의 충만함에서 선물을 받되, 은혜에 은혜를 더하여 받았다"(요
1:14, 16).

  죄책감을 용서받고, 수치심을 씻음으로써, 영혼은 되살아나고
새로워진다. 사실상, 창조주의 형상으로 재창조된다. 수치심 때

문에 숨고 죄책감으로 상심하던 영혼이 그것들에서 벗어나 온전함과 순결함 속에서 살며 사랑하고, 하나님의 거룩하고 죄 없는 어린양 예수께서 흘리신 보혈로 다시 의로워지고 깨끗해진다. 예수께서는 우리를 위하여 죄가 되시고, 우리는 그분 안에서 하나님의 의가 된다. 용서받고 깨끗해진 옛 다윗이 그랬듯이, 속량받고 새로워진 영혼도 구원하시고 회복시켜 주시는 하나님 안에서 크게 기뻐한다.

우슬초로 나를 정결케 해주십시오.

내가 깨끗하게 될 것입니다.

나를 씻어 주십시오. 내가 눈보다 더 희게 될 것입니다.

기쁨과 즐거움의 소리를 들려주십시오.

주님께서 꺾으신 뼈들도, 기뻐하며 춤출 것입니다.

주님의 눈을 내 죄에서 돌리시고,

내 모든 죄악을 없애 주십시오.

아, 하나님, 내 속에 깨끗한 마음을 창조하여 주시고

내 속을 견고한 심령으로 새롭게 하여 주십시오.

주님 앞에서 나를 쫓아내지 마시며,

주님의 성령을 나에게서 거두어 가지 말아 주십시오.

주님께서 베푸시는 구원의 기쁨을 내게 회복시켜 주시고,

내가 지탱할 수 있도록 내게 자발적인 마음을 주십시오.

반역하는 죄인들에게 내가 주님의 길을 가르치게 하여 주십시오.

죄인들이 주님께로 돌아올 것입니다.

하나님, 나를 구원하시는 하나님,

내가 살인죄를 짓지 않게 지켜 주십시오.

내 혀가 주님의 의로우심을 소리 높여 외칠 것입니다

(시 51:7-14).

다윗왕의 회복에 성령의 현존이 극히 중요했다는 사실에 유의하라. 영혼 치료의 핵심은 이것이다. 즉, 모든 영혼은 거룩하게 하시는 성령을 가까이함으로써 재생과 정화를 얻는다는 것이다.

VII

거룩함과 영혼 치료

——————— 칭의가 기독교 복음의 핵심에 자리하고 있다면, 목회 직무는 성화의 영역에서 일상적으로 이루어지는 활동이다. 십자가에 대한 설교가 항상 그 활동의 중심에 자리한다. 하나님이 그리스도 안에서 세상 사람들의 죄를 셈하지 않으시고, 오히려 그들을 자기와 화해시키셨다는 은혜의 선언, 이것-만-이 복음의 구성 요소다. 실로, 그리스도 예수께서는 우리 모두를 대신하는 속죄 제물이시다. 그분께서는 십자가에 달려 죽으심으로써 기쁜 교환을 완수하신다. 그분께서는 우리의 모든 죄악을 자기 안에 흡수하심으로써 자기를 믿는 모든 이에게 자기의 완전한 의를 수여하신다. 이제 하나님은 믿는 그리스도인을 보실 때 죄인을 보시는 게 아니라, 자기의 사랑하는 아들을 보시며 기뻐하신다.

그러나 신자들이 이 세상에 남아 있는 한, 죄는 황폐함을 계속 풀어놓는다. 우리는 날마다 죄를 짓고, 그래서 하나님의 진노와

벌을 받아 마땅하기에, 불굴의 기준인 그분의 거룩한 율법 앞에 죄인으로 피소된다. 그러나 죄에는 죄책감 말고도 똑같이 황폐하게 하는 다른 차원이 있다. 그것은 다름 아닌 수치심이다. 우리는 타인에게 죄를 짓기도 하지만, 동시에 타인의 범죄 대상이 되기도 한다. 그래서 우리는 일상적으로 수치심, 곧 더러워져서 거룩하신 하나님 앞에 설 자격이 없다는 극심한 느낌과 싸운다.

학대하는 아버지에게서 상처를 입어 휘청거리던, 회복 중인 알코올 중독자 데이비드의 사례를 기억하는가? 그가 어느 날 "성화란 참 좋은 소식이군요"라고 말한 것을 기억하는가? 그 당시 나는 성화와 선행을 동일시했기에, 그의 말에 어리둥절했다. 나는, 선한 일을 행하는 것이 그의 학대와 강박적 행동의 여운을 지울 수 있지 않을까 하고 생각하고 있었기 때문이다. 그러나 나는 데이비드의 말이 옳았음을 알게 되었다. 그는 성화는 인간의 일이 아니라 하나님의 일이라는 성경의 지당한 가르침을 본능적으로 이해하고 있었다. 물론, 데이비드는 자기의 죄를 용서받은 것을 기쁘게 여겼다. 하지만 그는 하나님이 거룩함을 그와 함께 나누시자, 자기 생에서 수십 년 동안 지옥처럼 심하게 되풀이되던 혼란과 상처와 후회에서 해방되었다. 성령께서 그의 마음과 영혼 안에서 활동하시자, 그는 새로운 삶을 발견하고, 새롭게 정돈된 건강한 사고방식과 생활 방식을 배우려는 갈망과 그리할 힘을 얻었다. 그는 새 마음을 받아서, 더는 과거에 받은 상처와 수치심으로 삶을 영위하지 않고, 그리스도의 사랑과 은혜로 삶을 영위했다. 그리스도 예수 안에서 그는 자유인으로 탈바꿈했다. 그는 수십 년 동안 죄책감에 시달리고, 압도적인 수치심에 짓눌려 비틀거리기도 했지만, 성화의 길을 걸으면서 이전의 감옥 같은 생활 방식에서 벗어나고 해방되었다. 죄책감이 그의 주된 문제였지만, 그를 불구로 만든 것은 수치심이었다.

죄책감 때문이든, 수치심 때문이든 간에, 사람들은 날마다 하나님 앞에서 오염되고 더러워진다. 그들에게는 영적 씻음이 필요하다. 바로 거기가 여러분이 힘을 발휘하는 지점이다. 가장 확실하게는 여러분의 설교로, 그리고 여러분의 다른 모든 목회 직무로 끊임없이 그들의 죄를 씻겨 주고, 타인들이 그들에게 입힌 죄의 오욕을 씻겨 주는 것이다. 여러분은 성령의 수단인 복음과 성례전을 통하여 그들을 하나님 앞으로 인도하는데, 이는 하나님 앞에서 그들에게 선한 양심을 전하는 것이라고 할 수 있다. 성령 하나님은 자기의 수단들을 통해 그들을 거룩하게 하신다. 여러분이 주일에 설교하고, 세례를 주고, 성찬을 분급할 때는 물론이고, 평일에 가르치고, 위로하고, 죄를 용서하고, 기도하고, 축복할 때도 성령의 같은 능력이 작용한다. 죄가 일으키는 죄책감을 풀어 주고, 죄가 일으키는 수치심을 말끔히 씻겨 주는 것은, 여러분의 매력이나 여러분의 역동적 인품의 감화력이 아니다. 영감 있는 말씀을 통해 움직이시는 성령의 현존과 능력이 그리하는 것이다. 되풀이해서 말하지만, 여러분은 임무를 받은 사람이다. 여러분은 그리스도의 일꾼으로서 그분의 말씀을 각 상황에 맞게 전하라는 지시를 받은 상태다. 그리고 그리스도의 말씀은 영과 생명이어서 힘이 있다.

그러니 무엇을 하든지 간에, 여러분은 예수 그리스도의 심부름꾼 그 이상도 이하도 아니라는 것을 잊지 마라. 여러분은 그분의 목양견이다, 라고 한 말을 기억하는가? 여러분은 그분의 명령대로 하도록, 그분께서 여러분에게 맡겨 주신 말씀을 전하도록 부름을 받았다. 그러니 여러분은 그분의 성령 충만한 말씀을 충실히 전할 때, 성령께서 친히 움직이시면서, 어둠에서 벗어나 이 어둡고 쇠잔해 가는 세상 속에서 빛으로 살도록 부름을 받은 거룩한 사람들을 부르시고, 모으시고, 거룩하게 하실 것이라고 확신해도 좋다.

'거룩하다'라는 말은 무슨 뜻인가?

거룩함은 영혼의 의사인 우리가 활동하는 영역이다. 그렇다면 '거룩하다'라는 말은 무슨 뜻인가? 그것은 성경 곳곳에서 발견되고, 역사적 예식과 기독교 찬송가에서 거듭 사용되는 단어이지만, 그 의미는 파악하기 어려운 상태로 남아 있다. 내 생각에는 그 단어가 실제로 서술적으로 사용되기보다는 한정적으로 사용될 때도 우리가 그 단어를 계속 서술어로 생각하기 때문인 것 같다. 사실, 그 단어는 성경에서 '거룩한 사람들', '거룩한 것들'이라는 표현에서 볼 수 있듯이 형용사로 사용된다. 하지만 그것은 서술적 용법의 기능을 하기에 앞서, 한정적 용법으로 작용한다. 예컨대, 레위기 19장 2절에서 주 하나님은 모세에게, 이스라엘의 예배와 삶은 전부 하나님 자신의 위격에 근본적으로 뿌리박고 있다고 가르치신다. "이스라엘 자손 온 회중에게 말하여라. 너는 그들에게 이렇게 일러라. 너희의 하나님인 나 주가 거룩하니, 너희도 거룩해야 한다." 이것은 명령이자 약속이다. 하나님은 자기가 요구하시는 걸 주기도 하신다. 거룩함은 요구되는 것일 뿐만 아니라 공급되는 것이기도 하다. 오직 하나님만이 자체적으로 있는 그대로 거룩하시다. 하지만 그분께서는 자기를 은혜로이 낮추셔서 자기의 거룩함을 자기의 사람들과 공유하신다.

사실, 거룩함은 정의할 수 없는 단어다. 그 이유는 거룩함이 하나님의 진정한 본질이기 때문이다. 따라서 거룩함은 그저 하나님을 서술하는 게 아니라, 하나님을 한정한다. '거룩하다'라는 말은 형용사이기에 앞서 엄연한 명사다. 여러분 중 일부에게는 이것이 새로운 사고방식일지도 모르겠다. 내게도 그랬다. 그러나 그것은 성경이 말하는 방식이다. 주 하나님은 이스라엘의 거룩하신 분이시다. "주 우리 하나님은 거룩하시다"(시 99:9). 악마는 주 예수가 두려워 굽실거리며 이렇게 말했다. "나는 당신이 누구인지 압니다. 하나님께서 보내신 거룩한 분입니다"(눅 4:34). 성경은 하나님을 온통 거룩하신 분으로 그린다. 하나님이 계시는 곳이면 어디나 거룩함도 자리한다. 성경에서 하나님의 거룩함을 정의한 대목을 찾으려고 하는 것은 헛수고가 되고 말 것이다. 그리고 성경에 하나님의 거룩함을 정의한 대목이 없는 것은 일부러 그런 것이다. 하나님의 거룩함은 '전능한'이나 '전지한'이나 '편재하는'처럼 그분의 속성들 가운데 또 하나의 속성에 불과한 게 아니다. 하나님의 거룩함은 인간의 속성과 비교하여 '죄 없는'이나 '대단히 정결한'처럼 유비를 통해 이해할 수 있는 것도 아니다. 하나님의 거룩함은 하나님이신 그분의 존재 자체를 포함한다. 거룩함은 그분의 본질을 서술하는 표현이 아니라, 그분의 본질 자체다. 거룩함은 하나님과 그분의 창조물—인간도 포함된다—을 구별해 주는 어떤 것이다. 여러분은, 하나님의 거룩함은 그분의 '하나님다움 godness', 곧 그분의 신성이라고 말할지도 모르겠다.

구별하라

에이브러햄 링컨 대통령은 자신의 유명한 '게티즈버그 연설'에서 슬픔을 겪는 국민에게 다음의 사실을 상기시켰다. "이 땅을 봉헌하고, 성별하고, 거룩하게 하는 이는 우리가 아닙니다. 용감한 사람들, 곧 이 땅에서 고투한 생존자들과 고인들이 이 땅을 신성하게 하였으니, 우리의 빈약한 능력으로는 거기에 더하거나 뺄 게 없습니다." 우리에게 친숙한 이 장엄한 어구의 운율은 현대인의 귀에 끊임없이 공명하고 있지만, 그 어구들을 담고 있는 거룩함의 언어는 오늘날 우리 대다수에게 외국어나 다름없다. 애석하게도, 그리스도인들조차 그 거룩함의 언어(예를 들면 그 언어의 구두 형식인 '거룩하게 하다hallow')와 거룩한 사람들이라는 관념과 성별 (신성하게 함)이라는 개념을 접하지 못하던 상황이었다. 그런데도 역사적으로 말하자면 그리 오래되지 않은 시절에 철저히 세속적인 환경에서 한 미국 대통령이 한 군사 묘지 봉헌식에 참석한 사람들에게, 그들이 모여 선 그 땅이 이미 거룩하게 되었음을 상기시킨 것이다. 그 땅은 역사적 전투의 끔찍한 살육에 자신들의 목숨을 바친 청색 군복 사람들과 회색 군복 사람들의 피로 거룩하게 구별된 땅이었다.

링컨의 설득력 있는 어구는 성경의 언어에 뿌리박고 있다. 그가 게티즈버그의 그 신성한 전쟁터에서 입 밖에 낸 말은 우리 자신의 성화 경험에 생생한 신빙성을 부여한다. 우리 자신과 그 밖의 어떤 것을 봉헌하고(구별하고), 성별하고(신성하게 하고), 거룩하게 하는(성화하는) 이는 우리가 아니다. 우리는 그저 거룩함이 이미 현존하고 있음을 인정하거나 주장할 수 있을 뿐이다. 하나님의 아들 예수 그리스도의 피가 우리의 죄를 깨끗이 씻겨 줄 뿐만 아니라, 우리를 신성하게 하여, 그분의 나라에서 그분의 다스림을 받으며 살게 한다. 우리가 공적인 예배 중에 그리고 개인적인 말씀 묵상과 기도를 통해 그분에게서 거룩함을 받아들일 때, 우리는 그분의 거룩한(성화하는) 영을 통해 거룩해진다.

우리를 구별하는 이는 하나님이시지, 우리의 의지력이 아니다. 성화는 인간의 기획이 아니라, 하나님의 선물이다. 우리 자신의 이성이나 능력으로는 우리 주 예수 그리스도를 믿을 수도, 그분께 나아갈 수도 없듯이, 우리 자신을 도덕적으로 개선하는 것으로는 결단코 우리 자신을 성화할 수 없다. 성화는 개인적인 자기 개선 프로젝트가 아니다. 사실, 우리의 인간적 의지가 하는 역할은 부분적이다. 우리는 하나님의 의지에 협력하는 자들이다. 우리의 의지도 우리 스스로 만든 것이 아니다. 하나님은 처음부터 끝까지 줄곧 우리 안에서 움직이시면서, 우리에게 온갖 좋은 것을 갖추게 하셔서 우리가 그분의 뜻을 행하게 하시며, 우리 안에서 자기가 기뻐하시는 바를 이루신다(히 13:21 참고).

능력과 현존

성경을 주의 깊게 읽어 보면, 하나님의 거룩함은 결코 추상적으로 정의되지 않으며, 은유나 유비로 정의되지도 않는다는 것을 알 수 있다. 오히려 하나님의 거룩함은, 성경의 어느 대목에 등장하든 간에, 하나님 자신의 능력과 현존으로 경험된다. 따라서 하나님의 거룩함은 어느 정도 끌어당기면서 동시에 쫓아내는 빛

혹은 불과 같다고 할 수 있다. 빛과 불은 어느 면에서는 위험하지만, 다른 면에서는 생명을 주고 풍성하게 한다. 예컨대, 태양은 모든 창조물에 생명과 빛을 주지만, 타는 듯한 광선을 똑바로 바라보는 사람의 눈을 멀게 하고, 접근하는 모든 것을 태워서 없앤다. 불도 열을 주어 따뜻하게 하고 생기를 주지만, 타기 쉬운 것을 다 태워 버린다.

주님의 거룩함은 이스라엘에 생명과 활력을 주었지만, 그것을 모독한 자를 파멸시키기도 했다. 레위기 10장 1-3절에는 아론의 두 아들 나답과 아비후의 슬픈 이야기가 기록되어 있다. 그들이 승인되지 않은 불을 성막 안의 주님 앞에 바치자, 주님 앞에서 불이 나와서 그들을 삼켰다. 하지만 그와 동시에 주님은 자기의 거룩한 이름으로 자기 백성을 거룩하게 하신다. 그 신성한 이름 덕분에 그들이 거룩하게 되자, 하나님이 자기의 거룩함을 그들과 공유하신다. "나는 너희를 거룩하게 하는 주다. 나는 너희의 하나님이 되려고, 너희를 이집트 땅에서 이끌어 내었다. 나는 주다"(레 22:32 하-33).

하나님은 우리의 성화이시다

이 변혁적 성화 이해가 영혼 돌봄에서 어떻게 작용하는지 살펴보도록 하자. 계명 하나만 예로 들어 보자. 일곱째 계명이 어떨까? "간음하지 말라." 성적인 죄가 가장 통탄할 죄는 아니다. 하지만 우리가 성경을 믿을 수 있다면, 성적인 죄는 영적으로 말하면 가장 더러운 죄이고, 주관적으로 말하면 품격을 가장 많이 떨어뜨리는 죄일 것이다. 다른 모든 죄는 말이나 생각이나 행위로 몸 밖에서 범하는 것인데 반해, 성적인 죄는 몸을 가장 밀접하게 직접 필요로 한다. 그렇다면, 성적인 죄가 피해의 흔적을 많이 남긴다는 것은 놀라운 일이 아닐 것이다. 그것은 심리적으로, 감정적으로 피해를 남길 뿐만 아니라, 영적으로도 피해를 남긴다. 그리스도인이 성적인 죄에 탐닉한다면, 그는 하나님의 성전인 자기 몸을 더럽히고 모독한 것이다.

"음행을 피하십시오. 사람이 짓는 다른 모든 죄는 자기 몸 밖에 있는 것이지만, 음행을 하는 자는 자기 몸에다가 죄를 짓는 것입니다. 여러분의 몸은 여러분 안에 계신 성령의 성전이라는 것을 알지 못합니까? 여러분은 성령을 하나님으로부터 받아서 모시고 있습니다"(고전 6:18-19).

이것은 하찮은 문제가 아니다. 내가 이 책에서 썼듯이, 서구 세계는 고대 이교 세계에 만연했던 성적 타락에 필적할 정도로 성적 진구렁에 빠져들고 있다. 1960년대의 성 혁명은 이전 세대들의 성적 기준들을 뒤엎고, 현대 문화의 새 규범이 되었다. 성행위는 이제 생식으로부터 거의 완전히 분리되어 오락, 곧 참여자와 구경꾼 모두에게 기분 전환용 경기가 되었다. 부부 관계가 경시되고 재평가되고 있다. 성별 유동성의 시대에, 성 정체성이 인체 해부학과 분리되고, 스스로 구성한 광범위한 성별이 생물학적 양성兩性을 대체하고 있다. 동성애적 성교가 합법화되고 존중받기까지 한다. 성적 순결이 경시되고, 정조는 조롱당한다. 온갖 난교가 기대되고 기림을 받는다. 인터넷 덕분에 포르노 중독이 세계적으로 유행하며, 건강한 다수의 젊은이가 정상적인 성 기능을 수행할 수 없게 되었다.

목회적 과제

그러한 성적 시궁창 속에서, 영적 의사들은 그들을 위하여 나름의 일을 마련한다. 이처럼 부상하는 타락의 조류를 헤쳐 나가려면 어찌해야 하는가? 성적인 죄-자기가 지은 죄와 타인이 지은 죄-로 상처 입고 낙담하는 영혼들에게 돌봄과 치료를 제공하려면 어찌해야 하는가? 성폭행과 성적 학대로 해를 당하거나 수치를 당하거나 더럽혀진 남녀들을 돌보려면 어찌해야 하는가? 부정한 성행위에 빠졌다가 망가져 넘을 수 없을 것 같은 죄책감, 상처, 후회, 극도의 불쾌감, 수치심 등의 산더미에 눌려 비틀거리는 영혼들에게 치료를 제공하려면 어찌해야 하는가?

예수 그리스도 안에서 값진 용서와 은혜를 기운차게 선포하는 것이 꼭 필요하다. 그렇게 상심하며 죄를 깊이 뉘우치는 마음들은, 예수께서 친히 부르신 일꾼들을 통해 기꺼이 건네시는 용서를 간절히 원한다. 그러나 그 영혼들이 성적인 죄의 부수적 피해에서 회복되려면, 성화도 필요하다. 하지만 성화는 율법을 통해 오는 게 아님을 기억하라. 사실, 용서받은 죄인들, 곧 그리스도 예수 안에서 새로워진 죄인들에게 하나님의 계명은 무거운 짐이 아니다(요일 5:3). 우리의 부도덕하고 난잡한 시대에는 하나님의 율법의 도덕적 기준들을 확실히 가르치고, 그것들을 강력하게 아무 변명 없이 설교할 필요가 있다. 지금은 하나님의 율법 설교를 그만둘 때가 아니다. 이 시대는 무법 시대이기 때문이다. 그러나 하나님의 율법은 우리에게 거룩함으로 나아가는 길을 가르칠 수는 있어도, 우리에게 거룩함을 가져다줄 수는 없다. 오직 주 하나님만이 언제나 우리의 성화이시다.

데자뷔, 처음부터 다시: 한 이교의 부활

성적인 죄는 새로운 게 아니다. 초대 그리스도인들이 몸담고 삶을 영위했던 문화는 성적 타락에 흠뻑 젖은 문화였다. 그것은 이치에 맞는 일이다. 이교는 정의상 무제한의 향락적 삶을 필연적으로 수반하기 때문이다. 온갖 쾌락의 치열한 추구는, 성적 방종이 불가피하게 하나의 생활 방식이 되었음을 의미한다. 서구 세계는 오랜 세기 동안 기독교적 가르침의 영향을 받으며 형성되었지만, 이제는 자신의 뿌리인 이교로 되돌아가고 있다. 우리는 주위의 모든 곳에서, 도덕적 기준들의 급속한 해체와 만연하는 성적 타락과 방탕의 해일 속에서 그 결과들을 보고 있다.

영혼의 의사인 여러분과 나는 이 성적 재앙이 핵심 문제가 아니라는 것을 기억해 두지 않으면 안 된다. 그것은 증상에 지나지 않는다. 우리가 처한 진짜 곤경은 도덕적 곤경이 아니라, 영적 곤경이다. 도덕적 개선 운동에 착수하는 것으로는 이 혼란 상태를 해결할 수 없다. 이 가련한 죄인들이 자신들의 이성과 능력으로 자신들을 더 거룩하게 할 수 있다는 듯이, 망가지고 상처 입은 영혼들, 성적인 죄로 몸이 더러워져 괴로워하는 영혼들을 율법으로 치료하는 것은 가능하지 않다. 오직 하나님만이 거룩하시며, 그분만이 우리의 성화이시다.

성적인 사례 연구

고대 세계와 우리의 현대 세계 사이에는 유사점이 많다. 두 세계 모두 대체로 기독교적 도덕성이 없는 환경이다. 그렇다면, 바울이 우리 시대와 아주 흡사한 성적 도착과 성적 타락이라는 더러운 시궁창 한가운데에서 어떻게 1세기 그리스도인들에게 거룩함을 유지하라고 가르쳤는지를 살펴보는 것은, 현대의 영적 의사들인 우리에게 큰 도움이 될 것이다.

"그러므로 형제자매 여러분, 끝으로 우리는 주 예수 안에서 여러분에게 부탁하며 권면합니다. 여러분은 어떻게 살아야 하며, 어떻게 하나님을 기쁘게 해 드려야 할 것인지를, 우리에게서 배운 대로 하고 있으니, 더욱 그렇게 하십시오. 우리가 주 예수의 이름으로 무슨 지시를 여러분에게 내렸는지를, 여러분은 알고 있습니다. 우리를 **거룩하게 하시는 것**이 하나님의 뜻입니다.* 여러분은 음행을 멀리하여야 합니다. 각 사람은 자기 몸을** **거룩함**과 존중함으로 대할 줄 알아야 합니다. 하나님을 알지 못하는 이방 사람과 같이, 색욕에 빠져서는 안됩니다. 또 이런 일에 탈선을 하거나 자기 교우를 해하거나 하지 말아야 합니다. 우리가 여러분에게 전에도 말하고 경고한 대로, 주님께서는 이런 모든 일을 징벌하시는 분이시기 때문입니다. 하나님께서 우리를 불러 주신 것은, 더러움에 빠져 살게 하시려는 것이 아니라, **거룩함**에 이르게 하시려는 것입니다. 그러므로 이 경고를 저버리는 사람은, 사람을 저버리는 것이 아니라, 여러분에게 **성령**을 주시는 하나님을 저버리는 것입니다"(살전 4:1-8).

여러분이 주목한 대로, 나는 이 구절들에서 실례를 무릅쓰고 네 단어에 강조 표시를 했다. 그것은 다음과 같이 명백한 사실

* 옮긴이 사역.
** 옮긴이 사역.

에 여러분의 주의를 환기하려는 것이다. 원전에서는 네 단어 모두 **하기아스모스**hagiasmos(거룩함)와 어원이 같다. 영어 단어 '성화sanctification'와 '거룩함holiness'은 그리스어 신약성경에서는 정확히 같은 단어다. 그 함의는 타락한 세상에서 성적 순결을 유지하기 위해 고투하는 그리스도인의 이목을 끌 것이고, 우리 시대의 성적 방종의 풍토 속에서 충실한 영혼 돌봄을 제공하려고 하는 목사에게는 대단히 변혁적일 것이다.

사도가 진짜 살과 피를 지닌 사람들에게 펜으로 써 보낸 것을 토대로 한 이 사례 연구를 보면서 우리는 여섯 가지를 주목하게 된다.

> 1. 우리는 그리스도인의 삶을 개선하는 일에 종사할 필요가 있다. "여러분은 어떻게 살아야 하며, 어떻게 하나님을 기쁘게 해 드려야 할 것인지를, 우리에게서 배운 대로 하고 있으니, 더욱 그렇게 하십시오"(1절).

믿음이 있는 곳에는 사랑도 있다. 그리고 그 사랑은 끊임없이 커진다. 이것은 정말로 사랑하는 관계에서는 흔한 일이다. 사랑은 결코 정적이지 않다. 예컨대, 나는 아내에게 "나는 당신을 어제보다 오늘 더 사랑하지만, 내일보다는 덜 사랑하오"라고 말할 수 있을 것이다. 우정도 시간이 지남에 따라 기쁨과 시련을 함께함으로써 깊어지고 넓어진다. 이와 같은 방법으로 그리스도인은 자기 밖으로 끊임없이 성장하여, 더욱더 하나님을 믿는 믿음과 이웃 사랑으로 살게 된다. 믿음은 사랑에 기대어 산다. 그래서 믿음이 강해지면, 사랑도 자란다.

따라서 목사들은 교우들에게 그들의 행실로 하나님을 더욱더 기쁘게 해 드리도록 권면하고, 교우들이 그러한 성장의 기초를 인간의 독립적 의지에 두지 않고, 그리스도 안에 두도록 신경 쓸 것이다. 죄 많은 마음은 늘 하나님과 불화하기 때문이다(롬 8:7). 바울 사도는 자기가 성적 정절에 대한 부탁과 권면을 "주 예수 안에서" 하고 있다고 강조한다. 앞서 언급한 대로, 그리스도인의 삶은 항상 세례 안에 뿌리박고 있다. 그리스도인의 덕행은 세례에서 비롯하여 그리스도 안으로 흘러들어 간다. 우리가 그리스도 안에서 살면, 그분께서 우리 안에서 사신다. 남성의 성적 덕행은 그리스도를 본받는 것으로뿐만 아니라, 세례를 통해 그리스도와 연합함으로써도 이루어진다. 그러면 온갖 덕을 갖추신 그리스도께서 죽음과 부활의 일상적인 순환으로 육체의 삶을 구체화하신다. 죄스러운 육체의 욕망과 정욕은 날마다 통회와 회개를 통해 죽고, 새사람이 끊임없이 나타나 하나님 앞에서, 곧 의와 참된 거룩함 속에서 살게 된다. 그렇게 나타나는 새사람은 예수를 아주 많이 닮을 것이다.

그렇다면, 그리스도인의 생활은 당연히 도덕적인 삶의 진보를 함축할 것이다.

2. 하지만 성화는 결코 도덕적인 개선과 동일시되지 않는다. 하나님만이 언제나 우리의 성화이시다. "우리를 **거룩하게 하시는 것**이 하나님의 뜻입니다"(3절).

우리는 거룩하게 되라고 부름을 받았다. 하지만 우리는 하나님의 거룩한 삶에 참여하여 그분의 거룩함을 공유할 때만 거룩하게 될 수 있고, 우리의 거룩함을 유지할 수 있다. 그분께서는 우리가 더 열심히 애씀으로써 우리 자신의 성화를 보충할 수 있다고 생각하지 않으시며, 우리에게는 그럴 능력이 없다. 우리 자신의 이성이나 능력으로는 믿음을 가질 수 없고, 인간의 이성이나 능력으로는 우리 자신을 거룩하게 할 수도 없다.

성화는 인간의 기획이 아니라, 성령의 선물이다. 그리고 그것은 진행 중인 선물이다. 우리의 도덕 실적은 오르락내리락한다. 선행은 항상 죄와 뒤섞여 있어서, 그리스도인의 삶에 얼룩덜룩한 무늬를 제공한다. 우리 안에 있는 죄스러운 본성으로 인해, 우리는 우리가 원하는 선한 일은 하지 않고, 도리어 원하지 않는 악한 일을 한다(롬 7:19). 선행은 성화의 결과이지, 성화의 원인이 아니다. 우리가 하는 사랑의 일과 믿음의 일은 성화에서 비롯하지만, 성스러움은 하나님의 선물이다. 우리는 육체로 영위하던 삶을 그리스도를 믿는 믿음으로 영위하며, 날마다 그분의 변화시키는 힘에 의지한다. 거룩하신 그분께서는 여전히 참된 거룩함의 무한한 원천이시다.

3. 따라서 성적 순결은 습득된 덕이다.

남자는 결코 자신의 성욕을 억제할 힘이 없고, 자신의 의지력으로는 성적 순결을 유지할 수도 없다. 그 문제에 관한 한, 여자도 마찬가지다. 하지만 바울은 이 경우에 남자들에게 다음과 같이 명백히 말했다. "각 사람은 자기 몸을* **거룩함**과 존중함으로 대할

• 옮긴이 사역.

줄 알아야 합니다"(살전 4:4). 이 절에 등장하는 "몸"의 원어를 더 정확히 번역하면 '그릇'이 될 것이다. 학자들이 그 단어의 정확한 의미를 논의하고 있지만, 그 특수한 단어는 고대 그리스어권에서 남근을 가리키는 단어로 널리 사용되었다.

여기서 우리는, 영혼의 의사인 바울이 그리스도인 남성들에게 그들의 성기를 어떻게 써야 하는지를 놓고 숨김없이 말하고 있음을 보게 된다. 그들의 이교 형제들의 버릇들과 성적 습속이 그들의 성생활을 결정하게 해서는 안 된다고 바울은 가르친다.

하나님은 자신의 지혜로 강한 성욕을 지닌 남녀를 창조하셨다. 그것은 부부 관계의 육체적 합일과 그 결과로서 일어나는 생식과 지속적인 자녀 양육을 보증하는 그분의 방식이었다. 남성의 성욕은 특히 강력한 힘이다. 역설적으로 그것의 막대한 힘은 건설적으로 사용될 수도 있고, 파괴적으로 사용될 수도 있다. 거대한 강의 압도적 흐름처럼, 그것은 위대한 선으로 흘러들 수도 있고, 둑에 넘쳐흘러 제 진로 안에 있는 모든 걸 죽일 수도 있다. 이것은 고대 데살로니가의 성적 타락 속에서 이교 남자들 사이에 만연한 상태였다. '하나님을 알지 못하는 이방 사람'들은 자신들의 리비도에 행동의 자유를 준다고 바울은 썼다.

당연하다. 달리 어쩌겠는가? 에덴 이후, 남성 성욕의 적극적인 힘은 자연스럽게 창조된 부부 간의 범위에서 벗어나 아무런 저지도 받지 않고 흘러가는 곳마다 대 황폐를 초래한다. 그것은 범람하는 강물처럼 제 진로 안에 있는 모든 걸 삼켜 버린다. 난잡한 성행위는 많은 사람을 죽이고 파멸시킨다. 데살로니가에서 살던 다수의 남성 사이에는 타락이 만연해 있었다. 노골적이고 동물적인 욕망으로 인해 이교도들은 자신들의 성욕을 거침없이 채웠다.

그들은 성적으로 음란한 자들이었다. 그들의 충동은 고삐 풀린 망아지와 같았다. 그들은 자신들의 성기를 사용하여 '욕정'을 게걸스럽게 채웠다. 그들은 좋다고 느껴지는 것은 무엇이나 했다.

그러나 바울이 그리스도인들의 성행위와 관련하여 상기시킨 대로, 그리스도인들과 이교도들 사이에는 극적인 차이가 있다. 그리스도인 남성들이 믿지 않는 남성들보다 덜 남자다운 것은 아니다. 그들의 성적 능력이 이교도 남성들보다 덜한 것도 아니다. 그들의 성적 충동도 이교도 남성들만큼 강력하다. 그들이 주 예수를 안다는 것이 차이점이다. 매우 실제적인 의미에서 그들의 몸은 그들의 것이 아니다. 첫째, 그들의 몸과 생식기는 그리스도께서 피로 사셔서 깨끗하게 하신 것들이다. 둘째, 그들의 몸은 세례를 통해 거룩하게 되어, 성령께서 내재하시는 성전이 되었다. 이는 그들의 모든 신체 부위가 그리스도의 지체, 그리스도의 다스림과 지휘를 받는 지체라는 뜻이다. 따라서 남성의 성적 충동은, 그리스도께서 거룩하게 해 주시고 지도하심으로써, 하나님의 영광과 타인의 유익에 방향을 맞추어 이용되게 된다. 타인의 유익에는 아내와의 부부 관계, 그리스도의 교회 안에서 조심스럽게 이웃의 안녕에 방향을 맞추어 힘을 실어 주는 형제자매 관계도 포함된다.

흔히들 예수를 중성의 인간으로 여기지만, 그분은 모든 면에서 남자 중 남자이시다. 그분께서는 남성의 육신을 입으셨다. 성경은 그분께서 모든 점에서 우리와 마찬가지로 시험을 받으셨지만, 죄는 없으시다고 가르친다(히 4:15). 이는, 그분께서 성적으로 자제하셨지만, 모든 남자에게 있는 성적 유혹의 인력을 알고 계셨음을 의미한다. 우리의 대제사장은 우리의 연약함을 동정하지 못하시는 분이 아니다. 이것은 사내다운 남자들에게 순결은 있을 법하지 않을 뿐만 아니라, 가능하지도 않다는 신화를 논파한다.

virtue덕라는 말과 virility사내다움라는 말은 라틴어에서 어근이 같다. vir는 남자를 의미한다. 진정한 남자다움과 사내다움은 근육 조직, 호르몬, 용감함, 그 이상을 포함한다. 그것은 세례를 통해 그리스도와 연합하여 덕 있는 사람이 되는 것, 세례를 통해 그리스도처럼 덕을 드러내는 걸 의미한다. 그것은 용기와 명예와 근력과 같은 남성적 특징을 이기적인 일들에 사용하지 않고 타인들을 위해 사용하는 걸 의미한다. 남성의 성적 순결이라는 덕도 마찬가지다. 그것은 부부 관계 이외의 절제에도 힘을 불어넣지만, 부부 관계에 충실을 다하는 데도 힘을 불어넣는다.

남자들은 세례를 통해 그리스도 예수와 연합함으로써 자신들의 성행위를 감독하고, 자신들의 생식기를 '거룩함과 존중함으로' 제어한다. 그러나 그 거룩함은 안에서 끄집어 올리는 게 아니다. 그러한 거룩함은 언제나 '주 예수 안에' 있는 거룩함이다. 성적 성결은 거룩함 자체이신 하나님과의 지속적 관계에서 비롯한다. 그것은 사태를 변화시킨다. 남자는 하나님이 주시는 거룩함을 통해 더는 자기의 정욕에 사로잡히지 않는다. 그는 이제 자유인이다. 그는 하나님과 자기 이웃을 성행위를 포함한 모든 면에서-독신이라면 금욕으로, 결혼했으면 신부에게 충실함으로-섬기도록 해방된 자유인이다. 이처럼 남자의 사내다움이라는 고귀한 힘과 정력은 선을 위한 강력한 힘이 된다. 전기를 생산하여 수천 가구에 전력을 공급하는 거대한 발전기처럼, 그리스도인의 거룩해진 성적 에너지는 그의 삶 전체를 방종한 성적 만족에 맞추게 하기보다는 오히려 하나님의 영광과 인류의 공동선에 맞추게 한다.

4. 성은 공적인 문제다. "또 이런 일에 탈선을 하거나 자기 교우를 해하거나 하지 말아야 합니다"(6절).

성적으로 타락한 사회에서는 이 말이 이단처럼 들릴 것이다. 우리의 세계는, 성행위에 관한 한, 모든 개인이 자유 계약자라고 생각한다. 그 혹은 그녀가 관여하는 성적 방종이 두 사람(혹은 그 이상의 사람)이 서로 동의하여 이루어진 것이라면, 그것이 어떤 것이든 더없이 괜찮은 것으로 여긴다. 온갖 종류의 성행위가 매체와 공공 오락 시설에서 뻔뻔스럽게 공개적으로 전시되고 있건만, 이상하게도 성 경험에 관련해서는 사적 자유에 대한 청교도적 집착이 존재한다. 사람들 대다수가 자신들의 성적 강박 관념과 기질이 개인의 선택과 개인의 사적 자유의 문제라고 여긴다. 그들은 이렇게 말하는 걸 당연하다고 생각한다. "내 몸이니, 나는 그것을 내가 원하는 대로 쓸 수 있어요. 도덕적 제한을 가하지 마세요. 성적으로 하고 싶은 것은 무엇이나 하도록 허용되어야 해요."

반면에 바울은 사적인 성행위를 교회의 공적인 삶 속에, 그리고 그리스도 안에서 이루어지는 형제자매의 유대 속에 배치한다. "또 이런 일에 탈선을 하거나 자기 교우를 해하거나 하지 말아야 합니다"라고 그는 썼다. 그리스도의 교회 안에서 남자들이 자신들의 몸을 이용하여 성적으로 하는 행동은, 이 세상에 있는 그리스도의 몸인 교회 전체에 악영향을 미친다. 그리스도인의 성적인 죄는 그 자신의 명예는 물론이고 자기 형제자매의 명예까지도 더럽힌다. 간음은 하나님과 간음 상대에게만이 아니라, 그가 거룩함으로 연합한 형제자매에게도 죄를 짓는 것이다.

거꾸로 말하면, 각 남자의 성적 순결은 자기 형제자매의 성적 순결을 증진한다. 성적으로 순결하고 품위 있는 삶을 영위함으로써, 그가 결혼한 경우는 남편으로서의 성적 순결로, 독신일 경우는 성적 자제로 자기 형제자매를 고무한다. 거룩함은 전염성이 강한 것 같다. 우리의 성화이신 하나님에게서 빌려 온 것이기에, 각 남자의 거룩함은 자기 형제자매를 격려하여, 더 숭고한 성적 충실과 순결로 나아가게 한다.

5. 거룩함(성화)은 거룩한(거룩하게 하시는) 성령의 선물이다. "하나님께서 우리를 불러 주신 것은, 더러움에 빠져 살게 하시려는 것이 아니라, 거룩함에 이르게 하시려는 것입니다. 그러므로 이 경고를 저버리는 사람은, 사람을 저버리는 것이 아니라, 여러분에게 성령을 주시는 하나님을 저버리는 것입니다"(7-8절).

성적인 죄는 단순한 도덕 위반과 다르게 사람을 영적으로 더럽히고 타락시킨다. 바울은 '주 예수 안에서' 그 사람들에게 그들의 몸을 하나님께 드려 그분을 섬기라고 권면한다. 퇴폐적이고 타락한 세상, 문란한 성적 방임의 세상에서, 그리스도인 남성들은 성적 순결로 부름을 받았다. 이 순결에는 부부 관계 이외의 절제와 부부 관계에 충실을 다하는 것도 포함된다. 그러나 그리스도인 남성이 이교 이웃들을 모방하여 자기의 정욕을 채우고, 제멋대로 문란한 생활을 영위한다면, 그는 하나님께만 죄를 지은 게 아니라, 그리스도의 몸 전체, 특히 그리스도인 형제자매를 더럽히고 모독한 것이다.

감사하게도, 회개하는 죄인들에게는 용서가 주어진다. 통회와 회개를 통해 그리스도께로 돌아서면, 그분께서 흘리신 보혈 덕분에 성적인 죄에 대해서도 용서와 회복이 주어진다. 여러분이 영적 의사로 사역할 때, 망가져 죄를 뉘우치는 마음들에 예수의 피로 죄 용서와 정화를 가져다주어야 함을 잊지 마라. 성적인 죄를 지어, 그리스도인 형제자매의 명예를 모독했다가 뉘우치는 사람에게는, 예수의 의를 통한 용서와 정화 그 이상의 것이 필요하다. 예수의 거룩함을 통해 그의 수치심을 가려 주고, 그의 명예를 회복시켜 주는 것도 필요하다. 성의 성화는 언제나 진행 중인 과업이다. 그것은 성령께서 예수 그리스도 안에서 주시는 선물이다. 성령께서는 회복 중인 한 죄인을 위해 하시는 일을 모두를 위해서도 하신다. 성스러움은 하나님의 성도들의 공동 소유다. 즉, 교회는 성도의 공동체다. 우리는 모두 이 일에 함께한다.

6. 따라서 '가치관'이나 도덕성보다는 성적인 문제에 더 큰 위험이 도사리고 있다. "하나님께서 우리를 불러 주신 것은, 더러움에 빠져 살게 하시려는 것이 아니라, 거룩함에 이르게 하시려는 것입니다"(7절).

세례의 덕이 문제의 핵심이다. 그것은 더러움과 신성 모독과 거룩함의 문제다. 그것은 성화의 문제다. 영혼의 의사인 우리는 도덕 경찰도 아니고, 성의 교통순경도 아니다. 오히려 우리는 영혼들-몸이 있는 영혼들-을 위한 진정한 의사들이다. 성 문제에서 영혼들을 돌볼 때, 우리는 죄책감만이 아니라, 영적 타락과 정화와 성화의 모든 영역을 고려하지 않으면 안 된다.

깨끗함과 거룩함

이 고대 데살로니가를 토대로 한 성적 영혼 돌봄 사례 연구는 우리의 과도한 성적 세계로 쉽게 옮겨진다. 성 문란은 언제나 하나님 앞에서 사람을 타락시키고 더럽힌다. 바울이 상기시킨 대로, 하나님이 그리스도인 남성들(과 여성들)을 불러 주신 것은, 더러움에 빠져 살게 하시려는 것이 아니라, 거룩함에 이르게 하시려는 것이다.

문제는 그 거룩함이 어디서 오느냐다. 이 구절은 거룩함이 인간의 작품이 아니라, 언제나 하나님의 선물이라고 가르친다. 악명 높고 매우 어리석은 이교로 빠르게 점점 더 깊이 가라앉고 있는 이 무법적 세상에서, 목사인 여러분과 나는 하나님의 뜻과 계명에 따라 산다는 게 무슨 뜻인지를 명백하게 직접 가르칠 필요가 있다. 그러나 그렇게 하나님의 율법을 아는 지식만으로는 인간의 마음을 변화시킬 수 없다. 오직 하나님 자신만이 자기의 영을 통하여 그리하실 수 있다.

덤으로 한 번 더 말하건대, 성화는 기획, 곧 혼자서 직접 하게 하는 기획이 아니다. 오히려 성화는 하나님이 신성하게 정하신 수단들을 통하여, 곧 말씀 선포와 성례전 집전을 통하여 그분의 거룩한 영이 주시는 선물이다. 말씀과 성례전은 깨끗하게 하시고 거룩하게 하시는 성령의 능력이 임하는 신성한 통로다. 사람들은 그 신성한 수단들을 통해 자신들의 모든 죄를 용서받을 뿐만 아니라, "여러분에게 성령을 주시는"(8절) 하나님의 거룩함에 참여하고, 그 거룩함을 공유하기도 한다.

성의 문제를 처리하는 영혼의 의사

형제들이여, 나는 여러분이 그리스도의 일꾼이자 하나님의 비밀을 맡은 관리인으로서 부여받은 고귀한 특권을 좀 더 분명하게 이해하기를 바란다. 그분께서는 날마다 여러분을 파견하여, 자기가 부여한 생생한 임무, 곧 말씀 설교와 성례전 집전을 통해 성령과 그분의 모든 선물을 고통받고 상처 받은 영혼들에게 가져다주는 임무를 수행하게 하신다. 모든 죄는 똑같이 창조된 게 아님을 잊지 마라. 성 혁명의 결과로 남겨진 잔해 한가운데서, 목사들은 육체의 죄가 성령의 성전인 몸을 더럽히고 타락시킨다는 것을 민감하게 의식하지 않으면 안 된다. 육체의 죄는 하나님의 거룩함을 모독하고, 그리스도인을 영적으로 위험한 상태에 빠뜨린다.

"음행을 피하십시오. 사람이 짓는 다른 모든 죄는 자기 몸 밖에 있는 것이지만, 음행을 하는 자는 자기 몸에다가 죄를 짓는 것입니다. 여러분의 몸은 여러분 안에 계신 성령의 성전이라는 것을 알지 못합니까? 여러분은 성령을 하나님으로부터 받아서 모시고 있습니다. 여러분은 여러분 자신의 것이 아닙니다. 여러분은 하나님께서 값을 치르고 사들인 사람입니다. 그러므로 여러분의 몸으로 하나님을 영화롭게 하십시오"(고전 6:18-20).

하지만 성적인 죄의 정신 파괴와 오염조차도 제거될 수 있다. 그리스도의 죄 용서와 의로우심으로 근절되기만 하는 것이 아니라, 그분의 거룩하심으로도 치유되고 온전해진다. 그래서 영혼을 치료하는 분별 있는 의사들은 의도적으로 둘 다 적용한다. 낙담하며 뉘우치는 영혼들에게는 그리스도의 의로우심을 전하고, 더럽혀지고 상처 입은 영혼들에게는 그분의 거룩하심도 전한다.

죽어서 살기

목사인 여러분은 괴로워하는 영혼들을 회개로 이끌면서 세례 요법을 통해 죽이고 살리는 권한을 받았다. 회개는 마음과 정신의 진정한 전환과 쇄신으로 이루어지며, 그리스도 안에서 영위하는 새 생명으로 이어진다. 통회와 회개를 통해 그 영혼들 안에 있던 옛 아담이 죽고, 그 영혼들은 마음의 영이 새로워져 날마다 살아나고, 하나님의 형상을 따라 의로움과 참된 거룩함으로 지으심을 받은 새 사람을 입는다(엡 4:23-24). 그러므로 율법과 복음은 세례 요법의 핵심이다.

하나님의 율법은 세 가지 필수 기능, 곧 규정하고, 금지하고, 기술하는 기능을 한다. 무엇이 하나님을 기쁘게 해 드리는 것인지를 알려면 율법의 가르침 곧 규정이 필요하다. 특히 인간의 문화가 점점 이교화하면서, 하나님의 율법을 분명하고 일관되게 가르치는 것이 전보다 더 중요해진다. 하나님의 율법은 무엇이 하나님을 기쁘게 해 드리는 일인지를 규정한다. 사람들은 지도가 필요하다. 그들은 자신들을 둘러싼 퇴폐적 세계에 그저 순응하지 않고, 하나님을 기쁘게 해 드리는 삶을 영위하는 법을 알 필요가 있다. "그러므로 율법은 거룩하며, 계명도 거룩하고 의롭고 선한 것입니다"(롬 7:12).

또한 하나님의 율법은 금지하는 기능을 한다. 하나님의 계명이 없다면, 타락한 인간 마음의 죄스러운 성향과 강박 관념에 아무런 장벽이 없게 될 것이다. 그것은 매우 무서운 상태일 것이다. 왜냐하면 예수께서 경고하신 대로, 온갖 해악과 폭력이 마음에서 나오고, 간음과 온갖 성적인 죄뿐만 아니라 거짓말과 비방과 도둑질과 살인도 마음에서 나오기 때문이다. 이 모든 것은, 에덴 이후 줄곧 인간의 마음에서 저지되지 않고 흘러나오는 악한 생각에서 비롯된다(마 15:19). 그러므로 율법은 금지를 통해서 공공연한 폭력에 맞서는 방벽으로서 사회에 봉사한다.

끝으로, 하나님의 율법은 그리스도 안에서 영위하는 새 생명이 무엇과 같은 것인지를 기술하는 기능도 한다. "사랑은 오래 참고, 친절합니다. 사랑은 시기하지 않으며, 뽐내지 않으며, 교만하지 않습니다. 사랑은 무례하지 않으며, 자기의 이익을 구하지 않으며, 성을 내지 않으며, 원한을 품지 않습니다. 사랑은 불의를 기뻐하지 않으며, 진리와 함께 기뻐합니다. 사랑은 모든 것을 덮어 주며, 모든 것을 믿으며, 모든 것을 바라며, 모든 것을 견딥니다"(고전 13:4-7).

따라서 그리스도인에게 하나님의 계명은 무거운 짐이 아니다(요일 5:3). 실로 하나님의 율법은 그리스도 안에서 영위하는 새 생명을 기술한다. 타락한 육신에 자리 잡은 마음은 하나님께 엇선다. "그것은 하나님의 법을 따르지 않으며, 또 복종할 수도 없습니다"(롬 8:7). 그러나 그리스도 안에서 새로워진 마음은 하나님의 율법을 기뻐하고, 언제나 그분을 기쁘게 해 드리려고 한다. "예수를 죽은 사람들 가운데서 살리신 분의 영이 여러분 안에 살아 계시면, 그리스도를 죽은 사람들 가운데서 살리신 분께서, 여러분 안에 계신 자기의 영으로 여러분의 죽을 몸도 살리실 것입니다"(롬 8:11). 그래서 우리는 세례가 얼마나 중요한지, 세례가 어떻게 그리스도인의 삶을 좌우하는 중심점인지, 세례가 어째서 평생토록 진행되는 쇄신과 회개에 이르는 입구인지를 알게 된다. 마르틴 루터는 그리스도와 연합하는 세례의 지속적인 영향을 설득력 있게 요약한다. "따라서 세례 안에는 모든 그리스도인이 평생토록 공부하고 실천해야 할 게 충분히 들어 있으며, 그리스도인이 세례가 약속하고 가져다주는 것-죽음과 악마에 대한 승리, 죄의 용서, 하나님의 은혜, 완전하신 그리스도, 성령과 그분의 은사들-을 믿기 위해 해야 할 것도 충분히 들어 있다."[16]

그리스도와 연합하는 세례를 통해 그분의 구원하시는 죽음과 부활로 뛰어든 죄인들은 죄의 굴레에서 벗어나 하나님의 자녀로서 자유를 누리며 살게 된다. 그들은 이제 자신들을 위해서 살지 않고, 자기 피로 그들을 사셔서, 의로움과 순결함과 축복 속에서, 곧 하나님 앞에서 자유롭게 살게 해 주신 주님을 위하여 살게 된다. 그것은 바울 사도가 기록한 그대로의 삶이다. "나는 그리스도와 함께 십자가에 못박혔습니다. 이제 살고 있는 것은 내가 아닙니다. 그리스도께서 내 안에서 살고 계십니다. 내가 지금 육신 안에서 살고 있는 삶은, 나를 사랑하셔서 나를 위하여 자기 몸을 내어주신 하나님의 아들을 믿는 믿음 안에서 살아가는 것입니다"(갈 2:20).

위에서 하나님의 율법의 세 가지 기능을 살펴본 까닭에, 우리는 성령 하나님이 율법을 어떻게 사용하시는지를 알 수 있게 된다. 성령 하나님은 율법을 이용하여, 이 세상에서 죄의 파괴적 영향력을 억제하시고, 거울처럼 우리에게 우리의 죄를 보여 주시고, 끝으로 안내자로서 우리에게 사는 법을 제시하신다. 실로 하나님의 율법은 선하고 지혜롭고 참되다. "율법은 신령합니다"라고 바

---

16 Martin Luther, *The Large Catechism*, in *The Book of Concord: The Confessions of the Evangelical Lutheran Church*, ed. Theodore G. Tappert (Philadelphia: Fortress, 1959), 442. ((마르틴 루터 대교리문답), 최주훈 옮김, 복 있는 사람)

울은 썼다. 그러나 나는 신령하지 않다. "나는 육정에 매인 존재"라고 바울은 이어서 말한다(롬 7:14). 그게 문제다. 이 세상에서 사는 한, 사람들은 자신들의 죄스러운 마음의 끝없는 욕망에 시달리고, 옳은 일을 하며 하나님을 기쁘게 해 드리려고 시도해도, 결국에는 다시 죄 가운데로 추락하고 마는 것이다.

그때는 여러분이 상대하는 죄인들을 예수의 이름으로 얼마간 불쌍히 여기기를 바란다. 어쨌든 여러분은 그들과 공감할 수 있어야 한다. 여러분과 마찬가지로, 그들도 죄에 사로잡힌 마음의 충동에 끊임없이 시달리기 때문이다. 그들은 옳은 일을 하려고 시도하지만, 결국에는 그릇된 일을 한다. 그들은 자신들이 원하는 선한 일은 하지 않고, 도리어 원하지 않는 악한 일을 한다(롬 7:19). 그러니 그들을 교정하려고 시도하지 마라. 죄스러운 본성은 길들일 수 있는 게 아니다. 죄는 교정 대상이 아니라, 죽여야 할 대상이다. 날마다 죄가 죽어야, 새사람이 나타나 다시 살 수 있다. 요컨대, 세례 요법에서는 율법과 복음을 적용하여 죄인들을 지속적 회개-그리스도 예수 안에서 수행하는 참된 변화와 쇄신-로 이끄는 것이 중요하다.

올바른 처방

먼저 경고해 둘 게 하나 있다. 그것은, 하나님의 율법은 유익과 복을 담고 있지만, 그리스도인의 삶에 동기와 능력을 부여하려는 의도로 그것을 사용해서는 안 된다는 것이다. 알코올 중독에서 회복 중인 내 친구 데이비드는 하나님이 그에게 무엇을 요구하시는지를 너무나 잘 알고 있었다. 하지만 그는 그 요구대로 할 수 없었다. 그의 유일한 소망은, 하루씩 살면서, 통회와 회개로 죄를 죽여, 그리스도 안에 있는 새사람이 날마다 나타나서 의로움과 순결함 속에서 살게 하는 것이었다. 바로 그것이 세례 요법의 작동 방식이자, 여러분이 이 무법 시대에 영혼의 의사로서 처방해야 할 치료법이다.

회개하는 죄인에게 하나님을 기쁘게 해 드리는 삶의 원천이라며 율법을 처방하는 것은 목회적 오진이다. 율법을 지도하고 안내할 수는 있지만, 동기와 능력을 부여하지는 못한다. 믿음 생활에 동기를 부여하는 건 복음—하나님이 그리스도 안에서 온 세상 사람들과 화해하셔서 자기 아래 두셨으며, 그들의 죄를 그들에게 돌리지 않으시고 자기의 죄 없는 아들에게 돌리셨다는 기쁜 소식—이지, 율법이 아니다. 예수께서는 자기의 희생적 고난과 죽음과 부활을 통해 죄를 죽이시고, 자기를 믿는 모든 이에게 천국의 문을 여셨다. 그분께서는 세례를 통해 그들과 연합하시고, 그들을 자기와 연합하게 하셨다. 그분께서는 이제 그들 안에서 사시고, 그들은 그분 안에서 산다. 그들이 지금 육신 안에서 영위하는 삶은, 그들을 사랑하셔서 그들을 위하여 자기 몸을 내주신 하나님의 아들을 믿는 믿음으로 사는 것이다(갈 2:20).

죄인들은 사는 동안 날마다 그리스도 안에서 죽고 살지 않으면 안 된다. 회개가 열쇠다. 회개는 하나님이 율법과 복음을 통해, 정확히 말하면 구별과 적용을 통해 직접 일으키시는 일이다. 바로 그 지점이 여러분이 등장할 지점이다. 그것 역시 목회적 **습성**의 한 부분이다. 율법과 복음을 바르게 구별하고 적용하는 기술은, 여러분이 숙달할 수 있는 기술이 결코 아니다. 그것은 여러분이 경험의 학교에서 끊임없이 습득해야 하는 기술, 여러분이 교만하고 거만한 죄인들과 상한, 통회하는 죄인들을 보살펴, 그들이 그리스도 예수 안에서 깨끗하고 자유로운 양심으로 하나님을 섬기게 하면서 습득할 수 있는 기술이다.

성에 관련한 영혼 돌봄

성적인 죄를 다룰 때는 이 세례 요법을 가장 먼저 염두에 두는 것이 대단히 중요하다. 이처럼 인간 경험의 가장 친밀한 차원에서도 날마다 죽고 사는 것이 그리스도 안에서 영위하는 새 생명의 지속적 중심점이기 때문이다. 성적 충동은 무시할 수 없는 힘이다. 위에서 언급한 대로, 하나님은 성을, 선을 위한 강력한 힘이 되도록 설계하셨다. 하지만 유명한 험프티 덤프티Humpty Dumpty*처럼, 성은 큰 추락을 경험했다. 인간적으로 말해서, 그것은 이제 하나님이 창조하실 때 품으셨던 선하고 거룩한 목적에 맞게 회복될 수 없다. 안타깝게도, 성은 영혼을 더럽히고 타인을 해칠 수도 있는 파괴적 충동이 되었다. 그러나 인간에게 불가능한 것이 하나님께는 가능하다. 인간의 의지가 제어하지 못하는 것을, 하나님은 재창조하시고 원상태로 복원하실 수 있다. 갈라디아서에서 바울은, 성령을 통한 일상의 성화가 어떻게 파괴적인 성적 충동을 제어하고 고쳐서 선을 위하게 하는지를 해독한다.

"육체의 행실은 환히 드러난 것들입니다. 곧 음행과 더러움과

---

*   머더구스Mother Goose의 동요집에 나오는 달걀 모양의 인물.

방탕과 우상 숭배와 마술과 원수맺음과 다툼과 시기와 분냄과 분쟁과 분열과 파당과 질투와 술취함과 흥청망청 먹고 마시는 놀음과, 그와 같은 것들입니다. 내가 전에도 여러분에게 경고하였지만, 이제 또다시 경고합니다. 이런 짓을 하는 사람들은 하나님의 나라를 상속받지 못할 것입니다. 그러나 성령의 열매는 사랑과 기쁨과 화평과 인내와 친절과 선함과 신실과 온유와 자기 통제*입니다. 이런 것들을 막을 법이 없습니다. 그리스도 예수께 속한 사람은 정욕과 욕망과 함께 자기의 육체를 십자가에 못박았습니다"(갈 5:19-24).

영혼 돌봄에서의 악행과 덕행

영혼의 의사들은 악행과 덕행의 적절한 사용에 주의해야 한다. 방금 인용한 구절들에서 사도는, 성적인 죄에 상응하는 성적 덕행이 그 죄를 얼마간 무효로 하고 되받아칠 수 있다고 해도, 신성한 덕행들을 성적 악행의 해독제로 처방하지 않는다. 오히려 악행과 덕행 모두 성적인 죄의 영적 차원을 효과적으로 진단하고 영적 기저 질환을 적절히 치료하는 도구가 될 수 있다. 19절부터 21절까지 기재된 악행들에 주목하라. 그것들은 모두 '육체의 행실'로 기재된 것들이다. 그것들은 죄스러운 본성의 소산이다. 죄스러운 본성에 자유를 주면, 그것은 하나님이 금하신 방종, 타인을 파멸시키는 방종으로 이어진다.

• 　자기 통제self-control는 옮긴이 사역. 새번역 성경에는 "절제"로 번역되어 있다.

반면에 22절부터 23절에 기재된 덕행들은 '선한 행실'이나 '새로워진 의지의 행실'로 불리지 않고, 도리어 '성령의 열매'로 불린다. 진정한 덕행은 안에서 끌어 올린 것이 아니다. 그것은 성령의 소산이다. 덕행은 성화의 원인이 아니라 성화의 결과다. 성화는 언제나 성령께서 믿음을 통해 수여하시는 거룩함이다. 선행과 그리스도인의 덕행은 성화에서 나오지만, 그것들이 성화 자체인 것은 아니다.

따라서 그리스도인의 덕행은 인간의 공로가 아니다. 가장 정확하게 말하면, 각 덕행은 예수 그리스도의 것이다. 하지만 믿는 그리스도인들이 세례받고 그리스도와 연합할 때, 그분의 덕행이 그들에게 수여된다. 세례받은 신자가 육신 안에서 영위하는 삶은, 그분을 믿는 믿음으로 사는 것이다. 매우 실제적인 의미에서 그리스도 예수께서는 자기 몸인 교회의 모든 구성원을 통해서 자기 삶을 사신다. 바울은 그것을 이렇게 말한다. "이제 살고 있는 것은 내가 아닙니다. 그리스도께서 내 안에서 살고 계십니다"(갈 2:20).

자기 통제 self-control

이것이야말로 성적 순결의 관문이다. 우리는 모든 걸 삼키고 압도하는 듯한 충동을 하나님의 영으로 길들이고 조정할 수 있다. 우리는 성적 방종의 해일과 그에 따른 도덕적 타락의 조류를 피할 수 있다. 몸이 성령의 성전인 사람들은 음욕에 굴복하기보다는, 도덕적 힘에 온화함과 자기 통제까지 겸비함으로써 성을 제

어할 수 있다.

그러나 주의할 점이 하나 있다. 앞서 인용한 성경 번역본에서 "자기 통제self-control"라는 단어는 오해되기 쉽다. 성을 성화하는 것은 사람들을 몸의 주인으로 만들지 않는다. 성적 자제는 언제나 하나님의 선물이다. 성령의 열매인 자기 통제라는 덕은 '절제 holding in' 혹은 '견제containing'로 번역하는 게 더 좋다. 명심하라. 억누름이 아니다. 누구도 자기의 개인적 의지력만으로는 자신의 강한 성욕을 억누를 수 없기 때문이다. 성적 순결은 하나님의 영이 주시는 선물이다. 하나님의 영은 먼저 성의 강력한 힘을 견제하고, 그런 다음 조정하여, 신성한 목적에 이용한다, 라고 여러분은 말할 수도 있을 것이다. 따라서 성령과 협력하면서 하나님과 이웃을 섬기는 남자가 부부 관계 이외에는 절제하고, 부부 관계 안에서 충실을 다하는 것은, 불가능한 꿈이 아니라 복된 현실이다.

누군가 말했듯이, 하나는 완전수다. 교회 안에서 독신을 업신여겨서는 안 된다. 어떤 이들은 스스로 택하여 독신으로 지내고, 어떤 이들은 환경으로 인해 독신으로 지낸다. 목사들 가운데도 독신으로 지내는 이들이 있다. 여러분 가운데도 그런 이들이 있을 것이다. 그리스도의 교회라는 가정 안에서는 독신도 거룩한 소명임을 잊지 마라. 미혼 남녀는 혼자일 수 있지만, 하나님은 그들이 교회 안에서 쓸쓸히 지내는 것을 금하신다. 그들은 그리스도 안에서 형제와 자매를 얻고, 서로의 무거운 짐과 기쁨을 함께 나눈다. 바울 사도가 그리스도의 몸 안에서 이루는 유기적이고 친밀한 연합에 대해 있는 그대로 설득력 있게 쓴 것처럼(고전 12:12-31), 그들은 실로 서로 지체다. 우리 시대에 결혼이 타당하고 필요하다는 가르침에도 불구하고, 우리는 그리스도의 몸을 구성하는 모든 지체의 위상과 가치를 지지하지 않으면 안 된다. 독신자들은 하나님 나라의 2등 시민이 아니다.

하지만 결혼 생활도 거룩한 소명이다. 실제로, 바울 사도는 고린도전서 7장에서 결혼이 성적 부도덕에 대한 하나님의 구제책이라고 아주 솔직하게 말한다. "욕정에 불타는 것보다는 결혼하는 편이 낫습니다"라고 그는 말한다(9절). 평생 독신 생활은 드문 은사다. 남자와 여자는 결혼 생활 속에서 성적으로 결합하는 자연스러운 본능을 갖추고 창조되었다. 이 본능은 결코 무시되어선 안 된다. 일반적으로 결혼 적령기를 훨씬 지나서 결혼이 지체될 때는, 바울 사도의 실제적 지시를 진지하게 생각해 볼 필요가 있다. 성적 충동을 우리가 견제하고 조정할 수는 있어도, 무시하거나 부정해서는 안 된다.

결혼 생활은 하나님이 설계하신 거룩한 땅이다. 그 땅에서 남자와 여자는 연합하여, 한 몸, 한 마음, 한 정신을 이룬다. 남편과 아내가 결합할 때, 그들의 성욕은 신성해져서, 이기적 욕구 충족 대신 상호 유익을 위해 배우자에게 맞추어진다. 자녀 출산과 양육은 남편과 아내의 평생에 걸친 결합을 통해 하나님이 의도하시는 바다. 사실, 거룩한 결혼은 천상의 신랑이신 그리스도와 그분의 지상 신부인 교회의 결혼을 암시하는 상징이다(엡 5:32). 남편과 아내는 특히 부부의 침상에서 서로 주고받는 가운데 예수와 그분 신부의 결합을 반영한다. 사도가 쓴 대로, 이것은 단순한 낭만적 유대나 오르가슴 방출을 넘어서는 '큰 비밀'이다.

더럽혀지지 않은 부부의 침대

지혜 있는 이들에게 한마디 건넨다. 형제여, 당신이 결혼했다면, 당신의 아내를 무시하지 말기를 바란다. 당신은 그녀에게 평생의 헌신을 서약했고, 그것에는 당신의 마음과 감정, 당신의 몸도 포함된다. 하나님은 확실히 그녀를 당신에게 주셨다. 하지만 그분께서 당신을 그녀에게 주셨다는 사실도 잊지 마라. 비참하게도, 당신과 내가 저마다 자기 아내를 무시한다면, 그 아내들은 우리가 섬기는 회중을 '다른 여자'로 보기 시작할 것이다. 이 통탄할 상태는 상처 입은 결혼 생활과 역기능을 하는 회중을 초래할 것이다. 그러니 당신과 나는 자기 신부에게 평생토록 부드럽게 호의를 간청하지 않으면 안 된다. 그것은 집안일을 위한 시간, 부부만의 조용한 대화를 위한 시간, 식탁에서 가족과 함께 보내는 시간을 따로 떼어 두는 것에서 시작된다. 그러나 그것은 당신의 침대에서도 시작된다. 당신이 남편으로서 감당하는 소명도 당신이 목사로서 감당하는 소명과 똑같이 거룩하다. 부부의 침대는 하나님이 설계하신 성스러운 땅이고, 부부의 성적 결합은 하나님이 거룩하게 하신 것을 거룩하게 유지하는 삶의 중요한 부분이다(히 13:4). 부부의 침대에서 당신 자신을 당신의 아내에게 완전히 내주면, 그것은 당신 부부를 한 몸이 되게 하신 주님을 섬기는 것이다. 우리 시대와 아주 흡사한 성적 퇴폐의 시대에, 바울은 남편들과 아내들에게, 부부 관계의 즐거움은 만연해 있는 성적 부도덕의 유혹으로부터 부부를 보호해 주는 중요한 수호자임을 일깨웠다. "서로 물리치지 마십시오. 여러분이 기도에 전념하기 위하여 얼마 동안 떨어져 있기로 합의한 경우에는 예외입니다. 그러나 그 뒤에 다시 합하십시오. 여러분이 절제하는 힘이 없는 틈을 타서 사탄이 여러분을 유혹할까 염려되기 때문입니다"(고전 7:5).

우리가 기혼자이든 독신자이든 간에, 그리스도의 교회 안에서는 성적 순결이 우리 서로의 소명임을 잊지 마라. (결혼 생활에서처럼) 성적으로 활발하든, 혹은 (독신 생활에서처럼) 금욕적이든 간에, 남자의 몸은 그의 것이 아니다. 그는 성령의 능력으로 자기의 성기를 제어하는 법을 배우되, "하나님을 알지 못하는 이방 사람과 같이 색욕으로" 배우지 않고, "거룩함과 존중함으로" 배운다(살전 4:4-5). 이것이야말로 거룩한 삶, 진정한 성화의 삶이다. 그것은 기획이 아니라 선물이다. 그것은 확실히 혼자서 직접 하게 하는 기획이 아니다.

하나님 자신이 우리의 성화이시므로, 우리가 거룩해지려면 하나님께 가까이 다가가야 한다는 것은 분명한 사실이다. 그러므로 이것이 영혼 돌봄에 무엇을 의미하는지, 이것이 어떻게 이루어지는지를 탐구해 보도록 하자.

VIII

하나님께로 가까이

근접과 거룩함

우리가 영적 돌봄을 다룰 때, 우리는 그저 관념이나 개념의 영역에서 다루고 있는 게 아니다. 사람들은 한편으로는 의로움과 거룩함과 평화와 기쁨을, 다른 한편으로는 죄책감과 수치심과 슬픔과 불안과 두려움을 너무나 자주 단순한 범주나 개념으로 여기곤 한다. 그러나 그것들 가운데서 사실과 거리가 먼것은 없다. 이 성경적 단어들은 모두 인간이 하나님 및 타인과 관계하면서 경험하는 실재들이다. 그것들은 확실히 교리적인 범주에 불과한 게 아니며, 느낌에 불과한 것도 아니다.

목사인 우리는 사람들의 기분이 더 좋아지게 하는 것을 목표로 삼지 않는다. 내 말을 오해하지 않기를 바란다. 정신적 고통도 신체적 고통만큼 실재하고 사람을 쇠약하게 한다. 온갖 괴로움은 실로 깊은 동정을 받아 마땅하다. 그래서 감정들은 모든 성실한 영적 의사들의 주요 관심사다. 그것들은 영적 돌봄의 진단 단계에서 결정적 요소다. 체온, 호흡, 맥박, 혈압이 육체의 건강이나 병을 알리는 표지이듯이, 감정은 영혼의 의사인 내게 절대 필요한 요소다. 사람들의 감정 상태를 알지 않고서, 그들의 영적 문제를 정확히 식별할 수는 없다. 한 사람의 말을 귀여겨듣고 돌보면서 자기 안에서 감정적으로 일어나는 일을 잘 살피는 게 좋다. 그렇지 않으면 그 영혼을 오진하거나 잘못 치료할 것이기 때문이다. 그렇지만, 영적 의사인 나는 그 사람 전부를 치료하는 사람이지, 그의 감정만을 치료하는 사람이 아니다. 영혼이 하나님 안에서 휴식을 취할 때, 감정들은 안정되게 마련이다.

치료 대 수선 修繕

물론 나의 일차적 재능은 우연히 만난 고통을 덜어 주는 것이다. 솔직히 말하면, 남자인 여러분과 나는 타고난 '수선공'이다. 우리는 문제를 만날 때마다 그것을 해결하기 위한 전략 수립 쪽으로 재빨리 나아간다. 전략 수립은 남성의 흔한 특징이자 좋은 특징이다. 그것은 우리에게 가정의 보호자와 부양자로서의 소양을 잘 갖추게 한다. 그것은 하나님의 가정에서도 마찬가지다. 목사들에게 양질의 지도력은 매우 바람직한 지도력이다. 우리는 다양한 상황을 분석하고 해결하는 행동가가 되어야 한다.

그러나 영혼 돌봄에서는, 특히 영적 응급 처치가 필요한 초기 단계에서는 행동으로 나아가기 전에 우리의 이 타고난 재능을 자제하고, 좀 더 의도적으로 귀여겨듣는 일에 아주 많은 시간과 에너지를 들여야 한다. 앞서 말한 대로, 우리의 궁극적 목표는 사람들의 기분이 더 좋아지게 하는 데 있지 않다. 우리에게는 훨씬 중요한 목표가 있다. 이를테면 그들이 더 좋아지도록 돕는 것이다. 우리는 모든 남녀가 그리스도 안에서 그들의 능력을 충분히 발휘하게 하고 싶어 한다. 우리는 복음을 통해 그들에게 선한 양심을 가져다주고 싶어 한다. 우리는, 그들을 위하여 자기 몸을 내주신 분 안에서 그들에게 치료와 온전함을 가져다주어, 그들이 더는 자신들을 위해 살지 않고, 그분과 타인들을 위해 살게 하고 싶어 한다. 그들이 그분 안에서 생명과 평화를 얻으면, 그들의 영혼이 평안해질 것이고, 그들의 감정도 그 뒤를 따를 것이다.

그러나 여러분은 영혼들을 '수선하는' 사람이 아니라, 그들을 돌보는 사람들이다. 여느 훌륭한 의사와 마찬가지로, 여러분도 각 상황에서 건강을 되찾고 유지하는 데 필요한 것을 정확히 제공한다. 여러분이 제공하는 치료는 신적인 것, 곧 하나님의 유효한 말씀과 성례전에 기원을 두고 있다. 이것들은 믿음을 창시하시고 떠받치시는 성령의 신성한 수단들이다. 그리고 영적 돌봄은 의료적 돌봄과 똑같은 기능을 한다. 모든 질환에는 치료법이 있지만, 그 치료법이 완전한 것은 아니다. 평생의 건강이 병으로 인해 중단된다. 그래서 영혼 치료는 의료적 치료처럼 진행형 치료다. 영적 건강은 신체적 건강과 마찬가지로 평생의 과정이다.

죄가 하나님의 질서 바른 창조 세계를 철저히 파괴하여, 그 아름다움이 심하게 훼손되었다는 것은 사실이다. 나는 영적으로 말해서 사람들을 완전한 건강 상태로 이끄는 것이 목사인 나의 일이라고 생각하곤 했다. 그래서 여러 해에 걸쳐 얼마간의 지혜를 얻기도 했다. 이를테면 무질서에서 기능 장애가 온다는 것이다. 이 타락한 세상에서 살아가는 우리는 저마다 타락한 본성을 지니고 있으며, 그것은 목사를 포함한 우리가 모두 이런저런 식으로 기능 장애를 겪고 있음을 의미한다. 그 기능 장애는 만성 질환이다. 그러므로 영적 치료는 언제나 필요하다.

우리의 일은 사람들을 완전한 상태로 안내하는 것이 아니다. 사람들을 예수께로 데려가고, 예수를 그들에게로 모셔 가는 것이 우리의 일이다. 그분께서는 자기의 의로움과 거룩함으로 치료를 제공하신다. 예수께서는 하늘에 계신 우리 아버지 앞에서 선하고 깨끗한 양심의 기준이시므로, 하나님은 그들을 이미 그리스도 예수 안에서 완전해지고 온전해진 사람으로 보신다. 그러나 그때까지 여러분과 나는 유리를 통해 희미하게 볼 수밖에 없다. 우리의 몸과 영혼은 불완전하다. 완전함이 천상에서 넘치는 상태로 우리를 기다리고 있다. 그래서 영혼의 의사인 우리는 괴로워하는 죄인들을 예수의 이름으로 그분을 대리하여 천상의 약, 곧 생명을 주시고 회복하시는 그분의 복음과 성례전으로 계속 치료한다. 하나님은 이 복음과 성례전을 통하여 성령을 주시고, 그러면 성령께서는 복음을 귀여겨듣는 사람들 안에 믿음을 일으켜, 그 믿음이 때와 장소를 불문하고 하나님을 기쁘게 해 드리도록 한다.

따라서 궁극적으로는 하나님의 영이 진정한 치료자curate라고 할 수 있다. 성령께서는 자신의 치료적 접근을 통해 거룩하게 하신다. 그러나 그 일 역시 평생토록 계속된다.

새 마음

영혼 치료는 진행형 기획이니, 슬퍼하는 마음들과 불안해하는 영혼들이, 여러분이 가져다주는 말씀에 흔들리지 않더라도, 놀라지마라. 과연 하나님의 말씀은 생명과 빛을 가져다준다. 그러나 오랫동안 죽음과 어둠에 익숙해진 영혼들은 하나님의 약속을 쉽게 받아들이지 않는다. 성경이 말한 대로, 사람의 마음속 생각이 그의 상태를 결정한다(잠 23:7). 최근의 뇌 과학 연구와 신경 가소성neuroplasticity 연구가 제시한 대로, 신체적 외상과 정신적 외상은 정신 기능과 감정 기능과 신체 기능을 방해하고 영향을 미친다. 당연히 그 두 외상은 영적 돌봄에도 영향을 미친다. 마음의 오솔길에 삶의 잔해가 뿌려져 있다면, 하나님의 약속들이 외국어처럼 들릴 것이다. 그런 사람은 여러분이 제공하는 치료보다 더 포괄적인 치료가 필요할 것이다. 여러분은 치료 전문가로 훈련받은 것도 아니며, 그런 면허를 받은 것도 아니다. 그런 까닭에 목사인 여러분은 인지와 행동의 관계에 정통한 유능한 심리학자를 찾는 게 현명하다. 그처럼 숙련된 치료 전문가는, 감정적으로 상처 입은 개인이, 여러분이 예수의 이름으로 건네도록 부름을 받고 권한도 받은 변혁적인 영적 치료법을 귀담아듣고 이용하도록 하는 데에 큰 도움이 될 것이다.

하지만 새로운 사고 습관과 새로운 행동 습관을 들이기가 쉽지 않다는 점을 잊지 마라. 그것은 언제나 진행형 작업이다. 그것은 놀랄 일이 아니다. 어쨌든 그것은 회개, 곧 새 마음을 정의한 것이기도 하다. 하나님의 자녀는 날마다 영적 갱신이 필요하다. 그러한 일상적 회개는 어둠과 죽음의 그늘에 거주하는 영혼들에게 생명과 희망을 가져다준다. 따라서 감정은 영혼 돌봄에 당연히 중요하다. 하지만 그것이 전부는 아니다. 영혼의 의사인 우리는 감정에만 초점을 맞추는 것이 아니라 영혼에 초점을 맞춘다. 사람이 거룩해지면, 그의 감정도 거룩해지게 마련이다.

성화와 근접

영혼 치료에서 성화가 어떻게 작용하는지를 이해하려면, 성화가 어떻게 구약성경에서 이스라엘에 건네졌는지를 이해하고, 그다음에는 어떻게 신약성경에서 예수의 위격과 활동을 통해 완수되었는지를 이해할 필요가 있다. 예수께서는 우리의 첫값(우리의 구속)이실 뿐 아니라, 우리의 의로움(칭의)과 거룩함(성화)이기도 하시므로, 모든 목회적 돌봄은 사람들을 그리스도께로 데려가고, 그리스도를 그들에게로 모셔 가는 것을 포함한다.

문제는 근접이라고 여러분은 말할지도 모르겠다. 캠프파이어 주위에 앉는 것을 상상해 보라. 여러분이 불 가까이에 있을수록, 여러분은 더 잘 볼 수 있고, 더 따뜻해질 것이다. 성화도 그와 다르지 않다. 성화의 근원에 근접하는 것이 꼭 필요하다. 예수께서는 우리의 거룩함이시므로, 그분께서 사람들에게 가까이 다가가시고, 사람들이 그분께 가까이 다가갈 때마다, 그들은 거룩하게 되어, 하나님과 타인들을 섬길 수 있게 된다. 그들이 그분에게서 멀어지면 멀어질수록, 그들의 마음과 삶이 점점 더 더러워지고, 그들의 몸도 불경한 세상, 그들의 죄스러운 본성, 악마의 힘과 영향으로 인해 더러워지게 된다.

거룩하신 하나님, 거룩한 백성

이것은 우선 이스라엘이 사막을 떠돌며 영위한 예배 생활에서 명확해진다. 주님은 처음에 시내산에서 자기 백성에게 나타나셨다. 그들은 그 산을 범접하지 말라는 경고를 받았다. 그 산은 하나님이 강림하시는 거룩한 산이었기 때문이다(출 19:11-15). 하지만 모세와 이스라엘의 장로 일흔 명은, 하나님이 영광의 구름에 싸여 보이지 않게 거하시는 산 위로 초대를 받았다(출 24:9-18). 산 전체가 거룩했지만, 산꼭대기는 하나님의 거처여서 가장 거룩했다. 하나님의 현존은 거룩함이다.

시내산에서 하나님은 모세에게 성막 건축에 관한 지시를 내리셨다. 성막은 이스라엘이 사막 여정 내내 모실 이동식 성소였다(출 25장). 그것은 사실상 이동하는 시내산이었다. 그것은 휘장으로 차단된 바깥뜰과 경내가 둘인 안뜰로 이루어져 있었다. 한 경내는 제사장들이 날마다 예식을 집전하는 성소였고, 다른 한 경내는 언약궤의 덮개 곧 속죄판에 접한 그룹들의 날개들 사이에 자리한 지성소였다. 속죄판은 하나님이 친히 좌정하셔서 자기 백성을 만나고, 자기의 현존으로 그들을 거룩하게 하시는 곳이었다. 이 가장 깊숙한 성소는 대제사장 외에는 출입이 금지되었다. 대제사장은 일 년에 한 번 속죄일에 지성소에 들어가, 부정을 탄 회막과 그 기물들을 성결하게 하는 예식을 집전했다. 이스라엘 백성은 성소에 들어가지 않고 바깥뜰에 모였다. 그곳은 주님이 오셔서, 아침과 저녁에 제물을 바치는 동안 제단에서 그들을 만나시는 곳이었다(출 29:38-42).

하나님은 예배 문제에 무관심하시다고 주장하는 사람이 있다면, 그는 출애굽기나 레위기를 전혀 읽어 보지 않은 사람이다. 이 모세의 책들에서 주님은 성물들, 신성한 그릇들, 제사장의 예복들을 규정하시고, 이스라엘 백성 사이에서 자신의 현존을 드러내시는 데 이용되는 예식들을 규정하신다. 물론 요점은 그분의 현존이다. 이 예식들은 이스라엘 백성에게, 모든 거룩함은 하나님의 현존에 기인한다는 사실을 각인시키기 위해 규정되었다. 이스라엘의 성막, 곧 그들의 이동식 성소는 사실상 그들을 위해 지상에 임한 하늘이었다. 하나님은 친히 규정하신 제사 제도를 통해 자기 백성의 매일 여정을 위해 그들을 거룩하게 하려고 하셨다. 그분께서는 이 신성한 수단들을 통해 그들에게 직접 다가가셔서, 자기의 현존으로 그들에게 복을 내리시며 자기의 거룩함을 수여하셨다. 이스라엘 백성은 이처럼 신성하게 규정된 예배에 참여함으로써 주 하나님의 신적인 생명의 일부를 얻었다. 그들은 그분께서 지상에서 그들과 함께해 주신 덕분에 거룩하게 되었다.

속죄일에 바치는 제물과 관련하여 하나님이 지시를 내리시는 대목(레 16장)만큼, 예식에 현존하셔서 거룩하게 하시는 그분의 영향력을 생생히 다룬 대목은 없다. 레위기 16장은 주님의 백성, 주님의 제사장들, 주님의 성소 자체가 어찌해야 더러운 죄를 씻고 거룩해져 주님을 섬길 수 있는지에 관한 주님의 지시를 제시한다. 주님은 동물 제물들을 준비하고, 그들을 예식에 맞게 잡고, 그들의 피를 적절히 이용하여 성결하게 하는 것에 관해 상세한 지시를 내리신다. 이 모든 것은 우리 현대인의 귀에 매우 낯설고 혐오스럽게 들릴 것이다. 하지만 여러분이 알다시피, 이스라엘 사람들에게 피는 신성한 액체다. "생물의 생명이 바로 그 피 속에 있기 때문이다. 피는 너희 자신의 죄를 속하는 제물로 삼아 제단에 바치라고, 너희에게 준 것이다. 피가 바로 생명을 지니고 있기 때문에, 죄를 속하는 것이다"(레 17:11).

깨끗하게 하는 피

개인적으로 적절한 준비를 하고, 신성 모독을 피하기 위한 예식 지침에 주의하라는 지시를 받은 다음, 대제사장은 제물로 바친 수소의 피를 가장 깊숙한 곳에 있는 성소 곧 하나님이 거하시는 지성소로 가져가서 하나님의 보좌에 뿌리라는 지시를 받았다. 가장 거룩한 것으로 구별된 그 희생의 피는 신성한 뜰로 옮겨져, 이스라엘이 날마다 하나님께 제물을 바치던 제단을 거룩하게 하는데 쓰였다. 이스라엘은 그 제단에서 나온 음식을 먹으며 하나님의 거룩함의 일부를 얻었다. 이것은 하나님의 현존에 가까이 다가가는 행위였다. 거룩함은 하나님이 거하시는 지성소에서 바깥으로 흘러나왔다. 지성소에서 옮겨진 피는 성소의 나머지 구역과-근접을 통해-성소 예식에 참여한 모든 사람을 거룩하게 했다. 이 희생의 피는 하나님의 백성에게 성화의 수단이었다.

물론, 구약의 이 제사 규정은 준비 단계일 뿐이다. 예수께서는 세상 죄를 지고 가는 하나님의 참 어린양이시다. 그분께서 갈보리에서 바치신 속죄의 희생은, 주님이 고대 이스라엘을 위해 하신 모든 희생을 능가하고 대신하는 것이었다. "그러나 그리스도께서는 이미 일어난 좋은 일을 주관하시는 대제사장으로 오셔서 손으로 만들지 않은 장막, 다시 말하면, 이 피조물에 속하지 않은 더 크고 더 완전한 장막을 통과하여 단 한 번에 지성소에 들어가셨습니다. 그는 염소나 송아지의 피로써가 아니라, 자기의 피로써, 우리에게 영원한 구원을 이루셨습니다"(히 9:11-12).

그리스도의 피는 모든 희생을 끝장내는 희생, 단 한 번에 바쳐진 희생이다. 하지만 시내산에서 그리고 이스라엘의 사막 유랑에서 참이었던 것은 지금도 여전히 참이다. 거룩함은 오늘날에도 여전히 하나님의 현존에 참여하는 것이다. 예수께서는 자기의 피를 이 세상의 성소 안으로 가져가시지 않고, 하늘 자체로 가져가셔서, 그것을 아버지께 마지막 속죄 제물로 바치셨다. 이제 그분께서는 우리의 대제사장으로서 정기적으로 말씀과 성찬을 통해 우리 가운데 오셔서, 자기의 가장 거룩한 피-우리의 성화의 수단-로 우리를 거룩하게 하신다.

여러분이 알다시피, 성화는 근접을 중심으로 이루어진다. 예수께서 계신 곳은 실제적 의로움과 참된 거룩함이 있는 곳이다. 우리는 그분을 믿는 믿음으로 여기 이 세상에서 그분의 신적인 의로움과 거룩함의 일부를 얻는다. 그분의 피는 아벨의 피보다 더 나은 말을 한다. 그것은 육신만이 아니라 마음과 영혼도 깨끗하게 하며, 그들에게 선하고 깨끗한 양심을 주어 하나님 앞에 서게 한다.

"염소나 황소의 피와 암송아지의 재를 더러워진 사람들에게 뿌려도, 그 육체가 깨끗하여져서, 그들이 거룩하게 되거든, 하물며 영원한 성령을 힘입어 자기 몸을 흠 없는 제물로 삼아 하나님께 바치신 그리스도의 피야말로, 더욱더 우리들의 양심을 깨끗하게 해서, 우리로 하여금 죽은 행실에서 떠나서 살아 계신 하나님을 섬기게 하지 않겠습니까?"(히 9:13-14).

근접과 영혼 돌봄

그러나 거룩함과 근접에 관한 이 모든 이야기는 실제로 어떤 소용이 있는가? 영혼의 의사인 여러분과 나는 이것을 어떻게 사용해야 고투하며 질식하는 죄인들을 회개의 삶으로 부를 수 있는가? 이 통찰은 세례 요법에 어떤 정보를 주어, 사람들이 죄에서 돌이켜, 그들의 의와 거룩함과 구원이 되시는(고전 1:30) 그리스도 예수께 근접하는 삶을 영위하도록 돕는가? 내가 '네드'를 만났을 때, 그는 20대 후반의 불안정한 젊은이로서 스스로 선택한 직업에 이르는 길을 찾으려고 애쓰고 있었다. 얼마 지나지 않아서 나는 그가 매우 호감이 가는 사람이지만, 그의 호의적 외모 저변에는 깊은 감정적 상처와 영적 상처가 얼마간 자리하고 있음을 알았다. 그 상처는 그가 유년 시절에 아버지의 욕설과 알코올 중독으로 입은 상처의 앙금이었다. 그의 아버지는 자녀를 사랑할 자격이 없는 것은 물론이고, 자기의 모든 불행의 책임을 그의 어머니에게 돌리기까지 했다. 나를 만났을 때의 네드는 알코올 중독 치료소를 몇 차례 드나들며, 습관적 수음에 깊이 빠져든 상태였다. 영웅적 노력과 일시적 절제에도 불구하고 그 습관을 이겨낼 수 없었다.

영적으로 말하면, 네드는 엉망이었다. 그는 자기가 하나님의 사랑을 받을 자격이 없고 절대로 그리스도인이 되지 못할 것이라고 확신하고 있었다. 기본적으로 그는 자기 안에 있는 무엇이 돌이킬 수 없게 망가졌으며, 자기가 그것을 어느 정도 고칠 수 있다고 생각했다. 그는 자기가 발각될지도 모르며, 자기의 성 강박 충동으로 인해 자기가 간절히 원했던 동료 그리스도인들과의 관계에서 멀어져 고립될지 모른다는 병적인 두려움 속에서 살았다.

포르노는 쓸쓸한 스포츠다. 그것은 남자를 하나님으로부터 고립시키고, 공동체로부터도 고립시켜, 그 자신 안으로 점점 더 깊이 몰아넣는다. 그야말로 악순환이다. 네드는 쓸쓸함을 느끼면 느낄수록, 자기의 강박 관념에 점점 더 많이 골몰했다. 그는 기분이 좋아지려고 알코올이나 포르노를 이용한 게 아니었다. 그가 중독에 빠진 것은 아무것도 느낄 수 없어서였다. 그는 날마다 자기를 따라다니는 심한 내적 고통에서 새롭게 벗어나고 싶어 했다. 하지만 알코올과 오르가슴은 짧고 덧없는 휴식만을 주고는, 지속적인 유감과 후회와 극도의 내적 불쾌감을 남겼다.

네드는 치료 전문가들을 선용했다. 그는 알코올 중독 치료 외에도 유능한 성 중독 치료 전문가의 도움도 구했다. 파괴적 생활 방식을 조장하는 파괴적 사고방식을 다루는 데는 인지 행동 치료가 성과를 입증하고 있다. 하지만 중독 치료 전문가들은 회복에 필요한 영적 요소가 있음을 깨닫는다. 그래서 영혼 돌봄과 영혼 치료를 제공할 자격과 권한을 부여받은 나에게 네드가 찾아온 것이다.

오랜 시간을 들여 끈기 있고 주의 깊게 경청하고 나서야, 네드의 심한 기능 장애, 그의 감정적 상처와 영적 상처의 정도, 그 결과로 그의 영혼에 나타난 냉담을 밝힐 수 있었다. 그의 냉담은 그에게 정상 상태와 어느 정도 유사하게 움직이는 힘을 주면서도, 그의 내면에 겁먹고 외로우며 아파하는 꼬마가 도사리고 있다는 사실을 은폐했다.

네드의 아버지는 내가 네드를 만나던 무렵에 죽었다. 그는 마지막 병환 중에 아들과 화해하려고 애썼지만, 자기가 네드의 유년 시절에 네드에게 입힌 손상을 고백하기는커녕 전혀 인정하지 않았다. 물론, 되돌릴 수 없었다. 내 쪽에서의 통찰력과 동정은 네드의 손상이나 지속되는 상처를 조금도 원 상태로 돌리지 못했다. 내가 그의 상처 입은 영혼에 제공한 치료법의 핵심은 나의 개인적 공감 능력이나 동정심이 아니라, 예수의 거룩함이었다.

확실히 네드는 자신의 알코올 중독과 성적 강박 중독으로 인한 생각과 말과 행실로 많은 죄를 지은 상태였다. 그는 기대 이상으로 그 죄들을 기꺼이-심지어 열심히-고백했다. 하지만 그 죄들은 이미 악순환이 된 상태였다. 그가 자기의 죄에 대해 몹시 후회하면 할수록, 그는 자기 자신과 자기 몸을 더더욱 싫어했다. 그가 자기에게 진저리를 치며 역겨워할수록, 그는 아무 저항 없이 자기의 중독 탐닉에 더더욱 끌렸다. 그는 자기 죄를 더 많은 죄로 벌하는 것 같았다.

네드가 자기 죄를 고백할 때면, 그의 통회는 거칠고 노골적이며 진실했다. 물론 나는 매번 그를 용서해 주었다. 죄를 뉘우치는 죄인의 모든 죄를 예수의 이름으로 용서해 주라는 명령을 받았기 때문이다. 하나님의 아들 예수 그리스도의 피는 모든 죄를 씻어 낸다. 하지만 그 피는 거룩하게 하기도 한다. 지속적 회복을 위해 네드에게 필요한 것은 예수의 거룩함이었다. 그는 확실히 자기가 할 수 있는 게 없었다.

그래서 나는 네드를 만날 때마다 그에게 온전히 주의를 기울이며 그를 불쌍히 여겼다. 그러나 그 속에는 지속적인 치유가 없다. 하나님이 공급하시는 수단들을 이용한 고의적 치료가 필요했다. 나는 그리스도의 이름으로 건네도록 위임받은 죄 용서를 통해 그리스도의 의로움을 그의 죄책감에 적용했다. 하지만 그의 지속적인 상처들과 수치심에 도움이 되는 것은 그리스도의 거룩함뿐이었다.

그 모든 것은 하나님께 근접하는 것을 중심으로 하여 이루어졌다. 네드가 자기 죄로 인해 하나님으로부터 고립되면 고립될수록, 그를 더욱더 신앙 공동체로 그리고 하나님과의 사귐으로 다시 부를 필요가 있었다. 네드를 위한 세례 요법으로 죽음과 재생의 반복적 순환이 필요했고, 그가 오래전에 세례를 통해 거룩하신 그리스도와 연합함으로써 받았던 순결과 정결을 회복시켜 주는 것이 필요했다. 네드의 의지력은 그의 강박 충동을 이겨 내는 데 도움이 되지 않았다. 하지만 그는 그리스도 안에서 날마다 새 마음과 새 의지를 얻었다.

중독자들의 입에 일반적으로 오르내리는 실제적 표어가 있다. "하루씩"이 그것이다. 회복은 한꺼번이 아니라 날마다 조금씩 하는 것이 가장 좋다는 말은 참말이다. 영적 회복도 마찬가지다. 네드의 세례 요법에는 매일의 통회와 회개가 필요했고, 그것을 통해서 그의 옛 아담의 본성이 날마다 죽을 수 있었다. 그리스도 안에 있던 새사람 네드가 날마다 나타나면서, 그는 강박 충동에서 해방되어, 신성한 수단을 통해 일하시는 성령에 가까이 다가가는 가운데 의롭고 순결하고 복된 삶을 영위하게 되었다.

네드의 영혼을 돌보는 일은 하나님의 말씀을 매우 끈기 있게 가르치는 것과 말씀을 예식에 적용하는 것을 포함했다. 네드는 강박 충동에 사로잡혀 있었을 뿐만 아니라, 여느 중독자와 마찬가지로 자기가 참된 것으로 여겨 받아들인 여러 그릇된 신념과 거짓에 시달리고 있었다. 그래서 나는 죄의 본성과 은혜, 율법과 복음, 통회와 회개, 그리스도 안에서 영위하는 세례 생활을 거듭

복습했다.

그러나 나는 말씀을 가르치는 것으로 그치지 않았다. 나는 말씀대로 시행(하고 적용)했다. 그의 고백을 귀여겨듣고, 그리스도의 죄 용서를 선언하고, 말씀으로 기도하고, 말씀으로 그를 축복한 것이다. 나는 그를 주님의 식탁에서 정기적으로 이루어지는 성찬식에 초대했다. 그는 그 성찬식에 참석하여 불멸의 약을 받았다. 그의 영적 상처를 치료하고, 그의 내적 상처를 진정시키는 약이었다. 네드는 남성의 육신을 입으신 하나님의 살과 피를 정기적으로 받으면서 구세주의 구원하시는 사랑을 깨닫고, 예수의 신성한 몸과 연합했다. 그리하여 그는 자기 몸의 지체를 더는 죄의 연장으로 바치지 않고, 의의 연장으로 바칠 수 있었다(롬 6:13).

거룩하신 하나님 예수께로 가까이 나아가는 것이 네드에게는 지속적 회복의 열쇠였다. 예수로부터 분리되었을 때의 그는 여러 중독증과 정욕에 사로잡힌 상태였다. 예수의 신성한 말씀과 성례전으로 그분과 연결되었을 때의 네드는 날마다 종이 아니라, 의로움과 참된 거룩함으로 새롭게 지어진 아들로서 성부의 집에서 자유롭게 지냈다.

내 말을 오해하지 않기를 바란다. 예수께로 가까이 나아가는 세례 요법은 네드의 성 중독을 치료한 게 아니었다. 습관은 좀체 죽지 않는다. 유해하고 파괴적인 습관은 특히 그러하다. 네드가 모든 유혹에서 벗어난 것은 아니다. 그러나 이 접근법은 엄밀히 말해서 과도한 지배력을 잃은 네드의 강박 충동에 필요한 치료법-처치법-이었다. 그가 예수의 말씀과 성례전을 통해 그분께로 가까이 나아가면서 얻은 거룩함이 그로 중독의 악순환을 끊게 했다. 네드는 그리스도의 의로움과 거룩함에 싸여 내적으로 새롭고 의로운 영을 받았으므로, 더는 내면의 감정적 고통을 없애려고 애쓸 필요가 없었다.

예수 안에서 전혀 새로운 생활이 네드에게 열렸다. 나는 그 생활을 '예식 생활'이라고 부르게 되었다.

예식 생활

하나님이 시내 광야에서 자기 백성 이스라엘을 위해 고안하신 예배 집회는 자기의 거룩함-현존-을 자기 백성과 함께 나누는 그분의 방식이었다. 그분께서는 먼저 규정된 희생 제사를 통해 그들의 죄를 씻어 내신 다음, 영광의 구름에 싸여 그들에게 나타나셔서 복을 내리시고, 자기의 신적 현존 가운데서 그들을 쉬게 하셨다. 예식 생활, 바로 이것이 진정한 성화다.

그 용어가 어떤 이에게는 낯설 수도 있고, 다른 이에게는 반감을 갖게 할 수도 있으니, 잠시 그 용어를 정의해 보도록 하자. 내가 말하는 예식 생활은, 먼저 하나님의 현존 안으로 거듭 들어감으로써 그분에게서 받은 모든 것을, 마땅히 그리스도인으로서 그분에게 드리지 않으면 안 된다는 뜻이다. 모든 생명은 먼저 성령의 능력 안에서 하나님의 아들 우리 주 예수 그리스도를 통하여 아버지 하나님으로부터 흘러나온다. 그러니 우리는 살면서 무엇을 하든지 간에 그것을 성령 안에서 아들을 통해 아버지께 찬양하며 바친다. "그리고 말이든 행동이든 무엇을 하든지, 모든 것을 주 예수의 이름으로 하고, 그분에게서 힘을 얻어서, 하나님 아버지께 감사를 드리십시오"(골 3:17).

영과 진리

예수께서는 야곱의 우물가에서 사마리아 여인과 나누신 주목할 만한 대화에서 영과 진리를 강조하신다. 여인은 예식의 문제, 곧 예루살렘의 시온산에서 예배를 드려야 하느냐, 아니면 사마리아의 그리심산에서 드려야 하느냐를 놓고 논의하고 싶어 한다. 예수께서는 그녀의 주의를 장소 문제에서 진정한 예배의 핵심, 곧 하나님의 현존으로 돌린다. "참되게 예배를 드리는 사람들이 영과 진리로 아버지께 예배를 드릴 때가 온다. 지금이 바로 그 때이다. 아버지께서는 이렇게 예배를 드리는 사람들을 찾으신다. 하나님은 영이시다. 그러므로 하나님께 예배를 드리는 사람은 영과 진리로 예배를 드려야 한다"(요 4:23-24).

예수께서는 자신이 구현된 진리인 까닭에(요 14:6), 아들과 성령을 통하여 아버지께 참된 예배를 드려야 한다고 가르치신다. 이것은 직관에 반하는 가르침이다. 사람들 대다수는 오늘날에도 예배는 소위 '상향식'이라고 생각한다. 그들은 예배는 사람이 하나님을 찬양하기 위해 고안한 것이라고 여긴다. 반면에 성경은 예배가 '하향식'이라고 가르친다. 하나님이 주도권을 쥐고 계신다. 예배는, 하나님이 자기 백성을 용서하시고, 깨끗하게 하시고, 복을 내리실 때 시작된다. 먼저 하나님이 말씀하시고, 그러면 우리는 들은 대로 말한다. 하나님이 주도하시고, 그러면 우리는 응한다. 먼저 그분께서 베푸시고, 그러면 우리는 응답한다. 먼저 그분께서 우리의 입을 여시고, 그러면 우리의 찬양이 흘러나온다.

그러므로 예배는 언제나 하나님의 현존에 근접하는 것을 필요로 한다. 하나님의 이름과 말씀이 있는 곳에는 그분께서 계신다.

하나님이 자기의 온갖 선물을 가지고 계신 데에서, 곧 하나님 앞에서 예배는 이루어진다. 우리가 가진 모든 것은, 하나님의 영의 능력 안에서 하나님의 아들을 통하여 아버지 하나님에게서 받은 것이다. 오직 그런 뒤에만 우리는 성령 안에서 성자를 통하여 성부께 응답할 수 있다. 하나님의 선물들의 삼위 일체적 형태와 방향, 그리고 우리의 응답, 바로 이것이 내가 말하는 '예식'의 의미다.

그리스도인의 예배에서 참된 것은 그리스도인의 삶에서도 참되다. 우리의 예배는 물론이고 그리스도인의 삶에도 예식이 있다. 우리의 사랑과 선행의 삶은, 우리가 하나님의 사랑을 받고, 그분의 영의 능력 안에서, 그분의 아들 안에서 이루어지는 우리의 구원이라는 열매를 받아들일 때 시작된다. 그 선물들은 그분으로부터 우리를 통하여 타인들에게로 흘러간다. 우리는 거저 받았기에, 거저 준다(마 10:8).

하나님의 현존이 거룩하게 한다

다시 말하지만, 성화는 우리가 하는 것이 아니라, 하나님이 우리에게 그리고 우리를 통해서 하시는 일이다. 선한 일을 하는 것으로는 거룩하게 되지 못한다. 오히려 성령께서 거룩하게 해 주시기에, 선한 일을 하는 것이다. 거룩한 사람들은 거룩한 삶을 영위하는데, 거룩함은 자연 발생적인 것이 아니다. 그것은 하나님으로부터 빌려 받는 것이고, 그분의 현존에 근접하면서 받는 것이다.

예수께서는 칭의의 핵심이시듯이 여전히 성화의 핵심이시고, 그리스도 우리 주를 통한 용서가 그 둘의 중심이다. 먼저, 우리는 통회와 회개로 죄를 깨끗이 씻어 낸다. 그런 다음 우리는 우리에게서 모든 의롭지 못한 것을 씻어 내는 예수의 피를 통해 죄 용서를 받는다. 우리는 더러운 죄와 황폐화하는 결과들을 깨끗이 씻음받은 뒤에야 무사히 성 삼위일체의 현존 안으로 들어가서 기도하고 찬양하고, 그분의 이름을 찬미할 수 있다. 따라서 우리에 앞서 이스라엘이 그랬듯이, 우리는 가장 거룩한 것들, 곧 그분의 복된 말씀과 성례전을 통해 성화되거나 거룩하게 된다. 하나님은 그것들을 통해 성령을 주시고, 성령께서는 복음을 귀담아듣는 사람들 안에 믿음을 일으켜 그분을 기쁘게 해 드리도록 한다. 그리고 그 구원하는 믿음은 사랑으로 살고, 하나님의 영을 통한 성화에서 선행이 흘러나온다. 내가 말하는 '예식 생활'을 이제 이해하겠는가? 그 모든 것은 하나님의 현존과 관계있다. 모든 거룩함은 그분에게서 흘러나오기 때문이다.

여러분이 거룩해지고 싶다면, 여러분은 하나님의 현존 안으로 들어가야 한다. 그분만이 홀로 거룩하시고, 거룩함의 원천이자 목표이시기 때문이다. 여러분이 스스로 죄를 제거할 수 없듯이, 여러분 스스로는 거룩함을 생각해 낼 수 없다. 하나님께서 홀로 용서하시고, 하나님께서 홀로 거룩하게 하신다. 반면에 여러분은 하나님이 여러분에게 주신 거룩함을 유지하고, 하나님이 거룩하게 하신 것을 거룩하게 지키도록 요구받는다. 여기에는 매일의 통회와 회개가 포함된다. 이는 무엇보다도 여러분의 죄를 말끔히 씻음받게 하려는 것이다. 그러나 거룩한 삶은 언제나 하나님의 현존을 중심으로 하여 이루어진다. 성화는 예식을 통해 성 삼위일체의 신적인 생명에 참여하는 것이며, 그분께서 우리에게 가까이 다가오시는 곳에서 그분께로 가까이 나아가는 것이다. 그래서 그리스도인 개인은 물론이고 그리스도인 단체에도 하나님의 말씀과 기도가 중요하다.

인간 자체는 거룩하지 않은데도, 여러분과 내가 그리스도 안에서 하나님의 거룩함에 참여하고 있다는 것은 놀라운 일이 아닐 수 없다(히 12:10). 그래서 나는, 신앙의 중심 조항은 언제나 칭의이지만, 영혼 돌봄과 관련한 우리의 일 대부분은 성화의 영역에서 이루어진다고 계속 강조한다. 여러분과 내가 사람들을 돌보면서 하는 일은 모두, 하나님이 그들에게 자기를 내주시면서 그들과 공유하시는 거룩함에서 비롯되고, 그 거룩함으로 다시 이어진다. 그들은 스스로 거룩해질 수도 없고, 여러분과 나도 그들을 거룩하게 할 수 없다. 반면에 하나님은 그들을 거룩하게 하실 수 있고, 실제로 그리하신다. 그분만이 홀로 거룩하셔서, 자기의 거룩함을 그들에게 수여하시기 때문이다. 그리스도인의 책무는 자비로우신 하나님이 거룩하게 하신 것을 거룩하게 지키는 것이다. 예컨대, 주 하나님은 자기의 현존을 통해 안식일을 거룩하게 하셨다. 그분께서는 이스라엘 백성에게 그 신성한 날을 거룩하게 하라고 명하시지 않고, 자기의 거룩함을 모독하지 말라고 명하신다. "안식일을 기억하여 그 날을 거룩하게 지켜라"(출 20:8). 그리스도인들은 하나님이 주신 거룩함을 지키고 보전하면서, 하나님의 거룩함을 더럽히는 죄스러운 생각과 말과 행동을 피한다.

하나님이 말씀과 성례전을 통해 거룩하게 하신 것을 거룩하게 지키는 것이 우리의 목표다. 영혼 돌봄에서 우리의 책무는, 사람들의 성화를 위해 그리스도를 그들에게로 모셔 가고, 그들을 그리스도께로 데려감으로써 그들의 거룩함을 유지할 수 있게 하는 것이다. 그분만이 거룩한 분이시고, 그분만이 거룩하게 하는 일을 수행하신다. 바울의 말을 인용해서 말하면, 그분께서는 "하나님으로부터 오는 지혜가 되시며, 의와 성화(글자 뜻 그대로 '거룩함')와 구원이" 되신다(고전 1:30).

세상 안에서 영위하는 예식 생활

예식 생활은 하나님이 자기의 선물들과 함께 현존하시는 성소에 국한되지 않는다. 성소에서 받은 거룩함은 성소에서 일상생활로 옮겨진다. 세례받고 그리스도와 하나가 된 그리스도인들은 그리스도를 옷으로 입은 사람들이다(롬 6:3-4). 그들은 이제 자기들을 위해 살지 않고, 자기들을 위해 죽으신 분을 위하여 산다(갈 2:20). 다음과 같이 영광스러운 사실이 없다면, 악이 가득한 세상에서 덕스러운 삶을 영위하는 것은 힘들고 불가능한 일일 것이다. 세례를 받아 그리스도와 하나가 된 사람은 누구나 그리스도를 옷으로 입은 사람들이다(갈 3:27). 그들은 육신을 입고 영위하는 삶을, 그들을 사랑하시고 그들에게 자기를 내주신 하나님의 아들을 믿는 믿음으로 영위한다. 세례를 받아 그분과 하나가 된 그들은 이제 그분 안에서 살고, 그분께서도 그들 안에서 사신다. 예수께서는 이제 그들을 통하여 자기의 삶을 영위하신다. 그리스도인의 삶 속에서 사랑과 선행을 늘리는 비결은 세례 요법, 곧 옛 아담의 죽음과 새사람의 부활이다. 그들의 옛 죄스러운 본성과 온갖 악행이 날마다 죽고, 그리스도 안에서 지어진 새사람이 나타나 믿음으로 새롭고 덕스러운 삶을 영위하는 것이다. 요점은 이것이다. 즉, 그리스도인의 삶에서 드러나는 그 덕행들은 실제로 그리스도의 덕행들이라는 것이다. 그리스도인의 덕행은 그리스도를 본받는 것만을 수반하는 것이 아니다. 그것은 실제로 거룩하게 되어 가고 있는 사람들 가운데서 그리스도께서 직접 드러내시는 덕행이다.

도덕을 넘어서

거룩함을 도덕 및 선행과 동일시하는 것은 늘 되풀이되는 잘못이다. 성화가 선행과 동일시될 때마다, 영적 해악이 발생한다. 그러면 사람들은 하나님이 율법으로 요구하시는 신성함의 단계에 이르기 위해 자기들의 내적 성향과 영적 각오로 방향을 돌릴 것이다. 그러나 하나님의 율법은 거룩한 삶의 동기를 부여하지 않는다. 그것은 과연 꼭 필요한 안내자다. 또한 그것은, 인류가 죄를 지어 하나님의 영광에 미치지 못했으며, 그 결과로 하나님의 진노하시는 심판을 받게 되어, 그분만이 제공하실 수 있는 구원이 절실함을 보여 주는 확실한 거울이기도 하다. 율법은 폭력과 파괴에 맞서는 효과적인 방벽으로서 인류에게 봉사한다. 명하시고 금하시는 하나님의 도덕적 율법을 어느 정도 반영하는 사회적 관습과 법률로 죄스러운 마음의 무법적 성향에 제약을 가하지 않으면, 폭력과 파괴가 풀려나게 될 것이다.

하지만 옛 속담에 이른 대로, 도덕을 법제화할 수는 없다. 태아와 노약자를 보호하고, 하나님이 정하신 결혼 제도와 가족 제도 등을 장려하고 지지하는 데 이바지하는 법률을 제정할 수는 있다. 부디 그렇게 할 수 있게 되기를 기도하라. 그러나 입법 기관은 법령만으로는 사람들을 하나님의 뜻에 순응시킬 수 없다. 목사들도 사람들에게 규율을 제시하여 그대로 살게 하는 것으로는 그들을 더 거룩한 사람이 되게 할 수 없다.

참으로, 거룩한 사람들은 거룩한 삶을 영위한다. 그러나 여러분과 내가 우리 자신의 이성이나 힘으로는 우리 주 예수 그리스도를 믿을 수 없고, 그분께 나아갈 수 없듯이, 우리 자신의 업적이나 노력으로는 우리 자신을 거룩하게 할 수 없다. 우리의 거룩함은 타고난 거룩함이 아니라, 얻은 거룩함이다. 창조의 새벽 이래 하나님이 줄곧 인류에게 다가오셔서, 자기의 현존을 통해 자기의 거룩함을 인류와 공유하신 것은 참으로 놀라운 일이 아닐 수 없다. 거룩함은 하나님과의 접촉을 통해 받는 것이므로, 우리는 그분께서 친히 거룩하게 하신 것을, 그분께서 말씀과 성례전을 통해 우리에게 다가오실 때 그분께로 가까이 나아감으로써만 거룩하게 지킬 수 있다. 반면에 하나님과 그분의 거룩함에서 분리되는 것은 필연적으로 거룩함의 상실로 이어지게 마련이다.

여러분이 무엇을 하고 있는지 지켜보라

아버지와 내가 아는 농부들에 관한 이야기다. 그들의 **습성**은 항상 드러났다. 그들은 농사일에 이골이 난 상태여서, 습관적 본능이 일러 주는 대로 의도를 가지고 행동했다. 젖소가 먹이를 먹지 않으면, 그들은 곧바로 알아채고 치료법을 찾아냈다. 알곡이 여물어 가면, 그들은 수확 장비를 준비했다. 구름이 스콜로 위협하면, 그들은 서둘러 건초 더미를 거둬들였다. 그들의 기술이 그들의 일에 활기를 주었다.

이와는 대조적으로, 목사인 우리는 쉽게 자동 조종 장치에 올라타고서, 그저 사역을 시늉만 내면서, 우리가 무엇을 하고 있는지를 그다지 생각하지 않은 채, 훈련받은 임무를 수행하는 것 같다. 우리가 사역에 싫증을 내고 불만을 품는 것은 당연하다. 우리 가운데 다수가 탈진하거나, 우리를 파괴하고 우리의 사역을 끝장내는 온갖 유혹의 손쉬운 먹잇감이 되는 것도 당연하다. 그래서 나는 여러분에게 간청한다. 여러분이 목사로서 무엇을 하고 있는지를 지켜보라. 여러분이 누구인지를, 여러분이 누구의 소유인지를, 여러분이 그리스도의 일꾼이자 하나님의 비밀들을 맡은 관리인으로서 누구를 섬기고 있는지를 잊지 마라.

일단 우리가 단지 종교 활동 지도자나 영성 생활 지도자에 불과한 게 아니라, 살아 계신 하나님의 진정한 심부름꾼이라는 사실이 점점 분명해지면, 우리는 시늉만 내는 것으로는 만족하지 못할 것이다. 우리는 살아 계신 주님의 대리인으로서 우리의 일에서 새로운 만족과 성취감을 찾을 것이다. 우리는 영혼 치료를 위한 실제적이고 참된 **습성**을 몸에 붙이게 될 것이다. 예수의 양들인 사람들에게 참 생명과 치료를 가져다준다는 게 무슨 뜻인지를 점점 더 많이 의식하면 할수록, 우리는 대 목자의 목양견으로서 우리의 일에 더욱더 주의 깊게, 더욱더 의도적으로 임하게 될 것이다.

주의와 의도

성화에 대한 올바른 성경적 이해는 목회 직무에 전혀 새로운 전망을 열어 준다. 거룩함이 인간의 성취가 아니라, 이 세상에서 하나님의 현존과 관계있는 신적 선물임을 이해하면, 우리는 하나님으로부터 멀어져 불행 가운데 고립된 영혼들에게 위로와 희망까지 덧붙여 가져다줄 준비를 더 잘하게 될 것이다. 거룩함의 영역 전체가 우리의 목회적 **습성**의 일부분이 될 것이다. 우리는 죄책감과 수치심을 수반하는 양심의 문제를 더 예민하게 의식하게 될 것이다. 우리는 제육감sixth sense을 계발하여, 사람들을 하나님으로부터 고립시키고 멀어지게 하는 요인들에 기민하게 주의를 기울이게 될 것이다. 무엇보다도 우리는 그리스도의 의로움과 거룩함을 영혼 돌봄에 더 의도적으로 적용하고, 그분께서 제공해 주신 수단들을 통해 사람들을 그분께로 더 가까이 데려가게 될 것이다.

하나님의 말씀은 살아 있고 활동적이어서, 영과 혼을 꿰뚫어 갈라낸다는 인식이 자라면, 우리는 차츰차츰 그것을 이용하여, 죄책감과 수치심이라는 짐에 짓눌려 버둥거리는 마음들의 생각과 의도를 구별하게 될 것이다(히 4:12). 세례는 그냥 물에 불과한 게 아니라, 하나님의 강력한 말씀과 결합하여 성령 안에서 이루어지는 재생과 갱신의 은혜로운 물이라는 사실을 더 자각하게 되면(딛 3:5), 세례 요법을 적용하는 우리의 능력, 곧 괴로워하는 영혼들을 도와서, 그들이 날마다 죽고 그리스도 안에서 새 생명으로 살아나게 하는 우리의 능력이 자랄 것이다. 하나님의 아들 예수 그리스도의 피가 모든 죄를 씻어 낸다는 사실을 더 충분히 이해하게 되면, 우리의 목회 직무 속에서 성찬대의 성찬에 대한 우리의 경외심이 자라고, 그분의 살과 피의 성화 능력을 더 의식적으로 적용하게 될 것이다.

예수께로 가까이

성화는 하나님의 일이지, 인간의 일이 아니다. 사람들이 예수께로 가까이 나아가면 나아갈수록, 그분의 성화하는 능력이 그들의 삶에 더욱더 영향을 미치고, 그들은 그분 안에서 더욱더 치유를 얻게 될 것이다. 그들은 자신들의 이성이나 힘으로는 그분께로 가까이 나아가지 못하지만, 그분께서 자기를 이용할 수 있게 하시는 곳에서는, 즉 그분의 말씀과 성례전 안에서는 그분께로 가까이 나아갈 수 있다. 물론 여러분의 소명은 여러분 자신을 선포하는 것이 아니라, 예수 그리스도를 주님으로 선포하고, 여러분 자신을 그분의 종으로 내세우는 것이다(고후 4:5).

참으로, 여러분은 그리스도의 고통받는 사람들을 섬긴다. 그런 일은 나약한 이들이 하는 일이 아니다. 성실한 사역은 종종 까다롭고 복잡하며, 이 혼란스럽고 모순된 시대에는 특히 그러하다. 그러나 여러분은 예수를 위하여 섬긴다. 그런 까닭에 사역에서 여러분 자신을 탈진시킬 필요가 없다. 근접시키라는 말을 기억하는가? 여러분의 일은 사람들을 예수께로 데려가고, 예수를 사람들에게로 모셔 가면 그뿐이다. 아무리 힘들어도, 여러분이 그리 한다면, 예수께서 여러분과 함께 여러분을 통하여 내내 일하실 것이다.

그분께서는 모든 무거운 짐을 지신다.

IX

보이지 않는 지배자들

영적 전쟁

_____ 우리가 목사로서 벌이고 있는 여러 접전에도 불구하고, 나는 우리가 그릇된 전략과 그릇된 무기를 가지고 그릇된 적과 싸우고 있어서 우리 자신을 더 힘들게 하고 있다고 믿게 되었다. 우리가 지휘 전략과 갈등 관리에 대해서는 많은 훈련을 받으면서도, 정작 영적 전쟁에 대한 중요한 가르침을 받지 않는 것은 그다지 도움이 되지 않는다. 목사들 다수가 무방비 상태로 사역에 임하여 멋모르고 행동하면서, 자신들이 실제로 무엇에 직면해 있는지를 이해하지 못하는 것은 그 때문인 것 같다. 그토록 많은 목사가 극심한 스트레스를 받고, 자주 탈진 직전까지 가는 것은 당연하다.

여러분은 목사들의 이야기 모임이 어떤 것인지 알 것이다. 그들이 서로에게 솔직하다면, 비참한 경험을 이야기할 것이다. 교인들의 비현실적 기대가 인기 있는 이야깃거리일 것이다. 그 이야기들 속에는 항상 물어뜯을 채비를 갖춘 악명 높은 '악어들'이 등장할 것이다. 물론 모든 신도는 목사의 악의 없고 선의를 지닌 의견이나 행동을 비난하는 심술궂은 성격을 일부분 가지고 있는 듯하다. 게다가 사람들을 끊임없이 보살펴 믿음의 실천에 전념하고 적극적으로 참여하게 하는 것은 여간 번거로운 일이 아니다. 사역이 쉬웠던 적은 없지만, 이 시대의 상황은 통계상 미국 교회의 쇠퇴를 심화하고 있다. 수많은 이유로, 교회들이 전쟁터가 되었고, 목사들은 우리 시대에 멸종 위기종이 되고 있다.

전투 위치로

그러나 성경과 교회의 오랜 경험을 진지하게 받아들인다면, 전혀 다른 차원의 충돌과 곤경이 사역에 자리하고 있음을 알 수 있다. 결국, 사역에 도사린 불화와 골칫거리와 분규의 기원은 사탄이며, 그 본질은 영적이라고 할 수 있다. 그것은, 진정한 목회 직무는 항구적 평화와 고요 속에서 이루어질 수 있다는 생각이 망상에 지나지 않음을 의미한다. 우리가 사역을 진지하게 생각한다면, 전투에 대비해야 할 것이다. 바울은 젊은 목사 디모데에게 "믿음의 선한 싸움을 싸우십시오"라고 조언한다(딤전 6:12). 물론 결정적인 물음은 '누구와 싸울 것이냐'다. 여러분에게 암시를 드리자면, 싸움 대상은 여러분이 섬기는 사람들이 아니라는 것이다.

한때 나에게는, 몇몇 고급 신학 학위에 투자하여 세 번째 학위를 얻는 과정에 있던 지인이 하나 있었다. 어느 날 그는 내게 이런 비밀을 털어놓았다. "나는 사역을 좋아하지만, 사람들을 참지 못하겠어요." 나는 그가 신학을 좋아했다고 생각한다. 그가 사역을 좋아하지 않았다는 것은 분명한 사실이다. 목회 사역이 무엇이든, 그것은 사람들을 사랑하는 사역이다. 그것은 예수께서 우리에게 가르치신 것이기도 하다. 이를테면 모든 사역은 그분을 사랑하는 데서 비롯된다는 것이다. 우리가 그분을 사랑한다면, 마땅히 그분의 양들도 사랑해야 한다. 그들을 위하여 그분께서 죽으셨기 때문이다.

이 모든 건 일리가 있다. 하지만 말하기는 쉽고, 실행에 옮기기는 어렵다. 우리가 섬기는 사람들이 전혀 사랑스럽지 않은 때도 더러 있고, 순진해 보이는 양들이 포식자로 돌변하는 때도 가끔 있다. 목사들은 공격을 받으면 반격하는 경우가 종종 있다. 사태가 추해질 때 그러하다. 이는 그들이 그릇된 적과 싸우고 있기 때문이다. 문제의 진짜 원인이 훨씬 더 사악한 데에 있는데도, 인간에게 있다고 생각하는 것이다.

이것은 내가 지어낸 말이 아니라, 하나님이 하신 말씀이다. "악마의 간계에 맞설 수 있도록, 하나님이 주시는 온몸을 덮는 갑옷을 입으십시오. 우리의 싸움은 인간을 적대자로 상대하는 것이 아니라, 통치자들과 권세자들과 이 어두운 세계의 지배자들과 하늘에 있는 악한 영들을 상대로 하는 것입니다"(엡 6:11-12).

보이지 않는 것들

이로 인해 사역에서 드러나는 문제들에 관한 대화가 크게 달라진다. 하지만 우리 대다수는 여전히 그것을 이해하지 못하고 있다. 우리는 보이는 것에 집중하고, 영적인 것을 무시한다. 얄궂지 않은가? 우리가 알다시피, 우리의 일은 대부분 보이지 않지만 정말로 실재하는 것들과 관계있다. 이제껏 하나님을 본 사람이 없는데도, 여러분과 나는 날마다 다른 이들에게 그분에 관해 가르치고 설교한다. 우리는 말씀과 성례전을 통해 묵상한 성령의 보이지 않는 능력을 이용하여 충실한 신자들을 위문하고, 위로하고, 견책하며, 권면한다. 용서, 평화, 거룩함, 기쁨, 위로-이 모든 건 만질 수 없고, 감각의 범위를 넘어서지만, 우리의 일은 거의 전적으로 그 보이지 않는 것을 중심으로 하여 이루어진다. 그렇다면 사역에서 장애물과 방해물에 맞닥뜨렸을 때, 우리가 볼 수 있고, 만질 수 있고, 외견상 계량할 수 있는 것만을 다룬다면, 그것은 이상한 일이 아닐 수 없을 것이다.

평신도 지도자들과 교회 회의들이 꼭 그리한다. 교인 수 감소와 예산 고갈은 심한 우려를 자아내며, 당연히 그럴 수밖에 없다. 하지만 그 문제들에 대처하는 방식은 어떤가? 대개는 기업계와 산업계에서 빌려 온 접근법들, 곧 광고와 인간관계와 재무 관리 전략으로 대처한다. 불만을 나타내는 교인들이 주식회사의 주주처럼 대우받고, 교회 지도자들은 모든 이를 행복하게 하여 그들의 투자를 받을 방법을 모색하기 위해 안간힘을 쓴다. 물론 좋은 경영 원칙, 더 나은 의사소통, 개인적 접촉은 모든 그리스도인 회중의 삶에 매우 중요하다. 바울이 고린도 교인들에게 권면한 대로, "모든 일을 적절하게 하고 질서 있게 해야 한다"(고전 14:40). 그의 권면은 확실히 예배 집회의 좁은 범위 너머에까지 적용된다. 하지만 교회의 핵심은 여타의 지상 정부나 기관과 같은 연합

이 아니라, 인간의 마음속에서 이루어지는 믿음과 성령의 친교
다. 결국 교회의 성장과 번영은 판매 전략이나 사업 전략이 아니
라, 말씀을 통해 일하시는 성령의 능력으로 이루어진다.

그래서 하는 말이니 끝까지 들어 보라. 여러분은 보이지 않는
것들에 더 많은 관심을 기울여야 한다. 목사들과 교회들, 모든 그
리스도인이 맞닥뜨리는 온갖 까다로운 문제와 난제 이면에는 악
한 자의 간계와 의도가 도사리고 있다. 악마는 그리스도와 교회
의 공공의 적이다. 그야 말할 필요도 없다. 그런데도 다른 방식에
정통한 목사들은 영적 전쟁의 모든 차원을 너무나 자주 무시한
다. 그래서 우리는 기권한 채, 그 싸움을 근본주의자들과 카리스
마파 신자들에게 넘겨 버린다. 그들은 사탄과의 싸움을 악마학의
관점에서 보고, 그리스도인들이 세상 안에서 악마와 끝까지 싸
워, 그가 세상을 접수하지 못하도록 해야 한다고 생각하는 자들
이다. 하지만 성경은, 사탄이 이 세상의 통치자이며, 불경한 세상
이 이미 그의 편이라고 가르친다. 사탄이 세상을 공격하지 않고
교회를 공격하는 것은 그 때문이다.

이것은 우리의 영적 전투가 방어전임을 의미한다. 목사인 여러
분과 나는 보초를 서면서 적의 공격을 감시하도록 부름을 받았
다. 내 말을 믿어라. 그 공격은 반드시 이루어진다. 사실, 나는 여
러분이 사역에 충실하고 부지런할수록, 공격을 받을 것이 더 확
실하다고 말하고 싶다. 악마를 탓할 게 아니다. 여러분이 하나님
과 교회의 적이라면, 어디를 집중적으로 공격하겠는가? 하나님
의 말씀이 선포되고 그분의 성례전이 집전되는 곳 말고, 어디서
그런 공격이 시종일관 충실히 이루어지겠는가? 어쨌든 하나님은
그 수단들을 통해서 자기의 영을 주시고, 믿음을 일으켜 강화하

신다. 그 과정이 틀어지면, 하나님 나라가 무너질 수도 있다. 그러니 여러분이 그리스도의 일꾼으로 그리고 하나님의 비밀을 맡은 관리인으로 부름을 받았으면, 영적으로 말하건대 여러분이 곤경에 처하는 것은 당연하다.

공격 대상이 되다

나쁜 소식과 좋은 소식이 있다. 나쁜 소식은, 여러분이 곤경에 처해 있다는 것이다. 거룩한 목사직에 부름을 받아 임명되고, 성령 하나님이 거룩한 사람들을 부르시고 모으시고 교화하시고 성화하시는 수단들을 설교하고 집전하는 임무를 부과받았기에, 여러분이 표적이 된 것이다. 여러분과 여러분의 아내와 여러분의 자녀가 영적 공격을 받게 될 것이다. 피할 방법이 없다. 유감스럽게도, 사탄은 정정당당하게 싸우지 않는다. 그는 언제나 여러분을 직접 공격하지 않는다. 여러분이 사랑하는 사람들, 곧 여러분의 가족과 여러분의 절친한 벗들을 표적으로 정할 때도 있다. 악마와 그의 앞잡이들은 가능한 수단을 동원하여 여러분과 여러분의 주님을 이간하려고 노력한다. 악마가 좋아하는 수단은 그릇된 신념이나 절망이다. 악마는 여러분의 사랑하는 사람들에 대한 상습적 염려로 여러분의 주의를 흩뜨리거나, 희망을 버리는 지점까지 여러분을 데려가서, 자기가 원하는 곳에서 여러분을 움켜쥔다.

물론 악마가 인정받아야 할 것 그 이상을 인정하지는 말도록 하자. 결국, 그는 좀스러운 천사에 지나지 않는다. 그는 전지하지도 않고 편재하지도 않는다. 그는 실체가 없지만, 여러분과 나처럼 일개 피조물에 지나지 않는다. 하지만 그에게는 협력자들이 있다. 악마의 무리를 이루어, 우리 주위의 의심 많은 세계를 끌어당기는 타락 천사들, 여러분의 죄스러운 본성과 나의 죄스러운 본성이 곧 그들이다. 우리 안의 옛 아담은 상습적 우상 숭배자여서, 하나님을 하나님 되게 하기를 거부한다. 우리 내부에는 악마와 결탁하여, 하나님의 나라가 오기를 바라지 않거나, 그분의 뜻이 이루어지기를 바라지 않는 무언가가 도사리고 있다. 그것이 우리의 개인 생활 및 직업 생활과 관련하여 일을 복잡하게 만든다. 우리는 항상 사탄을 경계하는 것만이 아니라, 우리 자신의 육체도 경계할 필요가 있다. 때로는 우리 자신이 최악의 적이기 때문이다.

영웅을 불러라

하지만 좋은 소식도 있다. 우리는 이 싸움에서 혼자가 아니다. 우리에게는 우리를 위해 싸우는 영웅이 있다. 자기의 주군을 대신하여 도전자들과 맞서 싸운 중세의 전사처럼, 그리스도 예수께서는 우리를 대신하여 사탄과 싸우셔서 승리를 거두셨다. 그분께서는 죽음과 부활을 통해 죽음과 지옥의 모든 세력을 완패시키셨다. 그분께서는 지금도 우리를 대신하여 싸우시고, 자기 피의 속량하는 희생을 근거로 하여 아버지의 보좌 앞에서 우리를 위해 대신 간구하신다. 다음부터는 영적 공격을 받을 때마다 그 점을 명심하라. 절대로 혼자 끙끙 앓지도, 이 싸움을 홀로 수행하지도 마라.

몇 해 전 제인과 나는 브리튼에서 휴가를 보내며 요크셔 북부에 있는 하드리아누스 성벽을 찾아갔다. 무너지긴 했어도 그것은 여전히 인상적인 광경이다. 로마 제국의 최북단 국경을 지키기 위해 축조된 그 성벽은 실로 2세기 공병학의 업적임이 틀림없다. 117킬로미터를 조금 넘는 길이의 그 성벽은 일정한 간격으로 요새가 세워졌으며, 각 요새에는 로마 수비대를 위한 막사가 있었다. 병사들이 성벽의 전장全長을 순찰하며, 침입자들을 계속 감시했다. 공격을 받으면, 그들은 싸우러 나서지 않았다. 그들의 임무는 호루라기를 부는 것, 곧 경보를 울려, 적과 싸울 군대를 부르는 것이었다.

방어전

우리는 에베소서 6장에 등장하는 로마 병사의 인상적인 전투 복장을 익히 알고 있지만, 그의 장비가 공격용이 아니고 방어용이라는 것은 좀체 알아채지 못한다. 이 특수한 무구武具는, 로마를 위해 영토를 정복하러 가는 군단병에게 지급되는 게 아니었다. 오히려 그것은 공격을 막기 위해 국경을 따라 배치된 수비병에게 지급되었다. 제인과 내가 탐방한 요크셔 막사에서 지내던 병사들은 바로 그 병기들을 갖추고 있었을 것이다. 그들은 방어전을 벌였고, 그래서 공격용 무기와는 다른 장비들이 필요했다.

이 이야기에는 우리의 영적 전투와 관련하여 여러분과 나에게 도움이 되는 교훈이 들어 있다. 공격의 첫 조짐이 보일 때, 악마와 세상과 우리 육체의 습격을 격퇴하려고 하기보다는, 갑옷을 입고 경보를 울리는 게 중요하다. 우리 쪽에는 이미 그 전투를 벌여서 이기신 분이 계신다. 악마는 그 전투에서 패한 적이다. 그리스도 예수께서는 지금도 아버지의 보좌에서 우리를 위하여 대신 간구하시는 우리의 전사이시다. "그리스도 예수는 죽으셨지만 오히려 살아나셔서 하나님의 오른쪽에 계시며, 우리를 위하여 대신 간구하여 주십니다"(롬 8:34).

미리 경계하라

사탄과 그의 악마적 앞잡이들이 일제히 거룩함에 의해 격퇴당하면서도 이상하게 거룩함에 끌린다는 사실을 고려할 때, 우리는 곤경을 예상할 수밖에 없다. 그것은 사역에서 예외가 아니라 표준이다. 여러분은 성화의 영역에서 계속 일하고 있다는 사실을 잊지 마라. 거룩함은 사탄의 공격을 끌어들인다. 이는 빛이 벌레들을 끌어당기는 것과 같다. 성령 하나님은 친히 정하신 신성한 수단들을 통해 거룩한 사람들을 부르시고, 모으시고, 교화하신다. 여러분이 그리스도의 거룩한 말씀을 설교하고 그분의 성례전을 집전하는 책무를 부여받았다는 사실로 인해, 여러분은 곧장 싸움의 한복판에 놓이게 된다. 여러분은 항상 거룩한 일들을 처리하고 있기에 사탄의 주의를 피할 길이 없다. 그러니 여러분은 힘든 시기에 대비하는 게 좋다. 공격을 받을 때는 당황하지 마라. 빛의 나라인 하나님 나라의 위협을 받고서 어둠의 나라가 되받아치는 건 매우 흔한 일이다. 전투 상황에 놓인 병사처럼, 모든 그리스도인(과 특히 모든 목사)은 다가올 공격을 예상하고 항상 대비해야 한다.

하지만 여러분은 공격자가 아니라 방어자임을 항상 명심하라. 여러분은 적의 공격을 감시하라고 부름을 받았다. 공격을 받을 때는 그리스도 예수를 부르면서 여러분과 여러분의 신도들을 구해 달라고 청하라. 여러분이 받은 심리학 훈련, 지도력 훈련, 대인 관계 훈련에만 의지하여 그 공격에 맞서려고 하지 마라. 사역의 어두운 시기에는 대개 그러한 접근법을 요구하는 사회적 차원들이 있지만, 그렇더라도 여러분은 여러분의 위험과 회중의 손상에 도사린 영적 차원을 무시해서는 안 된다. 그 어려운 시기의 핵심에는 필연적으로 영적인 것이 자리하고 있기 때문이다. 유능한 병사는 언제 공격당할지 모르기에 자기의 장비 없이는 절대로 위험을 무릅쓰지 않는다. 여러분도 위험을 무릅써서는 안 된다.

미리 무장하라

여러분의 주님은 자기의 피와 고난을 통해 여러분에게 방어용 장비를 모두 지급하셨다. 사도는 그 장비들을 하나씩 열거한다. 진리의 허리띠, 정의의 가슴막이, 평화의 복음은 기본 장비다(엡 6:14-15).

병사의 허리띠는 그의 늘어지는 복장을 동여 주어, 그가 신속히 움직이며 방해받지 않고 전투에 임할 수 있게 해 준다. 절대적 진리가 없고 다양한 개인의 가치관만 넘쳐 나는 시대이고, 주위의 모든 게 끊임없이 변하더라도, 여러분이 전투 채비를 하는 데 꼭 필요한 것은 하나님의 진리다.

병사의 가슴막이는 그의 생명 유지에 절대 필요한 기관들이 상처를 입지 않게 해 준다. 그리스도의 정의가 믿음을 통해 여러분을 감싸면, 여러분은 치명적인 영적 상처를 입을 염려가 없을 것이다.

병사의 신발은 그가 전쟁터에서 민첩히 움직일 수 있게 해 준다. 여러분의 내면이 평화로우면, 여러분은 두려움 속에서도 마비되지 않고, 전투 중에도 얼어붙지 않을 것이다. 모든 이해를 능가하는 그리스도의 평화가 여러분의 마음을 지켜 주어, 여러분이 공격받을 때 차분히 싸울 수 있게 해 줄 것이다.

침입자들의 공격을 받았을 때, 세 가지 절대 필요한 장비, 곧 방패와 투구와 검이 수비대에 지급된다(엡 6:16-17).

병사의 방패, 곧 큰 나무판에 천을 씌운 방패는 종종 물에 적셔서 공격자들이 쏜 불화살을 끌 수 있다. 여러분의 믿음은 영적 공격의 불을 끈다. 믿음으로 불화살을 끄는 것이 아니라, 믿음이 끄는 것임을 명심하라. 그리스도의 구원 활동은 악마의 불꽃에 물을 끼얹는다.

병사의 투구는 그가 치명적인 두부 타격을 받지 않게 해 준다. 마찬가지로, 여러분의 구원은 여러분의 영원한 생명을 지켜 준다. 사실상, 그리스도께서 이미 죄와 죽음과 지옥을 이기셨으므로, 여러분도 마침내 이길 것이라고 확신해도 된다. 현재의 모든 고난은, 아직 드러나지는 않았지만, 그리스도께서 자기의 영광을 주장하러 오실 때 드러나게 될 영광에 견주면 아무것도 아니다.

로마 제국 병사들의 유명한 양날 칼은 그들을 정복으로 이끌었지만, 여기서 사용된 그 전문어는 약탈 습격에 맞서 제국을 지키려고 사용된, 단도처럼 짧은 칼을 가리키는 듯하다. 여러분은 영적 공격을 받을 때 여러분 자신을 지키는 데 필요한 장비를 잘 갖추고 있다. 여러분에게는 성령의 검, 곧 하나님의 말씀이 지급되었다. 하나님의 말씀은 기도 속에서 가장 잘 통한다. "언제나 성령 안에서 기도하십시오"(엡 6:18). 이 싸움은 말씀을 설교하면서가 아니라, 말씀으로 기도하면서 하는 것이다. 그리스도인들에게, 특히 목사들에게 말씀과 기도는 함께 간다. 그래서 풍성한 기도 생활과 묵상 생활이 꼭 필요하다.

적을 식별하기

우리는 모든 바위를 뒤지며 악마를 찾을 필요가 없다. 이 영적 전투에서 악마의 영역은 전선이 하나뿐이다. 사악한 세상과 죄스러운 우리 본성의 충동들도 악마와 결탁한다. 그릇된 신앙, 우상 숭배, 절망은 항상 모든 사람을 쫓아다니며, 심지어 열성적인 그리스도인들까지 쫓아다닌다. 죄스러운 마음은 하나님을 하나님으로 모시기를 완강히 거부하며, 교회 안에서 온갖 혼란을 일으킨다. 앞서 언급한 대로, 죄인들이 죄를 짓는 건 다반사이니, 그들이 죄를 짓는다고 불타는 쌍열박이를 들고 찾아가서는 안 된다. 궁극적인 적은 보이지 않게 도사리고 있음을 잊지 마라.

여러분의 교회 안에서 싸움이 일어나려고 하면, 그것이 선한 싸움인지 확인하라. 악한 싸움이 아닌 선한 싸움을 싸워라. 악한 싸움은 교인들을 상대로 하는 싸움이거나 그들 가운데서 하는 싸움이고, 선한 싸움은 살과 피를 지닌 인간을 상대로 하는 싸움이 아니라 악마와 그의 앞잡이들을 상대로 하는 싸움이다. 교회 안의 저항자들과 그 협력자들에게도 목사는 필요하다. 소위 회중 속 악어들이 여러분의 적처럼 굴어도, 그들은 여러분의 적이 아니다. 그들은 예수께서 죽기까지 위하신 영혼들이다. 그들을 적으로 치부하는 실수를 저지르지 마라. 여러분은 모든 죄인을 예수의 이름으로 섬기고, 그들에게 회개를 촉구하고, 여러분이 설교하는 말씀과 여러분이 집전하는 성례전으로 그들을 용서하고 거룩하게 하라고 부름을 받았다.

반대자들을 섬기는 것은 어려운 일이다. 내면의 본능은 여러분에게 비방자들을 피하고, 열광적 지지자들에게 영합하라고 말할 것이다. 그러나 그 길보다 더 확실하게 여러분의 교회를 좌초시키고, 여러분의 사역을 망치는 길은 없을 것이다. 그런 난국을 돌파할 수 있는 길이 있다. 여러분 자신의 재간에 의지하는 실수를 저지르지 말고, 그리하겠다고 굳게 결심하지도 마라. 나는 끈질긴 집요함으로 반대자들의 허를 찌르려고 하다가 몸도 마음도 거의 망가진 사람을 알고 있다. 그의 위장은 종종 혹이 생겼고, 그의 마음은 혼란스러웠다. 그런데도 그는 당당한 표정을 지으며, 그것을 떨쳐 버리려고 애썼다. 그가 자기 내면의 깊은 고통을 형제에게 고백하고, 내적인 상처와 그릇된 생각에 대한 목회적 돌봄을 구하고, 자신을 개인 사업가로 보지 않고, 예수의 일꾼으로, 예수의 목양견으로 보기 시작하면서 전환점이 찾아왔다.

여러분의 교회 구성원들과 사이가 좋지 않을 때, 여러분이 할 일은 무엇인가? 첫째, 여러분과 여러분의 회중은 같은 군대에 입대했음을 잊지 마라. 서로 저격하지 마라. 여러분은 성스러운 곳에서 어두운 악의 세력을 상대로 하는 싸움에서 그들과 연합하여 싸우는 것이다. 여러분이 대하는 교인들에게, 여러분이 이 싸움에서 그들의 편임을 알려라. 여러분이 하나님의 비밀들을 맡은 충실한 관리인으로서 행하거나 가르친 것에 대하여 누군가 반감을 품거든, 그에게 심부름꾼을 죽이지 말아 달라고 부탁하라.

물론 여러분은 몹시 잘못한 사람일 수도 있다. 여러분은 하나님의 사람들에게 학대를 가했을 수도 있다. 여러분은 권한 대신 권력을 행사하며, 여러분의 사역을 이용하여 온통 여러분만을 챙겨 왔을 수도 있다. 여러분은 그리스도의 선물로 교인을 섬기기보다는 그들을 조종하여 여러분의 견해에 동조하도록 하는 죄를 지었을 수도 있다. 정말로 그랬다면, 여러분은 회개하고, 폭군이 아닌 일꾼이 되어야 한다.

여러분이 하나님의 말씀에 충실했는데도, 교인이 여전히 여러분을 적대한다면, 그들의 싸움은 실제로 여러분을 상대로 하는 싸움이 아니라, 하나님을 상대로 하는 싸움이다. 그런 경우에는 그들에게 이렇게 말하라. "여러분과 나, 우리는 이 일에 함께하고 있습니다. 우리는 악마를 상대로 하는 이 싸움에서 동맹자들입니다. 우리는 서로 불화할 여유가 없습니다." 그들에게 이렇게 권유하라. "우리는 세례받은 이들의 친구로서 선한 싸움에 함께하라고 부름을 받았으니, 함께 힘을 합쳐 그 싸움에 임합시다."

포위 공격을 받을 때 드리는 기도: 주기도문

예수께서 제자들에게 가르치신 기도는, 입대하여 전투에 투입된 병사들을 위한 기도다. 이 일곱 가지 청원 속에서 우리 주님은 우리에게, 기도를 위한 기도문뿐만 아니라 기도의 방법도 제공하신다. 첫째, 그분께서는 그리스도인들에게, 그분을 따라서 그분의 기도문으로 기도하면서, 그들의 기도를 그분의 기도에 합쳐서 드리라고 권유하신다. 그분께서는 "우리 아버지" 하고 부르시면서, 그분의 아버지가 우리의 아버지도 되심을 암시하신다. 우리는 예수 안에서, 예수를 통하여 전능하신 천지 창조주께 기도를 드리기에 사랑받는 자녀로서 그분께로 다가가는 특권을 받는다. 예수께서는 하나님의 참 아들이시고, 우리는 세례받고 그분과 하나가 되었다. 그런 까닭에 우리는 예수를 믿는 믿음을 통해 하나님의 양자와 양녀가 되었다. 그러니 망설일 필요가 없다. 우리는 하나님이 우리를 돌보신다고 확신하며 담차게, 자신 있게 우리의 걱정거리를 모두 그분께 맡긴다.

예수께서는 주기도문에서 그분처럼 기도하는 법을 우리에게 제시하신다. 그분께서는 주요한 관심사들을 모두 열거하신다. 하나님의 이름, 하나님의 나라, 하나님의 뜻, 우리의 일용할 양식, 우리 죄의 용서. 그런 다음 그분께서는 두 개의 청원으로 끝을 맺으시면서, 우리가 날마다 종사하고 있는 영적 전투에 우리의 주의를 집중시키신다. "우리를 시험에 들지 않게 하시고, 악에서 구하여 주십시오." 앞의 다섯 청원과 달리, 마지막 두 청원은 함께 연결되어서, 영적 전투를 벌일 때, 둘이 동반함을 암시한다. 유혹을 면하는 것과 사탄으로부터, 그의 모든 활동으로부터 구출받는 것은 동전의 양면이다.

시험은 악마가 믿음을 약화하여 무효로 만들려는 전략의 관문이므로, 우리는 그것을 전략적으로 다루는 법을 배우지 않으면 안 된다.

우리를 시험에 들지 않게 하시고

아담의 타락 이래, 시험은 온 인류의 공통된 경험이다. 에덴 이후 눈의 욕망과 육체의 욕망과 이생의 자랑은 경쟁 세력이 되었다(요일 2:16). 악마를 아무 이유 없이 거짓의 아비라고 부른 게 아니다. 그는 하나님의 선한 창조물을 끊임없이 제멋대로 비튼다. 사탄은 하나님이 창조를 끝마치시면서 "참 좋다"라고 선언하신 것들을 제멋대로 이용하여, 하나님의 자녀들을 유혹하고, 하나님이 그들을 위하여 계획하신 구원에서 멀어지게 한다.

여러분은 스스로가 자기 마음에 얼마나 쉽게 속아 넘어가는지 알 것이다. 감사가 탐욕으로 변하고, 호의적인 비평이 질투로 변하며, 선물이 우상이 되며, 배고픔이 탐식으로 바뀌며, 건강한 성욕이 통제력을 잃고 탐욕스러운 정욕으로 급락한다. 악마와 세상과 육체의 합동 압박은 부단한 경계가 필요함을 보증한다. 이는 우리가 끊임없이 유혹을 받아, 그릇된 생각, 절망, 여타의 수치심과 악덕에 빠지기 때문이다.

그래서 예수께서는 우리에게 보호해 달라는 기도를 드리라고 가르치신다. "우리를 시험에 들지 않게 하시고"라는 그분의 기도는, 하나님이 악의 원인임을 의미하지 않으며, 하나님이 우리의 믿음과 삶에 이 모든 공격을 가하심을 의미하지도 않는다. 야고보서에 기록된 대로(1:13), 하나님은 악에게 시험을 받지도 않으시고, 시험하지도 않으신다. 진짜 원인은 우리의 육신 가까이에 있다. "사람이 시험을 당하는 것은 각각 자기의 욕심에 이끌려서, 꾐에 빠지기 때문입니다. 욕심이 잉태하면 죄를 낳고, 죄가 자라면 죽음을 낳습니다"(약 1:14-15).

그러므로 영적 전쟁에서 우리의 일차 방어선은 온갖 유인과 시험의 유혹으로부터 보호하는 것이라고 할 수 있다. 앞서 강조한 대로, 여러분은 그것들이 여러분에게 다가오는 걸 막을 수 없다. 그것들은 모든 그리스도인이 경험하는 바다. 여러분이 하나님의 현존에 가까이 나아가는 한, 여러분은 시험을 피할 수 없다. 악마의 세력들은 이상하게도 거룩함에 끌리기 때문이다. 하지만 그것들은 거룩함에 의해 격퇴당한다. 그리고 하나님의 보이지 않는 대리자들, 곧 거룩한 천사들이 주로 하는 일은 충실한 신자들을 지키고 보호하는 것이다. "그가 천사들에게 명하셔서 네가 가는 길마다 너를 지키게 하실 것이니, 너의 발이 돌부리에 부딪히지 않게 천사들이 그들의 손으로 너를 붙들어 줄 것이다"(시 91:11-12).

승리의 징조

영적 전쟁에서 승리의 10분의 9를 차지하는 게 있다. 그것은, 이 싸움은 여러분 홀로 하는 싸움이 아님을 기억하는 것이다. 그리스도 예수께서는 자기의 죽음과 부활로 사탄을 이기신 전능한 승리자이시다. 그분께서는 천사 무리를 급파하셔서 그분의 이름을 귀여겨듣는 사람들을 지키게 하신다. 싸움터에 들어서는 병력은 누가 자기들을 엄호해 주는지를 알고 있어야 한다. 항상 엄호를 구하라. 마르틴 루터는 자신의 교리 문답서에서 세례받은 신자들에게, 세례받고 그리스도와 하나가 되었음을 상징하는 십자성호 긋기로 하루를 시작하고 마감하면서, 지극히 거룩하신 삼위일체 하나님의 현존을 청하라고 가르친다. 교리 문답서의 아침

기도와 저녁 기도는 이런 청원으로 끝난다. "당신의 거룩한 천사가 나와 함께하게 해 주셔서, 악한 원수가 나를 지배하지 못하도록 해 주십시오."

예수께서 개인 기도를 드리면서 하신 대로, 큰 소리로 기도하며, 여러분의 마음속에 있는 것을 토로하라. 하나님의 이름을 부르고, 여러분이 그리스도의 십자가를 통해 구원받았음을 나타내는 복된 성호, 여러분이 세례받고 그분과 하나가 되었음을 나타내는 성호를 그어라. 하늘에 계신 여러분의 아버지 앞에 여러분의 마음을 토로하며, 그분의 거룩한 천사의 보호를 구하라. 이런 식으로 기도하는 것이 여러분에게 낯설더라도, 나는 여러분에게 그리하라고 권면한다. 나는 에베소서 6장에 기록된 영적 장비들(믿음의 방패, 정의의 가슴막이 등등)을 날마다 갖추는 것이 생생하고 실제적인 방법임을 알게 되었다. 그리함으로써 나는 혼란스러운 환경에도 불구하고 마음의 평화가 크게 강화되는 것을 깨닫게 되었다. 우리가 종종 그 평화를 누리지 못하는 것은, 우리가 청하지 않기 때문이다.

여러분의 발걸음을 조심하라

물론 소전투에서는 조만간 경험하게 될 일에 잘 대비하는 것이 유용하다. 온갖 지뢰와 급조 폭발물을 피하려면, 바짝 경계해야 한다. 물론 목사들에게 공통된 시험은 다수의 일선 목사만큼이나 많고 다양하다. 하지만 두 가지 시험만 강조하겠다. 그것은, 그 시험들이 다른 시험들보다 더 악해서가 아니라, 내 경험상 그것들이 우리 사이에 공통된 시험들이기 때문이다.

첫째 시험은, 여러분이 짐작한 대로, 성과 관계있다. 지금쯤 여러분은 내가 이 주제에 좀 얽매여 있다고 생각할지도 모르겠다. 그러나 잠깐만 숙고해 보아도, 여러분은 왜 이 영역이 부단한 경계를 요구하는지를 깨닫게 될 것이다. 내가 7장에서 데살로니가 전서를 토대로 한 목회적 돌봄 사례 연구에서 여러분과 공유한 자료를 되풀이하지는 않겠다. 하지만 우리가 성적인 피조물이라는 것은 분명한 사실이다. 우리의 활동이 아무리 순수하고 정신적이어도, 그것은 매일 매 순간 남성의 몸으로 수행하는 활동이다. 우리는 순수 지성도 아니고, 육체 없는 뇌도 아니다. 여러분과 내가 알고 있듯이, 성애性愛 사념은 피할 수 없고, 정욕은 초대하지 않았는데도 우리의 의식 안으로 슬그머니 잠입한다. 문제는 성적 시험이 일어날 것이냐가 아니다. 어떻게 반응할 것이냐가 문제다. 누구나 경험으로 알고 있듯이, 정신은 의지력이 있지만, 육체는 약하다. 비결은 여러분의 방어를 쉽게 허물 수 있는 상황을 피하는 것이다. 많은 남자가 간음으로 결혼 생활과 가정과 사역을 좌초시켰다.

바라건대, 지금쯤 여러분은 남부끄러운 상황을 피할 수 있는 전략을 배웠을 것이다. 프라이버시를 보장하되 은밀함은 피하는 장소에서 비공식적인 목회적 돌봄을 수행하는 것도 한 방법이다. 예를 들면, 여러분의 서재 출입문에 투명 유리를 끼워 넣거나, 곤경에 처한 사람과 함께 산책하거나, 되도록 공개 장소에 앉아서 사적 대화를 나누는 것이다. 아마도 아내와의 관계에 세심하게 투자하는 것이 가장 중요한 것 같다. 양질의 시간이 충분치 않다면, 밤 데이트를 정하고, 그것을 유지하라. 아내를 소중히 여기고,

육체적으로만이 아니라 감정적으로도 부부 관계의 친밀도를 증
진하라.

포르노 덫

그러나 오늘날 가장 위협적인 간음의 유혹은, 살과 피를 지닌 성
상대자를 필요로 하지 않고, 가상의 성 상대자를 필요로 한다. 좋
든 싫든 간에, 여러분과 나는 컴퓨터 화면 앞에서 상당히 많은 시
간을 보낸다. 모든 과학 기술이 그러하듯이, 컴퓨터 자체는 선하지
도, 악하지도 않다. 하지만 어떻게 사용하느냐에 따라, 그것은 유
익하게 하는 도구가 되기도 하고, 파괴하는 도구가 되기도 한다.

여러분은 컴퓨터 과학 기술의 음산한 면을 잘 알고 있을 것이
다. 갈수록 그 음산한 면이, 여러분이 섬기는 영혼들을 망가뜨리
고, 부부 관계를 금 가게 하는 주된 요인으로 작용하고 있다. 인
터넷 포르노그래피의 어두운 세계는 기분 전환과 자극만 약속하
는 게 아니라, 거의 즉각적인 만족도 약속한다. 호기심으로 거기
에 빠져, 다른 이들을 돕는 법을 더 잘 배우려면 직접 경험해 보
는 수밖에 없다고 생각하는 남자들도 있다. 소셜 미디어에 접속
된 클릭 베이트click bait*를 통해 포르노 산업의 교묘한 판매 장치
의 희생물이 되는 남자들도 있다. 처음에는 신중히 간헐적으로
성적 방종을 추구하다가, 차츰 빈도를 늘리는 남자들도 있다. 모
든 중독자가 그러하듯이, 포르노 이용자는 빨리 낚여서, 소위 소

* '클릭click'과 '미끼'를 뜻하는 '베이트bait'의 합성어. 인터넷에서 자극적인 제목이나 이미
지 등을 사용해 가치가 떨어지는 콘텐츠를 클릭하도록 유도하는 행위.

프트 포르노에서 하드코어 포르노그래피로 옮겨 가고, 그런 다음에는 차츰차츰 변태적이고 혐오스러운 영상들로 옮겨 가서, 끊임없이 증대하는 탐욕스러운 성욕을 채우려는 끝없는 갈망을 충족하려 한다.

목사라고 면역력이 있는 것은 아니다. 만일 당신이 이 마지막 절의 어느 지점에 있음을 깨닫는다면, 다음 두 가지를 알아 두어라. 첫째는 당신이 혼자가 아니라는 것이다. 참으로 헌신적인 그리스도인 남자 수십만 명이 당신처럼 포르노 덫에 걸린 상태다. 그들 중에는 당신이 생각하는 것보다 훨씬 많은 수의 성직자도 있다. 둘째는 당신을 위한 희망이 있다는 것이다. 예수께서는 당신의 의로움이실 뿐만 아니라, 당신의 거룩함이기도 하시다. 당신은 당신 혼자서 할 수 없는 일을, 예수를 믿는 믿음으로 할 수 있다. 하지만 당신에게는 도움이 필요하다.

회복

믿을 만한 친구를 당신의 첫 중개자로 두는 게 좋겠다. 포르노 이용 습관은, 여타의 모든 죄와 마찬가지로, 감출수록 자란다. 그러니 그 습관을 밝히고, 다른 누군가에게 털어놓아라. 함께 전략을 세워, 그 습관과 정면으로 씨름하라. 당신의 컴퓨터가 포르노에 접속하는 걸 막아 주고, 그런 접속 시도를 당신의 친구에게 자동으로 알려 주는 방화벽을 설치하라. 자신을 속이지 마라. 그냥 내버려 두면, 포르노의 파괴적 악순환이 급속히 습관화할 것이다. 모든 방종은 즉각적인 후회와 그에 상응하는 자기혐오와 극도의 불쾌감을 몰고 오며, 더 많은 방종에 대한 과도한 강박 충동을 부채질할 뿐이다. 이 비극적 경향을 끊어야 한다. 그 첫 단계는 금식을 시작하는 것이다. 유능한 치료 전문가가 큰 도움이 될 수 있다. 당신 자신의 의지력은 유독한 중독의 순환을 끊을 힘이 없기 때문이다.

그러나 금식은 회복의 첫 단계일 뿐이다. 물론 당신은 강박적 파괴 행동을 멈추어야 하지만, 그 이상의 것이 필요하다. 당신은 정신적으로도 건강하고, 정서적으로도 건강하고, 영적으로도 건강하고, 성적으로도 건강한 삶을 만들어야 한다. 그러기 위해서는 용서와 정화와 치료가 필요하다. 용서와 정화와 치료는 목회적 돌봄이 하는 일이다. 그래서 당신에게는 목사가 필요하다. 이 말이 당신에게 두렵게 들리리라는 걸 안다. 하지만 이것은 진지하게 하는 말이다. 다른 모든 죄인과 마찬가지로, 당신에게도 목사가 필요하다.

사탄은 자기 이름에 걸맞게 산다. 하나님 앞에서 우리를 고발하는 사탄은 목사의 가장 공격받기 쉬운 영역, 곧 그의 소명을 들먹이며 목사를 공격한다. 그는 우리를 비웃으며 말한다. "당신은 이제까지 저질러 온 게 있는데, 어떻게 그리스도인으로 자처하고, 목사로 자처하기까지 하는 거죠? 당신은 이제까지 저질러 온 일로 자기 몸을 그토록 심하게 더럽히고, 하나님의 거룩한 질서를 모독했으면서, 어떻게 설교단에 올라 하나님의 거룩한 말씀을 설교할 수 있죠?"

당신은 그 질문들에 대한 답을 알고 있다. 하나님의 아들 예수 그리스도의 피는 모든 더러운 것을 씻어 주고, 성령의 성화하는 능력을 주어, 깨끗한 마음과 새롭고 올바른 정신을 만들어 낸다.

그분께서는 돌이킬 수 없게 완전히 망가진 것으로 여겨지는 것을, 동전의 양면인 자기의 의로움과 거룩함으로 짜 맞추신다. 우리 하나님은 은혜가 대단히 풍성한 분이시다. 그분께서는 추상적인 관념과 개념으로만이 아니라, 구체적이고 외적인 수단들로도 위로와 도움을 주신다. 성찬식, 말씀을 곁들인 물세례, 복음의 말씀이 그 수단들이다. 성찬식에서 예수께서는 우리의 모든 죗값으로 지급하신 몸과 피를 우리에게 내주신다. 세례식에서 우리는 예수의 죽으심과 연합하여 그분과 함께 묻히고 살아나, 그분의 영원한 생명을 영위하게 된다. 그리고 우리는 복음의 말씀을 선포하여 죄인을 죄책감이라는 감방에서 풀어 준다.

목사의 도움

당신 홀로 이 강박적인 죄와 씨름하려 하지도 말고, 복음으로 자가 치료를 하려 하지도 마라. 도움은 밖에서 온다. 당신은 다른 누군가로부터 구원의 복음을 듣지 않으면 안 된다. 당신의 주님은 당신을 어찌나 사랑하시는지, 동료 목사에게 해방의 말씀을 맡기셔서, 비참한 후회 가운데 있는 당신에게 직접 자신 있게 건네게 하신다. 포르노에 탐닉하는 습관이야말로 완벽한 시험의 폭풍이라고 할 수 있다. 옛 아담을 겨냥한 음모는 눈의 욕망과 육체의 욕망을 함께 유발하고, 그런 다음에는 그 즐거운 기쁨을 이생의 자랑이라는 매우 큰 덩어리로 가득 채운다. 그것은 몰래 번성하며, 당신의 은밀한 상상의 탐욕스럽고 왕성한 정욕을 먹고 자란다. 그것들을 모두 치우고, 토해 내고, 밝혀라. 신뢰할 만한 목사를 찾아라. 당신의 죄를 고백하라. 당신의 후회와 수치심과 가책을 쏟아 놓아라. 그 목사가 당신의 영혼의 의사가 되어 당신의 죄를 용서하고, 당신의 상처를 치료하고, 당신이 다시 자유롭게 살도록 도울 것이다.

당신은 당신의 회복을 증진해 줄 확고한 토대를 찾아야 한다. 그 토대는 다름 아닌 그리스도 예수이시다. 하지만 그리스도께서는 당신 동료의 입에 맡기신 말씀으로 당신에게 접근하신다. 그분께서는 밖에서 안으로 움직이신다. 즉, 믿음은 들음에서 생기고, 들음은 당신에게 건네진 그리스도의 말씀에서 비롯된다. 하나님은 동료 간 상호 대화와 위로 속에 매우 풍성한 은혜를 내리신다. 그분께서는 당신 안에 깨끗한 마음을 창조하시고, 당신 안에 올바른 정신을 회복해 주신다. 그분께서는 당신이 쓰고 있는 악몽 같은 굴레를 벗기시고, 당신이 다시 순결하고 깨끗하며 더럽혀지지 않은 상태로 자유롭게 살게 하신다. 바로 이것이 당신을 위해 작동하는 세례 요법이다.

당신이 포르노에 흠뻑 빠져 있다면, 당신의 아내도 도움-심리학적 도움과 영적 도움-이 필요하다. 당신은 아내와 한 몸이므로, 당신의 몸에 죄를 짓는 것은 아내에게 죄를 짓는 것과 같다. 당신은 능히 상상할 수 있을 것이다, 남편이 다른 여자들의 벌거벗은 몸에서 만족을 얻고 있음을 알아채는 것이 아내를 얼마나 황폐하게 하는지를. 당신의 결혼 생활에서 그런 일이 벌어졌다면, 당신의 아내는 당신이 회복의 길을 잘 걸은 뒤에도 오래도록 집중적인 도움이 필요할 것이다. 당신의 아내가 유능한 돌봄 상담사와 세심하고 의도적인 영적 의사를 찾아가게 하여라. 그러면 그들이 그녀의 상처 입은 영혼을 보살펴 줄 것이다. 목사들이 목회적 돌봄을 박탈당하는 것은 대단히 유감스러운 일이다. 하지만 그들의 아내들이 영적으로 버림받아, 목회적 돌봄을 받지 못하고 남겨지면, 비극이 기하급수로 심해진다.

영적 권태

특히 성직자들 사이에 공통된 시험의 영역이 하나 더 있는데, 나는 여러분이 그 영역에 주목하기를 바란다. 포르노 덫은 꽤 알려져 있다. 그것은 꽤 흔한 덫이다. 추측하건대, 여러분은 개인적으로 접하지 않았더라도 다른 사람들에게 목회적 돌봄을 제공하는 가운데 그것의 파괴적 영향들을 자주 접했을 것이다. 하지만 내가 말하려고 하는 다른 시험은 널리 퍼져, 서글픈 결과로 수많은 사역을 좌초시키는데도 거의 알려지지 않은 상태다. 내가 말하려는 것을, 고대인들은 **아체디아**acedia라고 불렀다. 그것은 일반적으로 나태로 번역된다. 하지만 그 번역어는 오해하기 쉽다. 우리는 습관적 게으름이나 게으른 일꾼이 되는 것에 관해서만 말하는 게 아니다. 우리의 영적 선조들은 피상적 나태와 게으름 밑에 그것의 근원적이고 영적인 원인이 자리하고 있음을 알았다. 창조의 영역에 있는 것이든 아니면 구원의 영역에 있는 것이든 간에, 하나님이 신성하게 정하신 선물들에 대한 실망과 불만이 바로 그 원인이다.

아체디아는 주의 부족이나 주의 부재를 의미한다. 그것은 치명적이다. 우리가 그리스도의 구원 사업과 아버지의 선물들에 둔감해질 때마다, 영적 권태가 들러붙고, 냉담과 그로 인한 절망이 뒤를 잇는다. **아체디아**가 목사의 영혼에 뿌리를 박으면, 회중이 큰 상처를 입는다.

우리 시대에 목사들의 어깨에 놓인 복합적 요구 사항들은 탁월한 경영 기술과 지휘 기술을 요구하고, 우리 가운데 다수는 그 요구 사항들을 따라가느라 점점 더 어려움을 겪고 있다. 교구 신자들과 교회 치리 지도자들은 최고 수준에 이르지 못한 역기능 목사들의 증가를 재빨리 지적한다. 그러나 여러분과 내가 알다시피, 목사들은 훈련된 특수 부대원이 아니다. 사역은 직무 내용 설명서와 업무 수행 평가보다 더 많은 것을 포함하고 있다. 하지만 확신하건대, 여러분은 우리가 복음에 대한 열정과 그리스도의 사람들을 섬기는 일에 대한 열정을 잃는다면, 그것이야말로 심각한 문제라는 사실에 동의할 것이다. 처리하지 않고 방치하면, 그런 영적 냉담은 우리의 목회적 **습성**을 빠르게 제거하고, 사역을 망칠 것이다.

임상적 기능 장애

연구에 의하면, 감정 기능의 쇠약과 장애로 고통받는 성직자의 수가 점점 늘고 있다고 한다. 한데 뭉뚱그려 '탈진burnout'이라 불리는 이 무능한 상태들 가운데 일부는 공감 피로Compassion Fatigue로 밝혀진 것에서 생긴다. 공감 피로는 그들이 섬기는 사람들의 감정적 급등락에 빈번히 잠긴 결과라고 할 수 있다. 이와 마찬가지로, 연구에 의하면, 목사들 사이에서 발생하는 임상 우울증이 일반인들 가운데서 발생하는 비율을 웃돈다고 한다. 감정 기능 장애는 정신 건강 전문가들이 잘 치료하는데도, 많은 목사가 공인 임상의의 돌봄을 구하지 않는 것은 여간 안타까운 게 아니다. 더 안타까운 것은, 너무나 많은 교회 지도자들과 감독자들이 이 질환의 정도와 영향력 그리고 유효한 치료법에 대해 무지한 상태라는 것이다.

그러나 마음 및 감정들과 관계있는 정신 질환과 정신 장애는 영적인 차원들도 지니고 있음을 잊지 마라. 대단히 많은 목사가 감정과 관련하여 진단 미확정 상태인 것도 비극이지만, 다른 이들에게 복음을 설교하는 사람들이 영적 부상자인 것은 두 배의 비극이다(고전 9:27). 다른 이들을 돌보는 목사들이 사실상 자신들을 돌봐 줄 목사 없이 영적 사막에서 산다니, 실로 안타까운 일이 아닐 수 없다. 자기 돌봄도 똑같이 필요하다. 구세주의 부르심에 부응하여 다른 사람들의 영혼을 보살피는 우리는 우리 자신의 영혼을 먼저 보살피지 않으면 안 된다. 나는 오늘날 성직자에게 미치는 **아체디아**의 영적인 영향이 세계적이라고 믿게 되었다. **아체디아**에 관한 한 경계와 깨어 기도하는 것이 대단히 중요하다.

아체디아는 만성적일 수도 있고, 일시적일 수도 있음을 명심하라. 내가 직접 경험하거나, 다른 목사들을 돌보면서 관찰한 바에 의하면, 영적 권태는 우리의 사역 도중에 우리 대다수에게 나타나자마자 곧 사라진다. 그렇지만 **아체디아**는 사역의 칼코등이 밑에 스며들어 오랫동안 들러붙을 수도 있다. 만성이든 급성이든 간에, **아체디아**는 의도적 치료-여러분의 영적 자기 돌봄과 여러분의 영혼의 의사에게서 받는 돌봄-뿐만 아니라 주의 깊은 경계를 요구한다.

경고 신호들

여러분이 **아체디아**를 겪고 있는지를 어떻게 알 수 있는가? 명백한 경고 신호들이 있다.

- 사역이 광채를 잃기 시작하고, 자기에게 맡겨진 영혼들을 보살피려고 분발하는 것이 점점 더 힘들어진다.
- 혹은 반대로, 하나님의 일에 냉담해지고 둔감해진 나머지, 자기의 영혼을 보살피는 것을 회피하려고 다른 이들을 위한 사역에 광적으로 몸을 던진다.
- 사역의 기예와 기술에 뒤처지고, 자신의 목회적 **습성**에 따라 행동하지 않고, 그저 목사 시늉과 흉내만 낸다.
- 하나님의 말씀과 기도가 개인적인 보물로 여겨지지 않고, 점점 더 공적인 의무로 여겨진다.

이 일단의 증상들 가운데 어떤 것이 여러분에게 예외가 아닌 기준이 되었다면, 여러분은 **아체디아**를 겪고 있다고 확신해도 될 것이다.

아체디아는 정말 하찮은 게 아니다. 나는 그것이 한 착한 남자를 거의 항복시켜 절망 직전까지 몰아가는 것을 보았다. 그것이 일반적으로 드러나는 방식이 있다. 이를테면 여러분의 영혼이 영적 모르핀을 주입받은 것과 같은 상태가 되는 것이다. 여러분은 성령께서 자기의 수단들을 통해서 하시는 일에 무관심해지고 둔감해진다. 둔감증이 만연한다. 감정은 물론이고, 마음과 영혼도 둔감해진다. 나는 그런 이유로 목사들이 포르노에 의지하는 것이라고 확신한다. 그것은 그들이 견딜 수 없는 감정적 고통과 정신적 고통을 치료하는 방식이다. 포르노에 의지하여 쓸쓸하고 둔감한 **아체디아**의 세계에서 벗어나려는 것이다. 그들이 추구하는 것은 사실 쾌락이 아니라, 무언가를 다시 느끼는 능력이다.

그러나 **아체디아**가 항상 포르노 성향으로 나타나는 것은 아니다. 그것은 다양한 방법으로 제 유독한 그림자를 드리울 수 있다.

언젠가 나는 한 목사의 **아체디아**를 치료해 준 적이 있다. 그가 나를 처음 찾아온 까닭은, 그가 선하고 거룩하고 참되다고 알고 있던 것에서 점점 더 멀어지게 되면서 불가해하게 부글부글 끓어오르는 분노를 억제하려고 씨름하고 있었기 때문이다. 처음에 그는 사역을 지루한 일로 여겼고, 그다음에는 무거운 짐으로 여겼다. 그는 자기가 원하는 대로 아내 및 자녀들과 소통할 수 있는 정서적 에너지가 없었다. 자기가 그들에게서 그들의 사랑하는 남편과 아버지를 빼앗고 있다는 것을 알면서도 그랬다. 하나님의 거룩한 일들이 광채를 잃기 시작했다. 그는 자기가 기도와 하나님의 말씀에 관심을 점점 덜 기울이고 있다는 것을 알았다. 그는 참을성 있게 사역을 감당하지 못했고, 교구 신도들의 고통스러운 마음과 영혼의 소리를 귀담아듣는 게 점점 더 어려워졌다.

결국 그와 나는 이 증상들에서 **아체디아**의 조짐들을 알아보기 시작했다. 나는 그가 이미 불안 때문에 받고 있던 의료적 도움 외에, 그에게 일하는 습관을 바꾸고, 가족을 위해 더 많은 시간을 내라고 권했다. 그의 가장 암울한 시기에 내가 그에게 써 보낸 편지가 여기 있다.

당신도 그리스도께서 지급해 주시는 장비를 빠짐없이 걸쳐야 합니다(엡 6장). 성령의 검을 손에 들고, 항상 성령 안에서 기도하십시오(이 기도는 성령의 능력을 입어 아들을 통해 아버지께 드리는 기도를 의미합니다). 거룩한 일들과 관련한 **아체디아**는 이러합니다. 돌보려 하지 않는 상태, 기도하려 하지 않는 상태, 귀여겨듣지 못하는 상태, 평화를 느끼지 못하는 상태 등등. 이 모든 것은 악마의 공격을 나타냅니다. 그러나 두려워할 이유가 없습니다. 두려움은 사람이 사역의 망토를 걸칠 때 발생하여, 그리스도와 그분의 나라를 섬길 때 본격화하기 시작하는 어떤 것입니다. 나방이 불꽃에 끌리는 듯이, 어둠의 세력은 빛에 끌리고, 악마의 영향력은 그리스도의 나라 안에서 양질의 일을 수행하는 사람에게 끌립니다. 그것은 그의 일을 망치고, 그를 절망으로 몰아넣어, 가능한 모든 방법(물론 악마가 선호하는 방법은 교만입니다)으로 죄를 짓게 하고, 그가 가장 가까운 사람들 및 가장 친애하는 사람들과 맺는 사랑의 유대를 깨뜨리려는 것입니다.

그러나 악마는 패적敗敵입니다. 그는 당신을 조금도 해칠 수 없습니다. 당신을 위해 싸우시는 분께서는 그보다 훨씬 더 강하십니다. 사실, 악마는 하나님의 악마여서, 무심코 하나님의 일을 수행합니다. 사탄은 당신을 그리스도에게서 분리하려 하면서 당신을 그분께로 더 가까이 몰아가니까요. 예수께로 나아가십시오. 그분께는, 당신이 지난 주일에 잘 설교한 대로, 영생의 말씀이 있기 때문입니다. 아무것도 느끼지 못할 때도, 그 말씀을 당신 자신의 말씀으로 여기고, 그것을 껴안고, 그분께서 당신에게 주시는 약속을 즐기십시오. 당신이 다른 사람들을 위해 그토록 잘 가르치고 구체적으로 표현한 것을 이제는 당신 자신을 위해 믿으십시오.[17]

기쁘게도, 그 목사는 지금 회복의 길을 잘 걷고 있다. 이따금 그 목사에게 추한 머리를 쳐들기도 하지만, **아체디아**는 확실히 경감되고 있다. 남편으로서의 소명, 아버지로서의 소명, 목사로서의 소명이 때때로 압도하여 지치게도 하지만, 이제 그는 그것들을 잘 수행하면서 다시 한번 즐기고 있다. 그는 다시 영혼 돌봄에 열중하고 있다. 무엇보다도 그는 **아체디아**의 조짐들을 알고, 언제 어디에다 도움을 구해야 하는지를 알며, 기도와 하나님의 말씀으로 그것들을 직접 치료하는 법까지 알고 있다.

악으로부터의 구원

우리 가운데 누구도 우리가 하는 일의 정상에 늘 있을 수는 없다. 우리가 알다시피, 선량하고 유능한 목사들에게도 감정의 기복이 있고, 생산성이 증감하는 기간이 있다. 그러나 여러분이 거룩한 일들에 만성적으로 환멸을 느끼고, 하나님의 일에 대한 무관심이 지속된다면, 여러분이 상대하고 있는 것은 단지 정서적인 저하가 아니라, **아체디아**일 것이다. 바로 그것이 영적 시험이며, 영적 전쟁에서 악마가 수행하는 공격의 본질적 부분이다. 그것은 성적인 시험과 마찬가지로 영적으로-자기 돌봄으로든, 다른 목사의 돌

---

17 개인 이메일 편지.

봄으로든-처리할 필요가 있다. 모든 목사에게는 목사가 필요하다. 나는 11장에서 '목자들 보살피기'라는 제목으로 그것을 다룰 참이다. 그러나 양질의 자기 돌봄은, 우리 주님의 지도와 보기에 따라서, 보호를 구하는 기도, 곧 "우리를 시험에 들지 않게 해 주십시오"라는 기도로 시작된다. 그다음에는 아버지의 개입을 구하는 기도가 이어진다. "우리를 악에서 구하여 주십시오."

우리 가운데는 악마와 세상과 우리 자신의 죄스러운 육체의 지속적 공격 아래에서 자기를 구할 수 있는 이가 없다. 우리가 처리할 수 있는 것도 있지만, 우리의 능력을 넘어서는 것들도 있다. 더 열심히 일하거나, 더 민첩하게 일하는 게 중요하다면, 그것은 우리 힘으로 씨름할 수 있고, 대개 그렇게 한다. 하지만 여러분은 사탄의 허를 찌르지는 못한다. 여러분 혼자 힘으로는 이 타락한 세상의 불길한 영향력에 대처할 수 없다. 이는 여러분 혼자 힘으로 여러분 자신의 죄스러운 본성의 맹렬한 충동과 강박 관념을 억제할 수 없는 것과 같다.

그것은 사실이며, 좌절감을 줄 정도로 사실이다. 성적 욕망, **아체디아**-혹은 이와 관련된 여타의 수많은 시험의 경우에는 살과 피로 싸울 것이 아니다. 결국, 이 모든 싸움은 우리의 보잘것없는 지성과 연약한 의지력을 넘어서는 영적 싸움이다. 그런 까닭에 이 싸움은 여러분이 할 수 있는 것이 아니다. 그저 자기를 방어하면서, 여러분을 대신하여 싸우는 전사를 부르는 것만 할 수 있다. 이미 자기 피와 십자가로 싸움에서 이기신 그리스도 예수께서 아버지의 오른편에서 여러분을 위해 간구하신다.

여러분은 하늘에 계신 여러분의 아버지 하나님이 예수를 봐서 여러분을 보살피실 것이라고 확신해도 된다. 그분께서는 하늘과 땅을 지으신 전능하신 분이시며, 동시에 여러분의 참 아버지시다. 이는 여러분이 그분의 진짜 자녀, 끔찍이 사랑받는 자녀임을 의미한다. 그분께서는 자기의 모든 사랑하는 자녀를 지키시고 보호하시는 분이시다. 그분께서는 여러분이 깨어 있을 때는 인도하시고, 여러분이 잠잘 때는 지켜 주신다. 여러분은 생의 가장 비참한 시기에도 그분의 보호를 받으며 안전하게 쉴 수 있다.

그러니 곤경에 처할 때마다 그분을 불러라. 그분께 기도와 찬양을 드리고, 감사를 드려라. 그분께서는 선하시며, 그분의 자비는 영원히 지속된다. 여러분이 진퇴유곡에 빠질 때마다-정신적으로, 육체적으로, 영적으로 지칠 때마다-그분께서 여러분에게 힘과 의지가 되어 주실 것이다.

물론 오감에 의지해서는 이것을 알 수 없을 것이다. 사역은 지치게 하는 것이어서도 안 되고, 고갈시키는 것이어서도 안 된다. 여러분이 극심한 쇠퇴기에 처할 때, 사탄은 상황을 복잡하게 한다. 그는 비장의 수를 쓴다. 여러분의 죄에 여러분의 주의를 환기할 뿐만 아니라, 여러분 주위의 굉장한 발전과 여러분 앞의 무시무시한 미래에도 주의를 환기한다. 이것들 모두 여러분이 보고, 듣고, 만지고, 느낄 수 있는 것들이다. 그것들 하나하나가 충분히 무서워할 만한 것이지만, 그것들이 뭉치면 여러분을 녹초가 되게 할 것이다. 자기 의지에 맡기면, 여러분은 가장 확실하게 굴복하고 포기하게 될 것이다.

끊임없는 감시

그러나 여러분이 주 그리스도 예수의 보호 장구를 차려입으면, 여러분은 이 공격에 맞설 수 있다. 그분의 진리, 그분의 의로움, 그분의 복음, 그분의 믿음, 그분의 구원이 곧 그분의 보호 장구다. 그분의 영의 검을 기도와 간구로 휘둘러라. 하늘에 계신 여러분의 아버지께서 여러분의 기도를 기쁘게 들으시고, 여러분을 괴롭히는 온갖 것에서 자기의 때에 자기의 방식으로 여러분을 가장 확실하게 구하실 것이다. 그러니 손을 떼지 마라. 절대로 포기하지 마라. 악마가 여러분과 여러분이 사랑하는 사람들을 공격할 때와 똑같이 묵상과 기도를 고수하라.

이 싸움에서 여러분은 결단코 전사가 아니라는 사실을 잊지 마라. 여러분은 보초에 지나지 않는다. 여러분의 일차적 임무는 보초 근무를 서며 적의 공격을 감시하는 것이다. 여러분은 다음 공격이 언제 닥칠지, 어느 방향에서 이루어질지를 결단코 알 수 없다. 물론 여러분에게 종종 불리한 것일 수 있지만, 악마는 매우 빈틈없이 공격을 수행한다. 그는 겁쟁이지만, 이따금 여러분의 가장 가깝고 절친한 사람들, 곧 아내, 자녀, 친구들, 교구 신자들에게 가장 맹렬한 공격을 개시하기도 한다. 악마는 온갖 공격으로 그리고 가능한 수단을 다 동원하여 그리스도 안에서 이루어지는 하나님의 선하고 은혜로운 일을 뿌리째 뽑고, 철저히 파괴할 것을 맹세하고 끊임없이 목표로 삼는다.

이긴 싸움

그러나 악마는 이미 심판을 받았고, 평결이 내려졌다. 예수께서는 "다 이루었다" 하고 말씀하신 뒤에 숨을 거두셨다. 사탄의 모든 파괴 사업, 그의 모든 거짓말과 고발, 그가 하나님의 선한 창조물에 강요한 모든 죄와 대혼란―이 모든 것이, 육신을 입으신 하나님이 세상의 죄를 대속하기 위해 죽으심으로써 제거되고 지워졌다. 그리스도의 돌같이 차가운 시신이 무덤에 안치되고 사흘 뒤에 의기양양하게 부활하심으로써 그분의 극적인 승리가 확인되고 입증되었다.

그러니 친애하는 형제들이여, 여러분은 어떤 피조물도 여러분을 위하시는 아버지의 사랑에서 여러분을 떼어 놓을 수 없다고 확신해도 된다. 악한 날에 여러분의 입장을 굳게 지켜라. 영적으로 말해서, 어떤 날들이 다른 날들보다 더 나쁠 수 있다. 이는 사역의 영역에서도 마찬가지다. 시험들은 반드시 닥친다. 여러분에게 닥치지 않으면, 여러분이 사랑하는 사람들에게 닥친다. 그러니 항상 경계하며 그 시험들을 막아서 차단하라. 말씀, 곧 성령의 검을 휘둘러라. 지금도 여러분을 거룩하게 하시고, 앞으로도 영원토록 거룩하게 하시는 성령의 능력과 현존 안에서 끊임없이 기도하라.

그리고 현재의 고난은 우리를 기다리는 기쁨과는 비교도 안 된다는 것을 잊지 마라(롬 8:18).

X

그리스도의 '다른 양들'

선교와 영혼 돌봄

_____ 영혼 돌봄과 영혼 치료는 이미 믿음으로 하나님 나라에 속해 있는 사람들만을 위한 게 아니다. 월 스트리트의 엘리트 은행가이든, 제삼 세계의 가난한 섬사람이든 간에, 지상의 모든 개인은 하나님의 형상대로 지어졌다. 사람이 영혼을 소유하는 게 아니다. 사람이 곧 영혼이다. 그러므로 영혼 돌봄은 선택이 아니다. 그것은 이미 알려진 사실이다. 그것은 선교에서도 그렇다. 하나님은 가장 무지한 사람에서부터 가장 박식한 사람에 이르기까지, 가장 위대한 사람에서부터 가장 보잘것없는 사람에 이르기까지, 모든 사람이 회개하여 구원을 얻게 하신다. 모두 다 거두어들이는 것이 먼저이고, 예수의 이름으로 보살피는 것이 그다음이다. 그것이 완전한 영혼 돌봄이다. 바람직한 영혼 돌봄은 거두어들임과 보살핌으로 이루어진다.

우리 루터교 고백교회는 지난 반세기 동안 흔들림 없이 전도에 협력하며, 교회 성장을 강조해 왔다. 수십억 달러와 평생의 막대한 에너지를 들여 복음을 선포하며, 길 잃은 영혼들을 얻어 그리스도께로 인도해 왔다. 하지만 통계상 고백교회의 헌신적인 그리스도인의 수는 계속 가파르게 감소하고 있다. 그 이유 가운데 일부는 아마도 영혼들을 얻기 위한 노력에도 불구하고, 그들을 지키는 일에 투자를 거의 하지 않았기 때문일 것이다. 동전의 양면처럼, 교회의 선교는 영혼들을 얻는 일과 영혼들을 지키는 일로 이루어진다. 이 장에서 나는 사람들이 선의로 떼어 놓은 것으로 여겨지는 것, 곧 복음 전도와 영혼 돌봄을 다시 합치고자 한다.

영혼 돌봄과 선교 사이에는 구분이 없다. 하나님은 성경에서 그것들을 합치셨다. "모든 민족을 제자로 삼아서, 아버지와 아들과 성령의 이름으로 세례를 주라"라는 우리 주님의 유명한 선교 명령은, "내가 너희에게 명령한 모든 것을 그들에게 가르쳐 지키게 하여라"라는 충실한 훈련 권고를 담고 있다(마 28:19-20). 성령께서 복음을 통해 움직이셔서 영혼들이 믿음으로 나아오고, 그런 다음 교회의 친교 안으로 들어오면, 같은 성령으로 복음과 성례전을 통하여 그들을 보살피고 양육하는 것이 주님의 명백한 계획이었다. 하나님은 선교와 사역, 밖으로 손을 뻗음과 안으로 뻗음, 복음 전도와 영혼 돌봄이 모두 연결되도록 계획하셨다. 그리고 우리는 하나님이 하나로 이으신 것을 감히 떼어 놓아서는 안 된다.

복음 전도가 언제나 우선이다. 그것은 믿지 않는 사람을 위한 영혼 돌봄의 중요한 첫 단계다. "그런데 사람들은 자기들이 믿은 적이 없는 분을 어떻게 부를 수 있겠습니까? 또 들은 적이 없는 분을 어떻게 믿을 수 있겠습니까? 선포하는 사람이 없으면, 어떻게 들을 수 있겠습니까?"(롬 10:14). 영혼의 의사는 당연히 선교사다. 하지만 실제 선교사도 영혼의 의사가 되는 편이 좋다. 영혼들을 그리스도께로 데려갔으면, 그들을 그리스도 안에서 보살펴야 하기 때문이다. 믿음이 약한 이들은 모든 면에서 자라나서 머리가 되시는 그리스도에게까지 다다라야 한다(엡 4:15). 선교와 사역은 함께 간다.

그러나 현대의 관행은 종종 하나님이 하나로 이으신 것을 나눈다. 목사들은 둘 가운데 어느 하나를 선택하도록 점점 더 압력을 받고 있다. 복음 전도자와 목자, 선교사와 목사 가운데 어느 하나가 될 수 있다는 것이다. 여러분도 이 문제와 관련하여 공개적으로 혹은 교묘하게 얼마간의 압력을 받고, 사실상 잘못된 대안들인 두 선택지 중에서 어느 한쪽을 택하라는 요구를 받았을 것이다. 요구는 대개 이런 식으로 이루어진다. "당신은 점점 하나님을 믿지 않는 세상에서 그리스도를 위하여 영혼들을 적극적으로 얻는 선교사가 되시겠습니까, 아니면 일종의 영혼 관리자로서 조용히 신자들을 보살피는 단순한 예배당 목사가 되는 것에 만족하시겠습니까?" 그런 게임을 거부하라. 그런 것은 교회의 생명에 이롭지 않은 임의적 구분이다. 이제는 그 잘못된 이분법을 거부하고, 한 진영에서 다른 진영으로 풍자와 과언을 던지는 짓을 그만둘 때다.

곡식이 익어서 거둘 때가 되었다

조직화한 종교가 한때 미국의 사회적 가치들과 규범들에 대해 가졌던 중요성과 영향력을 더는 갖고 있지 못하기에, 최신 세대들은 영적으로 말하면 백지상태나 다름없다. 그들은 자신들의 자아 표현에 충실한 것 말고는 신에 대한 믿음을 공언한 적이 없다. 이는 고백교회 그리스도인 누구에게나 명백한 도전이다. 하지만 그것은 놀라운 기회의 순간이기도 하다. 오늘날 목사들은 수천 명의 고통받는 영혼들, 상처 입은 영혼들에 둘러싸여 있다. 그 영혼들은 죄책감에 시달리면서도 그것을 고백하지 않고, 수치심으로 괴로워하면서도 그것을 눈에 띄게 하지 않는다. 가장 나쁜 것은, 그 영혼들이 치명적인 위험에 처해 있다는 사실이다. 죄를 짓는 영혼은 죽기 때문이다(겔 20:38). 지진의 급격한 황폐화, 쓰나미가 남긴 잔해처럼, 우리 세계는 영적 참화의 쓰레기로 어수선한 상태다. 영혼들이 망가지고 상처 입은 채 죽어 가고 있다. 여러분은 이 혼란스러운 시대에 그 나라를 위해 부름을 받은 영혼의 의사다. 여러분은 이 복잡한 시대의 도전들만을 알고 있겠지만, 나는 여러분 앞에 놓인 기회를 보라고 권한다.

인간의 역사는 고통과 혼란으로 어수선하지만, 하나님이 보시기에는 언제나 추수 때다. 예수께서는 제자들에게 농부의 눈으로 세상을 보라고 가르치셨다. "너희는 넉 달이 지나야 추수 때가 된다고 하지 않느냐? 그러나 나는 너희에게 말한다. 눈을 들어서 밭을 보아라. 이미 곡식이 익어서, 거둘 때가 되었다"(요 4:35).

추수를 위해 경계하는 눈

내 유년 시절의 농장에는 여름철마다 햇빛이 끊임없이 비쳐 들고, 일상적인 허드렛일의 규칙적인 리듬이 그것을 돋보이게 했던 것 같다. 봄에는 곡물이 모종 상태에서 꾸준히 자라고, 여름에는 큰 식물이 되어 햇빛에 반짝이고, 씨를 품은 이삭들이 바람에 내해의 파도처럼 일렁였다. 그러다 차츰 이삭의 색깔이 진녹색에서 좀 더 옅은 색조로 바뀌고, 그다음에는 황금빛으로 바뀌어 수확기가 다가왔음을 알렸다.

7월 하순이 되면, 대체로 차분했던 아버지의 표정이 바뀌었다. 아버지는 날마다 밭으로 나가서, 황금빛 밀 이삭이나 하얀빛의 귀리 이삭을 끊어, 굳은살이 박인 두 손바닥 사이에 넣고 갈아 보곤 했다. 껍질들이 형성되고 낟알들이 마를 무렵이면, 아버지는 행동에 돌입할 채비를 마친 상태였다. 단 하루도 놓쳐서는 안 되었다. 너무 오래 기다렸다가 수확을 시작하면, 수확 기계가 곡식을 줄기에서 훑어 낼 때, 귀중한 낟알이 땅바닥에 떨어져 낭비되었기 때문이다. 적절한 시기를 택하는 게 가장 중요했다. 제 밥값을 하는 농부는, 무르익어서 추수할 때가 된 밭을 못 본 체하지 않는다.

그래서 나는 여러분에게 무르익은 밭을 바라보는 농부처럼 주위 세계를 바라보라고 촉구한다. 하지만 더 나은 것은, 사람들을 예수께서 하신 것처럼 바라보는 것이다. 그들은 그분께서 죽기까지 사랑하신 영혼들이다. 그분께서는 여러분에게 수확 도구를 지급하셨다. 그분께서 여러분에게 물과 말씀과 성찬을 은총의 도구로 제공하셨다. 그분께서는 여러분을 파견하셔서, 절망하며 죽어가는 영혼들에게 희망과 생명을 가져다주게 하셨다. 무엇보다도 그분께서는 모든 시대의 자기 교회에 자기의 현존을 약속하셨고, 여러분이 섬기는 교회에도 그 현존을 약속하셨다. "보아라, 내가 세상 끝 날까지 항상 너희와 함께 있을 것이다"(마 28:20).

예수의 눈

목회적 **습성**은 시간이 지남에 따라 몸에 붙는다. 행하면서 익히는 것이다. 의사는 신체 전체의 생리학에 숙달하는 것으로 시작한다. 하지만 그것은 첫 단계일 뿐이다. 그는 평생토록 의술을 연마한다. 그가 공부한 의학은 그가 환자를 진단하고 치료하는 방법을 특징짓지만, 의사의 진정한 **습성**은 그가 고통받는 사람들에게 적절한 돌봄과 치료를 오래도록 찾으면서 습득한 기예다. 친구들이여, 여러분도 그러하다. 여러분은 신학에 얼마간 숙달했을 것이다. 하지만 여러분은 영혼 돌봄과 관련해서는 공부를 진행 중인 사람들이다. 여러분은 여전히 도제徒弟다. 여러분은 "우리는 날마다 그리스도께서 죽기까지 사랑하신 어린 양들과 양들 가운데서 일하는 사람들이다"라고 말할지도 모르겠다. 훌륭하고 충실한 목양견처럼, 여러분이 목자이신 분과 함께하는 시간이 많으면 많을수록, 여러분은 그분의 양들을 더 적절히, 더 훌륭히 보살피게 될 것이다. 여러분의 목회적 **습성**은 여러분의 묵상과 기도, 여러분이 대 목자와 개인적으로 함께하는 시간에 정비례하여 몸에 붙는다.

여러분은 이 경험의 학교에서 시간을 보내면서 그리스도의 마음을 갖추기 시작한다. 여러분은 괴로워하는 사람과 대화하면서 본능적으로 그 고통의 뿌리를 알아내고, 복음과 성례전을 적용하여 그 우환에 알맞은 치료를 제공하려고 한다. 앞서 말한 대로, 목사들은 모든 일을 하나님의 말씀으로 한다. 그들은 하나님의 말씀에 조율된 귀로 듣고, 성령께서 하나님의 말씀 안에서 가르쳐 주시는 말들을 건네고, 말씀으로 기도하고, 말씀으로 축복한다. 여러분은 그리스도의 이 말씀들에 부단히 노출됨으로써 그분의 시각에서 사태를 본다. 여러분은 예수의 눈과 귀를 갖춘다. 여러분은 그분의 시야로 보고 듣는다. 그 시야에는 길을 잃은 사람들이 들어 있다. 예수께서는 갈릴리호숫가에서 이리저리 떠도는 군중을 보시고 "그들을 불쌍히 여기셨다. 그들은 마치 목자 없는 양과 같이, 고생에 지쳐서 기운이 빠져 있었기 때문이다"(마 9:36). 그것은 불쌍히 여기는 시야였다. 목자 없는 양들이 곤경에 처하자, 그 취약한 군중에 대해 연민을 느끼신 것이다.

여러분이 예수의 눈과 귀를 갖추면 본능적으로 그분의 마음을 알게 된다. 그분께서 그분의 모든 양을 그리워하시기에 아직 그분을 알지 못하는 사람들까지 그리워하신다는 걸 알게 되는 것이다. "나에게는 이 우리에 속하지 않은 다른 양들이 있다. 나는 그 양들도 이끌어 와야 한다. 그들도 내 목소리를 들을 것이며, 한 목자 아래에서 한 무리 양떼가 될 것이다"(요 10:16). 예수의 눈은, 매우 지쳐서 기운이 빠진 양들을 끊임없이 살핀다. 그분께서는 지친 사람들, 무거운 짐을 지고 있는 사람들에게 쉼을 주고 싶어 하신다. 그분께서는 그들이 자기들에게 평화를 가져다주는 그분의 목소리를 듣기를 바라신다. 물론 여러분은 그분의 말씀이 곧 영이고 생명이라는 것을 알 것이다. 그분께서 여러분에게 바로 그 말씀들을 주셔서 말하게 하셨으니, 이는 온 인류가 믿음으로 그분을 알고, 그분의 이름으로 생명을 얻게 하시려는 것이다.

낯선 사람의 목소리

목자 없는 양 떼는 진행 중인 재난이다. 낯선 방향으로 탈선하기 쉽기에, 양들은 함께 무리를 이루어 맹수들로부터 자신들을 보호하고, 자연재해로부터 자신들을 지키지 않으면 안 된다. 게다가 먹이도 필요하다. 건조 지대의 양들은 자신들의 생존에 필요한 시냇물과 영양소가 풍부한 초지로 인도되지 않으면 안 된다. 목자가 자기 양들과 맺는 관계는 보기에 아름답다. 양들은 그에게 의존하며, 그런 사실을 잘 안다. 그들은 그의 목소리를 알아듣고, 그 목소리에 호응한다. 그들은 말은 못 하지만 꽤 영리하다. 그들은 자기 목자의 목소리와 낯선 사람의 목소리를 구별할 줄 안다. 그들은 목소리의 음색과 고저에서 차이를 감지하고, 그에 따라서 반응한다.

내가 자란 농장에는 양이 없었지만, 이와 매우 유사한 일이 내 아버지의 얼마 안 되는 젖소 무리 안에서도 일어났다. 저녁 착유 시간이 되면, 아버지 혹은 내가 축사용 헛간 뒤에 있는 언덕 꼭대기에 올라가 젖소를 부르곤 했다. 우리는 날마다 똑같은 신호를 이용했다. 길고 축 늘어지며 공명하는 신호였다. "어서 와 보오오오스, 어서 와 보오오오스, 어서 와 보오오오스." 두 번째 단어를 강하게 발음했는데, 그 이유는 잘 모르겠다. 하지만 그 신호는 주문처럼 작용했다. 풀을 뜯어 먹던 곳에서, 대개는 초지의 가장 먼 모퉁이에서 올려다보고는, 무리 전체가 느릿느릿 유유한 속도로 헛간을 향해 나섰다.

그들 사이에는 나름의 사회적 질서가 있었다. 선도하는 젖소가 먼저 출발하고, 그러면 다른 젖소들이 그 뒤를 따라 닳고 닳은 젖소 길을 일렬로 당당하게 터벅터벅 걸었다. 그들은 오랜 경험으로 어떤 일이 기다리고 있는지를 알고 있었다. 부푼 젖통의 휴식뿐만 아니라, 치료도 그들을 기다리고 있었다. 오랜 경험으로 젖소들은 매일 밤 각자 매우 작은 외양간에 들어가서, 잘게 썬 맛좋은 옥수숫대의 푸짐한 공급을 간절히 바랐고, 우리는 외양간 앞에 있는 구유에 그것을 삽으로 퍼 담고, 그 위에 귀리와 옥수수를 빻아 만든 맛 좋은 사료를 얹어 주곤 했다.

드문 경우이지만, 우리 가족은 아침 착유나 저녁 착유 같은 허드렛일을 처리하도록 누군가를 고용하기도 했는데, 그는 우리가 얻은 것과 똑같은 호응을 얻지 못했다. 그가 비슷한 음성 억양으로 매우 똑같은 신호를 이용하는데도, 젖소들은 '누구셔?'라고 말하는 듯 올려다보기만 하다가 되돌아가서 풀을 우적우적 씹곤했다. 그러면 그는 초지로 나가서, 젖소들을 몰아서 모은 다음, 그들을 헛간으로 돌려보내는 것 외에 선택의 여지가 없었다. 젖소들은 자기들이 신뢰하는 이들의 목소리를 알아들었다. 그들은 낯선 사람의 목소리에는 호응하려 하지 않았다.

목자의 목소리

예수께서는 이렇게 말씀하신다. "내 양들은 내 목소리를 알아든는다. 나는 내 양들을 알고, 내 양들은 나를 따른다. 나는 그들에게 영생을 준다. 그들은 영원토록 멸망하지 아니할 것이요, 또 아무도 그들을 내 손에서 빼앗아 가지 못할 것이다. 그들을 나에게 주신 내 아버지는 만유보다도 더 크시다. 아무도 아버지의 손에서 그들을 빼앗아 가지 못한다. 나와 아버지는 하나이다"(요 10:27-30).

우리 주님은 은혜로우셔서 어느 시대이든 시간과 공간이 달라도 당대의 귀가 그분의 말씀을 들을 수 있는 길을 마련하셨다. 그분께서는 자기의 이름으로 자기를 대리하여 말할 권한을 부여받은 목사들을 통하여 오늘날에도 사람들의 귀에 자기의 강력한 말씀을 전하신다. "누구든지 너희의 말을 들으면 내 말을 듣는 것이요, 누구든지 너희를 배척하면 나를 배척하는 것이다. 그리고 누구든지 나를 배척하면, 나를 보내신 분을 배척하는 것이다"(눅 10:16). 목사의 직무는 시간과 공간의 장벽을 넘어, 사람들에게 선한 목자의 목소리를 들려준다.

예수의 말씀을 듣기

곤경에 처한 우리 세계의 불협화음과 광란 한가운데서, 우리의 은혜로우신 구세주의 위로하는 목소리가 지금도 이렇게 초대하고 있다. "수고하며 무거운 짐을 진 사람은 모두 내게로 오너라. 내가 너희를 쉬게 하겠다"(마 11:28). 그리스도의 구원 사업으로 영혼들을 획득하여, 그들이 그분의 목소리를 듣고, 그분의 말씀을 믿고, 그분의 이름으로 영생을 얻게 하는 것, 바로 이것이 교회의 선교다. 구원하시는 예수에 관해 듣게 하는 것이 아니라, 예수의 말씀을 듣게 하는 것임을 유의하라. 이 둘 사이에는 큰 차이가 있다.

예컨대, 나는 여러분에게 내 아내에 관해 이야기해 줄 수 있다.

그녀는 참으로 훌륭한 여인, 동정심 많고 친절한 여인이다. 제인은 준비된 웃음과 뛰어난 유머 감각을 지닌 다정하고 너그러운 사람이다(이 모든 세월을 그녀와 함께 살았으니, 여간 좋은 게 아니다). 또한 그녀의 마음속에는 사모들을 위한 특별한 자리가 마련되어 있다. 상당히 많은 사모가 여러 해에 걸쳐, 그녀가 사모라는 매우 도전적인 사명을 감당하면서 상냥하게, 그러면서도 강건하게 살아온 것을 보기로 삼아 용기를 내게 된 것이다. 나는 그녀에 관해 계속 이야기해 줄 수 있다. 하지만 내가 아무리 그녀에 관해 장황하게 써도, 그것은 그녀와 실제로 만나서 이야기를 나누는 것에 비하면 아무것도 아닐 것이다.

어떤 사람의 말을 직접 듣는 것이, 그 사람에 관해 간접적으로 듣는 것보다 훨씬 낫다. 하지만 이상하게도 교회의 선교에 관한 한, 우리는 후자로 만족한다. 복음 선교로 통하는 것의 상당 부분이 간접적인 정보다. 그것은 사실에 입각한 교육적 정보일 수는 있어도, 직접적인 정보는 아니다. 그것은 무엇보다도 광고와 유사하다. 예수에 관한 증언들과 역사적 성경 여행담들은 흥미롭고 얼마간 유용할 수 있지만, 예수 알현을 대신하지는 못한다. 사람들은 2,000년 전에 그랬듯이 오늘날에도 예수의 목소리를 직접 듣지 않으면 안 된다.

이 지점이 여러분이 입장할 지점이다. 그리스도의 부름을 받은 일꾼은 광고 대행자나 판매원이 아니라, 예수 대변자다. 여러분이 선포하도록 받은 복음을 여러분의 입으로 말하면, 사람들이 예수의 말씀을 받는다. 그들이 듣는 것은 실제로 예수 자신의 말씀이다. 나는 나의 설교와 관련하여 이제껏 받은 최고의 칭찬 중 하나를 한 젊은이에게서 들었다. 그는 이렇게 말했다. "목사님의 설교 한 편을 듣고 있는데, 목사님은 사라진 듯하고, 예수님이 말씀하시더군요."그 젊은이는 신비주의자도 아니었고, 황홀 경험을 기술한 것도 아니었다. 그저 내가 예수께서 선포를 위해 나에게 맡겨 보내신 좋은 것들, 곧 예수에 관한 정보뿐 아니라, 십자가에 못 박히시고 살아나신 예수 자신-하나님의 능력이요 하나님의 지혜인 그리스도-을 전하는 것을 보고 그렇게 말했을 따름이다.

예수의 말씀

예수의 말씀, 그것은 사람들이 꼭 들어야만 하는 말씀이다. 그들은 예수에 관한 말들만이 아니라, 예수께서 하시는 말씀을 들어야 한다. 예수의 말씀은 베드로의 고백대로 영이요 생명이어서 실제를 재현한다. 예수의 말씀은 실제로 무언가를 한다. 예수께서는 자기의 말씀을 통해 자기의 영과 생명을 실제로 주신다. 예수께서 배신당하시던 어두운 밤에 겟세마네에서 아버지와 진지한 대화를 나누시면서 직접 하신 말씀이 있다. 사랑하는 제자들을 위해서만이 아니라, 그들의 말 때문에 믿게 될 사람들을 위해서도 기도하시며 하신 말씀이다. 그저 그분께서 여러분을 염두에 두고 하신 말씀이라고만 생각하라.

"나는 아버지께서 내게 주신 말씀을 그들에게 주었습니다. 그들은 그 말씀을 받아들였으며, 내가 아버지께로부터 온 것을 참으로 알았고, 또 아버지께서 나를 보내신 것을 믿었습니다. … 이제 나는 아버지께로 갑니다. … 나는 그들에게 아버지의 말씀을 주었는데, 세상은 그들을 미워하였습니다. 그것은, 내가 세상에 속하여 있지 않은 것과 같이, 그들도 세상에 속하여 있지 않기 때문입니다. 내가 아버지께 비는 것은, 그들을 세상에서 데려 가시는 것이 아니라, 악한 자에게서 그들을 지켜 주시는 것입니다. … 진리로 그들을 거룩하게 하여 주십시오. 아버지의 말씀은 진리입니다"(요 17:8, 13-17).

그리스도의 선교와 여러분의 사역은 함께 간다. 여러분은 이 세상에서 그리스도의 분부대로 하도록 선택받고 임명된 그리스도의 사역자이므로 선교하는 사람이기도 하다. 여러분은 선포할 말씀을 예수로부터 받았다. 그러니 그 말씀을 선포하라. 수행하라고 받은 일을 수행하라. 그렇게 하는 것 말고는 어떤 것에도 만족하지 마라.

너무나 많은 설교가 예수를 설교하지 않는다. 그러기는커녕 도리어 예수에 관해 설교하는 것으로 만족한다. 우리는 그분의 훌륭한 행적과 그분의 놀라운 자비, 그분의 강력하고 모범적인 사랑에 관해서는 많이 들으면서도, 예수께서 친히 하시는 말씀은 실제로 듣지 못하고 있다. 사람들이 날마다 죄책감과 수치심이라는 답답한 더미에 깔려 버둥거리며 영위하는 혼란스럽고 비참한 실생활 속으로 예수의 자비로운 말씀이 있는 그대로 선포되고 있지 않다. 사정이 그러하니, 그분의 꿰뚫는 말씀이, 자신들의 절박한 운명을 전혀 모른 채 안일하고 방자한 삶을 영위하는 사람들의 냉담하고 굳은 마음에 스며들지 못하고 있다. 뻣뻣하게 굳은 마음들을 치료하고, 슬퍼하며 괴로워하는 영혼들을 위로하려면, 사람들이 자신들의 귀에 선포되는 예수의 말씀을 귀담아들어서, 믿음이 그들의 마음속에 뿌리박게 해야 한다. 그러면 그 믿음은 평생토록 사랑으로 살며 열매를 맺어 천상의 영광에 싸일 것이다.

그리스도의 양들에게 여러분이 필요한 까닭은, 그들에게 예수가 필요하기 때문이다. 특히 그들은 예수의 목소리-대 목자의 목소리-를 듣지 않으면 안 된다. 삶과 죽음이 다르고, 이 세상과 다음 세상이 다르듯이, 그분의 목소리도 여느 목소리와 다르다. 예수께서는 이렇게 말씀하셨다. "내 양들은 내 목소리를 알아듣는다. 나는 내 양들을 알고, 내 양들은 나를 따른다. 나는 그들에게 영생을 준다. 그들은 영원토록 멸망하지 아니할 것이요, 또 아무도 그들을 내 손에서 빼앗아 가지 못할 것이다"(요 10:27-28).

모두 다 증인

예수의 말씀은 목사인 여러분의 사적 소유물이 아님을 명심하라. 그분께서는 자기의 말씀을 온 교회에 주셔서 말하게 하셨다. 부름을 받은 말씀의 일꾼들에게만 주신 게 아니다. 세례받은 신자들이 언제나 어디서나 복음의 말씀을 입 밖에 내면, 그 말씀은 모든 믿는 사람을 구원하는 하나님의 능력이 된다(롬 1:16). 모든 그리스도인은 저마다 가정 안에서는 아버지로서, 어머니로서, 아들로서, 딸로서의 사명을 감당하고, 사회에서는 노동자로서, 고용주로서의 사명을 감당하면서, 그 모습을 지켜보는 세상 사람들에게, 자기 안에 자리하고 있는 희망에 관해 증언하라고 요구받는다. 그리고 성령께서는 복음을 통해 지상의 모든 그리스도인을 부르고, 모으고, 교화하고, 거룩하게 하신다.

선교는 교회의 생명에 추가된 어떤 것이 아니다. 선교는 교회의 참된 본질 가운데 하나다. 믿음이 사랑으로 살 듯이, 교회는 선교 안에서 산다. 교회는 자기가 듣고 본 바를 말하지 않으면 안 된다. 교회는 먼저 영광의 주님에게서 받고, 그런 다음 그 받은 것을, 아직 그분을 믿는다고 고백하지 않는 사람들에게 전한다. 선교는 그리스도 예수 안에 있는 생명과 구원의 선물들을 분배하기 위해 움직이는 교회에 지나지 않는다. 예수의 위격과 의로운 행위, 영이요 진리인 그분의 강력한 말씀이야말로 교회 생명의 고동치는 심장이다. 통계상 교회는 현재 쇠퇴기에 있다. 하지만 교회가 성장하는 데는 별다른 비결이 없다. 이 세상이 존재하는 한, 복음의 말씀으로 영혼들을 얻어 양육하는 것, 그것이 비결이다.

나는 위스콘신주의 매디슨에서 선교사와 교회 개척자로 활동하며 가장 보람찬 사역 기간 중 일부를 보냈다. 능히 짐작하겠지만, 그것은 마치 시골뜨기가 비교적 큰 대학가-그 당시에는 사회 보수주의의 온상으로 주목받지 못한 곳-에 간 것과 같았다.

제인과 나는 처음에 '대도시'에서 우리 가정의 어린아이들을 양육하는 것조차 두려워했다. 내가 속한 교단의 지역 치리회장은 그 도시를 "중서부의 뉴욕"이라고 불렀다. 그는 그 도시를 가리켜, 목사가 미국 본토에서 해외 선교를 하는 것이나 다름없을 만큼 폐쇄적인 도시라고 말했다. 그러나 하나님은 좋은 것을 준비해 두고 계셨다. 나는 그 도시에서 선교사로서, 그다음에는 새롭게 성장하는 교회의 초대 목사로서 여섯 해를 보냈다. 그 세월이 나에게 황금기였던 것만은 아니지만, 우리 부부는 지금도 그 시절을 감사하게 회고하고 있다.

매디슨은 민족들, 문화들, 사상들, 직업들이 뒤섞인 도시였다. 우리 부부는 곧 성경 공부와 기도를 위해 우리 집 거실에서 만난 적은 무리의 사람들을 모았고, 그런 다음 정기적으로 호별 방문과 심방을 시작했다. 얼마 지나지 않아 복음이 열매를 맺었다. 새로운 개종자들이 그 지역의 자매 교회들에서 온 신자들과 합세하여, 작지만 활력 넘치는 그리스도인 공동체를 이루었다.

지역 상가에서 임대한 공간을 초과할 만큼 교세가 커지자, 우리는 함께 협력하여 큰 성소 건축의 1단계를 진행했다. 그 성소는 매디슨 서부의 인상적인 언덕 위에 서 있다. 물론 가장 놀라운 것은, 영혼들이 함께 살아 있는 돌로 세워져, 하나님을 예배하고 섬기는 영적 성전이 되었다는 사실이다. 내가 다른 회중을 섬기도록 부름을 받아 떠나갈 때는 마음이 찢어졌다. 우리 모두에게 긴밀한 유대가 형성될 만큼 함께 오래 열심히 일했기 때문이다.

그러나 내가 선교사로서 배운 게 있다. 그것은 그리스도를 위해 영혼들을 얻은 뒤에는 그들을 그분의 이름으로 돌보고 보살펴 주는 것도 필요하다는 것이다. 그들에게는 하나님의 말씀에 대한 기초 교육과 역사적 믿음의 기초 훈련만이 아니라, 인류의 축소판에서 발견할 수 있는 온갖 종류의 영적 문제에 대한 개인적 돌봄과 치료도 필요했다. 비교적 짧은 재임 기간에, 나는 하나님의 말씀으로 교정하고, 진정시키고, 치료하면서, 죄의 온갖 참화에 직면한 사람들을 품었다. 물론 그들은 육체적 질병과 죽음만이 아니라, 부부 싸움과 불성실, 괴로움, 분노, 의심과 불신, 동성 간의 매력 등에 맞닥뜨린 사람들이었다.

그 선교 공동체의 지도부를 형성한 소중한 영혼들의 놀라운 면은, 그들이 하나님의 말씀을 교회 생명의 핵심이라고 믿었다는 것이다. 그들은 우리의 보잘것없는 선교 생활이 시작되었을 때는 물론이고, 영적으로 수적으로 성장했을 때도 설교와 가르침을 가장 우위에 두려고 더 많이 노력했다. 그들은 이렇게 말했다. "목사님, 일을 시작하고 실행하는 데 필요한 여러 세부 사항의 처리는 우리에게 맡겨 주세요. 우리는 목사님이 우리를 위해 하나님의 말씀을 연구하고, 양질의 설교를 준비하는 데 전념하기를 바란답니다."

가장 중요한 일들이 최우선으로 유지될 때, 대외 선교 활동과 영혼 돌봄도 빈틈없이 완전한 상태가 된다. 하나님은 말씀과 성례전을 통해 성령을 주시고, 성령께서는 복음을 듣는 사람들 안에 믿음이 생기게 하신다. 그것은 사도 시대에 생기 넘치는 선교의 비결이었고, 오늘날에도 여전히 그러하다.

예수께서는 제자들에게 자기의 말씀이 서서히 감지할 수 없게 자라서 덩어리 전체를 부풀리는 누룩과 같다고 가르치셨다(마 13:33). 그분의 말씀이 그때도 그랬다면, 지금 우리 세대에도 그럴 것이다. 날마다, 해마다, 시대마다, 성령께서는 복음을 통해 사람들을 부르고, 모으고, 교화하신다. 그 복음의 말씀은 그리스도의 일꾼으로 부름을 받은 이의 입안에 담겨 선포된다. 하지만 그것은 아버지들과 어머니들의 입술에 담겨 자녀들에게 전수되고, 친구들과 이웃들에게 전해지며, 동료나 협력자들과 공유되기도 한다.

결코 비밀 요원이 아니다

서구 문명이 점점 이교화하는 세계에서, 그리스도의 증인은 눈에 띄게 마련이다. 어둠 속에서 빛이 주의를 끄는 것은 통상적인 일이다. "너희는 세상의 빛이다. 산 위에 세운 마을은 숨길 수 없다"(마 5:14). 공중도덕이 무너지고, 사회 구조가 느슨해지면, 그리스도 안에서 세례 교인 신분으로 삶을 영위하는 사람들은 사회의 벽지 속에 더는 섞이지 못하고, 현저히 두드러지게 마련이다. 하지만 그것은 당연한 일이다. 그리스도인들은 신분을 숨긴 채 움직이는 비밀 요원이 되라고 부름을 받은 게 아니라, 말과 모범으로 주님의 증인, 구세주의 증인이 되라고 부름을 받았다. 예수께서는 이렇게 말씀하신다. "사람이 등불을 켜서 말 아래에다 내려놓지 아니하고, 등경 위에다 놓아둔다. 그래야 등불이 집 안에 있는 모든 사람에게 환히 비친다"(마 5:15). 그리스도인은 자신의 빛을 비추도록 부름을 받았다(마 5:16).

이처럼 말과 행실로 하는 증언이야말로 선교의 본질적인 부분이다. 예수의 복음은 우리만 간직하기에는 너무나 좋은 소식이다. 하지만 모든 사람이 그 복음을 좋은 소식으로 여기는 건 아니다. 그리스도인들은 방해도 경험하고, 때로는 공공연한 박해도 경험할 것이다. 그들의 삶과 메시지가, 수많은 사람의 생활 방식이 되어 버린 방종한 쾌락의 안락한 추구에 위협이 되기 때문이다. 역설적으로, 어떤 이들은 그리스도 안에서 누리는 생명과 자유의 메시지를 위험한 협박으로 여긴다. 그렇지만 그것은 교회의 생명과 선교에 자리한 기준이다. 초기 그리스도인들이 경험하여 알게 된 것이 바로 그것이다. "우리는, 구원을 얻는 사람들 가운데서나, 멸망을 당하는 사람들 가운데서나, 하나님께 바치는 그리스도의 향기입니다. 그러나 멸망을 당하는 사람들에게는 죽음에 이르게 하는 죽음의 냄새가 되고, 구원을 얻는 사람들에게는 생명에 이르게 하는 생명의 향기가 됩니다"(고후 2:15-16).

영혼 돌봄의 가장 기본적인 단계는 고통받는 영혼들에게 복음의 좋은 소식을 가져다주는 것이다. 바로 이것이 그리스도 예수께서 교회를 보내신 이유다. 그분께서는 "아버지께서 나를 보내신 것 같이, 나도 너희를 보낸다" 말씀하시고 나서(요 20:21), 제자들에게 능력을 주는 영을 불어넣으셨다. 그들은 이제 배우는 사람들(제자들)이 아니라, 그리스도의 구원하는 말씀을 땅끝까지 전파하라고 새롭게 임명받고 권한을 부여받은 사도들('보냄을 받은 사람들')이 된 것이다. 그들은 보냄을 받은 그대로 갔다. 그들뿐만 아니라, 그들이 복음과 성례전을 통해 모아들인 사람들도 그리했다. 그리스도의 부름을 받은 일꾼들은 그분의 양들과 함께 이 어둡고 죽어 가는 세상에서 그분의 생명의 말씀을 전했다. 그것은 오늘날에도 유효한 교회 성장 비결이다.

움직이는 선교

이 혼란스럽고 헷갈리는 세상에서 교회 성장의 공식은 사도 시대에 통했던 것과 똑같다. 그것은 그리스도의 구원하는 말씀을 충실히 가르치고, 성례전을 집전하는 것이다. 하나님은 말씀과 성례전을 통해 자기의 영을 보내시고, 성령께서는 복음을 듣는 사람들 안에 믿음이 생기게 하시며, 믿음은 때와 장소를 불문하고 하나님을 기쁘게 해 드린다. 그러면 믿는 사람들은 다른 사람들에게 자기들의 말과 행실로 증언한다. 바로 이것이 움직이는 교회, 실행하는 선교다. 하나님의 영이 추진하시는 것이기에, 교회를 움직이는 바퀴는 하나님의 말씀을 중심으로 돌아간다.

매디슨에서 교회를 새로 개척할 때 이 선교가 주기적으로 이루어졌다. 그 시작은 매우 초라했다. 재능 있는 목수들이 이동식 성찬대를 제작했다. 찬송가집과 다른 자료들의 보관함을 겸하도록 제작된 성찬대였다. 목수들이 카펫 모듈들을 제작해 주었고, 우리는 그것들을 조립하여, 우리의 임대 시설에서 매주 성찬대를 위한 이동식 성소로 사용했다. 이 비품들은 우리 개척 교회의 중심이었다. 나는 주일마다 성찬대 뒤에 서서 하나님의 생명의 말씀을 설교했다. 한 교구 신자에게서 빌려 온 은제 대접 하나가 세례, 곧 성령 안에서 행하는 재생과 신생의 목욕을 위한 단 위에 놓였다. 우리가 처음으로 구매한 성물은 작으면서도 기품 있는 성작聖爵과 성반聖盤이었다. 점점 늘어난 우리 신자들은 정기적으로 그 성찬대 주위에 모여 천상의 빵을 먹고 구원의 잔을 마시며 용서와 생명과 구원을 받았다. 교회를 움직이는 바퀴가 이 신성한 선물들을 중심으로 계속 돌았다. 그리고 바퀴통에는 그리스도 예수만이 오롯이 계셨다.

다양한 무리의 죄인 곧 성도가 그 바퀴통 주위에 모여들었다. 그들 중에는 멕시코에서 이주해 온 페드로가 있었다. 그의 아내는 저소득 아파트 단지를 관리했고, 부부가 그 단지에서 살았다. 페드로의 아내 메이 링이 아시아의 맛을 우리 교회에 듬뿍 가져왔다. 그녀가 손수 만든 스프링롤 spring rolls*은 우리 포틀럭 potluck** 모임의 히트 요리였다. 그녀의 어린 아들 빌리가 훌륭한 바이올린 연주자여서, 첼로를 연주하는 우리 부부의 아들 마이크와 팀을 이루어, 다문화 어린이 현악 앙상블의 일원이 되었고, 이 현악 앙상블은 우리 교회의 음악을 정기적으로 풍부하게 해 주었다. 우리 교회는 공동체의 다양성과 인류의 축소판을 보여 주었다. 대학교수들, 정비사들, 부동산 중개인들, 법인 이사들, 일반 노동자들이 구성원이었다.

무엇이 이 남녀들을 이 모든 차이에도 불구하고 불러 모았는가? 목사의 매력과 능력이 불러 모은 건 확실히 아니었다. 오히려, 우리가 활기를 띠게 된 비결은 하나님 자신 안에 있었다. 하나님의 영이 복음을 통해 그들을 모아 하나가 되게 하고, 그들 모두를 그리스도 안에서 한 몸이 되게 한 것이다. 성령께서 날마다 그들의 모든 죄를 풍성히 용서해 주시고, 그들을 뒤섞어 응집력 있는 통일체가 되게 하시고, 그런 다음 그들을 일상생활로 돌려보내셔서, 매일의 생업 속에서 그분의 특사와 사절로 살게 하셨다.

교회를 움직이는 바퀴는 인간의 창의력이나 노력이 아니라, 자기의 수단들을 통해 일하시는 성령 하나님이다. 이것이 30년 전 우리에게 통하는 선교였다. 그것은 오늘날 여러분에게도 통하는 선교라고 할 수 있다. 선교의 모양과 느낌은 시대마다 다를지 몰라도, 선교의 요소들은 오늘날에도 여전히 같다. 우리는 그 요소들을 예루살렘의 초대 그리스도인들 가운데서 찾아볼 수 있다. 그들은 "사도들의 가르침"(교리)에 몰두하며, "서로 사귀는 일"(믿음과 삶의 일치)과 "빵을 떼는 일"(성찬식)과 "기도"(신성한 예식)에 힘썼다(행 2:42).

X. 그리스도의 '작은 양들'

•   얇게 구운 밀전병에 소를 넣고 기름에 튀긴 중국요리.
•• 참가자가 각자 음식을 가져와서 나누는 식사.

초대 그리스도인 회중이 어느 정도 특수한 환경에 직면했던 것은 사실이다. 박해로 인해, 그들은 자신들의 재화들을 내놓고 그것들을 서로 함께 나누었다. 하지만 그들도 오늘날의 그리스도인들과 똑같이 기쁨과 슬픔을 서로 함께 나누었다. 그들의 서로 사랑은 그들의 공공연한 증언의 본질적인 부분이었다. 그래서 누가는 "그들이 모든 사람에게서 호감을 샀다"라고 기록한다. 하나님은 비밀 작전을 수행하라고 그리스도인들을 세상에 꽂지 않으신다. 오히려 하나님은 자기의 사랑하는 사람들을 어두운 세상의 등불로 파견하셔서, 가정과 공동체 안에서 그리스도 예수 안에 있는 자비와 은혜의 빛을 비추게 하신다. 그들이 말과 모범으로 이웃들과 소통한 덕분에, 다른 사람들이 그리스도와 그분의 교회에 끌리게 되었다. 그것이 예루살렘에서 작동한 방식이었고, 오늘날에도 작동하는 방식이다. 그 결과로, "주님께서는 구원 받는 사람을 날마다 더하여 주셨다"(행 2:47). 누가 이 문장의 동사를 부리고 있는지에 주목하라. 하나님은 언제나 선교의 행위자이시고, 사람들은 그분의 선물을 받는 수령인이다.

교회 · 下 · 文明

고통받는 영혼들 돌보기

교회의 핵심은 사람의 마음속에서 이루어지는 믿음의 친교다. 그리고 믿음은 사회 과학이나 기업의 방식으로는 생겨나지 않는다. 교회는 그리스도의 몸이다(고전 12:27). 교회는 인체와 마찬가지로 유기체이지, 기관이 아니다. 하나님이 교회 성장의 청사진을 직접 제시하셨다. 교회는 한 지체가 몸 전체에 접목되어 머리로부터 영양과 자양을 흡수함과 동시에 성장한다. 사람이 교회에 등록하는 것은 특정 봉사 기관의 회원이 되는 게 아니다. 교회에 등록한 사람들은 한 몸의 지체들로서 서로 복잡하게 연결된다. 교회의 구성원이 된다는 것은, 교인 명부에 이름을 올리는 것보다 훨씬 많은 걸 의미한다. 인체의 여러 지체처럼, 그들은 하나의 유기체인 그리스도의 몸, 곧 예수 그리스도께서 머리가 되시는 살아 있는 몸에 연결된다. 이 영적 합일 안에서 한 지체가 아파하면, 모든 지체가 함께 아파하고, 한 지체가 기뻐하면, 모든 지체가 그 기쁨을 함께 나눈다. 이 한 몸 안에서 갖는 사귐은 인간의 단순한 사교성과 애정을 넘어선다. 우리는 교회를 여타의 사회 법인처럼 운영할 마음이 없다. 교회에 사회적 차원이 있기는 하지만, 교회의 핵심은 마음들과 삶들이 하나가 되는 것, 그리스도 안에서 결합하여 하나가 되는 것이다.

그것은 교회의 복음 전도자가 영혼의 선한 목자가 되어야 함을 의미한다. 많은 사람이 떼어 놓으려 하지만, 교회의 주님은 선교와 사역을 하나로 이으셨다. 복음 전도는 영혼 돌봄의 첫 단계일 뿐이다.

다양한 죄인 겸 성도들

소냐를 예로 들어 보자. 그녀와 그녀의 남편 릭은 성공과 존경할 만한 사회적 지위를 보여 주는 전형이었다. 하지만 그들의 삶에는 무언가가 부족했다. 그들은 우리의 작은 선교 공동체 안에서 그것을 발견했다. 유년 시절 이후 처음으로 소냐는 구세주 그리스도 예수의 약속 안에서 기쁨을 얻었다. 주님을 향한 그녀의 열성과 열의는 전염성이 강했다. 그녀와 그녀의 남편은 잦은 출장으로 거주지를 떠날 일이 없을 때마다 정기적으로 예배에 출석했다. 그들의 온화한 지적 교양은 우리 교인들 다수의 단조로운 취향 가운데서 한층 돋보였다. 소냐의 새로 찾은 믿음이 모양을 갖추고, 그녀가 우리 교회의 자원봉사자들 가운데서 핵심 역할을 떠맡는 모습을 보는 것은 여간 감동적인 게 아니었다.

하지만 나는 겉으로 보이는 소냐의 지적 교양과 신실한 믿음 뒤에 괴로운 마음, 여러 해 동안 축적된 죄에 충격을 받아 상한 마음이 자리하고 있음을 곧 알게 되었다. 그 죄는 그녀가 지은 것이기도 하지만, 다른 사람들의 죄로 경험한 것이기도 했다. 나는 복음 전도자는 영혼의 의사이기도 하다는 말을 다시 한번 떠올렸다. 새 신자에게는 오랜 신자들과 마찬가지로 영혼의 의사가 필요하다. 여러 세대에 걸쳐 '교회의 기둥들'로 알려진 한 가문의 가장 성 조지St. George에게 그랬듯이, 열성적인 새 신자 소냐에게도 여러 차례의 경청, 위로, 죄 용서, 기도, 축복이 중요했다.

영적 진단의 첫 단계는 진단 대상이 세례받은 신자인지를 정확히 아는 것이다. 주 예수를 믿는 산 믿음을 고백하는지를 묻는 것이다. 믿지 않는 사람에게 알맞은 치료책은 하나님의 율법과 복음이며, 이 둘이 회개와 믿음을 일으킨다.

그러나 일단 그 사람이 그리스도를 믿는다고 고백하면, 복음 전도자는 영혼의 의사가 된다. 믿음에 이르게 된 사람들 다수는, 아버지의 상속 재산을 방탕한 삶에 탕진한 탕자처럼, 오랫동안 먼 나라에서 살았던 사람들이다. 깊은 영적 상처는 두 종류의 죄, 곧 스스로 범한 죄와 타인에게 당한 죄로 인해 입은 것들이다. 상처 입은 채 이 세상을 걸어 다니는 사람들을 맞아들이는 선교 사업에 착수한 교회는 영혼 돌봄도 책임지고 실행해야 한다. 이 상처 입은 사람들이 죄의 가해자인지, 죄의 피해자인지, 아니면 둘 다인지를 주의 깊게 분별하는 것이 바람직하다. 영적 분별이 정확하게 이루어져야, 영적 치료가 알맞게 이루어질 수 있다. 새 신자들을 교회 안으로 데려가기만 하고 그들의 상처를 무시한다면, 그것은 전혀 도움이 되지 않을 것이다. 그때 복음 전도는 영적 돌봄으로 전환해야 한다. 망가져 괴로워하는 영혼들을 믿음으로 인도했으면, 신중한 개입과 처치로 각각의 복잡한 사례에 알맞은 치료를 제공하는 것이 필요하다.

진단과 치료

거두어들여야 할 다른 양들이 있다. 타락하여 죽어 가는 세상의 난민들을 세례받은 이들의 친교 안으로 인도해야 한다. 우리의 소명은 주변의 폭풍우를 피할 안전한 은신처를 세우는 것이 아니라, 죽음의 사막에서 생명의 오아시스가 되는 것이다. 우리는 모든 민족과 종족과 언어와 백성에게 전할 영원한 복음을 받았다(계 14:6). 죽어 가는 영혼들을 돌보는 첫 단계는 다음과 같다. 즉, 예수 그리스도 안에서 은혜로우신 하나님의 살아 있는 말씀을 그들에게 가져다주고, 그들을 성부와 성자와 성령의 이름으로 씻겨 주고, 모든 나라와 민족으로부터 온 세례받은 사람들의 무리에 맞아들이는 것이다.

고대 후기, 곧 사도 이후 시대에, 교회는 선교의 열정과 영적 점검을 하나로 묶었다. 기독교 교육을 되풀이하는 것만이 아니라, 더러워져 상처 입은 영혼들에게 정화와 치료를 제공하기 위해서도 광범위한 교리 교육이 필수적이었다. 나는 필요성이, 성실한 선교사들로 하여금 영혼 치료에 더 많은 주의를 기울이게 할 것이라고 확신한다. 우리는 교회의 고대 접근법, 곧 영적 우환의 진단과 그 치료를 모두 포함했던 접근법을 재검토하고 회복해야 한다.

21세기의 소란스럽고 무질서한 세상에서는 유능한 영혼의 의사들이 선교에 필수적이다. 사회 질서가 붕괴할수록, 영적 상처들이 마음과 영혼에 점점 더 깊이 새겨지게 마련이다. 교회는 무질서한 세상 속에서 점점 더 질서의 항구가 될 것이다. 교회는 점점 더 사나워지는 바다 위에서 보호의 방주가 될 것이다. 우리가 붕괴하는 세상의 피난자들을 우리의 친교 안으로 맞아들이면, 그들에게는 능숙한 영적 의사들이 필요할 것이다. "의심을 하는 사람들을 동정하십시오. 또 어떤 부류의 사람들에 대해서는 그들을 불에서 끌어내어 구원해 주십시오. 또 어떤 부류의 사람들에 대해서는 그들을 두려운 마음으로 동정하되, 그 살에 닿아서 더럽혀진 속옷까지도 미워하십시오"(유 1:22-23).

여러분이 점점 분열되어 가는 세상의 난민들에게 영적 돌봄을 제공하려면 숙련된 안목이 필요할 것이다. 여러분은 복합적인 영적 질환과 동반 질환을 주의 깊게 식별하고 다루게 될 것이다. 새 신자들을 그들 자신의 지혜에 맡겨, 하나님을 멀리하며 영위했던 삶의 여파와 싸우게 해서는 안 된다. 그들은 영적 공격을 받고 있을 것이다. 악마의 영역은, 사탄과의 관계를 끊은 사람, 십자가와 부활을 통해 죽음을 이기시고 지옥을 샅샅이 뒤지신 주님께 충성을 선언하는 사람에게 우호적이지 않다. 미래의 선교사들은 경험 있고 유능한 영혼의 의사가 되지 않으면 안 될 것이다.

선교사 겸 목자

여러분에게 잘 어울리는 일이 있다. 선교와 사역은 함께 간다. 여러분은 그리스도의 부름을 받고 임명된 일꾼으로서 일인이역을 하는 사람, 곧 선교사 역할과 목자 역할을 아울러 하는 사람이다. 그분께서는 여러분이 가장 중요한 일들을 먼저 하되, 다음가는 일들도 소홀히 하지 않기를 바라신다. 선포와 양육, 복음 전도와 영혼 돌봄은 함께 간다.

목사인 여러분은 성령의 일에서 중심적인 역할을 하고 있다. 목사 안수와 소명으로 인해 여러분은 따로 구별되어 공식적인 설교 업무에 배치되었기 때문이다. 대 목자께서 여러분에게 그분의 이름으로 그분을 대리하여 죄를 용서하고, 죄로 병든 영혼들을 치료하고, 어둠과 죽음에 갇힌 영혼들에게 그분의 빛과 생명을 가져다주는 권한을 부여하신 것이다.

선교 협력자들

그러나 여러분 혼자서는 할 수 없다. 세례받은 사람들의 무리 전체가 그리스도의 교회의 생명과 선교에 중요한 역할을 담당한다.

목사들과 그들이 섬기는 교인들은 선교 협력자들이다. 물론 그들은 저마다 맡은 역할이 다르다. 그러니 평신도를 성직자와 경쟁시켜서는 안 된다. 그리스도께서는 회중과 부름을 받은 일꾼들을 하나로 이으셔서 선교에 힘쓰게 하셨다. 각자 받은 소명이 다르다. 다 목사인 것은 아니지만, 모두 다 제사장이다. 모든 그리스도인은 성자 예수 그리스도 안에서 온갖 자비를 베풀어 주신 은혜로우신 하나님께 감사하면서 기도와 찬양을 사랑의 수고와 함께 바치도록 부름을 받았다. 목사들은 왕 같은 제사장들에게 그리스도의 선물들을 그분의 이름으로 그분을 대리하여 공급하도록 부름을 받았고, 세례받은 이들의 무리 전체는 이웃이 필요로 하는 것을 사랑의 행실을 통해 예수의 이름으로 충족해 주도록 부름을 받았다.

따라서 하나님의 선교를 요약하면 다음과 같다. 그리스도인들은 믿음에서는 수동적이지만, 사랑에서는 능동적이다. 먼저 우리가 받는다. 그런 다음 우리는 먼저 받은 것을 다른 이들에게 준다. 목사인 여러분은 여러분의 소명과 목사 안수를 통해 복음을 공식적으로 설교하고, 성례전을 집전하는 신성한 의무를 부과받았다. 성부 하나님은 이 신성한 수단들을 통해 자기의 영을 보내신다. 그러면 그 영은 그분의 뜻에 따라서 복음을 듣는 사람들 안에 믿음이 생기게 하신다. 일단 믿음이 생기면, 그 믿음은 사랑의 수고로 흘러나오게 된다. 따라서 선교는 성소에서 일상생활로 넘쳐흐른다. 교회를 움직이는 바퀴는 매주 돌아간다. 주일에 세례반과 설교단과 성찬대로부터 흘러나온 것은 그 주 내내 마음과 삶을 변화시킨다. 그리스도의 봉사에 동원된 까닭에, 모든 그리스도인은 일상생활 속에서 그분의 선교에 협력한다. 모든 세례받은 그리스도인은 날마다 이웃을 섬기며, 자신들의 생명이신 그분을 말과 행실로 증언하도록 부름을 받았다. 처음에 그랬듯이, 지금도 그러하고, 앞으로도 예수께서 다시 오실 때까지 그러하겠지만, 선교는 움직이는 교회에 지나지 않는다. 선교는 사역으로 이어지고, 사역은 선교로 이어진다.

하나님이 하나로 이으신 것을 사람이 떼어 놓아서는 안 된다.

XI

목자들 보살피기

———— 모든 세례받은 신자는 돌봄과 치료가 필요하다. 영
혼은 율법의 지도와 훈계뿐만 아니라 복음의 위로와 위안도 끊
임없이 필요로 한다. 그러나 때때로 영혼의 심각한 상처와 질환
에는 특별한 치료가 필요하다.

그래서 우리는 여러분에게로 다시 돌아왔다. 여러분의 영혼은
누가 돌봐 주는가? 추측하건대, 여러분이 우리 대다수와 같다면,
여러분은 자신의 영적 필요를 무시하려고 노력할 것 같다. 어쨌
든 우리는 훈련된 신학자들이다. 그렇지 않은가? 우리는 신학교
에 있었고, 그것은 우리가 모든 답을 가지고 있어야 함을 의미한
다. 우리는 열렬한 성경 연구자이고, 기독교 교리에 관련하여 여
러 시대의 지혜를 흡수했다. 여러분이 자신의 영적 필요를 그런
식으로 처리해 왔다면, 나는 여러분에게 이렇게 말하겠다. "멈추
십시오!" 멈추는 게 옳다. 여러분은 여러분의 영혼 돌봄을 찾아

나서야 한다. 여러분은 다른 목사의 돌봄에 여러분 자신을 맡길 필요가 있다. 그것은 약함의 표지가 아니다. 그것은 여러분이 맡은 직무를 여러분이 존중하고 있음을 보여 주는 것이다.

여러분이라면 이가 썩어서 빠지고 있는 치과의사, 머리가 엉망인 이발사를 다시 찾아가겠는가? 어느 직업이든, 종사자가 동료 종사자의 돌봄을 찾아 나설 때, 그 직업의 성실성이 입증된다. 여러분이 몸담은 영혼 치료의 기예와 기술을 존중한다면, 여러분을 보살펴 줄 누군가를 찾아가지 못할 이유가 어디 있겠는가?

목사 찾기

하지만 어디서 찾을 것인가? 책임을 맡아 여러분의 교회를 감독하는 사람들이 첫 번째 방안일 듯하다. 그러나 내가 아는 그들 대다수가 인정하듯이, 양질의 목회적 돌봄에 관한 한, 목사와 감독자로서의 그들의 이중 역할이 만만찮은 장벽을 만들어 낸다. 상상이든 현실이든, 징계 조치의 위협 때문에 목사는 자기 감독자에게 솔직하게 털어놓는 걸 어느 정도 주저할 수밖에 없다. 그래서 교회의 지도층 인사들은 자신들의 감독을 받는 목사들을 격려하여, 동료 목사나 고해 신부를 직접 찾아가게 하는 경향이 있다. 물론 그 동료 목사나 고해 신부는 그 목사들이 필요로 하는 돌봄을 계속해서 제공해 줄 수 있는 사람들이다.

목사들은 종종 내게 묻는다. "우리를 보살펴 줄 수 있는 목사를 어떻게 찾아야 할까요?" 내가 그들에게 가장 먼저 말해 주는 것은, 친구들에게 끌리지 말라는 것이다. 이미 여러분에게 말한 대로, 목사에게는 깊이 교류할 친구가 필요하다. 여러분의 친구 동아리에 목사들이 있다면, 그것은 소중한 선물일 것이다. 그들은 목회 직무의 기쁨과 압박을 직접적으로 아는 사람들이고, 그들과 함께라면 여러분도 완전히 솔직해질 수 있을 것이다. 그러나 목회적 돌봄은 공감과 동지애와 이해 그 이상이다. 내가 이곳저곳에서 만난 목사들은 이 역할들을 능숙하게 분리하고, 친구와 목사라는 두 가지 중요한 역할을 모두 수행할 수 있는 사람들이었다. 그러나 그것은 이중 역할이어서, 의식적이고 신중한 경계가 필요하다. 그래서 나는 일반적으로 목사들에게 그들의 친구 동아리 너머에서 그들을 개인적으로 돌봐 줄 목사를 찾으라고 조언한다.

여러분 자신을 위한 목사를 찾으려면 어떻게 해야 하는가? 나는 목사들에게 눈과 귀를 사용하라고 조언하곤 한다. 여러분이 고려하고 있는 목사가 자기가 섬기는 회중을 어떤 식으로 바라보는가? 교구 신자들의 약점과 결점과 오점에도 불구하고, 그가 그들을 사랑하는 것이 분명한가? 그는 신학적 성실성과 좋은 유머의 소유자인가? 그는 자기를 가볍게 여기면서도 자기의 직무를 진지하게 여기는 사람인가? 그가 성령의 도구들에, 곧 믿음을 발생시켜 떠받치는 말씀과 성례전에 마땅한 경의를 표하는가? 그가 그리스도의 일꾼으로, 하나님의 비밀을 맡은 관리인으로 자처하는가? 그렇다면, 그에게 다가가서, 여러분과 정기적으로 만나 달라고, 하나님의 선물들을 받게 해 달라고, 여러분의 말을 들어 달라고, 여러분과 함께 기도해 달라고, 여러분을 축복해 달라고, 필요에 따라 여러분의 고백을 들어 달라고 청하여라.

西向 · 木 · 文매

나의 목사

나는 교구 사역에 봉직하던 가장 부담스러운 시절에 나를 친절하고 충실하게 대해 준 목사와 함께하는 복을 받았다. 그는 진정한 목사의 목사, 신학적 성실성의 소유자, 그러면서도 온화하고 친절한 정신의 소유자였다. 제인과 내가 그를 알게 된 것은, 우리 부부가 연례 휴가를 맞아, 당시 그가 섬기던 교회 근처의 호수로 우리의 어린 자녀들을 데려가곤 하던 때부터였다. 우리 부부는 점점 그의 깊이 있는 설교와 따스한 인품을 사랑하게 되었다. 그런 까닭에 그리스도의 충실한 종이 필요하던 그 시절에, 내가 그에게 의지하며 그의 돌봄을 받는 것은 지극히 자연스러운 일로 여겨졌다. 우리의 이야기는 언제나 그의 서재에서 시작되었다. 그곳에서 우리는 의례적인 말로 시작하여, 내 마음을 어수선하게 하고 내 정신을 괴롭히던 문제들로 자연스럽게 옮아갔다. 그런 다음 우리는 성소로 이동하여, 제단 앞에 함께 무릎을 꿇었고, 나는 마음의 무거운 짐을 덜고, 나의 죄와 내 영혼의 애처로운 상처를 하나님께 털어놓았다.

내가 고백을 마치자, 그가 일어섰다. 나의 목사는 십자고상을 등지고서 십자가에 달리신 분을 대신하여 그분의 이름으로 나를 용서한다고 선언했다. 그는 보통 경이롭도록 능숙하고 짤막한 설교, 격려와 희망이 담긴 설교를 하고 나서 죄 용서를 선언했다. 그는 그 주에 준비하고 있던 설교의 본문을 활용하여, 내 죄의 고통과 공포를 구세주의 상처라는 진정제와 능숙하게 엮었다. 그는 "당신은 내가 하는 용서가 그리스도께서 하시는 용서라고 믿습니까?"라고 물으며 설교를 마쳤다. 내가 동의하자, 그는 성부와 성자와 성령의 이름으로 내 모든 죄를 용서해 주었다. 나는 정기적으로 그를 찾아가서 목회적 돌봄과 치료를 받는 습관을 들였다. 한 달에 한 차례, 혹은 계절에 한 차례 그와 만나려고 노력한 것이다. 나는 용서와 격려가 절실했기에, 그런 식으로 계속 돌봄을 받았다.

그러나 응급조치가 필요한 때도 있었다. 나는 교구 사역 말기에 회중의 불만과 무질서를 겪으면서 그에게 도움을 요청했다. 당시 나는 나의 목사가 '가정 방문'도 한다는 걸 알았다. 그는 하나님의 말씀과 복음의 면죄 능력으로 무장하고서 나의 서재를 찾아왔고, 나는 도움과 희망과 새롭게 함을 얻었다. 응급조치가 필요할 때마다 이 치료책을 찾는 것도 내 목회적 **습성**의 일부가 되었다. 나는 여러분에게도 그리하라고 권한다. 나는 목사 안수식과 취임식 끝 무렵에 "이 일을 혼자 해결하려고 하지 마십시오"라는 권고가 추가되어야 한다고 확신한다. 그 일은 너무나 어렵고 위험으로 가득 차 있어서 자기만의 자원으로 대처할 수 있는 게 아니다. 감사하게도, 대단히 은혜로우신 하나님은 여러 방법으로 도움을 베푸신다. 그분께서 동료들의 상호 대화와 위로를 통해서 베푸시는 권고와 위안도 그 도움에 포함된다.

목사에게 목사가 필요한 이유를 다룬 이 몇 쪽의 글을, 여러분이 이해했기를 바란다. 나는 이 일을 매우 진지하게 생각하고 있다. 나는 예수께서도 그러실 거라고 여긴다. 여러분이 알다시피, 그분께서는 제자들과(막 6장) 일흔두 사람을(눅 10장) 파송하실 때 둘씩 짝지어 파송하셨다. 그것은 많은 수에 힘이 있어서가 아니라, 주님의 나라에서는 믿음이 들음에서 생기기 때문이다. 그렇기에 말씀의 일꾼들은 자기들에게 생명을 주는 말씀을 들을

자격이-필요가-있다. 하나님의 자비에 힘입어 권하니, 다른 목
사의 입에서 나오는 말씀을 정기적으로 받아들이는 것을 여러분
의 사역의 본질적인 부분으로 삼기를 바란다. 그러면 여러분도
나처럼 여러분의 영혼을 위한 목사를 두는 게 목회적 **습성**의 필
수 요소라는 걸 알게 될 것이다.

여러분 자신의 영혼 돌보기

이제까지 나는 내 사례를 예로 들어, 목사는 저마다 자기만의 목
사가 필요하다고 말했다. 하지만 여러분의 영혼을 돌보는 데는
다른 면도 결정적으로 중요하다. 그것은 개인의 영적 건강의 핵
심에 속한다. 그것은 여러분이 여러분의 영혼에 돌봄을 제공하는
것이다.

　영적 자기 돌봄이 여러분에게 낯선 용어처럼 들린다면, 이는 여
러분이 영적 무질서에 빠졌음을 암시하는 것일 뿐이다. 훈련과 성
벽으로 인해, 우리의 본능은 다른 사람들을 돌보는 일에 우선순위
를 둔다. 자기를 돌보지 않는 사역은 우리 모두가 열망하는 훌륭
한 자질이다. 우리의 세계가 '자조自助'를 강조하는 세계인데도, 우
리 자신의 영적 복지에 주의를 기울이는 것은 대개 자기도취처럼
여겨진다. 누가 영적 독선에 빠지고 싶겠는가? 하지만 성경을 보
면, 다른 이들의 영혼을 충실히 돌보는 일에는 자기 영혼을 돌보
는 일도 포함됨을 알 수 있다. 어쨌든, 여러분은 자기가 갖고 있지
않은 것을 거저 줄 수 없다. 우리는 먼저 받은 것을 다른 이들에게
전한다. 여러분 자신이 영적으로 굶주리고 있다면, 단연코 다른

사람들을 영적으로 도울 수 없다는 건 분명한 사실이다.

비행기에 탑승하여 이륙 직전에 듣게 되는 교범 내용을 기억하는가? 접객 승무원이 다음과 같은 내용의 길고 지루한 설명을 시작한다. "기내 압력 손실이 발생할 경우, 산소마스크가 천장에서 내려올 것입니다. 여러분이 어린이나 도움이 필요한 누군가와 동승하고 있다면, 먼저 여러분 자신의 마스크를 착용한 다음, 다른 이들의 마스크 착용을 도와주십시오." 그 이유는, 여러분 자신이 질식하면, 다른 사람에게 산소를 공급할 수 없기 때문이다. 성령께서 말씀을 통해 주시는 선물들과 관련해서도 같은 원칙이 적용된다. 여러분이 선물 결핍을 겪고 있다면, 다른 사람들에게 그것들을 줄 수 없을 것이다. 바울은 이것을 두 군데에서 강조한다. 첫째, 그는 에베소 교회의 목사들에게 보내는 고별사에서 이렇게 분부한다. "여러분은 자기 자신을 잘 살피고 양 떼를 잘 보살피십시오. 성령이 여러분을 양 떼 가운데에 감독으로 세우셔서, 하나님께서 자기 아들의 피로 사신 교회를 돌보게 하셨습니다"(행 20:28). 그런 다음 그는 디모데에게 보내는 첫 번째 서신에서 이렇게 말한다. "그대 자신과 그대의 가르침을 살피십시오. 이런 일을 계속하십시오. 이렇게 함으로써, 그대 자신도 구원하고, 그대의 말을 듣는 사람들도 구원할 것입니다"(딤전 4:16). 두 사례에서 바울이 사용하는 동사는 양들을 위하여 자기 목숨을 내던지신 대 목자를 대신하여 수행하는 주의 깊은 돌봄과 양육을 암시한다. 목사의 자기 돌봄이 먼저고, 하나님의 사람들을 돌보는 일과 자기가 지키겠다고 약속한 교리를 살피는 것이 그다음이다.

여러분이 여러분 자신의 영적 돌봄을 소홀히 한다면, 이는 여러분 자신을 위험에 빠뜨리는 일일 뿐 아니라, 하나님의 교회에

폐를 끼치고, 그분 말씀의 교리에 대한 여러분의 충성을 해치는 일이기도 하다. 그러므로 개인 기도와 묵상에 들인 시간은, 낭비한 시간이 아니라, 양질의 사역에 투자한 시간이라고 할 수 있다.

말씀으로 그리고 기도로

개인 묵상과 기도를 '경건' 혹은 '큐티quiet time'라고 말하는 게 관례가 되었다. 이 용어들을 적절히 정의하는 한 특별히 잘못된 것은 없다. 하지만 많은 사람이 개인 묵상을 마음을 진정하여 자아와 접촉하는 것으로 잘못 알고 있다. 모든 묵상과 기도는, 하나님이 우리에게 가까이 오셔서 자기의 말씀으로 우리에게 이야기하신다는 전제를 기반으로 한다. 따라서 건강한 경건과 큐티는 지속적 대화와 관계있다. 하나님이 먼저 자기의 말씀으로 우리에게 이야기하시고, 그러면 우리는 그에 응하여 기도하는 것이다.

개인 기도에는 다양한 접근법이 있다. 여러분은 그것들 가운데 여러 가지를 시도하다가 실제적이지 않거나 만족스럽지 못해서 버렸을지도 모르겠다. 기도는 훈련된 접근법이 필요하다. 이 말은 나쁜 소식으로 들리지만, 실제로는 희소식이다. 비결은 여러분에게 적합한 훈련법을 찾는 것이다. 눈치채지 못했겠지만, 하나님은 우리를 지으실 때 같은 모양으로 짓지 않으셨다. 그분께서 자기 형상을 따라 각 사람을 지으시는 게 사실이지만, 각 사람은 자기만의 적성과 상상력을 지니고 있다. 우리 가운데는 시각이 뛰어난 사람도 있고, 언어 감각이 뛰어난 사람도 있으며, 대단히 사색적인 사람도 있고, 현실적인 사람도 있다. 내가 개인의 기도 생활과 경건 생활을 풍요롭게 해 줄 요소들을 폭넓게 제시하더라도, 그 요소들을 가지고 여러분의 기질과 환경에 가장 적합한 접근법을 설계하는 것은 여러분의 몫이다.

여러분 자신의 영혼을 돌보는 데는 두 요소, 곧 하나님의 말씀과 기도가 필수적이다. 하나님의 말씀은 여러분의 영혼과 몸을 거룩하게 하는 성령의 수단이고, 기도는 여러분이 거룩하게 된 결과로 드리는 응답이라고 할 수 있다. 바울은 디모데에게 이 성화의 신학을 신자들에게 가르치라고 권면했다. "하나님께서 지으신 것은 모두 다 좋은 것이요, 감사하는 마음으로 받으면, 버릴 것이 하나도 없습니다. 모든 것은 하나님의 말씀과 기도로 거룩해집니다"(딤전 4:4-5). 따라서 여러분의 묵상 생활과 기도 생활은 여러분 개인의 성화를 구성하는 요소라고 할 수 있다. 여러분의 거룩함은 여러분 자신의 것이 아니다. 그것은 여러분 스스로 이룬 것이 아니라, 하나님에게서 빌려 온 것, 하나님의 현존에 근접하여 받은 것이다. 하나님은 말씀 안에 현존하신다. 여러분은 그분의 초대에 응하여 그분께 가까이 나아가면서, 들은 대로 그분께 아뢴다. 기도는 응하여 아뢰는 것이다.

훌륭한 목회적 **습성**에는 개인 묵상 생활과 기도 생활이 필요하다. 하나님의 말씀이 두 생활의 중추다. 바로 이것이 기독교적 묵상과 여타의 묵상을 구별해 준다. 연구에 의하면, 자기 마음속에서 끊임없이 일어나는 내적 소음을 가라앉혀 내적 평온과 안정을 얻으려고 명상하는 사람들이 명백히 더 많은 활력과 생산성을 얻는다고 한다. 물론 동양 종교들은 여러 세기 동안 명상을 실행해 온 것으로 널리 알려져 있다. 더 최근에는 세속 심리학자들이 '마음 챙김mindfulness'의 이점들을 극찬하고 있다. 마음 챙김은, 질주하는 마음속 생각들을 가라앉히고 평정과 평온을 마음에 가져다주려는 전략이라고 할 수 있다. 뇌 과학 연구는 여하한 종류의 명상 전략을 실행에 옮긴 사람들 사이에서 나타나는 명백한 정신적, 심리적 개선을 상세히 보도하고 있다. 물론 이것은 건강 문제와 관련해서만 이치에 맞는다. 단순한 사실은, 하나님이 우리 인간을 지으실 때, 우리의 뇌가 연중무휴 최고 속도로 작동하도록 설계하지 않으셨다는 것이다. 사람들이 명상과 마음 챙김의 기술들을 통해 자기와 접촉하는 것에는 주목할 만한 이점이 있을 것이다. 실제로 모든 명상은 인간의 마음과 관계있다는 점에서 성경적 묵상과 겹치는 부분이 조금은 있다. 그러나 그 부분을 지나면, 공통점은 그친다. 기독교적 묵상은 자아와 접촉하는 게 아니라, 하나님과 접촉하는 것이기 때문이다.

소리 높여 기도하기

여러 해 전에 우리 교단의 지도자 가운데 한 분이 목사들을 위해 두 권짜리 매일 기도 안내서를 출판했다.[18] 나는 그 책을 서재에 방치하다가, 어느 날부터 그것을 집어 들고 활용하기 시작했다. 그러고는 저자를 만났을 때, 그의 노고에 대해 감사를 표했다. 내가 "감사합니다"라는 말을 미처 마치기도 전에, 그는 이렇게 응대했다. "나는 목사님이 큰 소리로 기도하고 있기를 바랍니다." 사실, 나는 그러지 않고 있었다. 하지만 그때 이후 나는 그의 응대

---

18 참고. Robert C. Sauer, *Daily Prayer*, 2 vols. (St. Louis: Concordia, 1986).

이면에 자리한 지혜를 익혀 왔고, 지금은 나의 모든 개인 기도를 거반 소리 높여 드리거나, 적어도 내 귀에 들릴 만큼 속삭이는 소리로 바친다.

여러분이 이렇게 하는 습관을 들이지 않았다면, 처음에는 낯설게 느껴질 것이다. 어쩌면 여러분도, 말로 하는 기도는 어린아이들에게나 어울리고, 어른들에게는 침묵 기도가 표준이라고 생각했을지도 모른다. 여러분은 누군가 갑자기 가청可聽 범위 안으로 들어오는 당황스러운 일이 벌어지는 걸 두려워할지도 모르겠다. 어쩌면 그는 여러분이 혼잣말로 중얼거리고 있다고 생각할지도 모른다. 그러나 교회에서 공동으로 소리 높여 기도할 때는 물론이고, 하늘에 계신 아버지께 개인적으로 아뢸 때도 당황해서는 안 된다. 은밀히 말로 하는 기도는 어린이들만을 위한 게 아니다. 사실, 그것은 교회 역사 속에서 그리고 그리스도인들의 더 오래된 경험 속에서 표준으로 자리 잡고 있다. 나는 말로 기도함으로써 궤도에서 벗어나지 않고, 방황하는 마음 때문에 산만해질 일도 없다는 것을 알게 되었다. 처음에는 이상하고 부자연스러운 기도로 여겨졌지만, 이내 정상적인 기도, 풍부하게 해 주는 기도가 되었다.

하나님은 우리 입의 말뿐만 아니라, 우리 마음의 묵상도 귀여겨들으신다. 침묵 기도도 말로 하는 기도만큼 효과적이다. 하지만 결국, 기도는 하나님과 대화하는 것이다. 말하기는 우리 인간의 기본적인 소통 방식이라는 데 다들 동의할 수 있을 것이다. 정신 감응으로 배우자와 소통하려고 시도해 본 적이 있는 사람은 내 말뜻을 이해할 것이다. 우리는 머릿속 생각과 마음의 묵상을 다른 사람들에게 뇌파로 전하지 않고, **말하기**로 전한다. 그러므로 하늘에 계신 우리 아버지께 기도드리는 가장 좋은 방법은, 우리가 혼자 있을 때도 소리 높여 기도드리는 것이다. 나는 그 방법이 내 마음에 들었듯이 점점 여러분의 마음에도 들 것이라고 여긴다.

신약성경의 기록으로 보건대, 우리 주 예수께서 홀로 계실 때 습관을 좇아 소리 높여 기도하셨다는 것은 의심의 여지가 없는 사실이다. 우리는, 외딴 데로 물러가서 하늘에 계신 아버지께 기도하는 것이 그분의 습관이었음을 누가복음 5장 16절을 통해 알게 된다. 마태는 예수께서 겟세마네에서 배신당하시고 체포당하시던 괴로운 밤에 제자들로부터 물러나 기도하셨으며, 그분의 친밀한 친구들, 곧 베드로와 야고보와 요한을 대동하셨다고 기록한다(마 26:36-38). 그분께서는 자기와 함께 깨어 기도해 달라고 부탁하시고는 조금 더 나아가서 소리 높여 기도하셨다. "나의 아버지, 하실 수만 있으시면, 이 잔을 내게서 지나가게 해주십시오. 그러나 내 뜻대로 하지 마시고, 아버지의 뜻대로 해주십시오"(마 26:39). 나는 사람의 육신을 입으신 하나님의 아들이 소리 높여 기도하셨으니, 우리도 그리할 수 있다고 생각한다. 영원 전부터 아버지와 하나였음에도, 육신을 입으신 그분께서 은밀히 보시는 아버지께 소리 높여 기도하셨다면, 우리도 그리할 수 있다.

그런 기도는 저절로 되는 게 아니다. 반드시 가르침이 이루어져야 한다. 그리고 감사하게도, 그것은 배움이 가능한 기도다.

기도하는 습성을 몸에 붙이기

신자들 대다수는 그리스도인이라면 기도하는 법을 자동으로 알아야 한다고 생각한다. 그래서 그들은 다른 사람들 앞에서 수월하게 기도하는 것으로 보이는 사람들을 두려워한다. 다른 사람들이 자기들의 언어로 거침없이 여유롭게 기도하는 모습을 보고 위협을 느껴서, 자신의 믿음에 뭔가 부족한 게 있는 게 아닐까 하고 남몰래 의구심을 품는 사람들도 많다. 하지만 잠시만 숙고해 보면 우리의 잘못된 생각을 바로잡을 수 있다. 결국, 기도는 하나님과 이야기하는 것이다. 이야기하는 법을 배우지 못했더라도, 여러분은 아이들이 언어를 습득하는 모습을 본 적이 있을 것이다. 아기들은 부모의 말을 귀여겨듣고, 자기들이 들은 말을 흉내 내는 것으로 말하기 시작한다.

언어학자들이 우리에게 알려 준 대로, 언어권이 아무리 달라도, 아기들이 가장 먼저 배우는 단어는 아버지와 어머니를 가리키는 단어들이다. 지구상에서 현재 쓰이는 언어가 거반 7천 개나 되고, 그 언어들의 발성 구조와 문법 구조가 아무리 광범하게 달라도, 어머니와 아버지를 가리키는 단어들은 일반적으로 거의 같다. 그 단어들은 아버지의 경우 '바', '다', '타', '바바', '다다', '타타'의 변형이고, 어머니의 경우는 '마', '나', '마마'와 '나나'의 변형이다. 이 초기 단어들은 유아의 구강이 쉽게 발음할 수 있는 것들이다. 이 단순한 단어들이 모든 언어 발달의 기초다. 배관공, 목수, 농부, 공장 노동자, 화학자, 뇌외과 의사, 로켓 과학자, 컴퓨터 프로그래머, 신학자, 철학자—이 모든 다양한 사람들은 이 초보적 기초 위에 자신들의 독특하고 정교한 어휘들의 방대한 상부 구조를 세운다. 모든 언어는 우리가 유아 시절에 익힌 소중한 단어들, 듣기만 해도 우리의 사적 우주 안에서 가장 중요한 사람들의 존재를 떠올리게 하는 단어들에 기초를 두고 있다. 그 단어들은 다름 아닌 '엄마'와 '아빠'다.

 말하기를 배우는 것은 부모의 말을 듣는 것으로 시작된다. 들으면서 말하는 것이다. 기도도 마찬가지다. 먼저 하나님의 말씀을 듣고, 그런 다음 하나님께 아뢰어야 한다. 우리에게 친숙한 주기도문을 예로 들어 보자. 우리가 신약성경을 주의 깊게 읽으면서 알게 되는 사실은, 주기도문은 기도 자체라기보다는 기도의 방법, 기도의 본보기라는 것이다. 마태복음에서, 예수께서는 제자들에게 기도를 소개하시면서 "그러므로 너희는 이렇게 기도하여라" 하고 가르치신다(마 6:9). 누가는 그분께서 "주님, 요한이 자기 제자들에게 기도하는 것을 가르쳐 준 것과 같이, 우리에게도 그것을 가르쳐 주십시오"(눅 11:1)라는 요청에 응하셔서 기도를 제시하셨다고 기록한다.

 이 두 사례에서 예수께서 "우리 아버지" 하고 기도하시면서 기도를 가르치신다는 사실에 유의하라. 우리는 그 복수 일인칭을 우리와 함께 기도하는 모든 동료 신자들과 관련지어 생각하는 데 익숙하다. 하지만 그분의 가르침의 배경을 고려하건대, '우리'라는 표현은 예수 자신을 포함하는 표현이다. 예수께서는 우리에게 자기와 연대하여 자기의 아버지께 기도하자고 청하신다. 그분께서는 자기가 영원 전부터 계신 하나님 아버지의 가장 사랑받는 아들로서 그분과 완전히 하나가 되었듯이, 우리에게도 전능하신 천지 창조주께 담차고 자신 있게 다가가라고 권하신다. 이는 마치 끔찍이 사랑받는 자녀가 자기들의 사랑하는 아버지에게 다가가는 것과 같다.

 사실상, 예수께서는 제자들에게 "내 아버지는 너희의 아버지이기도 하다"라고 말씀하고 계신 것이다. 주저하지 마라. 기쁨이든 슬픔이든 간에, 여러분의 마음에 자리하고 있는 것은 무엇이나 여러분이 드리는 기도의 적합한 대상이다. 그러니 여러분이 무엇을 하든 간에, 여러분의 기도를 세탁하지 마라. 고통과 좌절을 기도에 그대로 담아라. 시편의 상당 부분이 탄식 기도라는 걸 잊지 마라. 탄식에 직면할 때마다, 여러분은 하나님께 불평해도 된다. 원수들의 이름을 말하고, 그들이 여러분에게 한 짓을 고발하며, 여러분을 변호해 달라고 그분께 부탁하여라. 예수께서 십자가에서 고통의 절정에 이르러 "나의 하나님, 나의 하나님, 어찌하여 나를 버리셨습니까?"라고 하셨듯이(시 22:1, 마 27:46), 곤경에 처할 때 그분을 불러라. 여러분의 아기가 아플 때, 여러분은 그 아기를 위로하기 위해 그 고통을 귀담아들으려고 할 것이다. 그러니 하늘에 계신 여러분의 아버지에게서 여러분의 탄식을 듣는 즐거움을 빼앗지 마라. 탄식은 넋두리가 아니라, 믿음의 훈련이기 때문이다.

영적인 훈련: 아스케시스

고대 그리스도인들에게는 훈련을 가리키는 단어가 있었다. 다름 아닌 아스케시스askēsis다. 물론 그들은 모든 종류의 건강을 믿는 사람들이었다. 건강한 신체에 건전한 정신*이 그들의 고전적 이상이었다. 그들은 도덕적 미덕의 함양, 신체의 힘, 지적 지식을 인간적 이상의 전형으로 여겼다. 도덕 철학자들에게 이 이상들을

---

*   Anima sana in corpore sano.

달성하는 최고의 방법은 욕망과 정욕을 의식적으로 억압하는 것이었다. 그 방법에는 의지의 훈련(아스케시스)이 포함되었다. 여기서 '금욕주의자ascetic'라는 단어가 유래했다. 도덕적 완전, 지적 완전, 신체적 완전은 인간 정신의 더 기초적인 본능들과 부단히 싸우는 것을 함의했다.

솔직히 말하겠다. 여러분이 묵상과 기도로 여러분 자신의 영혼을 돌보기 시작할 때는 여러분 쪽에서의 규율이 어느 정도 필요할 것이다. 하나님의 말씀에 기초한 묵상과 기도는 보답이 풍부하다. 하지만 묵상과 기도는 저절로 되는 게 아니다. 신체 훈련과 마찬가지로, 여러분은 여러분의 영적 훈련을 위한 계획을 세우고 늘 하는 순서를 정해야 한다. 그러고는 훈련에 들어가야 한다. 겉보기에는 신체 훈련과 영적 훈련이 같아 보인다. 둘 다 규율을 요구한다. 그러나 안을 들여다보면, 영적 훈련이 신체 훈련보다 더 포괄적이다. "경건함에 이르도록 몸을 훈련하십시오. 몸의 훈련은 약간의 유익이 있으나, 경건 훈련은 모든 면에 유익하니, 이 세상과 장차 올 세상의 생명을 약속해 줍니다"(딤전 4:7-8).

시간을 따로 정해 놓고, 여러분에게 알맞은 체계와 전략을 전개하는 것은 여러분 몫이다. 내가 알아낸 사실은, 나의 규율이 여러 해에 걸쳐 나의 상황에 맞게 변했다는 것이다.

일찍 일어나라

우리 부부의 자녀가 어렸을 때, 제인은 아침마다 일상적인 가사를 처리했고, 나는 방과 후를 감독하며, 시간을 내어 아이들과 함

께하고, 그런 다음 종종 가정에서 놓여나 저녁 업무를 시작하곤
했다. 그 시절, 나의 개인 기도에 큰 도움이 된 시간은 이른 아침
이었다.

　내 생의 그 시점에 개인 기도와 묵상에 가장 적합한 시간은 오
전 6시나 6시 30분쯤이었고, 장소는 교회에 딸린 내 서재였다.
우리 교회와 학교에는 직원이 많았지만, 오전 7시까지는 비교적
평온과 고요가 지배했다. 다행히 나에게는 수제 제단과 기도대가
있었다. 나는 초에 불을 붙인 다음 십자가에 달리신 주님의 성상
앞에 무릎을 꿇으면서, 이곳이 말씀과 기도에 몰두하는 데 더없
이 좋은 곳임을 깨달았다. 나는 날마다 그곳에서 말로 하는 기도
와 묵상으로 더없이 행복한 시간을 보냈다. 그 시간은 성경의 말
씀과 내 입술의 말과 내 마음의 묵상을 함께 엮어 만드는 시간이
었다. 대체로 아침마다, 나는 닫힌 서재 문 바깥에서 하루의 분주
함이 시작되기 전에 적어도 30분을 꼬박꼬박 챙겼다. 나의 신심
을 과시하려는 게 아니었는데도, 교구 신자 몇이 말한 바에 따르
면, 그들이 일하러 가는 도중에 내 서재의 창문을 통해 내가 무릎
을 꿇고 기도하는 모습을 얼핏 보고는 자극을 받았다고 한다. 그
들 가운데 한 사람은 이렇게 말했다. "우리 목사님이 우리를 위해
기도하고 계신다는 걸 알게 되니 위안이 되었어요."

　내가 아는 다른 목사는 이 아침 훈련에 변형을 가한다. 그도 나
처럼 크고 분주한 교구를 섬기는 목사다. 교회의 성소가 교구 학
교와 행정실에서 떨어져 있지만, 제단 위원회와 다른 자원봉사
자들은 하루를 시작할 때 종종 교회에서 활동한다. 그 목사는 자
신의 개인 경건을 위해 예배당을 예약해 놓았으니, 하루의 첫 30
분 동안 교회 안에 보행자가 없게 해 달라고 부탁한다. 그는 때로

는 신도석에 앉아서 묵상하기도 하고, 때로는 성찬 수령대 앞에 무릎을 꿇기도 한다. 그는 종종 아침 기도 순서에 따라 소리 높여 기도한다.

하지만 다른 목사는 성경을 소리 내어 읽으며 기도할 때 주의를 집중하기 위해 작은 십자고상을 이용하기도 한다. 그는 작은 향꽂이에 향을 피워, 기도하는 묵상을 감각적 자극으로 감싼다 (계 5:8). 그 향은 거룩함의 풍부한 향기를 제공하며, 신자들이 하나님의 보좌를 향해 올리는 기도를 가시적으로 표현한다.

공원 벤치

최근에 나는 아침 산책 시간을 기도 시간으로 삼았다. 나는 내 심장을 단련하기 위해 힘찬 발걸음을 유지하려고 애쓰면서 동시에 스마트폰과 이어폰을 이용하여 교회 합창 전통의 위대한 음악으로 내 영혼을 쉬게 한다. 나는 대략 1.6킬로미터를 힘차게 걸은 뒤, 외딴 공원 벤치에 앉아서 이어폰을 빼고 하나님의 말씀과 말로 하는 기도에 시간을 들인다. 먼저 나는 시편을 암송하고, 그런 다음 그 시편을 중심으로 나의 감사, 두려움, 고백, 그날의 탄원으로 내 기도의 화환을 엮는다. 그 고요한 벤치는 이웃 동네의 조용하고 작은 공원의 야트막한 산정에 자리하고 있었고, 나는 그 벤치를 나의 기도대와 기도 초만큼 소중하게 여겼다.

내 아내는 만성 통증과 차츰 늘어나는 육체적 한계들에도 불구하고 진정한 기도의 사람이다. 제인은 나를 위해, 우리의 자녀와 손자, 손녀를 위해, 우리의 친구들과 그들의 가족들을 위해, 그리고 어려움을 겪는 모든 사람을 위하여 온 마음을 다해 기도한다. 전업주부와 영어 교사 상근직을 겸하던 한창때의 아내는 틈날 때마다 기도할 시간을 낚아채야 했다. 날마다 차를 타고 30분 거리를 출퇴근할 때가 하나의 기회였다. 하지만 나는 아내가 수영하면서 드리는 기도들에 가장 많이 탄복했다. 아내는 한 주에 사흘 정도 헬스클럽에 들러 레인을 따라 여러 차례 왕복으로 수영하고 나서, 귀가하여 세탁, 요리, 숙제 감독, 수업 준비 등의 저녁일과를 시작했다. 아내는 자기 에너지 수준에 따라 날마다 1.6킬로미터나 800미터를 수영했다. 아내는 한 구간을 왕복할 때마다 우리의 결혼 기념행사와 다른 사람들의 기념행사를 개관하고, 그해에 마음에 떠오른 행사들과 사람들을 위해 감사하며 탄원했다. 나라면 그러지 못했을 것이다. 나는 수영을 거의 할 줄 모르기 때

문이다. 하지만 제인에게는 수영이 꽤 유용했고, 육체와 영혼의 **아스케시스**를 겸하는 길이 되었다.

모든 훈련이 다 같은 것은 아니다. 생의 한 단계에서 도움이 되는 것이 다음 단계에서는 도움이 되지 않을 수도 있다. 나에게 도움이 되는 것이 여러분에게는 도움이 되지 않을 수도 있고, 내 마음과 정신을 풍성하게 해 주는 것이 여러분을 차갑게 할 수도 있다. 하늘에 계신 우리 아버지께서는 우리 모든 인간을 서로 다르게 지으셨다. 우리의 지문만 다른 게 아니라, 우리의 정신과 상상력도 매우 다르다. 우리의 독특한 개성과 상황에 가장 적합한 기도 훈련법을 찾아내는 것이 우리 각자의 몫이다.

어떤 훈련법이 여러분에게 도움이 될까? 다양한 접근법을 시도하고, 가장 유용한 접근법을 찾아라. 실험하면서 찾아라. 산발적 감정의 흥분에 대비하라. 기복이 예상된다. 시간을 들일 만한

훈련에는 노력이 필요하다. 먹는 습관과 신체 단련 습관을 바꾸는 것은 도전 없이는 이루어지지 않는다. 영적 훈련에도 의도적인 노력이 필요하다. 하나의 훈련법을 택하여 시도해 보라. 필요하다면 수정도 해 보라. 실패하더라도 다시 시작하라. 영적 자기 돌봄은 그런 식으로 작동한다. 기도하는 습관이 점점 더 자연스러워졌을 때, 여러분은 하루나 이틀을 기도 없이 지내면, 무언가가 잘못되었음을 인지하게 될 것이다. 그런 일이 일어나기 시작하면, 여러분은 여러분 자신의 영혼 돌봄이 여러분의 목회적 **습성**의 본질적 부분임을 알게 될 것이다.

루터의 기도 화환

마르틴 루터의 교리적 유산이 그의 목회 저작들과 경건 저작들보다 훨씬 더 잘 알려진 상태이지만, 사실 종교개혁은 교리 개혁보다는 목회 개혁에 더 가까웠다. 하나님 앞에서의 깨끗한 양심의 추구는 루터 개인의 영적 고투에서 가장 우위에 있었다. 그는 깨끗한 양심을 추구함으로써, 십자가에서 이루어진 그리스도의 구원 사업을 믿는 믿음을 통해 은혜로 얻는 칭의의 힘찬 투사가 되었다. 우리는 이 칭의의 가르침을 성도들에게 전해진 믿음의 중심 조항으로 여기지만, 우리의 신앙 고백은 편파적이지도, 편협하지도 않다. 그것은 공교회에 속해 있다. 우리의 목표는 언제나 어디서나 모든 이가 믿어 온 것을 가르치는 것이다. 따라서 루터의 신앙심도 모든 그리스도인의 묵상 생활과 기도 생활에 정보를 줄 수 있다.

마르틴 루터는 중세 교회의 **렉시오 디비나**lectio divina를 상술하면서, 기도와 묵상을 화환처럼 함께 엮는 경건의 방법, 하나님의 말씀과 기도를 결합하여 하나의 매끈한 전체로 만드는 방법을 실천했다. 루터는 지적 훈련과 거리가 먼 이것을 성령께서 내리시는 은총을 경험하는 길로 여겼다. 성령께서는 먼저 자기의 말씀을 우리에게 가르치시고, 그런 다음 그 말씀에 대한 호응으로 우리의 반성, 감사, 고백, 탄원을 불러일으키신다.

이미 설명한 대로, '기도 화환'은 목회적 돌봄 과정에 이용될 수 있지만, 여러분 개인의 말로 하는 묵상과 기도에 이 모델을 이용하는 것도 진지하게 생각해 보기를 바란다. 내가 그랬듯이, 여러분도 그것을 실행하면서, 어떤 성경 본문을 출발점으로 삼을 수 있음을 알게 될 것이다. 어린아이가 제 부모의 말을 흉내 내면서 말하는 법을 배우듯이, 그 본문을 있는 그대로 반영하여 여러분의 기도를 시작하라. 이 접근법의 첫 단계는 하나님의 말씀을 소리 내어 읽고, 그런 다음 여러분이 이 말씀 안에서 들은 내용을 여러분의 말로 하나님께 되울려 보내기 시작하는 것이다. 그때 가르침이 화환의 첫 가닥이 된다. 그다음에는 감사가 온다. 하나님이 이 성경 말씀 안에서 베푸시고, 약속하시고, 가르치신 것에 감사하는 것이다. 그다음에는 여러분이 이 말씀을 생략하며 지은 죄나 이 말씀을 거슬러 지은 죄를 고백하라. 마지막으로, 그분께서 그 특정 성경 본문 안에서 명령하시거나 약속하신 것을 달라고 청하라.

루터는 자신의 이발사 페터 베스켄도르프에게 써 보낸 소론 〈페터 선생에게, 기도에 관하여〉에서 자신이 개인적으로 실천한 것을 직접 설명한다.

나는 시간과 기회를 얻어 주기도문을 훑을 때면, 십계명도 함께 훑습니다. 한 부분씩 차례차례 훑으며, 되도록 정신이 흐트러지지 않게 하며 기도합니다. 나는 각 계명을 네 부분으로 나누어, 네 가닥으로 하나의 화환을 만듭니다. 즉, 각 계명을 다음과 같이 여기는 것입니다. 첫째는 가르침입니다. 계명이 본래 의도하는 바로서 주님이 나에게 진지하게 요구하시는 걸 숙고하는 것입니다. 둘째는 그것을 감사로 전환하는 것입니다. 셋째는 고백이고, 넷째는 기도입니다.[19]

훈련 대 훈련받기

이 기도법은 사실 우리의 내면이 발생시키는 게 아니라는 사실에 유의하라. 오히려 하나님의 말씀이 그리스도인 안에서 그런 기도를 발생시킨다. 이 접근법에서는 말씀과 기도가 떼려야 뗄 수 없게 단단히 엮인다. 말씀은 기도를 활기차게 하고, 기도는 말씀을 깊이 숙고하고 응답한다. 그것은 확실히 고된 일, 훈련이다. 하지만 그 훈련은, 언제나 하나님의 말씀을 타고 오시는 성령의 선물들을 수여한다.

바울 사도가 디모데에게 언급한 신체 훈련과 영적 훈련 사이에는 밀접한 관련이 있다. 두 훈련 모두 수고가 필요하다. 하지만 수고에 비하면 유익이 훨씬 커서 "이 세상과 장차 올 세상의 생명을 약속해" 준다(딤전 4:8). 하나님의 말씀을 입으로 말함으로

---

19 Martin Luther, *A Simple Way to Pray* (1535), LW 43:200. (《마르틴 루터의 단순한 기도》, 김기석 옮김, IVP)

써 깊이 숙고하는 것과 그 결과로 이루어지는 기도가 점점 더 자연스러워지면, 여러분 쪽에서 들이는 의식적 수고의 필요는 점점 줄어든다. 더 정확히 말하면, 여러분이 기도하는 것이 아니라, 기도가 여러분 안에서 점점 더 많이 이루어지게 될 것이다. 시편 작가는 이렇게 말한다. "주님, 내 입술을 열어 주십시오. 주님을 찬양하는 노래를 내 입술로 전파하렵니다"(시 51:15). 이런 묵상과 기도가 여러분의 규칙적인 습관이 될 때, 기도 생활이 여러분의 몸에 습관으로 붙을 뿐만 아니라, 여러분의 목회적 **습성**의 중심 요소가 될 것이다.

늙은 개에게 새로운 재주 가르치기

나는 신체 훈련을 많이 해 본 적이 없다. 성장기에도 스포츠에는 관심이 없었다. 내 신체에서 유일하게 운동하는 건 무좀뿐이라고 말하곤 했다. 나는 사역 내내 게으르고 비활동적인 사람이었다. 정신 훈련만 하고, 신체 훈련은 하지 않았다. 이것이 우리 직업의 공통된 문제임을 직시하도록 하자. 안타깝게도, 성직자들 사이에 비만과 그로 인한 합병증이 만연하고 있다. 여러분은 사역 초기에 이 문제를 해결하는 게 좋을 것이다. 나는 노년에 이르러서야 힘겹게 신체 훈련의 좋은 습관을 들였기 때문이다.

사실 나는 선택의 여지가 없었다. 호흡 곤란으로 고통받던 나는 네 개의 관상 동맥이 막혔다는 진단을 받았다. 혈관 성형술이 효과가 없게 되자, 나는 한 병원에서 삼중 우회로 조성술을 받았다. 나는 이제 사역의 릴레이 경주에서 한 바퀴를 더 돌게 되었다고 농담하곤 한다. 하지만 그것은 결코 웃을 일이 아니었다. 확실히 나는 죽을 수도 있었다. 하지만 지금 나의 심장병 전문의들은 내가 노인임에도 불구하고 신체 조건이 양호한 편이라고 말한다. 나는 심장 재활 치료를 받는 중이어서 체중 조절과 규칙적인 운동의 중요성을 체득하게 되었다.

그러나 나는 외과의가 내 가슴에 칼을 갖다 대기 전에도, 규칙적인 운동의 중요성을 내게 알려 준 가장 친한 친구-그는 운동선수이자 운동광이다-에게 감사하지 않으면 안 된다. 그 친구가 나를 찾아왔고, 우리는 우리 우정의 소중한 특징이 된 약간의 휴식과 원기를 돋우는 신학적 팔씨름을 즐기곤 했다. 저녁이 끝날 무렵, 그가 갑자기 이렇게 물었다. "그러면 아침 몇 시에 헬스클럽에 갈까?" 그 당시 나는 헬스클럽 회원권이 있었지만, 간헐적 고객에 지나지 않았다.

우리는 이튿날 아침 헬스클럽에 갔고, 나는 그것을 고수했다. 내 친구가 여러 해에 걸쳐 격려자와 코치가 되어, 기법에 관한 조언을 제공하며, 건강한 운동 습관을 장려했다. 그의 맹목적 지지와 이따금 하는 잔소리가 짝을 이루어 내가 이 훈련을 계속하게 해 주었다. 그 친구 덕분에 나는 노인이지만 '기운찬'이라는 형용사를 얻어 유지하게 되었다고 솔직히 말할 수 있다. 오늘날 나는 결코 운동광은 아니지만, 규칙적인 운동이 신체 건강에 유익하다는 것을 알게 되었다. 지금 그 운동은 습관이 되었고, 내 **습성**의 일부가 되었다.

그 운동이 늘 재미있는 것은 아니다. "고통이 없으면, 얻는 게 없다"라는 옛말은 많은 진실을 담고 있다. 나는 생리학자는 아니지만, 근육들이 더 강해지려면, 그것들의 편안한 수준을 넘어서는 노력이 기울여져야 함을 알고 있다. 운동의 노고야말로 근육이 힘을 얻고 있음을 알리는 지표다. 나는 그것이 사실임을 확실히 알았다. 하지만 여러분에게 말하건대, 나 스스로 하는 일이었다면, 나는 운동하지 않았을 것이다. 그것은 훈련이 필요한 일이었다. 내 친구의 질문이 그 훈련을 촉발했고, 그의 꾸준한 관심이 그 훈련에 연료를 공급했다.

운동 협력자

물론, 나의 운동은 내 친구의 개입이 없었다면 진척되지 않았을 것이고, 그의 격려가 없었다면 오늘날과 같이 되지 못했을 것이다. 마찬가지로, 여러분 개인의 기도 생활도 사실 혼자 하는 활동이 아니라는 걸 잊지 마라. 개인의 기도 생활은 회중 기도의 도움과 지원을 받는다. 교회는 예식을 통해 모든 세례받은 영혼에게 기도하는 법을 가르친다. 교회는 목사들에게도 그리할 수 있다. 교회의 기도 유산이라는 풍부한 보고寶庫에 기대어, 여러분 개인의 기도 생활을 형성하라.

무엇보다도, 예수께서 여러분 안에서 여러분과 함께 하늘에 계신 아버지께 기도드리면서 여러분을 위하여 기도하고 계신다는 사실을 기억하고 격려를 받아라. 주기도문에 있는 "우리"라는 표현에는 그리스도 교회의 가족인 여러분의 모든 형제자매와 함께 하나님의 아들이 포함되어 있다. 이것이야말로 목사들을 끊임없이 괴롭히는 고통스러운 외로움의 탁월한 진정제다. 그런 까닭에 여러분은 전능하신 천지 창조주 하나님이 여러분의 아버지이시

며, 예수를 봐서 여러분의 기도를 들어주실 거라고 확신해도 된
다. 루터는 자신의 개인 기도가 결코 사적인 게 아님을 자신의 이
발사에게 상기시킨다. "당신 혼자서 무릎을 꿇고 있다거나 혼자
서 있다고 생각하지 마십시오. 오히려 기독교 전체가, 모든 경건
한 그리스도인이 당신 곁에 서 있으며, 당신이 그들과 함께 서서
일치된 청원을 드리고 있으며, 하나님이 그 청원을 내치지 않으
신다고 생각하십시오."[20]

기도는 영적 전쟁이다

대 목자의 목양견인 여러분은 그분의 지시를 따르느라 여념이
없다. 여러분의 목표는 그분의 목표와 같다. 그것은 이미 그분의
우리에 들어온 양들과 어린 양들을 보살피고, 충실히 돌보는 것
이며, 그분이 산 자와 죽은 자를 심판하러 다시 오시기 전에, 아
직 그분을 알지 못하는 다른 양들을 모아들여, 그들이 그분 안에
서 생명과 양식을 얻게 하는 것이다. 하지만 여러분은 이 사람들
이 살며 일하는 육신의 차원에 주의를 충분히 기울이되, 영적 전
선에서 이루어지는 공격에도 바짝 경계해야 한다.

여러분이 영혼들을 돌보면서 날마다 성화의 영역에서 일하는
까닭에, 여러분은 자동으로 악마의 감시를 받게 마련이다. 사탄
과 그 무리는 이상하게도 거룩함에 끌린다. 성령께서 말씀과 성
례전을 통해 부르시고 모으시고 교화하시고 거룩하게 하시는 곳

---

20 Luther, *A Simple Way to Pray* (1535), LW 43:198. 루터의 어법에서 "기독교 전체Christen dom"는 단순히 교회를 의미하거나 모든 그리스도인을 의미한다.

마다, 사탄은 하나님 나라를 부수고 파괴하는 행동을 개시한다. 그것은 사탄이 여러분과 여러분의 사람들을 과녁으로 정했다는 뜻이다. 그런 까닭에, 우리를 위해 싸우시는 우리의 영웅 그리스도께서 지급해 주시는 갑옷을 입지 않은 채 사역에 나서는 것은 바람직하지 않다. 여러분은 그분의 보혈과 의로움에 싸여, 믿음의 방패, 구원의 투구, 정의의 가슴막이, 복음의 신을 받는다. 여러분은 성령의 검, 곧 하나님의 말씀을 손에 쥐고 여러분 자신과 여러분의 양 떼를 지킨다. 그러나 악마에 맞서는 최선의 방어는 그저 성경을 인용하는 것이 아니라, 사도가 권면하는 것처럼, 성경을 기도에 활용하는 것이다. "온갖 기도와 간구로 언제나 성령 안에서 기도하십시오. 이것을 위하여 늘 깨어서 끝까지 참으면서 모든 성도를 위하여 간구하십시오"(엡 6:18).

하나님 말씀 묵상과 기도는 함께 간다. 둘 가운데 어느 하나만 필요로 해서는 안 된다. 둘 다 필요하다. 사역 중에 영적 공격을 받을 때는 성령의 검, 곧 하나님의 말씀으로 방향을 돌려라. 성령께서는 말씀을 타고 오시기 때문이다. 말씀은 적을 물리치면서 여러분을 강하게 하고, 싸울 능력을 갖추게 하여, 우리의 하나님과 구세주께로 가까이 나아가게 한다. 그러나 그때 우리는 하나님의 말씀을 실로 삼아 기도 화환을 엮어 우리의 하늘 아버지께 바치며, 우리를 시험에 들지 않게 하시고, 악에서 구해 달라고 청한다. 그러면 기도 자체가 하나님의 말씀으로, 살아서 지속하는 말씀으로 단조鍛造된 무기가 된다.

나의 영적 싸움

나는 악마와 몇 차례 소규모 전투를 벌인 적이 있다. 그 전투들 가운데 일부는 영혼 돌봄과 영혼 치료를 위하여 말씀의 진리에 편드는 충실한 사역의 결과로 벌어졌지만, 다수는 단순히 나의 잘못 때문에 벌어진 것이다. 나의 영은 대체로 적극적이지만, 내 육신은 종종 약하다. 악마가 나의 그릇된 생각, 절망, 여타의 큰 수치심, 결함을 발판으로 삼아, 그리스도를 믿는 나의 믿음과 사랑을 약화하기 시작했다. 나는 나 자신의 자원으로는 악마의 적수가 되지 못한다는 것을 깨달았다. 신체 훈련의 필요성을 어렵게 체득한 것과 마찬가지로, 묵상과 기도라는 영적 훈련이 필요하다는 걸 내 마음에 각인하는 데는 악마와의 수많은 포격전이 필요했다. 묵상과 기도는, 여러분이 포화의 세례를 받을 때, 편안히 피할 수 있는 수단이 아니라, 하나님 자신과 직결된 지극히 중요한 생명선이다.

영적 전쟁은 단 한 번의 소규모 전투가 아니다. 여러분이 세례 받고 그리스도와 하나가 되었을 때, 여러분은 남은 생애 동안 그 전투에 징집된 것이다. 그리고 여러분이 목사로 임명받았을 때, 여러분은 여러분의 사역이 지속되는 내내 입대자의 신분이 된 것이다. 이 모든 것은 말씀과 기도로 거룩하게 된다는 사실을 잊지 마라. 성령 하나님은 이 수단들을 통해 여러분을 계속 거룩하게 하신다. 하지만 바로 그 거룩함이 여러분을 공격 대상으로 만든다. 예수께서는 대제사장의 기도에서 제자들을 위해서만 기도하시지 않고, 그들의 말을 듣고 그분을 믿는 모든 사람을 위해서도 기도하셨다(요 17:20). 바로 **여러분**을 위해서 기도하신 것이다. 그분께서는 하늘에 계신 아버지에게서 거룩한 말씀을 받으셨고, 그 말씀을 선포하도록 사람들을 부르셨다. 그분께서는 그렇게 부름을 받은 모든 사람이 사탄의 포화를 받게 되리라는 걸 충분히 아시고, 여러분을 악마에게서 지켜 달라고 아버지께 청하신 것이다.

고통이라는 시금석

하나님의 말씀을 묵상하는 것만으로도 악마의 분노를 산다는 것은 나쁜 소식이 아닐 수 없다. 하지만 여러분이 그리스도의 교회 안에서 그 말씀을 설교하고, 그분의 양들과 어린 양들을 그 말씀으로 위로할 때, 공격을 피할 길이 없다. 공격을 받을 게 틀림없다. 하지만 다 패하는 것은 아니다. 그 공격은 긍정적인 목적에 도움이 된다. 역설적이지만, 여러분을 하나님께로 점점 더 가까이 끌어당기는 것이다.

마르틴 루터는 악마의 공격을 모르는 사람이 아니었다. 오늘날 우리가 우울증이라고 부르는 것을, 그는 만성 침울이라 불렀다. 그는 이 침울에 시달리며 종종 절망 직전의 상태에 처했다. 그는 정치 권위자들, 신학 권위자들, 교회 권위자들의 빈번한 공격을 받을 때면 종종 안절부절못하며 지냈다. 하지만 그는 인간의 공격과 악마의 공격을 영적인 복으로 여겼다. 그에게 악마는 언제나 하나님의 악마였다. 사탄은 뜻하지 않게 그리고 본의 아니게 하나님의 뜻을 행한다. 악마는 하나님의 얼간이다. 그가 공격할 때마다, 하나님의 사람들은 하나님 안에서 은신처를 찾고, 오로지 하나님의 말씀에만 의지하고, 그 말씀으로 영원토록 살도록 쫓기기 때문이다.

이 원리는 루터가 이런 악마의 공격을 하나님의 말씀을 묵상하는 일의 통상적인 결과로 여겼을 만큼 중요했다. 그가 거명한 대로, **시련들**anfechtungen, 또는 공격들은 다음과 같이 자연스러운 진행의 마지막에 자리했다. 첫째는 기도가 이루어진다. 그리스도인은 기도를 통해 하나님의 말씀의 교화를 기원한다. 둘째는 묵상이 이루어진다. 이 묵상을 통해 성령께서 말씀으로 그리스도인을 교화하신다. "셋째는 **텐타시오**tentatio, 곧 **시련**이 자리한다. 이것은 시험으로서 여러분을 가르쳐, 모든 지혜를 넘어서는 지혜인 하나님의 말씀이 얼마나 올바르고, 얼마나 참되고, 얼마나 달콤하고, 얼마나 뛰어나고, 얼마나 강력하고, 얼마나 위로가 되는지를 알게 하고, 이해하게 할 뿐 아니라, 경험까지 하게 한다."[21]

영적 공격은 믿음의 시금석 역할을 한다는 지독한 반어법에 유의하라. 금과 은을 시금석에 문질러, 그것에 남겨진 조흔條痕으로 순도를 검사하듯이, 믿음은 악마의 공격과 습격에 직면했을 때 진위가 입증된다. 사탄이 악한 일에 쓰려고 하는 것을, 하나님은 선한 일에 쓰신다. 이 습격을 받고, 우리는 하나님의 은혜를 그저 지적으로 이해하던 데에서 하나님의 위로하는 자비와 사랑의 다면적 차원을 직접 경험하고 누리는 데로 이동한다.

기도와 묵상은 얼마간 감미롭고 이상적인 땅이나 어딘가에 있는 아름다운 섬의 더없이 행복하고 평화로운 상태에서가 아니라, 실생활의 고통 가운데서 발생한다. 기도, 묵상, 그리고 영적 전쟁은 하나의 묶음 과제다. 하나님이 다스리시는 영역에서는 고투가

XI 묵상을 되살리기

---

21   Martin Luther, "Preface to the Wittenberg Edition of Luther's Writings" (1539), LW
34:286-287.

따른다. 몸의 고통과 영혼의 고뇌, 감정의 고투와 영적 공격은 하나님의 사람들 누구에게나 닥친다. 그것들이 이미 닥친 게 아니라면, 여러분은 그것들이 여러분에게 닥칠 거라고 확신해도 좋다. 싸움이 격심해지거나 전쟁이 오래 지속되더라도 놀라지 마라. 이것 역시 지나갈 것이다. 십자가가 먼저 오지만, 그 뒤에는 왕관이 따른다. 유능한 병사처럼, 싸움에 대비하고, 여러분 안에서 선한 일을 시작하신 분께서 예수 그리스도의 날에 그 일을 완성하실 것임을 알라. 루터 박사가 여러분 이전에 알아낸 대로, 악마가 여러분을 공격하면서 할 수 있는 최악의 일은 여러분을 가르쳐 하나님의 말씀을 더욱더 알고 사랑하게 하는 것일 뿐이다. "하나님의 말씀이 여러분 안에 뿌리를 박고 자라자마자, 악마는 여러분을 괴롭혀 진짜 박사로 만들고, 제 공격으로 여러분을 가르쳐 하나님의 말씀을 찾고 사랑하게 할 것이다."[22]

포화의 세례를 받으면서도 기도하라

이 장의 목적은 여러분의 자기 영혼 치료의 새 전망을 여는 것이었다. 우리는 자기 돌봄이 얼마나 중요한지를 함께 개관해 왔다. 부디 내가 이것을 여러분에게 주입했기를 바란다. 나를 따라서 복창해 보라. "모든 목사에게는 목사가 필요하다."

하지만 여러분은 또한 여러분 자신의 영혼을 보살피지 않으면 안 된다. 우리 직무의 특성은 목회 직무의 상당 부분을 단독으로

---

22 같은 책.

수행한다는 것이다. 우리는 신자들이 영위하는 사생활의 가장 깊은 비밀들과 갈망들에 내밀히 관여하되, 그것들을 아내, 절친한 친구, 혹은 동료 목사에게 누설해서는 안 된다. 영혼 돌봄의 은밀한 특성은, 우리가 고백의 비밀을 엄수할 뿐만 아니라, 우리에게 맡겨진 비밀을 지키는 것도 의미한다. 하지만 우리가 끊임없이 의지해야만 하는 분이 계시다. 그리스도 예수께서는 우리의 지치고 피로한 속마음을 그분에게 털어놓으라고 명하신다. "수고하며 무거운 짐을 진 사람은 모두 내게로 오너라. 내가 너희를 쉬게 하겠다"(마 11:28). 목양견들은 부지런히 일하고 나서 쉴 때도 목자와 함께한다. 여러분도 그렇게 하지 않으려는가?

예수께서는 여러분의 안식이시니, 그분 안에서 쉬어라. 기도와 묵상으로 여러분의 영혼을 재충전하고, 여러분의 상처를 치료하며, 여러분의 봉사를 위한 힘을 얻어라. 달력을 친구로 삼고, 그것을 활용하여 여러분의 나날과 주간들을 하나님의 말씀과 기도로 거룩하게 하라. 이것이 여러분을 도와서 기쁨과 슬픔, 마음의 고통과 환희의 계절들을 지나게 해 줄 것이다.

하지만 포화의 세례를 받을 때도 놀라지 마라. 때때로 여러분의 삶과 사역을 어렵게 만드는 혐의자들 너머를 보라. 그들은 적이 아니다. 싸움은 훨씬 강한 적을 상대로 하는 것이다. 사탄은 초과 근무를 하면서까지 여러분의 기도를 훼방하여, 여러분을 그릇된 생각에 빠뜨리고, 여러분을 절망으로 몰아가려고 한다. 바로 그것이 단순한 기도를 어렵게 한다. 은수隱修 기도와 묵상에 평생을 바친 4세기 사막 교부는 이 싸움을 두고 아래와 같이 말했다.

형제들이 그에게 물었다. "모든 선한 일 가운데서 가장 큰 노력이 필요한 덕은 어느 것입니까?" 그가 대답했다. "미안하지만, 하나님께 기도드리는 것보다 더 큰 수고는 없는 것 같습니다. 어떤 사람이 기도하려고 할 때마다 그의 원수인 악마들이 그를 훼방하려 하기 때문이고, 그가 기도하지 못하도록 함으로써만 그의 여정을 방해할 수 있다는 걸 그들이 알기 때문입니다. 어떤 선한 일이든, 사람이 떠맡아서 그것을 참고 견디면, 쉼을 얻게 될 것입니다. 그러나 기도는 죽을 때까지 수행하는 싸움입니다."[23]

사탄은 이미 심판을 받았으니, 그의 말을 귀담아듣지 마라. 그는 절대로 여러분을 해치지 못한다. 그에게, 썩 꺼지라고, 본래 속해 있던 지옥으로 돌아가라고 말하라. 그의 비비 꼬인 거짓말과 비난에 귀 기울이는 것보다, 여러분이 수행해야 할 훨씬 중요한 일이 있다. 여러분의 주 예수께서 여러분을 초대하신다. 기도 안에서 그분께로 나아가, 여러분의 영혼을 위한 쉼을 얻으라고.

그대로 해 보라. 그러면 그것을 좋아하게 될 것이다.

편·안·文·편

23 *The Sayings of the Desert Fathers*, trans. Benedicta Ward (London and Oxford: Mowbray, 1975), 21-22. (《사막 교부들의 금언》, 이후정, 엄성옥 공역, 은성)

XII

항상 꾸준하라

사역의 균형

_____ 여러분은 1950년대와 1960년대에 농장에서 유년기와 청소년기를 보내며 자란 내 이야기를 읽고 내가 약간 향수에 젖어 있음을 알게 되었을 것이다. 내 마음의 눈으로 본 그 시절의 영상은 100퍼센트 정확한 게 아닐 수도 있다. 일찍이 내 어머니의 요리를 나의 새 신부에게 자랑했을 때(추천하고 싶지 않은 습관이다), 어머니는 제인에게 이렇게 말했다. "나는 밤마다 수프 캔을 땄을 뿐인데, 그 애는 그것을 깜빡하더구나." 마찬가지로, 그 시절의 농장 생활에 대한 나의 감상적인 묘사는, 기온이 영하로 떨어진 겨울 아침의 매섭고 얼얼한 바람이나, 참을 수 없을 만큼 뜨거운 여름날의 지독히 무자비한 태양을 빼뜨린다. 그런 날씨 속에서 젖을 짜는 일은 즐거운 게 아니었다. 겨울 폭풍 때문에 시골 송전선이 불통되었을 때, 젖소 스물네 마리의 젖을 짜는 일은 묘기 수준이었다. 아버지는 2기통 존디어(제조업체 이름을 딴 농기계-

편집자)의 작은 감압 콕에 연결된 진공 호스를 이용하여 우리 집 착유기 세 대 중 한 대를 임시로 조작했지만, 착유 시간은 세 배나 더 걸렸다. 기억이란 그런 것이다. 그것은 마음을 더 애틋하게 만들고, 불쾌한 세부 사항은 잊게 한다.

마찬가지로, 나와 같은 노인들에게는 20년 전의 교회, 30년 전-이나 50년 전-의 교회를 장밋빛 유리를 통해 애틋하게 바라보는 경향이 있다. 오늘날과 마찬가지로 그 시절에도 인간의 마음이 죄에 빠져 완고했음을 잊는 것이다. 우리는 전쟁 이후 시절의 역동적인 수적 성장을 과장하여 말하면서도, 사람들이 사회적 압력 때문에 교회에 등록했을 때 종종 그 결과로서 나타난 피상적이고 형식적인 믿음은 무시해 버린다. 우리는 사실상 교회에는 '전성기'가 없었다는 사실을 상기하지 않는다. 여러분이 어느 시대를 이야기하든 간에, 시대마다 나름의 도전들이 있고, 악마와 세상과 육체는 복음을 위해 나서는 게 고달픈 일임을 보증한다. 성경의 세계관을 신봉하는 신자들과 〈합의서The Book of Concord〉에서 인정된 신조的信條的 기독교의 교의들을 떠받드는 목사들은, 그들보다 앞서 나간 세상 속에서 도리 없이 시대에 뒤떨어진 사람, 부적절한 사람으로 여겨질 것이다.

이따금 우리는 광적으로 향수에 젖어, 삶이 더 단순하고, 기독교와 문화가 협조 관계에 있던 옛 황금 시절을 갈망하는 듯한 인상을 준다. 그러나 예수께서는 "그러므로 너희는 가서 문화를 변혁하라"라고 말씀하시지 않고, "모든 민족을 제자로 삼아라"라고 말씀하셨다. 우리는 시계를 1950년대로, 18세기의 탄탄한 선교의 시대로, 교리가 생생하게 영향을 끼쳤던 16, 17세기로 되돌리도록 부름을 받은 게 아니다. 오히려 각 시대의 교회는 복잡하고 혼란스러운 자기 세대에게 영원한 믿음을 분명하고 강력하게 변호하고 고백해야 한다.

우리는 이제 캔자스에 있지 않다

사실, 지난 60년 동안 상황이 극적으로 바뀌었다. 사회 구조들과 도덕 가치들이 안쪽으로 철저히 붕괴하였다. 1950년대에 이름을 떨쳐, 20년 뒤에 〈행복한 나날 Happy Days〉이라는 인기 있는 텔레비전 연속물로 재연된 〈아버지가 가장 잘 아셔 Father Knows Best〉의 세계는 사라진 지 오래다. TV 스트리밍 서비스는, 여러분의 정신이 상상할 수 있거나, 여러분의 마음이 갈망하는 살인, 유혈 싸움, 퇴폐의 조합을 연예를 가장하여 여러분의 거실이나 여러분의 휴대용 단말기로 흘려보낸다. 1950년대에 자란 나는 그 시절이 사회학적으로 말해서 모든 것을 위한 자리가 있고, 모든 것이 제자리에 있던 더 단순한 시절이었다고 말할 수 있다. 그 세계는 도리 없이 순박한 세계, 이제는 낡은 세계, 고대 문명이나 머나먼 은하수처럼 오늘날 우리에게서 멀리 떨어진 세계로 여겨진다. 하지만 우리의 선교는 오늘날에도 복음을 고백하는 것이지, 사회를 지나간 세월에 맞추는 게 아니다. 내 친구 가운데 한 사람은 현대의 선교적 난제들을 기술하면서 이렇게 말했다. "기억하라, 아이젠하워 행정부는 곧 돌아오지 않는다는 것을."

그러나 주변 세계와 계속 교류하라. 변함없이 성경을 연구하고, 문화도 연구하라. 시대의 추세와 그 시대가 폭넓게 받아들이는 가치관들에 주목하라. 대 목자의 목양견인 여러분의 임무는 과거의 사람들이 아니라 현재의 사람들에게 그분의 선물들을 가져다주는 것이다. 바울은 디도에게 보내는 목회 서신에서 목사를 "하나님의 청지기"라 부른다(딛 1:7). 이는 여러분에게 맡겨진 일을 성실히 감당하라는 뜻이다. 여러분이 살아가는 시대에 성실한 고백은 동시대인들의 신념들과 전제들을 속속들이 알고 있어야 함을 의미한다.

바울은 목사가 흠잡을 데 없고, 충실하고, 도덕적으로 강직한 사람이 되는 것 외에, 진리와 오류를 구별하고, 진리를 고백하고 오류를 논박해야 한다고 말한다. "신실한 말씀의 가르침을 굳게 지키는 사람이라야 합니다. 그래야 그는 건전한 교훈으로 권면하고, 반대자들을 반박할 수 있을 것입니다"(딛 1:9). 진리를 충실히 가르치려면, 오류를 물리쳐야 한다. 문제는 사람들이 자신들의 문화에 너무 쉽게 눈이 멀어, 진리와 오류를 구별할 줄 모른다는 것이다. 그들은 그저 흐름에 몸을 내맡기면서, 믿음에 해로운 문화의 전제들을 부지불식간에 받아들인다. 그러므로 여러분에게는 사역의 중추가 필요하다. 바르게 가르치려면, 온갖 오류를 반박해야 한다. 해야 할 일은 사랑의 일이다. 진리와 사랑은 목회 직무에서 밀접한 관련이 있다. 그리스도의 양들을 불쌍히 여긴다는 것은, 용기를 내어 진리를 말하는 것을 의미한다. 그것은 혼합주의와 절충의 시대에 특히 참된 일이다.

책의 도전

우연한 만남처럼 보이는 것이 변장한 복으로 드러나는 때가 더러 있다. 한 목사들의 회의에서 나는 한 사람을 만났는데, 그를 잭이라고 부르겠다. 잭은 잘생긴 젊은이로서 참신하고 의욕적인 신학대학원생의 전형이었다. 그는 이제 막 사역 2년 차에 들어선 사람이었다. 하지만 그의 진지하고 통찰력 있는 질문들은 그의 연령대를 넘어선 성숙을 드러냈다. 나의 이야기가 끝나자, 그는 내가 불쌍히 여김compassion이라는 단어를 사용하여 목회적 돌봄에 접근하는 것에 끌렸다고 말했다.

나는 좀 더 알고 싶어서, 그를 찾아내어, 목회 직무에 관한 세대 간 대화를 조금 더 나누었다. 잭과 그의 동료들은 우리 노장파 목사들에게서 냉담하고 완고해지는 경향을 본 것으로 드러났다. 짐작하건대, 그들은 신자들에게 기울이는 관심 및 공감과 관련해서가 아니라, 올바른 교리와 올바른 실천의 연결을 주장하는 것과 관련하여 그런 경향을 보았을 것이다. 잭은 이렇게 말했다. "내가 사용하는 '불쌍히 여김'이라는 단어에는 올바른 가르침도 포함되어 있습니다." 칼을 반복해서 사용하면 점점 날이 무뎌지듯이, 그가 주목한 대로, 노장파 목사 다수는 해가 갈수록 가르침과 실천의 밀접한 연결에 점점 덜 민감해지는 경향이 있다.

그는 이렇게 말했다. "내가 속해 있는 소장파 목사들은 올바른 교리와 올바른 실천의 절대적 연결을 보기 시작하고 있습니다. 하지만 노장파 목사 다수는 이렇게 말합니다. '자네들은 신학교를 갓 졸업해서 아직 이해하지 못해. 나도 그런 적이 있었네만, 자네들이 사역에 더 많이 몸담으면 바뀔 거야.'"

숙련된 목사들이 젊은 목사들의 그런 열정을 억누르다니, 한심스럽지 않은가? 경험을 비장의 카드로 활용하여, 하나님의 말씀에 충성하는 것에 맞서다니, 참으로 안타까운 일이 아닐 수 없다.

잭은 이어서 말했다. "내가 목사님의 발표에 경의를 표하는 것은, 그것이 말씀에 대한 올바른 이해에서 나온 것이고, 아무리 어려워도 바로 거기서 적절한 영혼 돌봄이 비롯하기 때문입니다."

하지만 그는 적절한 분별력과 요령도 중요하게 여긴다. 그는 이렇게 주장한다. "나는 말하는 좋은 방법들이 있고, 적합한 방법들과 적합한 장소들이 있다고 생각합니다. 나는 신자들에게 무감각하게 말하는 걸 옹호하지 않습니다." 그러면서도 그와 그의 동료들은 진리와 사랑을 매력적인 조합으로 여긴다. "진리에 관한 거짓말을 해서는 안 됩니다."

나는 하나님 말씀의 진리를 고수하려는 열의와 영혼들을 사랑하려는 열의를 겸비한 그 젊은 목사의 말에 감동하여 그에게 이렇게 말했다. "당신의 지혜, 당신의 열심, 당신의 역량, 주님의 교회에서 봉사하려는 당신의 열망을 보니, 나에게는 매우 고무적입니다. 내 스펙트럼의 끝에 이르러, 미래가 무엇을 가져다줄지를 생각하며 낙담하는 때가 더러 있거든요." 나는 그렇게 될 줄 알았어야 했다. 주 예수께서 지옥문이 교회를 이기지 못하도록 하겠다고 약속하셨고, 그래서 각 세대 안에서 잭과 같은 새 일꾼들을 임명하셔서 사역의 망토를 걸치게 하시는 것은 당연하니까.

잭의 세대는 확실히 그리스도와 그분의 나라를 위해 일을 떠맡고 싶어 한다. 그는 이렇게 말했다. "내 또래의 목사들과 이야기를 나누어 보니, 다들 똑같이 이렇게 말하더군요. '갑시다. 우리는 준비되었으니, 도전에 응합시다'." 잭은 성령께서, 다가올 어려운 시절 내내 그의 세대를 격려하셔서, 그분의 말씀에 순응하게 하실 거라고 확신한다. 그리고 그는 분명히 혼자가 아니다. 그는 이어서 말했다. "우리 세대는 물려받은 것을 소중히 여기는 세대입니다. 그것을 (완전히) 이해하지는 못해도, 차츰 이해하게 될 것입니다." 한 가지는 확실하다. 이를테면 잭과 그 또래 집단은 하나님의 말씀에서 벗어나 자라지 않고, 하나님의 말씀을 신실하게 고백하는 데까지 성장해 가기로 작정하고 있다는 것이다. 나와 같은 괴짜에게는 듣기만 해도 두근거리게 하는 소식이다.

사역의 만년에 이르러, 나보다 젊은 세대들이 목회 직무의 **습성**을 차츰차츰 익히면서, 올바른 가르침을 고수하고, 동시에 예수께서 목숨을 내주시며 사랑하신 영혼들을 위하여 올바른 실천을 열심히 껴안는 모습을 보는 것은 실로 짜릿한 일이다. 다음과 같은 잭의 마지막 말은 그리스도의 교회의 미래에 관한 길조가 아닐 수 없다. "주님 안에서 강하고 굳게 서십시오. 그러면 그분께서 힘을 주실 것입니다."

힘내요, 잭. 당신의 동아리가 커지기를 바랍니다. 하지만 나는 나처럼 사역의 황혼기에 접어든 목사들에게는 이렇게 말하련다. 성직에 몸담은 이 최연소 동료들을 무시하지 마라. 그들과 동행하며, 여러분의 독실한 모범, 여러분의 기도와 개인적 조언으로 그들을 격려하라.

성의 붕괴

복음 전도자 겸 목사의 일차적 과제는 그리스도인들이 영위해야 할 세례받은 삶의 견지에서 현재의 대중적인 생활 양식과 가치관을 평가하는 것이다. 예를 하나만 들어 보자. 성을 생식과 분리하기 위해 1960년대에 시작된 성 혁명 프로젝트는 10년이 지날 때마다 급속한 추진력을 얻었고, 낙태, 영아 살해, 온갖 종류의 성적 일탈에 대한 광범위한 지지로 번졌다. 이제는 자유와 인권의 이름으로 광범위한 간통이 관용만 얻는 게 아니라 폭넓은 찬성과 장려까지 받고 있다. 결혼 생활의 '평등'은 성관계를 부부관계 속에 그리고 가족 안에 자연스럽게 자리 잡은 상태에서 성공적으로 떼어 냈다. 하지만 이 일탈을 위한 무대는, 남녀의 결혼생활이 주로 낭만적인 매력과 오르가슴-극적일수록 더 좋다는-으로 이루어지는 것으로 재정의되면서 오래전에 마련되었다.

난교亂交와 성적 타락의 '멋진 신세계'가 열렸다. 그 결과로 사람들이 다른 사람들에게서만이 아니라, 자신의 몸으로부터도 소외되고 있다. '성별 유동성gender fluidity'이라는 새로운 정론은 성정체성이 해부학보다는 감정에 뿌리를 두고 있다고 주장한다. 그래서 신체는 원하는 성별에 근접하도록 화학적으로, 외과적으로 변형된다. 이원적 성 구별은 타고난 인간 존엄성을 억압하기 위해 고안된 가부장적 계급 제도의 압제적 발명품으로 간주된다. 따라서 개인의 자유의 문제로서, 사람들은 남성적이거나 여성적인 페르소나와 외모를 상상하며, 자신들이 입고 태어난 실제 남성 신체나 여성 신체를 노골적으로 거부할 때 박수를 받는다.

〈아버지가 가장 잘 아셔〉에서 로버트 영이 연기한 둔감한 아버지와 〈행복한 나날〉에 등장하는 시대의 반항아 '폰지' 폰자렐리조차도 이러한 사태 전개를 보았다면 충격을 받는 것은 물론이고, 말문이 막혀 기절까지 했을 것이다. 수천 년 동안 유지되어 온 공중도덕과 사회적 금기를 지배하는 전제들이 처처에서 무너져 내리고 있다. 성 혁명이 결혼 생활과 가정을 보호하는 방책들을 성공적으로 강타했을 뿐만 아니라, 논리의 성벽까지 무너뜨린 게 그 증거다. 생물학적으로 남성인 사람들이 자기를 여성으로 선언하고, 여성들이 남성으로 가장하면서, 우리는 모두 사회적 광기의 세계에 들어섰다. 그것은 인류 역사 속에서 전혀 알려지지 않은 영역이다.

그러나 다른 차원에서 보면, 이것은 새로운 게 아니다. 기독교 교회는 역사 내내 반목하는 문화들에 직면해 왔다. 교회는 전에도 이교 환경들을 확실히 알고 있었다. 그런 점에서 초기 그리스도인들의 기독교 이전pre-Christian 경험들은 기독교 이후post-Christian 세계에 맞닥뜨린 오늘날의 우리 그리스도인들에게 도움이 된다. 하지만 어떤 중요한 측면에서 보면, 우리의 상황은 독특한 상황이다. 이전 세기의 선교사들은 확실히 반감에 맞닥뜨렸지만, 인간의 범주 안에서 사고하고 생활하는 사람들을 상대했다. 이교도들은 진리와 오류, 옳고 그름에 대한 분류가 있는 세상에서 활동했다. 그들은 남자와 여자, 아버지와 어머니가 무슨 뜻인지를 본능적으로 파악했다. 그러나 풍부한 개인주의가 지배하는 우리 세계에서는 무엇이든 쉽게 손에 넣을 수 있다. 현대의 이교도들의 삶은 북극성을 놓쳤을 때 추측 항법으로 항해하려고 하는 것과 같다.

오늘날 그리스도인들 앞에 놓인 도전을 인류의 교외에서 수행하는 선교 사업으로 설명하는 친구가 있다. 그는 아우구스티누스의 고전 작품《하나님의 도성The City of God》의 비유적 표현을 이용하여, 우리가 더는 하나님의 도성에서 살고 있지 않으며, 동시에 인간의 도성에서도 살고 있지 않다고 말한다. 그는 우리가 인간의 도성의 교외에서 살고 있다고 주장한다. 그의 말이 옳은 것 같다. 현재의 문화 속에 점차 받아들여진 뒤틀린 전제들이 비인간적인-인간 이하의-세계를 구성하고 있다.

신실한 고백

그러니 좌석 벨트를 매도록 하라. 험난한 여행이 될 것이다. 성경
적으로 사고하고 생활하는 사람은 동시대인들과 보조가 맞지 않
을 것이고, 외계인처럼 낯설 것이다. 세상이 거꾸로 뒤집히면, 똑
바로 서 있던 사람이 반드시 이상한 사람이 되고, 편협한 사람이
나 증오하는 사람으로 낙인찍힐 것이다. 그런 까닭에 하나님의
사람들과 그들의 목사들에게는, 시대 풍조를 거슬러 풍파를 일으
키기보다는 시대 풍조를 따르며 잘 지내자는 유혹이 연중 끊이
지 않고 다가올 것이다. 그러나 우리는 믿음 없는 세상에서 믿음
을 지키도록 부름을 받았다. 이는 교회는 항상 주류에 대항하는
문화가 되어야 한다는 뜻이다. 어느 시대이든, 우상 세우기를 고
집하는 세상에서, 그리스도의 복음을 신실하게 고백하려면 마땅
히 대가를 치러야 한다. 이는 나쁜 소식이 아닐 수 없다.

그러나 좋은 소식도 있다. 예수께서는 이렇게 말씀하신다. "너
희는 세상에서 환난을 당할 것이다. 그러나 용기를 내어라. 내가
세상을 이겼다"(요 16:33). 예수는 그런 분이시다. 그분께서는 진
정한 현실주의자이시다. 그분께서는 우리에게 장미 정원을 약속
하신 적이 없다. 사실, 정반대를 약속하셨다. 그분께서는 친히 임
명하신 사람들에게, 그들을 보내는 것이, 마치 양들을 이리 떼 가
운데로 보내는 것과 같다고 말씀하셨다(마 10:16). 그들은 반드시
공격을 받게 되어 있었다. 명령을 받은 병사는 적의 포화 세례를

받더라도 놀라서는 안 된다. 그리스도의 일을 수행하는 사람들은 그분께서 직면하셨던 것과 같은 적대에 직면하더라도 충격을 받아서는 안 된다. 스승을 경멸하는 사람들은 그 제자들도 경멸할 것이다. 주인을 거부하는 사람들은 그 종들도 거부할 것이다.

"제자가 스승보다 높지 않고, 종이 주인보다 높지 않다. 제자가 제 스승만큼 되고, 종이 제 주인만큼 되면, 충분하다. 그들이 집 주인을 바알세불이라고 불렀거든, 하물며 그 집 사람들에게야 얼마나 더 심하겠느냐!"(마 10:24-25).

여러분이 예수와 함께하면, 후환이 있을 것이다. 여러분은 악마의 공격뿐 아니라, 불경한 세상의 저항도 받게 될 것이다. 그러나 여러분이 공격을 받을 때는 좋은 친구와 사귀게 될 것이다. 그분께서는 자기가 "섬김을 받으러 온 것이 아니라 섬기러 왔으며, 많은 사람을 위하여 자기 목숨을 몸값으로 치러 주려고 왔다"라고 말씀하셨다(마 20:28). 하지만 그분께서는 십자가를 지심으로써 명백한 패배의 문턱에서 승리를 낚아채셨다. 그렇다면 얄궂게도, 십자가의 불행과 불명예는 그리스도의 모든 것에 승리의 전조가 될 것이다.

십자가가 먼저고, 면류관은 그다음이다

그것은 여러분에게도 마찬가지다. 그리스도와 그분의 부활의 능력을 아는 것은, 그분의 고난에 동참하는 것도 의미한다(빌 3:10). 예수처럼 되는 법을 배우는 가장 효과적인 길은 그분의 십자가를 지는 것이다. 그 길은 승리로 이어지지만, 그 길을 따르는 데는 종종 괴로움이 자리한다. 나는 여러 해에 걸쳐 나에게 고난에 관해 많은 것을 가르쳐 준 신실한 그리스도인 다수를 알게 되었다.

그녀의 이름을 메리라고 하자. 내가 그녀의 담임 목사가 되었을 때, 그녀와 그녀의 남편 프레드는 주일마다 예배에 참석하는 사람, '교회의' 모범적인 '기둥'이었다. 프레드는 2차 세계대전 참전 해군 용사였고, 우리가 "가장 위대한 세대"라고 부르는 사람들 가운데서 흔히 보이는 여러 성격을 드러냈다. 그는 열심히 일하는 사람이었고, 그들 부부는 1에이커의 토지에서 살았다. 그 토지에는 사과 과수원이 있었다. 그가 제대하고 돌아와 손수 지은 작고 튼튼한 집 주위에 그들 부부가 함께 심어 가꾼 과수원이었다.

메리의 건강이 쇠해지기 시작하자, 프레드는 그녀의 반석이 되어 주었다. 그녀가 퇴행성 관절염으로 인해 기동력이 떨어지자, 그가 늘 그녀의 곁에 있어 주었다. 그들이 매주 신도석의 약 4열 뒤에서 옆 통로를 따라 올라가던 모습이 지금도 눈에 선하다. 친절한 왕자가 현대의 공주를 곁에서 호위하는 모습이었다. 천상의 양식이 그들 두 사람을 부양했다. 처음에 그들은 무릎을 꿇고 주님의 몸과 피를 받았다. 관절염에 걸려 더는 무릎을 굽힐 수 없게 되자, 메리는 상체를 굽혀, 영생에 이르기까지 지속하는 양식을 겸손히 입으로 받았다. 관절염이 서서히 번져, 염증이 그녀의 관절들을 위태롭게 하더니, 보행을 점점 더 어렵게 했다.

프레드가 심각한 심장 합병증으로 병원에 입원했을 때, 메리는 날마다 용감하게 그를 찾아갔고, 그의 상태가 나날이 악화하는 동안에는 그와 함께 대기했다. 그녀가 그의 중환자실 칸막이의 좁은 구역 안에서 쪼그라든 채 그의 곁에 태연히 앉아 있던 모습,

의료 기기들이 삐 소리와 윙 하고 도는 소리를 내며, 그의 쇠약해지는 생명을 측정하던 광경이 지금도 눈에 선하다.

마침내 마지막이 다가왔을 때, 메리는 자신의 친절한 왕자 배우자 없이도 계속 씩씩했다. 그녀는 키가 계속 줄어들고 있었지만, 어린아이처럼 주님을 단순하게 믿는 믿음 안에서 성장했다. 직접 운전하여 교회에 가서 친구들과 점심을 먹기로 작정하다니, 그녀는 진정한 영웅이었다. 그녀가 장애를 최대한 차단하며, 50여 년 동안 그녀의 충실한 힘과 보호자가 되어 주었던 남편 없이 씩씩하게 지내는 모습을 보는 것은 창조적 자극이었다.

세월이 흐르면서, 그녀의 온화한 마음과 조용한 믿음이 친구들과 친지들에게 감화를 주었다. 그녀는 특히 우리 부부의 삶에 영향을 미쳤다. 그녀가 내 아내의 '다른 엄마'가 되어 주었기 때문이다. 제인이 젊은 신부 시절에 친모를 상실했기에, 메리와 제인은 매우 가까운 사이가 되어, 웃음과 기쁨을 함께 나누고, 슬픔도 함께 나누었다. 하지만 그때 메리의 건강이 더 쇠약해졌다. 골다공증에 걸린 그녀의 뼈들이 점점 약해져서 부서지기 시작했고, 그녀의 척추는 더는 그녀의 몸을 지탱하지 못했다. 그래서 그녀는 랍스터 같은 자신의 몸통을 보호하기 위해 특별 버팀대를 장착해야 했다. 그녀는 자기 집의 구역에서 벗어나는 걸 좋아했고, 특히 프레드와 함께 자주 이용하던 몇몇 레스토랑에서 우리 부부에게 만찬 대접하기를 좋아했다. 그녀의 몸이 스스로 무너지면서, 그녀의 위장에는 푸짐한 식사를 할 수 있는 공간이 거의 없었지만, 어쨌든 그녀는 맛과 교제를 즐겼다. 초콜릿 디저트 없이는 식사가 완료되지 않았고, 어떻게든 그녀는 매번 자기 몫을 다 들었다.

메리는 생활 보조 시설로 이사한 직후 넘어져 이미 부러진 등뼈를 다쳤다. 나는 그녀의 병실에서 안타까운 장면을 목격했다. 그녀는 이미 너무나 많은 잔학 행위를 겪은 상태였다. 지금도 이런 일이? 나는 바울이 고린도 교인들에게 써 보낸 말에 의지했다. "그러므로 우리는 낙심하지 않습니다. 우리의 겉사람은 낡아 가나, 우리의 속사람은 날로 새로워집니다. 지금 우리가 겪는 일시적인 가벼운 고난은, 비교할 수 없을 정도로 영원하고 크나큰 영광을 우리에게 이루어 줍니다. 우리는 보이는 것을 바라보는 것이 아니라, 보이지 않는 것을 바라봅니다. 보이는 것은 잠깐이지만, 보이지 않는 것은 영원하기 때문입니다"(고후 4:16-18).

문장 중간에 내 목소리가 갈라지고, 내 눈은 눈물범벅이 되었다. 내가 마치면서 사과하자, 메리는 이렇게 말했다. "아닙니다. 슬피 울지 마세요. 목사님이 돌보신다는 것을 알게 되어 위안이 됩니다." 그리스도의 사람들 사이에 자리한 길은 이런 길이다. 웃을 때가 있고, 눈물 흘릴 때가 있으며, 기뻐할 때가 있고, 슬퍼할 때가 있다. 눈물과 웃음을 함께 나누면, 슬픔은 줄어들고, 기쁨은 늘어난다.

메리는 몇 해 더 살았다. 그녀의 육신은 명백히 쇠약해졌지만, 그녀의 정신은 대단히 강했다. 그녀의 장례일에, 나는 그녀의 가족과 친구들-과 제인과 나 자신-에게, 예수께서 거센 바람을 잠잠하게 하신 사건에 기초하여 이런 말씀을 설교했다.

여러분도 기억하실 텐데, 예수께서는 제자들을 그들의 곤경에서 불러내시며 "왜들 무서워하느냐? 믿음이 적은 사람들아!" 하고 말씀하셨습니다. 메리가 여러 해 동안 병을 앓을 때 그녀를 섬기는 특권을 받은 우리 같은 사람들은 그녀의 견실한 믿음에 큰 격려를 받았습니다. 그녀는 강인한 남자들을 울게 만드는 일들에도 불구하고, 그녀가 아기였을 때 그녀를 자기 것이라 주장하신 하나님이 그녀를 절대로, 결단코 버리지 않으실 거라는 일관된 확신을 보여 주었습니다. 메리는 88년 전에 태어나 한 주 뒤 월요일에 성부와 성자와 성령의 이름으로 세례를 받았습니다. 그 재생의 목욕을 통해 그녀는 예수와 연합하여 그분의 죽으심과 부활에 참여하게 되었습니다. 예수께서는 자기 것이라 주장하신 사람들을 결단코 버리지 않으십니다. 죽음도, 삶도, 현재 일도, 장래 일도 그들을 그리스도 안에 있는 하나님의 사랑에서 끊을 수 없습니다.

여러분은 여러분의 사역 속에서 메리와 프레드 같은 사람들을 이미 알고 있을 것이다. 하나님의 뜻이라면, 여러분은 어느 날 그런 사람들을 만나게 될 것이다. 여러분도 나처럼, 하나님의 고난받는 성도들이 여러분에게, 인내와 은혜로 자기 십자가를 지는 법을 가르쳐 주리라는 걸 알게 될 것이다. 여러분은, 여러분이 약할 때 강해진다는 걸 체득하게 될 것이다. 여러분은, 하나님의 은혜는 여러분의 약함 속에서 완전해진다는 것을 (때때로 경험을 통해) 배우게 될 것이다. 여러분은, 예수와 함께하면 그분의 십자가가 보이고, 그분의 고난에 참여할 때 그분을 가장 잘 알게 된다는 것을 깨닫게 될 것이다.

흔들리지 않음

그러나 고생을 자초하지는 마라. 목사들 가운데는 자신들이 문제들에 맞닥뜨린 것을 자랑스러워하는 이가 더러 있다. 그들은 사실 자신들이 문제인데도, 자신들의 신실함으로 인해 박해를 받고 있다고 주장한다. 오래전에 베드로는 목사들에게 양 떼를 지배하려 하지 말라고 경고했다(벧전 5:3). 반드시 여러분과 여러분의 밉살스러움 때문이 아니라, 예수와 그분의 십자가 때문에 공격을 받도록 하라.

그러나 사실은, 아무리 빈틈없이 겸손하게 말해도 공격을 받게 되어 있다. 문화는 수 세기에 걸쳐 나타났다가 사라지지만, 기독교의 신실한 가르침은 유행을 따른 적이 없다. 세상에는 거꾸로 된 일들이 있음을, 예수께서는 우리에게 일깨우신다. 거짓 예언자들이 칭찬을 받고, 참 예언자들은 박해를 받는다. 그러므로 여러분의 가르침에 대한 세상의 반발은, 여러분이 그분 편에 서 있음을 매우 정확히 가리키는 것일 뿐이다. "사람들이 너희를 미워하고, 인자 때문에 너희를 배척하고, 욕하고, 너희의 이름을 악하다고 내칠 때에는, 너희는 복이 있다. … 모든 사람이 너희를 좋게 말할 때에, 너희는 화가 있다. 그들의 조상들이 거짓 예언자들에게 이와 같이 행하였다"(눅 6:22, 26).

유전하는 혼란스러운 세계에서 꾸준한 사역을 유지하는 비결은 대 목자의 목양견이 되는 것이다. 여러분이 예수께 주의를 집중하고, 자기 양들과 어린 양들을 위하시는 그분의 뜻대로 수행한다면, 불가피한 혼란에 시달리는 일이 덜할 것이다. 목양견들은 양들의 승인을 바라지 않고 목자의 승인을 바란다. 하지만 그들은 그 양들을 돌보고 보호하는 일에 온 힘을 집중한다. 마찬가지로 그리스도의 충실한 일꾼인 여러분도 표면상의 결과에 아랑곳하지 않고 그분의 사람들을 충실히 돌보는 일에 담차게 온 힘을 기울일 수 있다.

바울은 새내기 목사에게 "기회가 좋든지 나쁘든지"(딤후 4:2) 말씀을 설교하라고 충고했다. 그것이야말로 여러분의 사역을 시작하고 그것을 평생토록 지속하는 가장 좋은 방법이다. 한쪽 눈은 양 떼에 고정하고, 다른 한쪽 눈은 말씀을 통해 목자에게 고정하라. 신실한 설교와 가르침은 언제나 상황의 지배를 받지 않고, 성경 본문의 지배를 받는다. 여러분의 손가락이 항상 허공을 더듬으며, 여러분 주위의 문화 속에서 바람이 부는 방향을 살핀다면, 여러분은 십자가에 달리셨다 부활하신 주님의 충실한 사자가 되지 못할 것이다. 그분의 신적인 말씀은 모든 나라 사람들, 모든 언어권 사람들, 모든 시대 사람들의 필요에 맞도록 의도되었다. 여러분이 텍스트 곧 그분의 말씀을 고수할 때, 여러분은 항상 여러분의 동시대 사람들의 필요에 충실하게 될 수 있다. 그리할 때만, 여러분은 대혼란이 곳곳을 지배하는 시대에도 굴복하지 않게 될 것이다. 말씀의 지배를 받아 진정된 차분한 고요야말로 참된 목회적 **습성**의 주요 특징 가운데 하나다. 예수와 양 떼를 위하시는 그분의 뜻에 집중할 때, 여러분은 혼란의 시대에도 흔들리지 않게 될 것이다. 중요한 것은 여러분이 무엇을 하느냐가 아니라, 여러분이 누구이냐이기 때문이다.

여러분을 위해 농업에 관한 비유를 하나 더 들 테니 보조를 맞추어 주기 바란다. 무슨 일이 있어도 여러분의 기술을 고수하는 것과 관련된 비유다.

습성과 헌신

내 아버지는 결점들을 가지고 있어서, 부족한 점과 모자라는 점을 가장 먼저 인정하곤 했다. 하지만 아버지의 특성 가운데 하나는 자기 일에 차분히 헌신하는 것이었다. 이것이 아버지의 **습성**이었다. 아버지의 전 존재는 농사에 싸여 있었다. 아버지는 무엇보다도 농부였기 때문이다. 그 습성이 아버지를 떠받쳐 주어, "불결한 30년대"로 불리던 시기의 먼지 폭풍처럼 아버지의 농장에 닥친 험난한 시기를 헤쳐 나갈 수 있게 해 주었다. 장기간의 가뭄이 빈약한 농법과 함께 중서부 지역의 비옥한 표토表土에 닥쳐, 그 가운데 상당량이 바람에 높이 날려 갔다. 최악의 폭풍이 부는 동안, 지독한 바람이 눈을 어지럽히는 흙먼지를 공중의 상층부로 불어 올렸다가, 모든 것의 통로에 모래를 뿜어 댔다. 헛간들이 떨며 흔들리는 바람에 가축들이 몰려, 등짝으로 바람을 맞았다. 그러는 동안 농장에서는 아버지와 그 가족이, 폭풍을 맞는 유리창이 깨져 안으로 들이치는 걸 막으려고 밑에서 받치곤 했다. 휘몰아치는 먼지와 모래가 모든 살아 있는 식물을 갈가리 찢으며, 창문과 현관문과 판자벽의 모든 틈새로 파고들어, 실내 어디에나 얇은 먼지층을 남겼다.

그 대재해 시기에 다수의 농부가 파산했다. 내 조부는 25년 동안 정주해 온 농장의 권리증을 잃기까지 했다. 사실대로 말하면, 내 아버지는 자신의 가족 농장을 되사는 일에 남은 생 대부분을 보냈다. 누군가는 이것을 무모한 짓이라 불렀고, 누군가는 영웅적인 일이라고 불렀지만, 아버지는 그야말로 농부여서 묵묵히 농사에 임했다. 마른 해이든 습한 해이든, 풍작이든 흉작이든, 아버지와 어머니는 시종여일하게 심기, 경작하기, 수확하기, 가축 농업과 그들의 새끼 기르기 등의 과제를 고수했다. 어째서? 그분들의 핏속에 농사가 자리하고 있었기 때문이다. 농사는 그분들의 소명이었다. 농사는 그분들의 **습성**이었다.

계속하기를 계속하라. 여러분이 기성 목사이거나 목사가 되려고 하는 사람이라면, 나는 여러분이 하나님의 은혜로 목회적 **습성**을 몸에 붙이기를 바란다. 이것은 여러분 자신의 힘으로 이룰 수 있는 게 아님을 잊지 마라. 그것은 성령의 은사―여러분 안에서 작용하는 선물―이다. 사실, 사역은 사역하면서 배우는 것이다. 여러분은, 내 아버지가 남은 생애 동안 고된 흉년을 헤쳐 나가며 농사를 계속했듯이, 무슨 일이 있어도 임무를 꾸준히 수행하면서 "영혼의 이 실제적 **습성**"(C. F. W. 발터)을 습득하게 된다.

사실, 사역을 위한 **습성**은 여러분의 공로가 아니라, 그리스도의 선물들을 여러분 스스로 받아들여, 그분께서 여러분을 보내시며 하라고 하신 대로, 다른 사람들에게 그 선물들을 전하며, 날마다 그분의 양들과 어린 양들을 보살피는 평생의 과정을 통해 작동된다. 임무가 아무리 어렵고, 짐이 아무리 무거워도, 그분께서 여러분에게 맡겨 주신 일을 여러분이 꾸준히 계속하는 까닭은, 여러분이 그분의 애정 어린 의도와 의지를 알기 때문이다. 즉, 그분께서는 자기 양 떼를 자기의 영원한 우리 안에 안전하게 모아들일 때까지는 결단코 멈추지 않으실 것이다. 이 확고한 헌신은 사실 여러분이 하는 게 아니다. 그것 역시 여러분이 섬기는 사람들을 위해서만이 아니라, 여러분 자신을 위해서도 자기 목숨을 내주시며 피를 흘리신 그분의 압도적인 사랑을 통해 여러분 안에서 작동된다. 그리스도의 사랑은 여러분을 속박한다. 그래서 여러분은 보고 들은 바를 말하지 않을 수 없다.

그러니 무슨 일이 있어도 꾸준하게 해야 한다. 여러분과 나는 미래가 무엇을 쥐고 있는지를 모른다. 하지만 우리는 누가 미래를 쥐고 계신지는 안다. 나는 이 글을 쓰면서 그리스도인들과 그들의 목사들에 맞서는 몇 가지 도전을 이야기했지만, 앞으로 무슨 일이 벌어질지는 예측할 수 없다. 내 아버지가 풍년과 흉년, 압도적 기쁨과 가장 깊은 슬픔에 맞닥뜨려서도 자기 일을 한 것처럼, 여러분도 거의 확실히 자기 일을 할 것이다. 한쪽 눈은 대목자께 계속 고정하라. 그분께서 무슨 일이 있어도 여러분을 지지하실 것이다. 바울 사도는 자기의 젊은 부하에게 어려움이 닥칠 것으로 예측한다. 교회 안에 도사린 거짓 교사들과 완고한 청중과 배교, 그리고 회의적인 세계의 박해가 그 어려움이다. 하지만 그는 신적인 위임으로 맡겨진 **습성**을 고수하라고 명한다. "그대는 모든 일에 정신을 차려서 고난을 참으며, 전도자의 일을 하며, 그대의 직무를 완수하십시오"(딤후 4:5).

지속에 대한 기대

이 시대는 인간의 영혼을 시험하는 시대다. 주위의 곳곳에 불확실성이 도사려 있고, 그 결과로 종종 두려움이 일어, 온갖 악영향을 끼친다. 교회 지도자들은 산산이 허물어진 세계와 이어 줄 마법의 환약을 앞다투어 구하려고 한다. 그러나 우리는 두려워할 필요가 없다. 우리는 이 세상 역사의 마지막 장을 알고 있다. 우리 주님은 마지막 때까지 지옥문이 교회를 이기지 못하도록 하겠다고 약속하시고, 늘 우리와 함께하겠다고 약속하신다.

게다가, 교회도 전에 우리와 같은 상황에 놓인 적이 있다. 아우구스티누스를 예로 들어 보자. 로마 제국이 비틀거리며 멸망을 향해 나아가고 있을 때, 많은 사람이 제국의 쇠락을 새 국교인 기독교의 탓으로 돌렸다. 1,000년 동안 안락함과 안전을 제공했던 편안한 세계가 쓸모없게 되어 가고 있었다. 수많은 사람이 영원히 건재할 것이라고 믿었던 도시 로마가 410년에 야만인 침략자들에게 약탈당하고, 그 도시의 유서 깊은 기념물들이 황폐해지고 말았다. 옛 이교 숭배자들이 희생양을 찾고 있었고, 그리스도인들이 손쉬운 표적을 제공했다.

여러 면에서 우리 세계는 그들의 세계와 상당히 흡사하다. 익숙하고 편안한 것들이 사라지고, 근본적으로 다른 생활 양식과 가치관들이 그 자리를 대신하고 있다. 앞서 아이젠하워 행정부를 두고 농담했지만, 더 젊은 세대들도 향수의 인력引力을 알고 있다. 우리는 모두 좀 더 단순하고 좀 더 예측 가능한 것, 덜 위험하고 덜 소란스러운, 그러면서도 좀 더 편안하고 안전한 환경을 갈망한다. 우리는 광적으로 향수에 젖어서 좀 더 편안한 과거로 되돌아가려고 애쓰지 않는다. 우리는 우리 주님의 격려를 받아, 담차게 불확실한 미래로 움직여 간다. 우리 주님은 우리에게 희망과 생명의 말씀을 주셔서, 절망과 죽음 가운데 길을 잃은 세상에 설교하게 하신다.

우리는 지금 변화의 시대, 곧 이성의 시대와 그 이후 시대 사이에서 살고 있다. 우리 세계는 고대 후기의 세계와 매우 흡사하다. 고대 후기의 세계는 고전 시대가 붕괴하고, 중세 초기가 갓 동트기 시작하던 때의 세계다. 하지만 그 위험한 시절이 변하여, 양지

陽地를 맞이한 교회의 시기, 곧 교회의 왕성한 선교와 성장의 최적기 가운데 하나가 되었다. 로마 도시를 약탈한 게르만 무리가 그리스도인이 되기까지는 그리 오랜 세월이 걸리지 않았다.

교회 사학자들은 한 세계관의 붕괴와 다른 세계관의 시작 사이에 자리한 시기는 큰 기회의 시기라고 말한다. 지금은 기독교 이후 시대에 세상에 닥칠 일에 대하여 염려하며 움츠리기보다는 도전에 맞설 때다. 우리는 북아프리카 히포의 주교 아우렐리우스 아우구스티누스의 예에서 중요한 것을 배울 수 있다. 그는 13년에 걸쳐 기독교 변증의 밑그림을 그렸는데, 지금도 여전히 하나의 고전으로 우뚝 서 있는 그것은 다름 아닌 그의 기념비적 저서 《하나님의 도성》이다.

이 고전 작품 속에서 아우구스티누스는 두 도성 이야기를 들려준다. 하나는 일시적이고 지나가는 인간의 도성이고, 다른 하나는 초월적이고 영원한 하나님의 도성이다. 이 이야기 속에는 각 세대가 당대의 도전들에 응전하는 법을 알기 위해 노력할 때 중요한 교훈이 들어 있다. 특히 그들이 고대 로마 제국의 시민들처럼 너무 편안하게 살면서 자신들의 문화에 애착을 가질 때 필요한 교훈이다. 우리는 좀 더 객관적인 관점이 필요하다. 아우구스티누스처럼, 우리도 우리의 문화에서 뒤로 물러서서, 인간의 도성에 속한 것과 하나님의 도성에 속한 것을 구분할 필요가 있다.

흔들리지 않는 것들

이 세상 나라들 가운데는 영속하는 도성이 없다. 그런 까닭에 우리는 인간 문화의 가치들과 일시적인 변덕에 집착하지 않는다. 우리는 하나님이 기초를 놓으시고 세우신 도성을 기다린다. 우리 주위의 편안한 세상이 흔들려도, 하나님의 도성은 변함없이 안전하다. 그분의 영원한 나라는 그분 아들 예수의 인품과 활동 위에 반듯하게 세워진다. 감사하게도, 하나님 나라는 우리가 기도하지 않아도 오지만, 우리는 하늘에 계신 우리 아버지께서 우리에게 자기의 성령을 주셔서, 그분의 은혜로 우리가 그분의 거룩한 말씀을 믿고 이곳의 시간 속에서 그리고 저곳의 영원 속에서 경건한 삶을 영위하게 하실 때 우리 가운데도 그 나라가 오게 해 달라고 기도한다.

상충하는 시대들과 문화들의 위협을 받을 때마다, 그리스도인들은 고대 후기에 활동한 우리 사촌들에게서 많은 걸 배울 수 있다. 편안하고 익숙한 것들이 돌연히 사라져, 다시 돌아올 것 같지 않고, 그것들이 지나간 자국에는 혼돈과 혼란만이 남는다. 하지만 교회는 불확실성과 무질서의 짙은 어둠 너머를 끊임없이 바라보며, 영원의 여명을 얼핏 본다. 교회는 자기를 떠받쳐 주시겠다는 살아 계신 주님의 약속을 받는다. "내가 너를 버리지도 않고, 너를 떠나지도 않겠다." 교회는 주 그리스도 예수 안에서 희망과 미래를 얻는다.

벗들이여, 꾸준히 하라. 무거운 짐이 압도하는 것처럼 보이고, 노고가 견딜 수 없을 만큼 고되고 길어 보이겠지만, 주님 안에서 여러분의 노고는 결단코 헛된 것이 아니다. 여러분은 그분의 말씀과 약속을 받은 몸이니, 그분께서 여러분을 도우셔서 벗어나게 하실 것이다. 아우구스티누스 주교는 자신의 서사시 《하나님의 도성》의 맺음말에서 충실한 신자들의 시르죽은 마음을 격려하며, 그들에게 그들의 영광스러운 미래, 끝없는 끝, 아직 오지 않았으나 그들이 더는 하나님 나라를 믿음으로 알지 않고 눈으로 보고 알게 되는 그때를 가리켜 보인다.

> 이렛날은 우리의 안식일이 될 것이다. 그날은 저녁이 아니라 주님의 날로 끝날 것이다. 그날은 그리스도의 부활로 거룩하게 된 여드렛날이자 영원한 날로서 영과 육의 영원한 쉼을 예시하는 날이다. 그날 우리는 안식하며 바라보고, 바라보며 사랑하고, 사랑하며 찬양할 것이다. 바로 이것이 끝없는 끝에서 이루어지는 일이다. 그러니 우리가 끝없는 왕국에 도달하는 것 말고 무슨 다른 끝을 우리 자신에게 제안하겠는가?[24]

그렇다면 용기를 내어, 여러분 앞에 놓인 임무를 수행하기를 바란다. 목회적 **습성**은 지속하는 기쁨을 가져다준다. 일이 지치게 하는 것처럼 보이겠지만, 쉼, 곧 영원한 안식, 끝없이 바라봄, 영원한 사랑, 영원히 울리는 찬양이 기다리고 있다.

---

24 Augustine, *The City of God*, trans. Marcus Dods (New York: The Modern Library, 1950), 867. (《하나님의 도성》, 조호연, 김종흡 옮김, CH북스)

직무의 기쁨

이제껏 나는 내 유년기와 청소년기의 기억을 활용하여 **습성**이라는 개념을 설명해 왔는데, 부디 그 개념이 여러분의 몸에 배기를 바란다. 바로 그것이 **습성**이라는 단어가 의미하는 바다. 결국, 그것은 여러분이 **성취하는** 것이 아니라, 여러분이 **몸에 익히는** 것이다. 그것은 여러분이 개발하려고 시도하는 것이 아니라, 규칙적인 목회 직무 과정에서 여러분의 몸에 붙는 성벽이다. 그 과정이 계속될 때, 여러분은 영혼 돌봄을 위한 '후각'이 자기에게 있음을 알게 될 것이다. 여러분은 점점 더 진단을 통해 생각하고, 기능 장애 증상들에 대처하는 데로 성급히 뛰어드는 경향이 점점 줄고 있음을 알아채기 시작할 것이다. 여러분은 먼저 시간을 들여 근본적인 우상 숭배들과 그릇된 신앙들을 주의 깊게 판단하고, 그런 다음 하나님이 말씀과 성례전에 담아 주신 선물들로 그것들을 의도적으로 치료할 것이다. 이 접근법이 여러분에게 점점 더 본능적으로 다가오는 것을 깨닫게 되면-부디 그렇게 되기를 바란다-, 여러분은 영혼 치료를 위한 사역의 **습성**에 익숙해지고 있다고 확신해도 된다.

또한 나는 지난 50여 년의 사역에서 건진 삽화 몇 꼭지를 제시했는데, 그 이유는 나 자신을 모범적인 목사로 여겨서가 아니라, 여러분이 내 머릿속과 마음속을 들여다보면서 영적 의사로 섬기는 게 얼마나 큰 기쁨인지를 속속들이 알게 하려는 것이다. 나는 가짜 약장수가 아니다. 여러분의 사역을 향상한답시고, 여러분의 교회를 다음 단계로 끌어올린답시고 또 다른 최신의 가장 확실한 방법을 파는 건 내가 바라는 게 아니었다. 나는 여러분에게 솔직하게 터놓고 말하려 했다. 솔직히 말해서, 나는 그저 이 고전적인 영혼 치료의 모델로 여러분의 마음을 사로잡으려 했다. 내가 그랬던 것처럼-그리고 우리 이전 세대의 목사들이 그랬던 것처럼-여러분도 영혼 돌봄에 열중하기를 바란다. 우리에게 볼 줄 아는 눈만 있다면, 이 일에 큰 기쁨이 자리하고 있음을 알게 될 것이다.

우리의 대화를 마치면서 여러분에게 남기고 싶은 말은 이것이다. "기뻐하라." 그러나 그 단어의 일반적인 의미로 기뻐하지는 마라. 여러분과 나는 기쁨이라는 단어를 부정적으로, 즉 어려움이나 불쾌함이 없는 상태로 여기는 경향이 있다. 하지만 예수께서는 기쁨을 긍정적으로, 실행 중인 사랑으로 가르치신다. "아버지께서 나를 사랑하신 것과 같이, 나도 너희를 사랑하였다. 너희는 내 사랑 안에 머물러 있어라. 너희가 내 계명을 지키면, 내 사랑 안에 머물러 있을 것이다. 그것은 마치 내가 내 아버지의 계명을 지켜서, 그 사랑 안에 머물러 있는 것과 같다. 내가 너희에게 이러한 말을 한 것은, 내 기쁨이 너희 안에 있게 하고, 또 너희의 기쁨이 넘치게 하려는 것이다"(요 15:9-11).

예수께서는 아버지의 뜻을 행하는 데서 기쁨을 얻으셨는데, 이는 아버지의 뜻이 실행 중인 사랑이었기 때문이다. 하나님 아버지께서는 세상을 사랑하셔서, 길을 잃은 자들을 구하시려고 자기 아들을 주셨다. 따라서 아버지의 사랑은 예수의 육신과 영혼이 극도의 고통을 겪고, 굴곡진 죽음에서 정점에 이르는 걸 의미했다. 하지만 성경은 예수께서 자기 앞에 놓인 기쁨을 내다보고서, 십자가의 부끄러움을 마음에 두지 않으시고, 십자가를 참으셔서, 아버지의 오른쪽에 영광스럽게 앉으셨다고 가르친다(히 12:2). 사랑과 기쁨은 하나님의 헤아릴 수 없는 뜻 안에서 떼려야 뗄 수 없게 묶여 있다. 아버지의 실행 중인 사랑이 예수를 보내어, 먼저 고난과 수치를 겪게 하고, 그런 뒤에만 영광에 이르게 했다. 아버지의 사랑이 고통과 죽음을 가져다주었지만, 예수께서는 그 둘을 기쁨으로 여기셨다. 자기가 아버지의 애정 어린 뜻을 행하고 있음을 아셨기 때문이다. 십자가가 먼저고, 면류관은 그다음이다. 하나님의 뜻은 하나님의 섭리 안에서 그런 식으로 작동하고, 여러분에게도 그런 식으로 작동한다. 여러분이 사역의 어려운 상황 속에서도 여러분을 통해 실행 중인 하나님의 사랑을 보게 될 때 비로소 기쁨이 찾아올 것이다.

독일 루터교 목사들은 여러 세대에 걸쳐 종종 **프로이디히카이트 임 암트**Freudigkeit im Amt, 곧 '직무의 기쁨'에 관해 이야기하곤 했다. 나는 사역 초기에 **프로이디히카이트**와 **제엘조르거**seelsorger와

455

같은 독일어 표현의 흔적을 들었던 기억이 있다. 그때까지 몇 세대가 영어로만 사역했음에도 그런 흔적이 남아 있었다. 하지만 그 사역 선배들은 무언가를 알고 있었다. 그들은 영혼 치료 seelsorge의 일이 직무의 버거운 짐에도 불구하고 기쁨freudigkeit을 가져온다는 것을 알고 있었다. 하나님의 사랑이 움직이면, 슬픔 한가운데에도 기쁨이 자리한다. 절대로 잊지 마라. 여러분의 사역은 하나님의 움직이는 사랑이라는 것을.

여러분이 예수를 사랑하면, 그분의 어린 양들과 양들을 보살피고 먹이게 마련이다. 여러분이 그들을 예수께로 성실하게 데려가고, 그분의 선물들을 그들에게 가져다주면, 그분께서는 여러분을 통해 자기 양 떼를 사랑하신다. 사역은 처음부터 끝까지 실행 중인 사랑의 사역이다. 여러분은 대 목자의 지휘를 받는 목양견임을 잊지 마라. 아버지의 뜻을 행하는 것이 그리스도의 기쁨이었듯이, 그리스도의 뜻을 행하는 것이 여러분의 기쁨이다.

나는 사역을 지나치게 낙관적으로 그리려고 하지 않았다. 여러분에게 직접 말하지만, 목회 직무가 늘 재미있는 것은 아니다. 오랜 시간, 까다로운 사람들, 많은 슬픔을 거쳐야 그나마 가장 깊은 고뇌와 불행에 조금이라도 내밀히 관여할 수 있다. 장담하건대, 그렇게 하는 것이 나에게 영원한 기쁨을 가져다줄 것이라고 상상할 수밖에 없었다. 내 말을 오해하지 마라. 나의 사역이 늘 행복했던 것은 아니기 때문이다. 내 아내 제인에게 물어봐도 좋다. 그녀는 여러분에게, 내가 외로움과 불행을 여러 차례 겪고, 슬픔과 불만도 여러 번 겪었다고 말할 것이다. 나는 사는 게 재미없을 때도 있었다고 생각한다.

나의 사역이 늘 행복했던 것은 아니다. 하지만 그 대신 깊고 지속적인 기쁨을 누릴 수 있는데, 어찌 단순한 행복에 만족하겠는가? 어쨌든 행복은 영원의 이편에서 지나가는 것에 불과하다. 그것은 슬그머니 떠나 버린다. 그것은 잘 잡히지 않는다. 여러분이 행복하다고 생각하는 바로 그때, 무언가가 나타나 여러분에게서 그 행복을 낚아채 간다. 그러나 기쁨은 전혀 다르다. 예수께서는 제자들에게, 행복은 덧없지만, 기쁨은 영원하다고 말씀하셨다. "이와 같이, 지금 너희가 근심에 싸여 있지만, 내가 다시 너희를 볼 때에는, 너희의 마음이 기쁠 것이며, 그 기쁨을 너희에게서 빼앗을 사람이 없을 것이다"(요 16:22).

여러분과 나는 특히 이 시대에 성실한 사역이 늘 재미있는 것은 아님을 알고 있다. 시대 풍조를 따르지 않고 하나님 말씀의 가르침에 따라 사는 사람들은 점증하는 반대와 미묘한 박해와 공공연한 박해에 맞닥뜨리게 마련이다. 솔직히 말하건대, 사역은 힘든 일이다. 이따금 여러분은 그것으로 인해 비탄에 젖기도 할 것이다. 그러나 예수께서 여러분에게 자기의 일을 위임하셨으므로, 그분의 뜻을 행하는 데는 행복이 부족해도 기쁨이 자리한다.

사역이 재미없게 되는 기간에도 변함없이 성실하라. 예수의 이름으로 계속 나아가라. 그러면 여러분은 기쁨을 얻게 될 것이다. 그분께서 여러분의 손과 입을 통해 주시는 선물들 속에서, 곧 영적 신생의 씻음과 성령께서 주시는 쇄신 속에서, 몸과 피로 용서와 생명과 구원을 주는 주의 만찬 속에서, 시르죽어 낙심하는 영혼들에게 여러분이 선포하는 그분의 말씀, 곧 변화를 일으키는 말씀 속에서. 구세주의 지칠 줄 모르는 목양견이 되는 데서 기쁨을 느끼고, 최고 목자께서 나타나실 때 여러분의 두 귀로 다음과 같은 말씀을 듣게 될 것임을 알라. "잘했다, 착하고 신실한 종아!

네가 적은 일에 신실하였으니, 이제 내가 많은 일을 네게 맡기겠다. 와서, 주인과 함께 기쁨을 누려라"(마 25:23).

내 아버지와 함께했던 마지막 장면을 공유하고 싶다. 이것은 내 아버지의 생에서 마지막을 향하고 있는 장면이다. 아버지는 처음 진단을 받고서 내게 이렇게 말했다(아버지의 말을 그대로 옮긴다). "내가 암에 걸렸다는구나. 내가 오래 살았지. 알아, 내 구세주께서 살아 계심을." 아버지는 살아온 그대로 불굴의 믿음 안에서 숨을 거두었다. 물론, 아버지는 진단을 받고 곧바로 숨을 거둔 게 아니다. 진단을 받고 숨을 거두기까지는 대략 2년이 걸렸다. 우리 부부는 되도록 자주 친가로 장거리 여행을 했다. 방문할 때마다, 아버지가 쇠해 가고 있음이 역력했다. 여러분이 가족 구성원이나 신자들에게서 이런 모습을 보았다면 현저한 지표들을 알 것이다. 암세포가 신체의 건강한 세포를 서서히 정복할 때 나타나는 여윔과 쇠약해짐이 그것들이다.

그러나 아버지의 영혼은 변함없이 건강했다. 우리의 마지막 방문이 끝날 때쯤, 아버지는 차에 타고 내리기가 더는 어려웠음에도 우리를 그 지방 공항에 태워다 주겠다고 우겼다. 나는 아버지가 그 작은 공항 로비에서 제인과 나에게 작별을 고할 때 아버지의 가슴이 벅차오른 것을 볼 수 있었다. 우리는 서로 기댄 채 마지막 작별 인사를 했고, 아버지는 두 팔로 나를 감싸고는 내 귀에 대고 이렇게 말했다. "성령께서 너에게 은혜 내려 주시기를 빈다."

나는 그 축복을 잊은 적이 없다. 여러분도 알다시피, 축복은 결코 하찮은 일이 아니다. 축복은 말한 그대로 행한다. 축복은 하나님의 현존을 건네는 행위다. 하나님의 거룩한 말씀과 이름은 그분의 사람들을 거룩하게 하여 그분을 섬기게 하고, 성령께서는 세례의 물로 우리의 몸을 거룩하게 하여 그분의 성전이 되게 한다. 그날 그 소박한 공항에서 아버지는 성령의 은혜를 기원했고, 그 은혜는 나의 목사 안수식 날에 나에게 수여되어, 오랜 세월이 지난 지금까지 내가 부름을 받아 봉직해 온 목사직에 내내 함께 했다.

몇 해 안에 이 책을 집어 들게 될 모든 이에게 나의 축복을 건네는 것보다, 이 책을 마무리하기에 더 알맞은 방법은 없는 것 같다. 여러분이 이미 목회 직무에 종사하는 사람이든, 목회 준비에 돌입할 생각 중인 사람이든, 혹은 그저 그리스도와 그분의 교회를 사랑하는 사람이든 간에, 나는 바울 사도가 자기 고별 설교를 듣기 위해 모인 에베소 교회 목사들에게 건넨 축복을 여러분에게 건네고 싶다.

나는 이제 하나님과 그의 은혜로운 말씀에 여러분을 맡깁니다. 하나님의 말씀은 여러분을 튼튼히 세울 수 있고, 거룩하게 된 모든 사람들 가운데서 여러분으로 하여금 유업을 차지하게 할 수 있습니다(행 20:32).

그리고 하나님의 은혜를 빈다.

성부와 성자와 성령 하나님이 이제와 영원히 여러분과 함께하시기를. 아멘.

인용 문헌

Augustine. *The City of God*. Translated by Marcus Dods. New York: The Modern Library, 1950.

Gregory the Great. *Pastoral Care*. Translated by Henry David. Ancient Christian Writers 11. New York: Newman Press, 1950.

Gregory Nazianzus. "In Defense of His Flight to Pontus." *Oration* 2. In *Nicene and Post-Nicene Fathers*, 28 vols. in two series, edited by Philip Schaff, series two 7:205-527. Buffalo, NY: Christian Literature, 1887-1894.

John Chrysostom. *On the Priesthood*. Popular Patristics Series 1. Crestwood, NY: Vladimir's Seminary Press, 1964.

Kleinig, John. "Pastoring by Blessing." Accessed http://www.doxology.us/wp-content/uploads/2015/03/28_blessing.pdf.

Kolb, Robert and Timothy J. Wengert, eds. *The Book of Concord: The Confessions of the Evangelical Lutheran Church*. Translated by Charles Arand et al. Minneapolis: Fortress Press, 2000.

Luther, Martin. *Luther's Small Catechism*. St. Louis: Concordia, 1986.

Luther, Martin. *A Simple Way to Pray* (1535). In *Luther's Works* 43:193-211. 82 vols. projected. St. Louis: Concordia; Philadelphia: Fortress, 1955-1986, 2009-.

_____. *Fourteen Consolations* (1520). In *Luther's Works* 42:121-66. 82 vols. projected. St. Louis: Concordia; Philadelphia: Fortress, 1955-1986, 2009-.

_____. "Preface to the Wittenberg Edition of Luther's Writings" (1539). In

Luther's Works 34:283-288. 82 vols. projected. St. Louis: Concordia;
Philadelphia: Fortress, 1955-1986, 2009-.

Pruyser, Paul. *The Minister as Diagnostician: Personal Problems in Pastoral Perspective*. Philadelphia, Westminster Press, 1976.

Sauer, Robert C. *Daily Prayer*. 2 vols. St. Louis: Concordia, 1986.

Tappert, Theodore G. *The Book of Concord: The Confessions of the Evangelical Lutheran Church*. Philadelphia: Fortress, 1959.

The Sayings of the Desert Fathers. Translated by Benedicta Ward. London: Mowbray, 1975.

Underhill, Evenlyn. "The Teacher's Vocation." *In The Mount of Purification*. New York: Longmans, Gen and Co., 1946.

Walther, C. F. W. *Amerikanisch-Lutherische Pastoraltheologie*. St. Louis: Druckerei der Synode von Missouri, Ohio u. a. Staaten, 1872.

_____. *Pastoral Theology*. Translated by Christian C. Tiews. St. Louis: Concordia, 2017.

_____. *Law and Gospel*. Translated by Herbert J. A. Bouman. Selected Writings of C. F. W. Walther. St. Louis: Concordia, 1981.

성경 색인

성경·색인

성구색인